探索新型智库发展之路

——蓝迪国际智库报告

·2015·

（上册）

荣誉主编
王伟光

主编
赵白鸽　蔡　昉
副主编
王　镭　王灵桂

中国社会科学出版社

图书在版编目（CIP）数据

探索新型智库发展之路：蓝迪国际智库报告：2015／王伟光主编．—北京：中国社会科学出版社，2016.5

ISBN 978-7-5161-7695-5

Ⅰ．①探… Ⅱ．①王… Ⅲ．①咨询机构—研究报告—中国—2015 Ⅳ．①C932.82

中国版本图书馆 CIP 数据核字（2016）第 040008 号

出 版 人 赵剑英
责任编辑 喻 苗
责任校对 英岁香
责任印制 王 超

出 版 中国社会科学出版社
社 址 北京鼓楼西大街甲 158 号
邮 编 100720
网 址 http://www.csspw.cn
发 行 部 010-84083685
门 市 部 010-84029450
经 销 新华书店及其他书店

印 刷 北京君升印刷有限公司
装 订 廊坊市广阳区广增装订厂
版 次 2016 年 5 月第 1 版
印 次 2016 年 5 月第 1 次印刷

开 本 710×1000 1/16
印 张 29
字 数 376 千字
定 价 79.00 元（全二册）

序

进入 21 世纪以来，世界多极化、经济全球化、区域一体化、文化多样化、社会信息化的潮流锐不可当，各国相互依存、相互联系更加紧密。在此时代背景下，以习近平同志为总书记的党中央主动应对当今全球形势深刻变化，统筹国际国内两个大局，做出了建设"丝绸之路经济带"和"21 世纪海上丝绸之路"的重大战略决策，得到国际社会高度关注和积极响应。

历史上，古丝绸之路曾经为促进不同民族、不同文化相互交流和合作作出过重要贡献。沿途各国互通有无、互学互鉴，共同推动了人类文明进步，谱写出千古传诵的友好篇章。两千多年的交往历史证明，只要坚持团结互信、平等互利、包容互鉴、合作共赢，不同种族、不同信仰、不同文化背景的国家完全可以共享和平，共同发展。随着时代的发展，智库在谋划发展蓝图、推动合作共赢、促进国家间友好交往中的作用日益突出。智库已成为国家外交关系的重要主体，智库间的合作已成为影响世界政治、经济、文化和社会进步的重要因素。通过积极探索智库交流新模式，全面拓展务实合作新途径，不断完善智库合作新机制，进一步推进智库间的广泛交流合作，可以更好地为全面推动"一带一路"建设和国家间友好关系发展提供智力支持。

2013 年 4 月，习近平总书记对"中国特色新型智库"建设作出重要批示，将智库发展提升到国家战略高度，作为国家软实力的重要组成部分。2015 年 1 月，中共中央办公厅、国务院办公厅印发《关于加强中国特色新型智库建设的意见》，为新型智库建设进行了系统的顶层设计。中国社科院蓝迪国际智库项目（RDI，Research and Development International）应时而生。

作为国际化的中国特色新型智库平台，中国社科院蓝迪国际智库项目以共商、共建、共享为理念，凝聚国内外政党、政府、议会、智库、企业、金融机构、社会组织、行业协会、国际组织等各方面资源，围绕国际重大项目推动研究与发展，推动实现理论和方法论的创新，组织跨学科、多视角的研究，力争提出有现实意义和政策影响的真知灼见。自 2015 年 4 月成立以来，蓝迪国际智库在服务于"一带一路"建设、服务于外交大局、服务于国家软实力建设、服务于企业国际化方面取得了令人瞩目的成绩，为探索建设新型智库树立了典范。

当前，"一带一路"建设正值全面启动、深入推进的关键时期。中国社科院蓝迪国际智库将继续抓住有利时机，增强使命意识，把握时代特性，积极推动"一带一路"伟大战略的落实。我衷心期望，蓝迪国际智库能与各国智库一起，共同开展"一带一路"建设等重大领域的联合研究，共同传播合作理念，相互借鉴，不断创新，为促进世界经济和文明的繁荣发展贡献我们的智慧和力量！以蓝迪之梦为实现"中国梦"和"世界梦"而添砖加瓦，这也正是蓝迪国际智库的使命和追求。我坚信，只要我们和衷共济、共同发展，就一定能携手共创人类世界的美好未来！

中国社会科学院院长、党组书记

王伟光

2016 年 2 月 19 日

前　言

蓝迪之梦

　　当今世界，经济全球化、文化多元化、社会信息化持续推进，科技革命孕育着新的突破。实现持久和平、共同繁荣的"世界梦"与实现中华民族伟大复兴的"中国梦"交相辉映，使思想的力量穿越时空。作为国际化的中国特色新型智库平台，蓝迪国际智库正以共商、共建、共享的理念，启迪智慧，点燃梦想，照耀现实。

　　当前，国际社会已进入大调整时期，原有的治理结构和手段正在孕育着深刻变革。发展的挑战、秩序的重构、冲突的协调，正呼唤全球改革并建立新的治理结构；科技的创新发展和经济的转型升级，正呼唤建立新的经济增长点，以开启人类新的发展征程。中国等新兴经济体正为全球发展提供持续的动力，而建设"一带一路"作为中国主动参与国际经济合作的重大倡议，理应是对全球治理的重大贡献。建设"一带一路"是一项宏大而复杂的工程，沿线国家和地区发展不平衡，政治局势复杂，利益诉求多元，文化传统各异，需要全新的理念、全新的视角和全面的合作。

　　在中国政府和中国社会科学院建设新型智库的大力支持下，蓝迪国际智库致力于打造整合资源的平台和网络，服务国家决策，支持中国企业，推动"一带一路"伟大战略的落实。作为国际化的中国特色新型智库平台，蓝迪国际智库既是促进"五通"的政策研究与顶层设计平台，也是资源统筹与配置平台。蓝迪国际智库组织国内外专家团队对产能合作国的综合情况进行深入研究，推动政策对接，开展系统服务，引导资源配置，促进项目落地，服务国际产能合作和产业升级。

蓝迪国际智库是服务决策的平台。蓝迪国际智库以中国社会科学院为依托，充分发挥中国社会科学院内外专家学者的智力优势，致力于成为学术与政策间的桥梁，并提出战略性、全局性、前瞻性和可操作性的决策咨询方案。2015 年，蓝迪国际智库向国家决策层报送了 12 份重要研究报告，受到最高决策层的高度重视。报告秉承需求导向、问题导向、结果导向原则，努力将具体的政策建议转化为国家相关部委和地方政府的政策措施。

蓝迪国际智库是创新整合资源的平台。蓝迪国际智库凝聚国内外政党、政府、议会、智库、企业、金融机构、社会组织、行业协会、国际组织等各方面资源，围绕国际重大项目推动研究与发展，推动实现理论和方法论的创新，组织跨学科、多视角的研究，力争提出有现实意义和深刻影响的对策建议。通过国际、国内资源联动，社会、市场和政府联动，构建多边与双边机制，凝聚优势资源，对接发展需求，评估综合环境，识别风险因素，提出应对策略，从而提供了系统性的服务。

蓝迪国际智库是共建"一带一路"的平台。蓝迪国际智库通过高效整合资源，为推动中国企业的国际化发展添砖加瓦，也为参与"一带一路"建设的各类企业与沿线国家和地区的积极对接提供了实质性的服务。2015 年，蓝迪国际智库在促进中国与巴基斯坦的合作中取得重大进展，并已开启与伊朗、哈萨克斯坦、印度尼西亚、缅甸、柬埔寨、俄罗斯等国的密切合作。

蓝迪国际智库是人才汇聚的平台。蓝迪国际智库致力于同全球及国内知名智库、企业及社会组织建立合作关系。通过建立精英库、专家库和青年人才库，搭建政府、市场、社会间的合作平台，支持各领域的宏观治理、中观管理、微观执行等各层次人才脱颖而出。蓝迪国际智库以交流、研讨、培训等方式不断推进中国人力资源的发展，为中国的人才强国战略和国际化进程添砖加瓦。

蓝迪国际智库是企业国际化的平台。中国企业"走出去"面临巨大的机会与挑战，企业对法律政策、产业标准、信息技术、投融资和资产安全、舆论支持和能力建设等方面有系统需求。这些需求需要通过整合资源，以综合的体系共同应对。企业在"走出去"过程中需要获取全面信息，提升综合能力和架设合作桥梁。针对这些需求，蓝迪国际智库自成立以来，通过建立法律服务、政策研究、技术标准、信息服务、金融支持、文化与品牌、能力建设等服务组，并积极组织政府、企业和行业资源，带领企业组团出海，为企业参与"一带一路"建设提供了大量的系统服务和支持。

自 2015 年 4 月成立以来，蓝迪国际智库聚焦"一带一路"建设，在政策建议、外事外交、服务企业、项目对接等领域取得令人瞩目的成绩，这得益于对蓝迪国际平台机制的充分应用和平台上各行业精英的精诚合作和积极贡献。我们相信蓝迪国际智库将在新的一年里开拓更广阔的天地。

本报告总结了蓝迪国际智库在 2015 年所取得的工作成就，凝聚了全体蓝迪人在探索中国特色新型智库建设过程中付出的辛勤汗水，承载了全体蓝迪人为推动国家发展做贡献的坚持与执着、自豪与担当。全书共分为三章，分别介绍了蓝迪国际智库探索体制机制，积极建设中国特色新型智库，发挥智库作用整合资源建言献策；以及推进国际合作，务实共建"一带一路"。我们希望通过这本报告，让社会各界增进对蓝迪国际智库探索建设中国特色新型智库的了解和认识，即将出版的本报告英文版也将让世界对我们有更深入的认识，以推动更广泛的国际合作。

世界是蓝迪国际的舞台，合作是蓝迪国际的纽带。让我们在新的一年里携手共进，创造历史，谱就辉煌！

上册目录

第 一 章

探索体制机制，积极建设
中国特色新型智库

体制机制建设是蓝迪国际智库成功运作、迅速发展的基础和保障。蓝迪国际智库是国际化、专业化的中国特色新型智库平台，凝聚国内外各方资源，围绕重大项目，推动国际合作研究与发展，聚焦"一带一路"建设。

蓝迪国际智库建设系统性的组织框架和管理体系，按照服务决策、推动发展的宗旨，坚持问题和需求导向、项目导向、结果导向、国际国内资源联动、开放合作共赢的工作原则，坚持服务于"一带一路"建设、服务于外交大局、服务于国家软实力建设、服务于企业国际化。

◇◇ 第一节　领导机构

蓝迪国际智库项目由中国社会科学院牵头成立，领导小组组长为中共中央委员、中国社会科学院党组书记、院长王伟光。

领导小组副组长为全国人大常委会委员、外事委员会副主任委员赵白鸽和全国人大常委会委员、农业与农村委员会委员、中国社会科学院党组成员、副院长蔡昉。

中国社会科学院蓝迪国际智库办公室由中国社会科学院国际合作局

局长王镭担任主任，中国社会科学院亚太与全球战略研究院党委书记王灵桂担任共同主任。

◇◇ 第二节　专家委员会

蓝迪国际智库设专家委员会，由外交与国际政治、法律政策、可持续发展、宏观经济、金融、企业管理、社会民生、历史文化等各个重要领域的著名专家学者和企业精英组成，共同参与蓝迪国际智库的决策和发展。

蓝迪国际智库专家委员会现有 30 位委员（按姓氏拼音排序）：

蔡昉、蔡建华、常修泽、陈锋、陈新发、迟福林、房秋晨、胡卫平、黄平、李绍先、李希光、李向阳、李永全、刘世锦、卢山、吕红兵、潘家华、沙祖康、孙壮志、王镭、王丽、王灵桂、武钢、邢军、杨光、袁建民、张丽娜、张兴凯、赵白鸽、郑功成。

赵白鸽博士任专家委员会主席。

王伟光（领导小组组长）
Weiguang WANG

中国共产党第十八届中央委员

中国社会科学院院长、党组书记

中国社会科学院学部主席团主席

教授、博士生导师

王伟光，1982 年毕业于北京大学哲学系，获哲学学士学位，后考入中央党校理论部，获哲学硕士和哲学博士学位。1967 年 11 月参加工作，1972 年 11 月加入中国共产党，博士研究生学历，教授，博士生导师。第十届全国人大代表、全国人大法律委员会委员。现任中国社会科学院院长、党委书记，学部主席团主席，教授、博士生导师。中国共产党第十八届中央委员。中国辩证唯物主义研究会会长，马克思主义理论研究和建设工程咨询委员会委员、首席专家。曾任中共中央党校副校长。中国共产党第十六次、第十七次全国代表大会代表。1987 年获国务院颁发的"国家有突出贡献的博士学位获得者"荣誉称号，享受国务院政府特殊津贴。

王伟光主要研究领域集中在马克思主义哲学和马克思主义基本理论、马克思主义中国化和党的理论创新、中国特色社会主义重大理论与实践研究等方面。出版学术专著 30 余部，主要有：《社会矛盾论》、《利益论》、《科学发展观基本问题》、《社会主义和谐社会理论基本问题》、《王伟光自选集》、《王伟光论文辑》、《党校工作规律研究》、《王伟光讲习录》、《中国道路与马克思主义中国化》。主编的著作主要有：《马克思主义基本问题》、《"三个代表"重要思想概论》、《"三个代表"重要思想研究》、《科学发展观概论》、《建设社会主义新农村的理论与实践》、《社会主义通史》（八卷本）。在国家级刊物上发表论文400 余篇。

赵白鸽（领导小组副组长，专家委员会主席）
Baige ZHAO

全国人大常委会委员、外事委员会副主任委员
红十字会与红新月会国际联合会副主席，研究员

赵白鸽，现任全国人大常委会委员，全国人大外事委员会副主任委

员，红十字会与红新月会国际联合会副主席，国家气候变化专家委员会委员，国家行政学院兼职教授，中国外交学会常务理事。

赵白鸽于1989年获英国剑桥大学博士学位。1989—1994年，赵白鸽任上海科学院计划生育科学研究所所长，并担任世界卫生组织合作中心主任，世界卫生组织亚太区专家委员会成员，在此期间完成了一系列新药研究与开发工作。

1994—1998年，赵白鸽担任中国国家科委生命科学技术发展中心（美国）主任，成功地完成了海外专家委员会的建立，国家中医药现代化重大项目的国际推介、融资、注册等工作，推动一批中国医药企业走向国际。

1998—2011年，赵白鸽担任国家人口计生委副主任，积极参与制定国家人口发展战略，积极推进人口领域改革、优质服务和计划生育政策的调整完善，推动科研、技术和产业结合，加强南南合作与南北对话，成功获得国际社会对中国人口项目的支持。她参加哥本哈根联合国气候变化大会，提出将人口问题纳入应对气候变化的综合方案。曾担任国际人口方案管理委员会主席，世界家庭联盟亚太区副主席等职务。

2011—2014年，赵白鸽担任中国红十字会常务副会长，并当选红十字会与红新月会国际联合会副主席，负责协调亚太地区（包括中东、太平洋岛国等地区）事务，积极应对国际人道主义危机，开展冲突和灾害管理，成功组织了应对菲律宾海燕台风、缅甸北部难民、四川雅安地震等的人道救援工作。

2013年至今，赵白鸽作为全国人大常委会委员、外事委员会副主任委员，担任中英议会交流机制主席、中国—南非议会交流机制常务副主席，是全国人大对英国等欧洲8国、对非洲15国的双边友好小组组长。通过开展与外国议员交流，促进全国人大与外国议会交流，2015年被选为亚洲议会大会经济委员会主席。

2015 年，赵白鸽被聘为中国社会科学院蓝迪国际智库领导小组副组长、专家委员会主席，组织了 2015 年度蓝迪国际智库重大项目的研究工作，启动了"一带一路"中巴经济走廊和中国—伊朗经济走廊的工作，组织了助推企业"走出去"的服务团队，为"一带一路"建设发挥了示范作用。

赵白鸽是中国共产党第十四次、第十七次、第十八次全国代表大会代表，上海市三八红旗手标兵、先进科技工作者和 80 年代全国优秀研究生。

蔡昉（领导小组副组长）
Fang CAI

全国人大常委会委员、农业与农村委员会委员
中国社会科学院副院长、党组成员
中国社会科学院学部委员、学部主席团成员，研究员

蔡昉，现任全国人大常委会委员，全国人大农业与农村委员会委员，中国社会科学院副院长、党组成员。

蔡昉 1976 年参加工作，1982 年毕业于中国人民大学农业经济系，获经济学学士学位。1985 年毕业于中国社会科学院研究生院，获经济学硕士学位，1989 年获经济学博士学位。1985 年以来，曾任中国社会科学院农村发展研究所助理研究员、副研究员，并任研究室主任。1993 年被评为研究员后，调任中国社会科学院人口研究所副所长并兼任中国社会科学院研究生院人口学系主任，1998 年起任中国社会科学院人口与劳动经济研究所所长，博士生导师，并任《中国人口科学》杂志主编。

2008 年 3 月任全国人大常委、农业与农村委员会委员，兼任中国人口学会和中国农业经济学会副会长、农业部软科学委员会委员、劳动与社会保障部专家委员会委员等。2014 年 8 月任中国社会科学院副院长、党组成员。

著有《中国的二元经济与劳动力转移——理论分析与政策建议》、《十字路口的抉择——深化农业经济体制改革的思考》、《穷人的经济学》和《中国劳动力市场发育与转型》等，合著《中国的奇迹：发展战略与经济改革》和《中国经济》等，主编《中国人口与劳动问题报告》系列、《中国经济转型 30 年》等。

蔡昉曾获 1998 年度国家级"有突出贡献的中青年专家"称号，2003 年被七部委授予出国留学人员杰出成就奖，是第四届中国发展百人奖获得者，第四届中国农村发展研究奖获得者，被评选为"影响新中国 60 年经济建设的 100 位经济学家"之一。2009 年 2 月 8 日，与谭崇台、吴敬琏、刘遵义、姚洋、胡必亮等学者，获第二届张培刚发展经济学研究优秀成果奖。

蔡建华
Jianhua CAI

国家卫生计生委干部培训中心党委书记、副主任

蔡建华，现任国家卫生计生委干部培训中心党委书记、副主任。

蔡建华自复旦大学生物系毕业后，在上海市计划生育科研所从事计划生育药物的研发组织工作，并参与世界卫生组织合作项目；之后在上海市科委工作，担任上海市科委发展计划处处长、科技成果奖励办公室主任，负责并组织上海科技规划制定、科技政策研究、研究资源分配、科技成果评价和科技产业推进等工作，设计相关科研专项，推动科技公共服务平台建设。筹建了上海新药研究开发中心，并以此作为上海生物医药产业发展的平台，落户上海张江高科技园区。

2005 年至 2009 年任中国生殖健康家庭保健培训中心主任，同时兼任人口与发展南南合作伙伴组织中国办事处主任，组织开展人口领域的南南合作工作，开发了生殖健康咨询师国家职业。

2009 年至 2015 年任国家人口计生委培训交流中心副主任、主任，从事人口计生系统干部队伍能力建设，组织出国团组培训，开展了婴幼儿早期发展项目。

自 2015 年 10 月起，在合并之后的国家卫生计生委干部培训中心（党校）担任党委书记、副主任（副校长），负责研究工作和项目合作。

常修泽
Xiuze CHANG

国家发展和改革委员会宏观经济研究院教授

常修泽，著名经济学家，现任国家发展和改革委员会宏观经济研究院教授、博士生导师，清华大学中国经济研究中心研究员，兼任中国经济学术基金（香港）学术委员会副秘书长，香港亚太法律协会产权顾问等。

常修泽教授长期在南开大学经济研究所和国家宏观经济研究机构从事经济理论与经济决策研究。历任南开大学经济研究所副所长、国家计委（国家发改委）经济研究所常务副所长、国家发展和改革委员会学术委员会委员等职。

常修泽教授长期致力于制度经济学领域人的发展理论、广义产权理论和中国转型理论的研究。著有《人本体制论》、《广义产权论》、《包容性改革论》等学术理论著作，被学界称为中国"人的发展经济学领军人物之一"和"对产权问题素有研究的经济学家"。其理论贡献被收入《中国百名经济学家理论贡献精要》第2卷。

常教授主持完成的重点科研项目《建立比较完善的社会主义市场经济体制若干重要问题研究》（为中共十六大报告起草工作提供的内部研究报告）等三项成果，曾分获国家发展和改革委员会优秀科研成果一等奖（2000，2004，2005）。

常教授是1949—2009年《中国百名经济学家理论贡献精要》入选者，美国传记研究中心和英国剑桥国际传记中心出版的《国际名人录》入选者，近年来多次应邀到海外讲授其"人本体制论"、"广义产权论"和"中国第三波转型理论"，是享受国务院特殊津贴专家。

陈锋
Feng CHEN

商务部五矿化工商会会长，高级工程师

陈锋，高级工程师，北京航空航天大学工商管理硕士。现任中国五矿化工进出口商会会长、中国国际商会理事、海峡两岸贸易协会理事、国际化工分销商协会理事会执行委员会委员。

2000年至2003年在国家经济贸易委员会负责信息工作，参与组织领导全国经济信息搜集、编纂和向决策层传递的具体工作。在经济平稳

期、重大事件突发期和结构调整期，为决策层提供建议方面做出了富有
成效的工作。

2003 年至 2005 年在国务院全国整顿和规范市场经济秩序领导小组
工作期间，负责政策法规、信用体系建设和综合业务工作，参与组织制
定清理整顿市场秩序和建立社会信用体系的规划与政策，组织和实施了
社会信用体系组织架构设计、技术实施路线和接口标准课题的研究。

2006 年至 2012 年担任商务部驻昆明、驻南京特派员期间，深入最
贫困和最发达的地区城镇、农村，以外向型经济为关注点，研究和总结
社会经济发展的规律和模式，对外经、经贸、外资和民生相关的国内市
场体系构建方面提出了许多建设性建议，并取得多项研究成果。

陈锋对能源、矿产资源、金属、化工、建筑材料等行业具有较深了
解。代表行业加强与贸易相关国家政府和非政府组织的对话，组织贸易
保护案件的应诉和诉讼，关注冲突矿产资源开发，推动负责任企业社会
责任行动，引导中国企业对境外矿业资源投资开发活动的保护人权、注
重社会责任实践，组织制定并发布了《中国对外矿业投资行业社会责
任指引》，获得了联合国人权理事会的高度关注和赞誉。

陈新发
Xinfa CHEN

新疆维吾尔自治区克拉玛依市委书记、市人大常
委会主任

陈新发，现任新疆维吾尔自治区克拉玛依市委书记、市人大常委会
主任，中石油驻疆企业协调组组长，中石油新疆油田公司党委书记。

陈新发 1998 年毕业于中国地震局地质研究所构造地质学专业，获博士学位。2004—2009 年任中石油新疆油田公司总经理，在任上提出实施资源、科技、人本"三大战略"，推动建设现代化大油气田；将现代信息技术和系统工程等先进科学管理理念和方法运用于企业管理，设计、实施、建成国内首个数字油田，并启动建设智能化油田，取得了显著的成效，连续 15 年实现安全生产。

陈新发博士于 2009—2015 年担任克拉玛依市市长、中石油新疆油田公司总经理。着眼于资源型城市可持续发展，基于世界油气产业发展趋势和克拉玛依拥有的区位、资源、工业、品牌等比较优势，提出走国际化、外向型、高端发展之路，确立了"打造世界石油城"发展战略，做出了建设油气生产、炼油化工、技术服务、机械制造、石油储备、工程教育"六大基地"，发展金融、信息、旅游"三大新兴产业"，打造高品质城市、最安全城市"两个平台"的战略布局，并着力推进经济产业发展、中心城市建设、高品质城市打造、政策管理创新、城市文化培育等重点工作，推动城市由单一资源型向综合型、经济由工业型向服务型的转变，开启了克拉玛依可持续发展的新纪元。

陈新发博士积极贯彻落实中央"一带一路"战略，与巴基斯坦瓜德尔区签订友好城市协议，成功承办中巴经济走廊论坛（新疆·克拉玛依），使克拉玛依市成功加入世界能源城市伙伴组织（WECP），充分发挥地缘、人文等优势，积极推进区域融合发展和对外开放，逐步构建起了全方位、多领域的开放格局，使城市知名度和影响力显著提升。

陈新发博士是中国共产党第十八次全国代表大会代表，新疆十大科技人物，新疆石油协会理事长，中国石油协会常务理事，全国优秀科技工作者，全国五一劳动奖章获得者，中国科协第七次、第八次全国代表大会代表，新疆维吾尔自治区科协副主席。

迟福林
Fulin CHI

中国（海南）改革发展研究院院长
全国政协委员，研究员

迟福林，现任中国（海南）改革发展研究院院长，首席研究员，博士生导师。兼任中国经济体制改革研究会副会长，中国行政体制改革研究会副会长。海南省人民政府咨询顾问，上海市人民政府决策咨询特聘专家。国家行政学院、中国井冈山干部学院、北京大学、浙江大学、东北大学等多家高等院校的特聘教授，是第十一届、第十二届全国政协委员。

迟福林 1968—1976 年在沈阳军区技术侦察支队任宣传干事；1977—1984 年在国防大学政治部任宣传干事、马列主义基础教研室教员（其中 1978—1979 年在北京大学国际政治系学习）；1984—1986 年在中央党校理论部攻读硕士学位；1986—1987 年在中央政治体制改革研讨小组办公室工作；1988—1993 年任海南省委政策研究室和海南省体制改革办公室的主要负责人，主持两个机构全面工作；1991 年至今历任中国（海南）改革发展研究院常务副院长、执行院长、院长。

迟福林多年致力于经济转轨理论与实践研究，围绕我国改革开放进程中的重大经济、社会问题，在政府转型和基本公共服务均等化等多方面进行深入研究。在上述研究领域，共出版包括《转型抉择》、《市场决定》、《改革红利》、《第二次改革》等在内的中英文专著 40 余本，公开发表学术论文 800 余篇，主笔或主持研究形成研究报告 70 余本，提交了大量政策建议报告，在决策和实践层面产生了积极影响。

迟福林曾获得"全国五个一工程"、"孙冶方经济科学论文奖"、"中国发展研究奖"等研究奖项，享受国务院特殊津贴。2002年被中组部、中宣部、国家人事部和国家科学技术部联合授予"全国杰出专业技术人才"荣誉称号，2009年入选"影响新中国60年经济建设的100位经济学家"。

房秋晨
Qiuchen FANG

中国对外承包工程商会会长

房秋晨，现任中国对外承包工程商会会长。

房秋晨1989年毕业于对外经济贸易大学国际企业管理专业。2000年获得首都经贸大学企业管理硕士学位。

1989年房秋晨加入原对外贸易经济合作部工作，先后在北京温阳进出口贸易公司，国家商务部合作司办公室、非洲处、工程处等部门工作，曾担任调研员、处长等职务，1991—1995年，房秋晨担任中国驻尼日利亚大使馆经商参处随员、三等秘书，2000—2001年，任中国驻文莱大使馆经商参处一等秘书，2001—2003年，任中国驻马其顿大使馆经济商务参赞，2006—2011年，任中国驻印度尼西亚大使馆公使衔经济商务参赞。其中，1997—2000年挂职任河北省泊头市副市长，分管流通领域工作，包括外贸和外经合作。

2011—2015年，房秋晨担任商务部美洲大洋洲司副司级商务参赞、副司长，分管美洲、大洋洲地区除美国外英语国家的双边经贸事务，负责拟订并组织实施与所负责国别（地区）的经贸合作发展政策，参与多双边 FTA 及有关经贸谈判，处理国别（地区）经贸关系中的重要事务，协助中国企业获得外国市场准入等。

2015 年 4 月至今，房秋晨担任中国对外承包工程商会会长，该商会现直属国家商务部，是由中国对外承包工程、劳务合作、工程类投资及相关服务企业组成的全国性行业组织，致力于推动会员企业经营实力的全面提升和中国对外投资与承包工程行业的快速、健康发展。

房秋晨有着丰富的外交工作经验，曾先后被派驻非洲、欧洲、亚洲国家担任外交官，在促进中国与驻在国双边经贸关系方面做了大量卓有成效的工作。

胡卫平
Weiping HU

中国产业海外发展协会秘书长

胡卫平，现任中国产业海外发展协会秘书长。

胡卫平 1971 年参加工作，先后任职于航天部一院、河南省化工研究设计院、河南省石化厅等单位。1991 年调入国家计委，长期在经济与能源管理部门工作，先后任职于国家计委国务院农业生产资料办公室、国家计委原材料司（委农资办）、国家计委经济预测司、产业司（国家西气东输办公室）、能源局等部门，曾任国家能源局油气司副司长。

在国家发改委、国家能源局从事经济与能源行业管理期间，胡卫平主要参与起草国务院农资流通体制改革文件，承担西气东输、广东LNG、运输造船、东海开发、中亚天然气管线建设等重大工程项目组织协调、文件制定和政策研究工作，承担国家利用境外油气资源中长期发展规划、国家油气管道发展规划、国家 LNG 专项发展规划等文件的编制与起草工作，参加国家第二轮油气资源评估等工作，发表《我国天然气发展及相关政策研究》、《招标择优：大型天然气工程项目宏观管理的新尝试》、《广东 LNG 项目招标》、《小型液化天然气应在我国天然气发展中占有一席之地》等重要研究报告。

胡卫平曾获评国家发改委优秀公务员和全国重大专项先进个人，承担完成的研究成果获部委科技进步奖。

黄平
Ping HUANG

中国社会科学院欧洲研究所所长，研究员

黄平，现任中国社会科学院欧洲研究所所长，兼任中国与中东欧智库网络秘书长、中国社会科学院世界政治研究中心主任、台港澳研究中心主任，并担任中华美国学会会长、中国国际关系学会副会长、中国世界政治研究会副会长、全国港澳研究会副会长、中国人民对外友协理事、外交学会理事。

黄平 1991 年毕业于伦敦经济学院，获社会学博士学位。历任中国社会科学院社会学研究所副所长、国际合作局局长、美国研究所所长。其间曾当选联合国教科文组织（UNESCO）社会转型管理政府间理事会副理事长（1998—2002）、教科文组织重大科学项目国际评审委员（2003—2005）、国际社会科学理事会副理事长（2004—2006）和国际社会学会副会长（2002—2012）。

黄平在社会发展、人口流动、城乡关系、中美关系、中欧关系、全球化、中国道路、现代性等领域有长期的专门研究，出版过《寻求生存》、《未完成的叙说》、《误导与发展》、《与地球重新签约》、《公共性的重建》（上、下）、《中国农民工反贫困》（中英文）、《西部经验》、《乡土中国与文化自觉》、《梦里家国：社会发展，全球化，中国道路》、《华侨华人在中国软实力建设中的作用》、《中国与全球化：华盛顿共识还是北京共识?》、*China Reflected* 等著作，翻译过《现代性的后果》、《亚当·斯密在中国》等重要著作，在《中国社会科学》、《社会学研究》、《人口研究》、《欧洲研究》上发表过论文，在英、美、法、荷、日、越、泰、印等国发表过文章。他担任过《读书》杂志的执行主编（1996—2006），也是《社会蓝皮书》最早的核心组成员，并担任过副主编。此外，他曾任《美国研究》和《美国蓝皮书》主编，现为《欧洲研究》、《欧洲蓝皮书》主编，*The British Journal of Sociology*，*Current Sociology*，*Comparative Sociology*，*Sociology of Development*，*Global Social Policy* 等国际著名学术刊物的国际编委。

黄平在布鲁塞尔、巴黎、北京等地组织过四届有中欧领导人出席的"中欧文化高峰论坛"，在华盛顿、伦敦等地举办过"中国社会科学论坛"等国际问题圆桌或高端对话，负责过国家社科基金、中央部委委托课题、联合国粮农组织、教科文组织、欧盟等委托的课题。他任总策划的作品多次获得过国家"五个一"工程奖和"飞天"一等奖。黄平也是国家"四个一批"和哲学社会科学领军人才，享受国务院特殊津贴专家。

李绍先
Shaoxian LI

宁夏大学中国阿拉伯研究院院长，研究员

李绍先，中国著名中东问题专家，现任宁夏大学中国阿拉伯研究院院长，中国中东学会副会长。

李绍先1985年至1988年间就读于国际关系学院，获政法专业硕士。1988年至2014年就职于中国现代国际关系研究院（CICIR），历任助理研究员、研究员、副院长。李绍先从事中东问题研究逾30年，是国家中东问题研究领域重要智库的负责人之一，为中国中东政策和战略决策提供了可靠的建议。

李绍先组织开展了宁夏大学中阿院在中国与阿拉伯国家间的国际关系、能源合作、经贸合作、产业科技创新与推广、博览会机制、人文交流和人才培养诸多领域的工作，研究报告得到了中办、中央外办、国安办、教育部、外交部、中联部和宁夏回族自治区党委政府的充分肯定。

李绍先是中央电视台、中央人民广播电台国际问题顾问、特约评论员，全国五一劳动奖章获得者，享受政府特殊津贴。因主持研究关于新疆问题的研究报告，李绍先曾获国家二级英模称号。主要著作包括《李绍先眼中的阿拉伯人》、《一脉相承的阿拉伯人》、《海湾寻踪》等。

李希光
Xiguang LI

清华大学国际传播研究中心主任，教授

李希光，现为清华大学教授、博士生导师；清华大学国际传播研究中心主任、清华大学巴基斯坦文化与传播研究中心主任、健康传播研究所所长、清华大学网络信息与社会管理研究中心首席专家；西南政法大学全球新闻传播学院名誉院长、世界与中国议程研究院院长、喜马拉雅研究所所长；卫生部应急专家委员会成员、联合国教科文组织媒介素养与文明对话教席负责人、中巴经济走廊网总编辑。

李希光曾任清华大学新闻与传播学院常务副院长、新华社高级记者、哈佛大学新闻政治与公共政策中心研究员、《华盛顿邮报》科学与医学记者、联合国教科文组织丝绸之路青年学者。早在 1990 年，李希光就曾随巴基斯坦杰出学者丹尼教授乘船来到卡拉奇，沿印度河采访考察古丝绸之路。作为联合国教科文组织丝绸之路青年学者，李希光已在海上丝绸之路、草原丝绸之路、沙漠丝绸之路、阿尔泰游牧路线行走 5 万多公里，被誉为"走遍丝路第一人"。

2010 年以来，李希光分别受扎尔达里总统、吉拉尼总理、穆沙希德参议员等邀请，先后六次率领团组深入巴基斯坦访问考察，并带领清华巴基斯坦研究团队每年与巴基斯坦国家科技大学或国家信息科技大学共同召开中国—巴基斯坦联合智库年会。李希光对巴基斯坦积极开展公共外交，多次与巴基斯坦领导人深入交谈，曾当面向穆沙拉夫总统、扎尔达里总统、侯赛因总统、吉拉尼总理等深入介绍中国社会政治、经济文化的发展。2015 年 3 月，巴基斯坦侯赛因总统专门听了李希光的演讲《一带一路与伊斯兰世界》。2015 年夏天，李希光与穆沙希德参议员率领中巴远征队全程考察了中巴经济走廊。

李希光教授著有《写在亚洲边地》、《谁蒙住了你的眼睛——人人必备的媒介素养》、《新闻采访写作教程》、《初级新闻采访写作》、《软实力与中国梦》、《舆论引导力与文化软实力》、《对话西藏：神话与现实》、《新闻教育未来之路》、《发言人教程》等。在《科学》、《求是》、《红旗文稿》、《人民论坛》、《华盛顿邮报》等发表过有影响力的文章。

李希光曾获联合国艾滋病防治特殊贡献奖、巴基斯坦总统奖和全国十大教育英才等荣誉称号，享受国务院政府特殊津贴。

李向阳
Xiangyang LI

中国社会科学院亚太与全球战略研究院院长，研究员

李向阳，现任中国社会科学院亚太与全球战略研究院院长，研究员；兼任中国世界经济学会副会长、中国美国经济学会副会长、中国亚太学会副会长。

李向阳 1979—1983 年在中央财经大学学习，获经济学学士学位；1985—1988 年在中国社会科学院研究生院学习，获经济学硕士学位；1995—1998 年在中国社会科学院研究生院学习，获经济学博士学位。1988—2009 年在中国社会科学院世界经济与政治研究所工作，2009 年调任中国社会科学院亚太所，主要研究领域为国际经济学。

　　李向阳先后发表了《建设"一带一路"过程中需要优先处理的关系》、《论海上丝绸之路的多元化合作机制》、《跨太平洋伙伴关系协定：中国崛起过程中面临的重大挑战》、《全球经济重心东移的前景》、《全球气候变化规则及其对世界经济的影响》、《区域经济合作中的小国战略》、《国际经济规则的实施机制》、《国际经济规则的制定机制》、《新区域主义与大国战略》等多项重要研究成果，出版《企业信誉、企业行为与市场机制》、《市场缺陷与政府干预》等多项专著。

　　李向阳 1992 年获中国社会科学院首届青年优秀科研成果论文二等奖，1993 年获中国社会科学院优秀青年称号，1994 年获中国社会科学院首届优秀科研成果论文奖，1996 年获中国社会科学院"有突出贡献的中青年专家"称号，1998 年获国务院政府特殊津贴，2002 年获中国社会科学院第四届优秀科研成果论文三等奖，2007 年获中国社会科学院第六届优秀科研成果论文二等奖，2009 年入选中宣部"四个一批"工程。

李永全
Yongquan LI

中国社会科学院俄罗斯东欧中亚研究所所长，研究员

　　李永全，现任中国社会科学院俄罗斯东欧中亚研究所所长，中国社会科学院"一带一路"研究中心主任，中国社会科学院俄罗斯东欧中亚学会常务副会长，《俄罗斯东欧中亚研究》杂志主编，《俄罗斯发展报告》（黄皮书）主编，中国国际问题研究基金会欧亚中心执行主任。

李永全 1975 年毕业于辽宁大学外语系，1990 年毕业于苏联莫斯科大学历史系，获历史学博士学位，长期在中共中央编译局从事马克思主义经典著作翻译以及俄罗斯历史和当代国际问题研究。1999—2004 年及 2009—2011 年间任《光明日报》驻莫斯科记者，并曾荣获中国新闻奖。2005—2009 年间，任中国国务院发展研究中心欧亚社会发展研究所常务副所长。

主要著作有：《列宁的新经济政策原则及其国际意义》（俄文专著）、《俄国政党史——权力金字塔的形成》（专著）（1999 年出版，2006 年第三次印刷）、《莫斯科咏叹调》（2005）。在国内外各种刊物上发表学术论文及政论作品百余篇。

主要译著有：瓦·博尔金《戈尔巴乔夫沉浮录》（В. Болдин, *Крушение пьедестала*）（1996 年中央编译出版社）、尼·雷日克夫《大动荡的十年》（Н. Рыжков, *Десять лет великихпотрясений*）（1998 年中央编译出版社）、肖洛霍夫《他们为祖国而战》（М. Шолохов, *Они сражались за Родину*）（2005 年东方出版社）、伊·列昂诺夫《独臂长空》（И. Леонов, *Был назван человеком из легенды*）（2005 年东方出版社）等。

刘世锦
Shijin LIU

国务院发展研究中心原副主任
中国发展改革研究基金会副理事长
研究员

刘世锦，国务院发展研究中心原副主任，现任中国发展改革研究基金会副理事长，兼任中国国际经济交流中心副理事长。研究员，博士生导师。

刘世锦 1982 年 2 月毕业于西北大学经济系，获经济学学士学位。1982—1986 年，在西北大学经济系（后为经济管理学院）工作，任讲师、教研室主任，并在职读硕士学位。1989 年 11 月获中国社会科学院研究生院经济学博士学位。1989—1994 年在中国社会科学院工业经济研究所工作，任副研究员、研究室副主任。1994—2001 年，先后任国务院发展研究中心市场经济研究所副所长、宏观经济研究部副部长、产业经济研究部部长。2002—2005 年，任国务院发展研究中心党组成员、办公厅主任、学术委员会秘书长。2005 年 3 月起任国务院发展研究中心副主任、党组成员。2015 年至今，任中国发展改革研究基金会副理事长。

刘世锦长期以来致力于经济理论和政策问题研究，主要涉及企业改革、经济制度变迁、宏观经济政策、产业发展与政策等领域，先后在《人民日报》、《求是》、《经济日报》、《光明日报》、《经济研究》、《管理世界》等国内外重要报刊上发表学术论文及其他文章 200 余篇，独著、合著、主编学术著作 20 余部。

刘世锦是近年来一系列产生广泛影响的研究成果的直接领导者和主笔者，包括与世界银行联合进行的《2030 年的中国：建设现代、和谐、有创造力的社会》等研究报告；提出中国经济增长速度将会放缓、进入增长阶段转换等判断的著作《陷阱与高墙：中国经济面临的真实挑战与选择》；较早引入中国经济新常态重要观点的著作《在改革中形成增长新常态》等。

刘世锦是中共十八届三中和五中全会报告的起草者之一，是中国国家“十三五”规划专家委员会委员、国家应对气候变化专家委员会委员、中国经济 50 人论坛成员等，兼任多所大学的教授和博士生导师以及城市顾问。曾多次获得全国性有较大影响力的学术奖励，包括两次获得经济研究界最高奖——孙冶方经济科学奖，中国发展研究特等奖等。

卢山
Shan LU

中国电子信息产业发展研究院院长
工业和信息化部软件与集成电路促进中心主任
高级工程师

　　卢山，现任工业和信息化部软件与集成电路促进中心主任、中国电子信息产业发展研究院院长。

　　卢山2000年毕业于北方交通大学工商管理系管理科学与工程专业，获博士学位。毕业后任职于国家信息产业部计算机与微电子发展研究中心赛迪咨询顾问有限公司，担任总裁助理。2000—2001年任中国计算机报社副总编；2001—2002年任赛迪信息技术评测公司执行总裁；2002—2003年任中国计算机报社执行总编；2003—2004年任中国电子信息产业发展研究院团委书记、中国计算机报社执行总编；2004—2006年任中国计算机报社常务副社长、执行总编，中国电子信息产业发展研究院团委书记；2006—2009年任赛迪传媒投资股份有限公司总经理、中国电子信息产业发展研究院团委书记；2009—2014年任中国电子信息产业发展研究院副院长。其间，2012—2014年挂职重庆市，任重庆南岸区区委常委、副区长。2014年7月至今，任工业和信息化部软件与集成电路促进中心主任；2015年12月至今，任中国电子信息产业发展研究院院长。

　　卢山长期从事计算机软件总体设计、质量保证以及数据共享等方向研究。曾完成多项国家级重大科研项目和国家公共技术服务平台建设，在电子信息系统可靠性及测试领域做出了重要贡献。

　　卢山是全国青联第十一届委员，中央国家机关第四届青联委员，曾先后获得2000—2001年度中央国家机关优秀青年、全国优秀共青团干部等荣誉称号，享受政府特殊津贴。

吕红兵
Hongbing LU

中华全国律师协会副会长
国浩律师集团事务所首席执行合伙人

　　吕红兵，国浩律师集团事务所首席执行合伙人、中华全国律师协会党组成员、副会长、金融证券业务委员会主任，第七届上海市律师协会会长。中国共产党上海市第九次、第十次代表大会代表。政协上海市第十一届、第十二届委员会委员、社会和法制委员会副主任。上海市青年联合会第十届副主席、上海市青年企业家协会第六届副主席。中国证监会第六届股票发行审核委员会专职委员、上海证券交易所和深圳证券交易所上市委员会委员。上海国际贸易仲裁委员会、上海仲裁委员会委员及仲裁员、上海金融仲裁院仲裁员。复旦大学、中国人民大学、华东政法大学、上海外国语大学、上海对外经贸大学、上海政法学院、上海金融学院等高校兼职或客座教授。

　　吕红兵带领着来自国浩全球20个办公室的近1500名律师为境内外企业及各类客户提供全面的专业法律服务。他主编或参与的著作包括《民主立法与律师参与》、《企业投资融资筹划与运作》、《中国新型城镇化的法治思维》、《中国产业律师实务》、《现代商事律师实务》、《金融证券律师实务》等。

　　吕红兵曾获全国优秀仲裁员、上海市优秀专业技术人才、上海市劳动模范、上海市优秀律师、上海市司法行政系统先进个人等荣誉称号。

潘家华
Jiahua PAN

中国社会科学院城市发展与环境研究所所长
国家气候变化专家委员会委员
研究员

潘家华，现任中国社会科学院城市发展与环境研究所所长，兼任中国城市经济学会副会长、中国生态经济学会副会长、中国能源学会副会长、国家气候变化专家委员会委员、国家外交政策咨询委员会委员、北京市政府专家顾问委员会委员、《城市与环境研究》主编、国家973项目首席专家。

潘家华曾任湖北省社会科学院长江经济研究所副所长、UNDP北京代表处高级项目官员、能源与发展顾问、联合国气候变化专门委员会社会经济评估工作组（荷兰）高级经济学家。

主要研究领域包括可持续发展经济学、可持续城市化、土地与资源经济学、世界经济等。曾任联合国气候变化专门委员会（IPCC）第三工作组"减缓气候变化"评估报告第三次（1997—2001）报告共同主编（剑桥大学出版社）、主要作者，第四次（2003—2007）和第五次报告（2010—2014）主要作者。在《中国社会科学》、《经济研究》，以及英文刊《科学》（2008年第10期）、《自然》（2009年第10期）、《牛津经济政策评论》（2009年第10期）等国内外刊物上发表中英文论（译）著300余篇（章、部）。

2010年2月，潘家华应邀在中央政治局第19次集体学习时讲解控制温室气体排放目标。曾获中国社科院优秀科研成果一等奖和二等奖、孙冶方经济科学奖（2011），2010/2011绿色中国年度人物，享受国务院特殊津贴。

沙祖康
Zukang SHA

中巴友好协会会长
国际绿色经济协会名誉会长

沙祖康，现任中巴友好协会会长，国际绿色经济协会名誉会长。

沙祖康1970年毕业于南京大学英语系。1971—1974年任中国驻英国大使馆科员，1974—1980年任中国驻斯里兰卡大使馆科员，1980—1985年任中国驻印度大使馆随员、三秘，1985—1988年任中国外交部国际司三秘、副处长、一秘，1988—1992年任中国常驻联合国代表团一秘、参赞，1992—1995年任中国外交部国际司参赞、副司长，1995—1997年任中国常驻联合国日内瓦办事处及瑞士其他国际组织副代表、中国裁军事务大使，1997—2001年任中国外交部军控司司长，2001—2007年任中国常驻联合国日内瓦办事处及瑞士其他国际组织代表、大使，2007—2012年任联合国副秘书长（经济和社会事务），2010—2012年任联合国可持续发展峰会筹备会及峰会秘书长，2015年至今任外交部外交政策咨询委员会委员。

沙祖康在长达43年的外交生涯中，涉足政治、安全、经济、社会、人权、人道等广泛领域。他作为中国政府和军方的顾问，参与了中国政府在许多重大外交问题上的决策，是中国一系列重大军控和裁军倡议的设计者之一，也是改革开放以来中国外交的参与者和见证人。

沙祖康作为中国政府代表，1993 年在沙特的配合下，与美方谈判，妥善解决了"银河号"事件。作为中国外交部高级官员，他于 1993—1994 年参与了第一次朝核危机的处理。作为外交部长唐家璇的主要顾问，他于 1998 年参与处理南亚核危机，参加五国外长关于南亚核问题联合声明的起草和磋商，并为此后联合国安理会通过 1172 号决议做出了贡献。作为中国大使，他参与了中国政府和世界卫生组织对 2003 年"非典事件"的处理。

沙祖康于 1997 年组建中国外交部军控司并担任首任司长，在中国履行军控、人权国际条约过程中，他多次承担中国政府各部门、军队和民间社会之间的协调工作，提出履约报告，配合履约视察和联合国工作组和报告员的调查访问，倡导成立中国非政府组织，推动国际组织在中国设立代表处。

作为一位杰出的谈判者，沙祖康也参与了《不扩散核武器条约》、《全面禁止核试验条约》、《禁止化学武器公约》、《禁止生物武器公约》和《特定常规武器公约》等军控和裁军领域重大国际条约的谈判和审议，参与起草了联大和安理会通过的一些重要的关于军控和国际安全的决议，以全球视野和战略眼光，积极倡导国际安全合作，维护国际和平和地区稳定和安全。

孙壮志
Zhuangzhi SUN

中国社会科学院社会学所党委书记，研究员
中国社会科学院上合组织研究中心秘书长

孙壮志，现任中国社会科学院社会学所党委书记、副所长、研究员，中国社科院研究生院俄罗斯东欧中亚系教授，博士生导师。兼任中国社科院上海合作组织研究中心秘书长，中国上海合作组织睦邻友好合作委员会委员，中国亚非学会常务理事，中联部当代世界研究中心常务理事，对外经贸大学、上海大学、新疆大学教授等。

孙壮志2000年毕业于中国社科院研究生院，获法学博士学位，专业为国际政治，研究方向为中亚地区国际关系与上海合作组织。

主要著作有《中亚五国对外关系》（1999）、《中亚新格局与地区安全》（2001）、《中亚安全与阿富汗问题》（2003）、《独联体国家"颜色革命"研究》（2011），论文有《上合组织新发展与我国对外经济合作的新机遇》（2012）、《中亚新形势与上合组织的战略定位》（2011）、《上海合作组织：中国与中亚合作的重要平台》（2011）等。

王镭
Lei WANG

中国社会科学院国际合作局局长，研究员

王镭，现任中国社会科学院国际合作局局长，兼任中国人民对外友好协会理事、中国欧洲学会理事。

王镭于荷兰社会科学研究院获公共政策与管理学硕士学位、中国社会科学院研究生院获经济学博士学位。

王镭曾在荷兰蒂尔堡大学法律系、比利时鲁汶大学欧洲税收学院从事欧洲经济一体化背景下的欧洲税收协调、WTO税收相关规则的研究。研究领域涉及投资、贸易、税收问题。曾在《工业经济》、《国际经济评论》、《国际转移定价》（荷兰国际财政文献局）等中外学术期刊发表研究论文，出版专著《WTO 与中国涉外企业所得税收制度改革》（社会科学文献出版社）。

王丽
Li WANG

北京德恒律师事务所创始人、主任，首席全球合伙人、党委书记
中国民营经济国际合作商会副会长
中非商会副会长

王丽，现任北京德恒律师事务所（原中国律师事务中心）创始人、主任，首席全球合伙人、党委书记。兼任全国工商联执委，中国传记文学学会会长，吉林大学德恒律师学院院长、教授，北京大学、清华大学法律硕导，北京市政府上市工作委员会委员、立法工作专家委员会委员，中国民营经济国际合作商会副会长，中非商会副会长，中国国际经济贸易仲裁委员会仲裁员，是北京市党代表，北京市政协委员。担任财政部、全国社保基金理事会、中国三峡总公司、中国烟草总公司等机构法律顾问。

王丽于 1977 年考入大学，获学士、硕士、博士学位。曾任教于山东师范大学、中国政法大学，并曾任国家司法部处长。1993 年创办中国律师事务中心，获律师暨证券法律业务资格。曾任中国证券监督管理委员会上市公司重组委员会第一、二届委员，全国社保基金理事会、劳动与社会保障部企业年金专家。

王丽主办了九期 345 亿元人民币三峡债券与长江电力 A 股发行、上市及总公司发电资产的整体上市。牵头主办了 1500 亿元融资额的中国农业银行 A+H 股 IPO 及航天科技通信、中国重汽等上百家大型企业改制、境内外股票、债券发行上市等法律服务。擅长综合协调处理中外客户投资并购、风险管理及重大突发事件与涉诉法律事务。

2015 年，王丽参与发起设立了"一带一路"服务机制，为实现"一带一路"国家战略提供支持。

王灵桂
Linggui WANG

中国社会科学院亚太与全球战略研究院党委书记，研究员

王灵桂，现任中国社会科学院亚太与全球战略研究院党委书记，法学博士，研究员。

王灵桂 1988 年毕业于北京外国语大学；1988 年 8 月至 2005 年 4 月，历任《经济日报》社会部和国际部实习记者、记者、主任记者；2005 年 4 月至 2010 年 12 月，历任国务院发展研究中心副研究员、研究员，处长、副局长；2010 年 12 月至 2014 年 11 月，任中国社科院当代中国研究所党组成员、副所长（正局）；2014 年 11 月至今，任中国社科院亚太与全球战略研究院党委书记。

王灵桂的主要代表作有：《中国伊斯兰教史》（专著）、《一脉相传阿拉伯人》（合著）、《一脉相传犹太人》（合著）、《中东怪杰》（合著）、《天使与魔鬼共舞：一个中国记者的黑非洲采访札记》（独著）、《对综合安全观的现实思考》（独著）等，在《人民日报》、《经济日报》、《光明日报》发表文章 150 余篇。

武钢
Gang WU

新疆金风科技股份有限公司董事长
新疆新能源（集团）有限责任公司董事长兼党委书记
世界风能协会副主席

武钢，现任新疆金风科技股份有限公司董事长、新疆新能源（集团）有限责任公司董事长兼党委书记，兼任国家风能协会副主任、国家科技部风电工程技术研究中心主任等。2015年当选世界风能协会副主席。第十二届全国人大代表。

武钢1979—1983年在新疆工学院电力系统自动化系攻读本科；1983—1987年在新疆水电学校任教；1987—1997年任新疆风能公司副总经理；1997年至今，任新疆金风科技股份有限公司董事长。2003年获大连理工大学控制工程专业工程硕士学位，2013年获清华大学EMBA专业高级管理人员工商管理硕士。

武钢自1987年开始投身中国风电事业，创建新疆风能公司、新疆金风科技，并多次赴丹麦、德国、英国进行专业技术和工程实践培训与工作，积累了丰富的风电技术经验及行业背景经历，在商业模式创新、团队建设、技术创新、资源整合方面具有一定的领导力。

武钢曾荣获国家科技进步二等奖，水利部科技成果二等奖，新疆维吾尔自治区科技成果一等奖，2006年度世界风能贡献奖，2007年度"中国能源科技进步杰出贡献个人"和新疆维吾尔自治区科技兴新贡献奖，2010年美国杰出华人贡献奖，2010年"全国劳动模范"荣誉称号，2012年当选新疆维吾尔自治区党代表，2013年1月被国家能源局授予"国家能源科技进步奖"。

邢军
Jun XING

国家开发银行客户管理中心副主任
中国开发性金融促进会秘书长

邢军，现任国家开发银行客户管理中心副主任、中国开发性金融促进会秘书长，兼任清华大学五道口金融学院经济学教授、硕士研究生导师，第十届全国青联委员。

邢军获北京大学民商法学博士学位、东北师范大学应用经济学博士学位后，曾先后在民政部、内蒙古自治区二连浩特市人民政府、国家开发银行信贷管理局、贵州省分行等工作。2012年，邢军参与推动的中国开发性金融促进会获国务院批复成立，该机构是我国唯一的开发性金融社会组织，形成以八千家会员为主体，覆盖金融机构、大型央企、重点民企、科研机构的开发性金融合作网络。

邢军参与创立并举办了21期中国开发性金融大讲堂，发布全球开发性金融发展报告，开展航空物流体系等专项规划，推动开发性金融智库建设；举办亚信非政府论坛开发性金融圆桌会议、中法养老产业合作投资洽谈会、首届空中丝绸之路国际论坛等大型国际会议，连续两年举办境外中资企业年会，服务我国企业"走出去"战略。举办了中国—埃塞俄比亚国际产能合作对接会、投资非洲系列研讨会，推动中非合作；发起成立能源、文化、体育等产业金融俱乐部，促进产业金融互动，协同开发银行为会员提供"融资、融智、融商"服务；举办PPP模式项目融资培训班、贫困村大学生村官培训，发起"一五"时期156项工程工业遗产保护倡议、开发性金融机构相互信任与合作发展倡议，推动开发性金融社会公益事业；收购上海远东资信评估有限公司，致力于打造民族品牌的评级机构；发起成立"丝路规划研究中心"，推动成立"一带一路"高级研修院，举办首期培训斯里兰卡新闻出版业高端研修班，服务"一带一路"国家战略。

邢军在核心期刊和内参上发表文章20余篇，并出版专著7部。

杨光
Guang YANG

中国社会科学院西亚非洲研究所所长，研究员

杨光，现任中国社会科学院西亚非洲研究所所长，研究员，《西亚非洲》学刊主编，中国社会科学院研究生院教授委员会委员、博士研究生导师，中国中东学会会长，中国非洲问题研究会第一副会长，中国亚非学会副会长，中国新兴经济体研究会副会长。

杨光1975—1978年间在北京外国语学校学习，1982—1984年间在法国巴黎政治学院学习，1989—1990年间在美国威斯康星大学做访问学者，1997—1999年间在中国社会科学院研究生院学习。

杨光自1978年起在中国社会科学院西亚非洲研究所从事研究工作，是国际能源安全、西亚非洲经济发展、中国与西亚非洲国家关系等研究领域的知名专家。他主编或参与出版了《中东市场指南》（1993）、《石油输出国组织》（1995）、《中东的小龙：以色列经济发展研究》（1997）、《21世纪发展中国家面临的新挑战》（1999）、《西亚非洲国家的社会保障制度》（2002）、《中东非洲发展报告》（1998—2015）、《西亚非洲国家经济发展问题研究》（2016），*Globalization of Energy*（2010），*Secure Oil and Alternative*

Energy（2012），*Security Dynamics of East Asa in the Gulf Region*（2014）等研究著作，《世界规模的积累》、《新现实》等翻译学术著作，《中国的第三世界国家战略》、《发展中国家的债务问题》、《安全的依赖：石油进口安全的国际经验》等长篇研究报告，以及大量学术论文。

袁建民
Jianmin YUAN

中国外运股份有限公司党委副书记
中外运长航集团新疆有限公司执行董事、总经理、党委书记

袁建民，北京工商大学产业经济学研究生学历，高级经济师。

袁建民现任中国外运股份有限公司党委副书记，中外运长航集团新疆有限公司执行董事、总经理、党委书记；兼任新疆维吾尔自治区人民政府参事、中国国际投资促进会副会长、新疆喀什行政公署经济顾问、新疆克拉玛依市委巴基斯坦事务顾问、新疆外交学会副会长、新疆物流协会会长、自治区社科联委员、新疆咨询决策专家、新疆师范大学—巴基斯坦国立现代语言大学国际教育合作中心顾问、巴基斯坦吉尔吉特—巴蒂斯坦省发展顾问、巴基斯坦南瓦济里斯坦地区发展顾问、巴基斯坦洪扎发展运动组织荣誉主席、中国公安边防部队乌鲁木齐边防指挥学校客座教授、巴基斯坦伊斯兰堡国立现代语言大学客座教授、新疆师范大学客座教授、新疆塔里木大学客座教授。

袁建民积极倡导建设了"巴中苏斯特干港"（陆地口岸），惠及中巴两国。巴中苏斯特干港关乎国家安全和国家的周边战略，有关情况上报中央政治局，并列入国家领导人访巴会谈时的重要内容。

袁建民先后荣获"中央企业劳动模范"、"中央企业优秀党务工作者"、

"优秀党务工作者"、"助推大陆桥20年发展突出贡献奖"等称号。2011年8月，巴基斯坦总统扎尔达里在伊斯兰堡签署总统令，授予袁建民"国父真纳"勋章；2012年11月，袁建民被新亚欧大陆桥国际运输研讨会组委会评为"新亚欧大陆桥开通运营20年突出贡献企业家"等荣誉。

张丽娜
Lina ZHANG

国家发改委体改司巡视员，重大项目稽查特派员办公室特派员（正司长级）

张丽娜，国家发改委体改司巡视员，重大项目稽查特派员办公室特派员。兼任中国经济体制改革研究会常务理事，中国（海南）改革发展研究院特约研究员。

张丽娜1978年毕业于中山大学经济系政治经济学专业，1996年获得中国社会科学院财贸所财政学硕士学位，2015年于上海交大金融EMBA班毕业。2001年、2009年和2014年分别参加中央党校厅局级干部班学习。

张丽娜1978—1984年在商业部政策研究室、经济研究所工作；1984—1998年间，历任国家体改委理论组、综合司、办公厅副处长、处长；1998年任国务院体改办宏观司副巡视员；1998—2001年任西藏自治区经贸委副主任；2001—2003年任国务院体改办产业司副巡视员。2003年至今，在国家发改委工作，任副巡视员、巡视员、司长。

张丽娜长期从事经济体制改革理论与政策的研究制定，曾参与市场流通、产业和企业、宏观和公共服务及社会领域改革工作。近几年参与了国有企业和混合所有制改革、行业协会脱钩改革、城镇化和中小城市综合改革及天津滨海新区综合配套改革试点等方案的制定和实施工作。

落实和启动中英两国政府财经对话关于政府和社会资本合作（PPP）的研究和推进工作。张丽娜熟悉改革理论及政策，曾参与了改革不同阶段的相关重要工作，是中国改革开放的见证者之一。

研究成果包括参与新中国商业 30 年总结工作并纳入当代中国系列丛书，参与编写并出版《中国改革开放（1978—2008）》，参与廖季力主编的宏观平衡调控专著，主持世界银行重大课题"中国事业单位改革研究"并出版相关著作，主持了亚行以及其他相关国际课题的研究。

张兴凯
Xingkai ZHANG

全国人大常委会委员、环境与资源保护委员会委员

民革中央教科文卫体委员会副主任

中国安全生产科学研究院院长

张兴凯，现任全国人大常委会委员、环境与资源保护委员会委员，民革中央委员，中国安全生产科学研究院院长，国家安全监管总局矿山采空区灾害防治重点实验室主任。北京市高等学校（青年）学科带头人、青年科技骨干，享受政府特殊津贴专家，博士，教授。兼任民革中央教科文卫体委员会副主任，民革北京市委员会副主委、朝阳区委员会主委。

受聘国家安全生产专家、非煤矿山组专家、法律组副组长，国家安全监管总局技术委员会委员、非煤组副组长、法律组委员，国家安全监管总局职业卫生专家，环保部新化学物质评审委员会委员，公安部特约监督员，工业与信息化部安全生产专家，北京市安全生产专家，国家安全生产标准化技术委员会委员、副秘书长，全国安全职业教育教学指导委员会副主任委员，中国安全生产协会检测检验技术委员会主任。

　　张兴凯长期从事安全生产、公共安全的科研和教学工作。获得国家自然科学基金（面上项目、青年项目）、中国博士后基金、北京市青年人才培养基金、教育部优秀教师基金等资助，主持或参加完成了安全生产领域的国家"九五"、"十五"、"十一五"和"十二五"科技攻关（支撑）项目或课题，参加了山西襄汾"9·8"特别重大尾矿库溃坝事故等多起特别重大事故应急抢险、重庆开县"12·23"特别重大井喷事故等多起特别重大事故调查分析、汶川地震尾矿库抢险与灾害评估分析。

　　2000年以来，张兴凯在公共安全、非煤矿山安全等领域取得40多项科研成果，其中有29项获得省部级科技进步奖或科技成果奖，发表学术论文30多篇，出版专著3部，出版合著教材5部，组织制定国家或行业标准7项。

　　代表论著有《对中国安全生产的几点认识》（中国环境科学出版社，2013年5月）、《地下工程火灾原理及应用》（首都经济贸易大学出版社，1997年12月）。代表科研成果有"矿井火灾风流非稳定流动的通风原理"、"爆破烟尘的行为理论及环境效应评价"、"非煤矿山典型灾害预测控制关键技术研究与示范工程"等。

郑功成
Gongcheng ZHENG

全国人大常委会委员、内务司法委员会委员
中国国家减灾委专家委员会副主任

　　郑功成，现任全国人大常委会委员、内务司法委员会委员，中国社会保障学会会长，中国人民大学教授。兼任中国国家减灾委专家委员会副主任、国务院医改专家咨询委员、人力资源和社会保障部咨询委员、民政部咨询委员、中国社会保险学会副会长、中国劳动学会副会长、中国医疗保险研究会副会长、中国社会福利和养老服务协会副会长以及国家行政学院兼职教授等。

郑功成 1985 年毕业于武汉大学政治经济学专业，工作后长期从事社会保障、灾害保险及与民生相关领域的研究，并担任国家立法机关组成人员，其理论及政策研究成果在学术界、政府有关部门有着广泛影响。一些政策研究成果为国家相关立法与政策制定提供了重要的理论背景和依据。

郑功成教授迄今独著或主编出版有《中国社会保障改革与发展战略》（五卷本）、《科学发展和共享和谐》、《中国社会保障 30 年》、《关注民生：郑功成教授访谈录》、《构建和谐社会：郑功成教授演讲录》、《社会保障学——理念、制度、实践与思辨》、《论中国特色的社会保障道路》、《中国社会保障论》、《从企业保障到社会保障》、《东亚地区社会保障模式论》、《中国社会保障制度变迁与评估》、《中国灾害研究丛书》（12 卷本）、《灾害经济学》、《中国救灾保险通论》、《中国灾情论》、《多难兴邦：新中国 60 年抗灾史诗》、《慈善事业立法研究》、《当代中国慈善事业》、《中华慈善事业》、《中国残疾人事业发展报告》（系列）、《中国农民工问题与社会保护》（上、下）、《财产保险》、《责任保险理论与经营实务》等 30 多本著作。在《人民日报》、《光明日报》、《中国人民大学学报》、《中国软科学》、《经济学动态》等国内外报刊发表学术文章约 500 多篇，多篇论文被《新华文摘》等转载。

郑功成教授获得过中国第六、七届高等学校科学研究（人文社会科学）优秀成果一等奖，第十一、十二届北京市哲学社会科学优秀成果一等奖等多种学术奖励，荣获过第三届中国政府出版奖、多届中国图书奖以及国家级优秀教学成果奖。

郑功成教授是第十、十一、十二届全国人大常委会委员，全国人大内务司法会委员，获得过湖北省有突出贡献中青年专家称号、北京市为首都建设做出突出贡献的统一战线先进个人称号，是国家百千万人才工程国家级人选入选者。

◇◇ 第三节　国际合作委员会

蓝迪国际智库致力于国内外资源的整合，根据合作国别，通过组建相应的国际合作委员会，形成智库、企业和行业的深度对接，从而促进共建"一带一路"。

一　蓝迪国际智库中国—巴基斯坦国际合作委员会

2015年4月15—17日，在中国海南省海口市召开的"一带一路"中巴经济走廊战略研讨会上，蓝迪国际智库中国—巴基斯坦国际合作委员会宣告成立。委员会包括了来自中巴两国的政府官员、知名专家学者和企业领袖，专业范围涉及政治、经济、金融、能源、贸易、信息、通

蓝迪国际智库平台暨中国—巴基斯坦国际合作委员会成立

信、社会等各个领域。中国—巴基斯坦国际合作委员会由赵白鸽担任主席，穆沙希德·侯赛因·萨义德任共同主席。

自成立以来，蓝迪国际智库中国—巴基斯坦国际合作委员会对中巴经济走廊的宣传和交流、项目的推动和落实，以及相关国际国内研讨会的组织实施发挥了重要作用。

蓝迪国际智库中国—巴基斯坦国际合作委员会共同主席：

穆沙希德·侯赛因·萨义德
Mushahid Hussain Sayed

巴基斯坦穆斯林联盟（领袖派）秘书长

参议员、巴基斯坦议会中巴经济走廊委员会主席

参议院国防委员会主席（2015 年连任）

前信息部部长，巴基斯坦中国研究所主席

和平共处五项原则友谊奖获奖者（习近平主席颁发）

穆沙希德·侯赛因·萨义德，分别在巴基斯坦前基督教学院和美国乔治城大学外交服务学院学习。现任巴基斯坦参议员，代表巴基斯坦穆斯林联盟，同时也担任巴基斯坦穆斯林联盟秘书长，巴基斯坦参议院国防委员会主席。

穆沙希德·侯赛因·萨义德有着丰富的政府管理经验。曾在巴基斯坦著名的国家行政人员学院授课，教授外交服务课程。之后他加盟最古老的大学——旁遮普大学，在政治学系担任国际关系讲师。1982 年 29 岁时，他成为全国性英文日报《穆斯林》最年轻的编辑，发表观点立场。2000 年，国际著名人权机构大赦国际宣布他为"良心犯"，使之成为巴基斯坦首位获此殊荣者。

穆沙希德·侯赛因·萨义德是著名国际、政治和战略问题专家。举办了多场讲座，并在国内国际刊物上发表文章，其中包括《纽约时报》、《华盛顿邮报》、《国际先驱论坛报》、《中东国际》等。他还撰写了三部著作。他是著名智库伊斯兰堡政策研究所理事会成员。2004—2005年，他是伊斯兰会议组织为其改革而成立的名人委员会巴基斯坦代表。他还担任中间派民主国际（CDI）亚太地区分会副主席。2006年1月27日，他被菲律宾共和国众议院颁发国会成就奖。他还是一名记者、地缘战略家、作家。

蓝迪国际智库中国—巴基斯坦国际合作委员会巴方委员：

纳赛尔·阿里·沙·布哈里
Nasir Ali Shah BUKHARI

巴基斯坦 KASB 集团董事长

卡拉奇能源研究机构主席

国家科技大学全球智库网络高级学者

纳赛尔·阿里·沙·布哈里来自卡拉奇，工商管理硕士。他曾在多个知名研究机构中学习专业课程，包括宾夕法尼亚大学沃顿商学院、耶鲁大学管理学院、麻省理工学院阿斯彭研究所。他的研究领域为经济和区域商业合作。

纳赛尔·阿里·沙·布哈里于1979年加入KASB，一直从事金融服务，在沼气农业农场和奶制品领域多次创业。他经常参加国际论坛和会议演讲，以促进在巴基斯坦投资。他是COMMECS商学院的创始受托人。他是卡拉奇信息科技学院（KIET）董事。他投入大量时间在KASB基金会从事慈善工作。

穆罕默德·尤纳斯·达哈
Mohammad Younus DAGHA

巴基斯坦水利电力部首席秘书

　　穆罕默德·尤纳斯·达哈，现任巴基斯坦水利电力部首席秘书，曾先后担任巴基斯坦住房与工作部首席秘书，巴基斯坦财政部独立财政秘书，塔尔煤炭能源公司总经理，信德省煤炭能源发展部部长，信德省投资部秘书，信德省投资委员会委员长，联邦税收委员会主席。

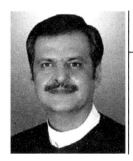

赛义德·伊拉希
Saeed ELAHI

巴基斯坦红新月会会长

　　伊拉希博士于 1985 年在拉合尔的阿拉马—伊克巴尔医学院取得医学学士（MBBS）学位，后从事医疗相关工作。伊拉希博士长期致力于社会人道主义工作，屡受好评。他通过拉合尔 pp—152 区选举当选省议会议员，并在议员任期内担任旁遮普省反假药专门工作组组长、医疗输血监管处主管、省议会卫生大臣以及卫生部主管部长。

　　伊拉希博士为改善所在省区中贫困地区的社区公共卫生状况，建立多家药房，并改造升级各类教育机构。作为旁遮普省议会卫生大臣，他在抗击登革热行动中发挥执行总长的作用，使旁遮普政府医院获得免费药品、治疗、中央空调等保障，提升了患者福利。

伊拉希博士在人道主义工作以及灾难救助领域有丰富的经验，在1988年、1996年和2010年洪水以及组织、监督、指导了一系列救灾工作。他曾向自由克什米尔地震灾区提供医疗和救灾服务。伊拉希博士还曾在纳瓦兹谢里夫野战医院向巴基斯坦军队教授治疗与急救技术。

作为一名有才华的作家和演说家，伊拉希博士长期在巴基斯坦主流报纸与电子媒体中就巴基斯坦政治社会问题发表具有深刻见解的文章。

科尔施得·亚玛里
Khurshid JAMALI

巴基斯坦塔尔煤田权力机构成员
信德省政府顾问
能源专家

科尔施得·亚玛里先生，卡拉奇工商管理学院工商管理硕士、德克萨斯理工大学工业工程硕士，自1990年起担任ME管理工程咨询公司（ME Consult）首席执行官兼董事长，负责公司管理和技术性事务。亚玛里先生同时是塔尔煤炭能源董事会成员、信德省昂国采矿公司董事长、劲科股份有限公司董事、巴基斯坦工程师委员会注册工程师。

亚玛里先生拥有30多年的咨询服务经验，曾为各类客户群体提供管理和谈判相关的咨询服务。1983年至1986年，亚玛里先生在巴基斯坦钢铁厂从事项目审核、生产计划、质量管理、人力部署相关工作。1986年至1990年，亚玛里先生在M/s. 技术咨询公司（M/s. Tech no Consult）担任项目经理，为美国国际开发总署的全国节能项目提供咨询服务。他还曾作为巴鲁吉斯坦道路项目以及信德省城市公路项目的财务分析师提供可行性分析。从 1994 年起，亚玛里先生开始为几项独立的电力项目从事电力购买协议、实施协议等谈判工作。同时他与来自美国、英国、荷兰、德国、法国、巴基斯坦的多边和单边金融机构进行财务架构和贷款谈判。巴基斯坦国内的私有化项目开始后，亚玛里先生为交易双方同时提供服务，包括电厂的性能、效益评估以及协助美国的知名能源公司展开技术评估、性能监控研究和竞标工作。在巴基斯坦的电力租赁项目的启动过程中，亚玛里先生做出了卓著的贡献。他参与租赁机制的制定以及项目实施、合同、财务担保和相关文件的起草的谈判，项目总计 600 兆瓦。亚玛里先生还曾为世界银行主要项目提供采购程序评估。截至 2010 年，他曾担任德国创新风能公司、意大利创新能源公司和绿色未来公司的首席执行官。

穆罕默德·比拉尔·霍哈尔
Muhammad Bilal KHOKHAR

巴基斯坦投资委员会主席（总理）办公室副主任，特别助理

　　穆罕默德·比拉尔·霍哈尔，现任巴基斯坦投资委员会主席（总理）办公室副主任，特别助理。他协助投资委员会进行决策，促进相关部门和机构的交流沟通。他的职责是将所有事务的最新进展告知主席并就所有投资促进策略征求其同意。

　　比拉尔也曾在投资委员会法律部门处理巴基斯坦的双边投资条约和自由贸易协定。任期中，他与各国签订投资协议。他也曾在媒体的投资委员会媒体部门工作，并成功发布了一部中义版巴基斯坦投资指南。

他也曾在投资委员会中国部工作，负责处理所有来自中国的项目和委托。他还成功地推出了中巴五年经济发展计划。他也曾在投资委员会劳动签证部门工作，在此时期，工作签证政策实现有史以来第一次开放，一个窗口办理业务也得以实行，以方便侨民和来访的商人。

比拉尔在欧洲北塞浦路斯 Lefke 大学获工程管理学硕士学位，研究方向为市场营销。

扎法尔·乌丁·马赫默德
Zafar Uddin MAHMOOD

巴基斯坦政府经济区项目委员会主席
中巴经济走廊特使

扎法尔·乌丁·马赫默德，现任巴基斯坦政府经济区项目委员会主席，中巴经济走廊特使。1976—1977 年在北京语言与文化大学（原北京语言学院）学习。1977—1982 年就读于中山大学医学院（原中山医学院），获得医学学士学位。1983—1990 年在中国香港、伦敦、卡拉奇等地接受有关银行和金融业务的短期培训。1982—1986 年担任国际商业信贷银行驻北京代表。1987—1989 年任国际商业信贷银行远东地区总部中国事务处经理。1989—1991 年担任国际商业信贷银行广州和厦门代表处首席代表。1999—2002 年出任巴基斯坦驻华大使馆商务参赞。2002—2004 年担任巴基斯坦 Alfalah 银行顾问。2004—2009 年担任巴基斯坦驻上海总领事。2009—2011 年任职巴基斯坦旁遮普省政府对华事务局局长。2011—2015 年出任巴基斯坦旁遮普省中国事务顾问。2015 年出任中巴经济走廊特使。

萨利姆·曼迪瓦拉
Saleem MANDVIWALLA

巴基斯坦参议员
前投资委员会主席
前财政部副部长及看守政府财政部长

　　萨利姆·曼迪瓦拉，巴基斯坦参议员，前投资委员会主席，前财政部副部长及看守政府财政部长，拉斯贝拉商会主席，商会和行业联合管理委员会委员。他在竞争激烈的国际市场中，为巴基斯坦带来了可观的外资投资。他帮助巴基斯坦政府首次与外国投资者建立伙伴关系。

　　萨利姆·曼迪瓦拉出身于卡拉奇深有名望的商贾之家，于2008—2013年出任投资委员会主席，2012—2013年出任财政部副部长及看守政府财政部长，2012年成为巴基斯坦参议员。

　　曼迪瓦拉在任期间通过战略合作优化了巴基斯坦的投资环境，与他国建立了经济财政关系，使得巴基斯坦逐渐受到国际投资的青睐。他在任期间主导多项重要进程，其中包括与美国国际开发总署合作向巴基斯坦引进国际水准的投资激励机制、与俄罗斯重建了中断30年的钢铁和银行双边投资关系、上海合作组织成员国资格谈判等。曼迪瓦拉为巴基斯坦的铁路、能源等项目吸引了投资机会，并制定出一套促进在巴投资的战略方案。也正是他，提出了巴基斯坦经济特区的创想。

　　曼迪瓦拉在任期间出席过各类重要国际会议，其中包括意大利贸易投资促进会议、第十届世界知识论坛、第三届巴基斯坦—科威特部长级联合会议、英国贸易投资会议、韩国海外投资展会、圣彼得堡国际经济论坛等。为提升国家形象，吸引国际投资，曼迪瓦拉还支持巴基斯坦与比利时、日本、美国、德国、加拿大之间的众多商业论坛保持紧密联系。

二　蓝迪国际智库中国—伊朗国际合作委员会（筹）

继"一带一路"中巴经济走廊战略研讨会之后，2015 年 12 月 22 日，中国—伊朗合作发展国际研讨会在海南省海口市举办。中伊双方通过研讨会的召开，为推动中伊两国的经贸合作和智库交往打下良好的基础。会议形成成果文件，提出将筹建蓝迪国际智库中国—伊朗国际合作委员会。

"一带一路"中国—伊朗合作发展国际研讨会合影

三　蓝迪国际智库中国—哈萨克斯坦国际合作委员会（筹）

2016 年 4 月 6 日至 8 日，"一带一路"中国—哈萨克斯坦合作发展国际研讨会将在江苏省江阴市召开。此次会议将探索中国与哈萨克斯坦等中亚国家在"一带一路"建设中的合作模式和合作方向，并将拟定中国—哈萨克斯坦合作对接企业和项目清单，筹备成立蓝迪国际智库中国—哈萨克斯坦国际合作委员会。

◇◇第四节　战略合作伙伴及支持机构

蓝迪国际智库成立以来，包括政党、政府、议会（全国人大）相关部门，智库、企业、行业协会、金融机构、社会组织、媒体和国际多/双边机构等积极参与到这个服务体系中来。其中，政党、政府、议会（全国人大）相关部门积极支持开展国际合作，智库主要参与战略决策和咨询，企业参与项目投资和建设，行业协会参与企业组织和标准对接，金融机构参与项目的投融资，社会组织参与公共服务，媒体参与宣传和品牌服务，国际多/双边机构参与国际合作与服务。

蓝迪国际智库平台的合作模式

蓝迪国际智库战略合作伙伴及支持机构介绍详见附录1。其中：

智库包括：

1. 中国社会科学院

2. 中国（海南）改革发展研究院

3. 清华大学国际传播研究中心

4. 北京大学国家战略传播研究院

5. 财政部财政科学研究所

6. 中国电子信息产业发展研究院

7. 工业和信息化部软件与集成电路促进中心

8. 中国标准化研究院

9. 中国国家认证认可监督管理委员会认证认可技术研究所

行业协会包括：

1. 中国五矿化工进出口商会

2. 中国农业产业化龙头企业协会

3. 中国产业海外发展和规划协会

4. 中国对外承包工程商会

5. 中华全国律师协会

6. 国浩律师事务所

7. 北京德恒律师事务所

8. 北京市律师协会

9. 新疆律师协会

10. 清华房地产总裁商会

11. 中国民营经济国际合作商会

12. 中国医药创新促进会

金融机构包括：

1. 亚洲基础设施投资银行

2. 国家开发银行

3. 中国出口信用保险公司

4. 中国开发性金融促进会

社会组织包括：

1. 中国宋庆龄基金会

2. 中国社会工作联合会

国际多/双边机构包括：

1. 联合国

2. 红十字会与红新月会国际联合会

3. 中国—中东欧国家智库交流与合作网络

4. 巴基斯坦工商委员会

5. 巴中学会

6. 伊朗中国商会

7. 中国伊朗商会

8. 德黑兰大学

9. 哈萨克斯坦经济研究所

10. 哈萨克斯坦企业家商会

11. 哈萨克斯坦共和国首任总统基金会世界经济政治研究所

　　作为蓝迪国际智库平台的重要组成部分，战略合作伙伴及支持机构群策群力，为蓝迪国际智库的发展提供了大量实质性的支持，也为"一带一路"的建设构建了良好的保障机制。

◇◇ 第五节　服务模式及服务机构

　　蓝迪国际智库成立以来，积极服务"一带一路"建设，通过建立法律服务、政策研究、技术标准、信息服务、金融支持、文化与品牌、能力建设七大专业服务组，积极组织政府、企业和行业资源，带领企业组团出海，在为企业实质性参与"一带一路"建设方面提供了大量系统性的服务和支持。

蓝迪国际智库是开放合作的平台，也是共赢共享的平台。在蓝迪国际智库的建设过程中，始终遵循互利互惠、共同建设的原则。2015年，通过允分发挥各个服务机构和企业的作用，蓝迪国际智库在中巴经济走廊以及"一带一路"的建设中发挥了重要作用。

蓝迪国际智库服务机制的主要参与机构详见附录2，主要包括：

1. 法律服务：中华全国律师协会、国浩律师事务所、北京德恒律师事务所等。

2. 政策研究：北京德恒律师事务所、国浩律师事务所、中华全国律师协会等。

蓝迪国际智库平台的服务体系

3．技术标准：中国标准化研究院、中国国家认证认可监督管理委员会认证认可技术研究所等。

4．信息服务：中国电子信息产业发展研究院、工业和信息化部软件与集成电路促进中心等。

5．金融支持：中国开发性金融促进会等。

6．文化与品牌：清华大学国际传播研究中心及有关媒体机构等。

7．能力建设：商务部国际商务官员研修学院、国家行政学院应急管理培训中心、清华房地产总裁商会、国家卫计委干部培训中心、克拉玛依职业技术学院等。

蓝迪服务体系在蓝迪国际智库的发展过程中提供了坚实的服务和支持。通过共商共建、协同发展，蓝迪国际智库迅速扩大了其服务能力和影响力，为推动下一步工作的开展打下了坚实的基础。

◇◇第六节　企业合作体系

蓝迪国际智库建立了完善的企业合作体系，并致力于服务企业、提高企业的国际化能力，协助抱团出海，共建"一带一路"。蓝迪国际智库依据企业的规模、资质、业务导向、发展定位以及企业在"一带一路"建设中的布局等方面进行综合性的评估，于2016年新春伊始，正式推出了《蓝迪国际智库首批建设"一带一路"重点关注企业名录（2015）》。截至发布之日，该名录已覆盖了能源、制造、农林牧渔及食品、信息、文化、贸易、交通建设、医药、房地产、金融、纺织家居和矿业等众多行业的骨干企业以及相关行业协会等共计236家企业和机构，详见附录3。

蓝迪国际智库平台的企业合作体系

其中：

能源类企业共29家，包括：中国电力建设集团有限公司，中国能源建设集团有限公司，中国核工业建设集团公司，中国水电工程顾问集团公司，中国水利电力对外公司，特变电工股份有限公司，特变电工新疆新能源股份有限公司，新疆金风科技股份有限公司，中国长江三峡集团公司，江苏省国信资产管理集团有限公司，正泰电气股份有限公司，天津恒运能源集团股份有限公司，新奥集团股份有限公司，杭州海兴电力科技有限公司，中国电力国际发展有限公司，山东圣威新能源有限公司，海润光伏科技股份有限公司，晶科电力有限公司，江苏爱康太阳能科技股份有限公司，江苏绿钢集团有限公司，新疆光明天然石油技术服务有限责任公司，宝塔石化集团，中国石油天然气管道局，中国石油工程建设公司，中国东方电气集团有限公司，中石化中原石油工程有限公司，中石化胜利油建工程有限公司，中国电力工程顾问集团有限公司，远景能源（江苏）有限公司。

制造类企业共 42 家，包括：中国航天科技集团公司，海尔集团，中国机械工业集团，中国中车股份有限公司，中国重型汽车集团有限公司，中国建筑材料集团有限公司，上海电气集团股份有限公司，江苏阳光集团有限公司，江苏双良集团有限公司，江阴兴澄特种钢铁有限公司，江苏法尔胜股份有限公司，江苏三房巷集团有限公司，江阴澄星实业集团有限公司，三一重工股份有限公司，日照钢铁控股集团有限公司，北京安力斯科技发展有限公司，中冶京诚工程技术有限公司，天紫环保投资控股有限公司，山东五征集团有限公司，北京仁创科技集团有限公司，广西丰林木业集团股份有限公司，江苏宝利国际投资股份有限公司，万华生态板业股份有限公司，江苏华宏实业集团有限公司，武汉蓝宁能源科技有限公司，中国船舶重工集团公司 711 研究所，江西铜业集团公司，中信重工机械股份有限公司，中国一拖集团有限公司，北京碧水源科技股份有限公司，中国冶金科工集团有限公司，中国通用技术（集团）控股有限责任公司，中钢设备有限公司，中国寰球工程公司，中铝国际工程股份有限公司，山东科瑞石油装备有限公司，大连冷冻机股份有限公司，中车株洲电力机车有限公司，湖南科力远新能源股份有限公司，湖南永清投资集团有限责任公司，泰富重装集团有限公司，株洲硬质合金集团有限公司。

农林牧渔及食品类企业共 12 家，包括：中国农业发展集团有限公司，中农发种业集团股份有限公司，中国水产总公司，湖北省种子集团有限公司，中粮集团有限公司，青岛啤酒股份有限公司，内蒙古蒙牛乳业（集团）股份有限公司，山东中农联合生物科技有限公司，雅士利新西兰乳业有限公司，中粮屯河股份有限公司，双汇集团，正邦集团股份有限公司。

信息类企业共 25 家，包括：中国移动通信集团公司，中国联合网络通信集团有限公司，中国电信集团公司，华为技术有限公司，北京百度网讯科技有限公司，阿里巴巴网络技术有限公司，腾讯计算机系统有限公司，泰豪集团有限公司，文思海辉技术有限公司，用友软件集团，广联达软件股份有限公司，亿赞普（北京）科技有限公司，传神语联网网络科技股份有限公司，博看科技（北京）有限公司，北京易知路科技有限公司，斯坦德云科技股份有限公司，山东泰盈科技有限公司，中国电子科技集团公司，乐视网，北京易华录信息技术股份有限公司，科南软件有限公司，浪潮集团，宝驾（北京）信息技术有限公司，北京证联信通科技发展有限公司，青岛众恒信息科技股份有限公司。

服务类机构共 11 家，包括：工业和信息化部软件与集成电路促进中心，清华大学国际传播研究中心，北京大学国家战略传播研究院，国浩律师事务所，北京德恒律师事务所，中国国家认证认可监督管理委员会认证认可技术研究所，国家机床产品质量监督检验中心（山东），国信招标集团股份有限公司，中外友好国际交流中心，中国标准化研究院，E20 环境平台。

文化类企业共 2 家，包括：天洋控股集团，野马集团有限公司。

贸易及物流类企业共 22 家，包括：中电科技国际贸易有限公司，江苏省海外企业集团有限公司，中国外运长航集团有限公司，广东省五金矿产进出口集团有限公司，中国有色金属进出口江苏公司，中国石油国际事业有限公司，新疆三宝实业集团有限公司，新疆八钢国际贸易股份有限公司，淮北皖宏贸易有限公司，新疆亚欧国际物资交易中心有限公司，天津世纪五矿贸易有限公司，中国电子进出口总公司，中国成套设备进出口（集团）总公司，安徽省外经建设（集团）有限公司，中国河南国际合作集团有限公司，威海国际经济技术合作股份有限公司，烟台国际经济技术合作集团有限公司，中国江苏国际经济技术合作集团有限公司，中国大连国际经济技术合作集团有限公司，中国山东国际经济技术合作公司，中国江西国际经济技术合作公司，中国沈阳国际经济技术合作有限公司。

交通建设类企业共42家，包括：中国铁建股份有限公司，中国交通建设集团有限公司，中国建筑股份有限公司，中国海外集团有限公司，中建钢构有限公司，中国中铁航空港建设集团有限公司，中铁十七局集团有限公司，青建集团股份公司，北京建工博海建设有限公司，中国海外工程有限责任公司，中南建设集团有限公司，中铁三局集团有限公司，中国上海外经（集团）有限公司，中国石油西部钻探工程有限公司，中国石油集团工程设计有限责任公司，江苏燕宁建设工程有限公司，中铁国际集团有限公司，中国中铁股份有限公司，中国葛洲坝集团股份有限公司，中国土木工程集团有限公司，中信建设有限责任公司，中国化学工程集团公司，中石化炼化工程（集团）股份有限公司，中地海外集团有限公司，上海建工集团，北京建工集团有限责任公司，中国中原对外工程有限公司，新疆生产建设兵团建设工程（集团）有限责任公司，中国地质工程集团公司，安徽建工集团有限公司，江西中煤建设集团有限公司，中鼎国际工程有限责任公司，浙江省建设投资集团有限公司，沈阳远大铝业工程有限公司，南通建工集团股份有限公司，江苏南通三建集团有限公司，江苏南通六建建设集团有限公司，云南建工集团有限公司，烟建集团有限公司，北京城建集团，重庆对外建设（集团）公司，中国电建集团中南勘测设计研究院有限公司。

医药类企业共7家，包括：国药集团药业股份有限公司，石药集团有限公司，江苏康缘集团有限责任公司，浙江永太科技股份有限公司，江阴天江药业有限公司，华兰生物工程股份有限公司，佩兰生物科技（上海）股份有限公司。

房地产企业共8家，包括：中融国投集团公司，中冶置业集团有限公司，青岛政建投资集团有限公司，贵州黔中铁旅文化产业发展有限公司，中国新兴集团总公司，建业住宅集团（中国）有限公司，中国武夷实业股份有限公司，山东天泰建工有限公司。

金融类企业共7家，包括：嘉实基金管理有限公司，亚洲基础设施投资银行，万贝科技发展集团有限公司，复星集团，昆仑银行，香港招商局集团有限公司，中国平安财产保险股份有限公司。

纺织及家居类企业共5家，包括：华纺股份有限公司，美克国际家具股份有限公司，惠达卫浴股份有限公司，江苏贝德服装集团，海澜集团。

园区及港口企业共8家，包括：杭州东部软件园，克拉玛依云计算产业园，日照港集团有限公司，巴中苏斯特口岸有限公司，鲁巴园区，巴基斯坦瓜达尔港，陕西西咸新区发展集团有限公司，中新苏州工业园区开发集团股份有限公司。

矿业类企业共3家，包括：中国五矿集团公司，中国石化阿达克斯石油公司，中国有色金属建设股份有限公司。

商会及协会共9家，包括：中国五矿化工进出口商会，清华房地产总裁商会，中国开发性金融促进会，中国医药创新促进会，北京律师协会，新疆律师协会，北京江苏企业商会，北京浙江企业商会，中国对外承包工程商会。

教育类机构共4家，包括：商务部国际商务官员研修学院，国家卫计委干部培训中心，巨人教育集团，北京传智播客教育科技有限公司。

纳入该名录后，企业将在蓝迪国际智库的组织和引导下抱团出海，在项目、国际合作方面优先获得发展的机会。企业将深度参与蓝迪国际智库组织的能力建设，获得大量专业化、有针对性的"一带一路"建设相关培训内容。同时，企业还将获得蓝迪国际智库的服务共享体系，从而得到更系统、更完备的服务和支持。

2015 年以来，众多企业在参与蓝迪国际智库组织的活动中，已经取得了实质性的进展，很多项目已经启动并在顺利推进中，企业对蓝迪国际智库平台也有了更深的认识和更积极的热情，从而为进一步参与"一带一路"建设打下了良好的合作基础。

◇◇ 小结

2015 年，作为中国特色新型智库平台，蓝迪国际智库自成立起就探索并实践了"不求所有，但求所用"的发展理念，探索了"小平台、大网络"的组织运作机制，在蓝迪国际智库平台上所有机构和成员的精诚协作与共同努力下，通过七大服务体系，致力于提供法律、政策、项目信息和金融支持，推动文化和品牌推广及能力建设，促成国际标准体系的完善，扎实服务"一带一路"建设。

2016 年，蓝迪国际智库将进一步发挥新型智库功能，在深化中国—巴基斯坦合作基础上，加快开展中国与伊朗、哈萨克斯坦、印度尼西亚等"一带一路"沿线重点国家或地区的合作促进工作，整合资源建言献策，务实共建"一带一路"。

第 二 章

发挥智库作用，整合资源建言献策

建言献策是蓝迪国际智库工作的重点。2015 年，蓝迪国际智库作为资源整合的平台，充分发挥平台上各领域专家学者的特长，聚焦国际人道与发展领域的国际热点和中央关切的议题，在深入调研的基础上形成高质量报告，开辟信息专报渠道，向中央及地方决策层报送，相关报告及政策建议已有效转化为有关部委和地方政府政策措施。蓝迪国际智库报告的研究质量、建议可行性、政策转化率均受到中央领导、相关部委、智库同行和社会各界的广泛好评。同时，蓝迪国际智库致力于为中国企业建立信息共享平台，进行与"一带一路"相关的国别分析，组织专业团队进行信息整合，为企业"走出去"提供专业而全面的信息。

蓝迪国际智库在政策研究中秉承以下目标和原则：

需求导向：聚焦国际人道与发展领域和有关"一带一路"的国际热点和中央关切的议题，响应企业"走出去"过程中的需求，有针对性地选择研究课题。对"一带一路"相关国家的法律、政策、标准等进行深入研究，为企业"走出去"服务，并积极将专家学者的研究内容转化为与政策需求紧密衔接的对策建议。

综合发展：准确把握好我国发展的战略重点，推动创新、协调、绿色、开放、共享的发展理念，在着眼政治经济发展的同时，注重社会、文化领域全面、协调、可持续发展，致力于国家软实力的综合提升。

平台运作：平台化运作已成为未来智库的发展趋势。蓝迪国际智库作为资源整合平台，在研究中充分调动中国社会科学院内外专家资源，充分发挥政府、政党、议会、企业、智库、媒体等各领域专家的比较优势，产生了对国家决策和企业决策具有重要价值的研究报告。

多元合作：蓝迪国际智库在政策建议中强调多层次、多领域国际合作的重要性，国际局势分析与国别、地域研究并重，双边合作与多边合作并举，在服务于国家高层交往的同时积极推动地方合作。

在过去的一年中，蓝迪国际智库已建立起一套比较成熟的工作模式：

按需选题：聚焦国际人道与发展领域的国际热点和中央关切的议题，响应企业"走出去"过程中的需求，精准开展研究选题，确保研究的服务针对性和成果转化率。

专家研讨：组织专题研讨会，就研究课题进行深入研讨，确定报告的初步框架，通过政府—企业—社会联动以及国际—国内联动，综合各领域专家优势，形成报告的初步框架并确定专家团队。

报告撰写：专家团队均在相关研究领域有较高的造诣、较强的研究功底和专业优势，经过多轮次修改、整合，形成报告。

专业编辑：报告由蓝迪国际智库秘书处进行专业、细致的修改，使研究内容与政策需求紧密对接，同时提升研究报告的针对性和适用性。

建立专报渠道：蓝迪国际智库利用全国人大、中国社会科学院、智库联盟网络等途径建立信息专报渠道，向中央及地方决策层建言献策。同时，在服务企业方面充分利用现代化手段，使平台的参与成员及时获得有效信息和决策参考。

跟踪与评估：密切跟进有关部委和地方政府，了解相关报告对相关政策措施的贡献，并进行全面的政策建议效果评估。

2015 年，蓝迪国际智库的重要成果中包括向决策层递交的政策研究报告 12 份、服务企业的研究报告 2 份（见下页表）。

蓝迪国际智库 2015 年重要研究成果列表

	课题名称	课题主持人所在单位
1	中巴经济走廊研究（一）	北京人学、清华大学国际传播研究中心
2	中巴经济走廊研究（二）	新华社瞭望周刊社 中国社科院亚太与全球战略研究院
3	中巴经济走廊研究（三）	中国社科院亚太与全球战略研究院 巴基斯坦—中国学会
4	中巴经济走廊研究（四）	中国社科院亚太与全球战略研究院 新疆克拉玛依市委、市政府
5	关于江西省参与"一带一路"战略实施的有关建议	中国社科院蓝迪国际智库项目
6	中美合作研究报告	中国社科院美国所
7	"一带一盟"与中俄关系新动向及对策建议	中国社科院俄罗斯东欧中亚所
8	国际气候治理格局演变和我国的战略选择	中国社科院城市发展与环境所
9	俄罗斯联邦紧急情况部调研报告	中国安全生产科学研究院
10	关于第三届世界减灾大会的情况报告及对中国减灾战略的建议	中国社科院社会学所 中国劳动保障学会
11	"一带一路"对外传播话语体系构建与战略研究报告（一）	北京大学国家战略传播研究院
12	"一带一路"对外传播话语体系构建与战略研究报告（二）	中国社科院美国所
13	蓝迪国际智库项目首批建设"一带一路"重点关注企业名录	中国电子信息产业发展研究院
14	蓝迪国际智库项目"一带一路"相关国家投资法律制度概述	国浩律师事务所 北京德恒律师事务所

本章将聚焦于四个重要主题，重点阐述 2015 年蓝迪国际智库如何服务于"一带一路"建设，服务于外交大局，服务于国家软实力提升和服务于中国企业的国际化。

◇◇ 第一节　服务于"一带一路"建设

"一带一路"建设是一项系统工程，需要多层面、多角度务实推进。蓝迪国际智库在相关政策建议咨询领域的工作主要分为三类：国别研究与实践、中央地方综合调研、专题咨询服务。

一　国别研究与实践——以对中巴经济走廊的研究为例

"一带一路"沿线国家经济基础不同，地缘关系复杂，社会文化差异巨大。蓝迪国际智库对"一带一路"重点国别进行深入而系统的研究，务实而有针对性地推进"一带一路"建设。中巴经济走廊北起新疆喀什，南至巴基斯坦境内的印度洋出海口瓜德尔港。随着"一带一路"宏伟战略务实推进，中巴经济走廊因战略价值和示范效应而愈发重要。战略布局上，中巴经济走廊是"一带一路"的重要支撑点；推进实施上，中巴经济走廊作为唯一的双边经济走廊，最容易打开局面，最可能全面收获；引领效应上，这将对周边其他国家做出示范。

2015年，蓝迪国际智库把中巴经济走廊作为"一带一路"建设的典型示范项目开展工作，完成一系列研究报告，分别从中巴经济走廊建设的战略考量、系统设定、合作模式与切入点、平台建设等方面提出了政策建议，并且推动建立起平台与合作模式。

2015年3月5日，蓝迪国际智库经过细致研究，形成了《中巴经济走廊研究报告（一）》，详细分析中巴经济走廊的价值与意义、基础条件与前期进展、面临的问题及风险，并就战略设定提出对策。4月15—17日，在海口举办中巴经济走廊战略研讨会，并将新疆、江西与中巴经济走廊建设进行了对接，形成了《中巴经济走廊研究报告（二）》，就中巴经济走廊建设的系统操作提出建议。5月16日和28日，巴分别举行各党派会议，围绕中巴经济走廊建设展开讨论，蓝迪国际智库第一时间收集了相关信息；5月29日，赴新疆克拉玛依市（与瓜德尔港互为友好城市）等地调研参与中巴经济走廊建设的需求；6月1—4日，蓝迪国际智库赴巴进行学术访问和实地调研对接，聚焦合作模式与切入点，形成了《中巴经济走廊研究报告（三）》；8月11—12日，在新疆举行中巴经济走廊新疆克拉玛依论坛（2015），搭建了服务中巴经济走廊建设的可持续发展平台，促进政府、市场、社会各方深度合作，务实推动中巴经济走廊和"一带一路"建设，形成了《中巴经济走廊研究报告（四）》。这一系列报告成为共建"一带一路"的研究案例。

报告1：中巴经济走廊建设的战略考量

《中巴经济走廊研究报告（一）》

《中巴经济走廊研究报告（一）》提出，巴基斯坦是我全天候、全方位的战略合作伙伴。随着"一带一路"宏伟战略务实推进，中巴经济走廊因战略价值和示范效应而愈发重要。

建设中巴经济走廊已成为双方共识，是中国"伟大复兴中国梦"和巴"亚洲之虎梦"的战略契合点。两国高层往来更加密切，经贸合作日益深化，互联互通逐步升级，中资企业积极参与巴经济社会建设，一大批重点项目取得积极进展，双方各界均充满期待。

蓝迪国际智库建议，为推动中巴经济走廊全面持续发展，早日取得

"一带一路"建设的战略突破和关键支撑，应采取以下措施：一是以高层政治承诺为引领，强化领导力与执行力；二是健全共商共建体系，加强沟通、协调与合作；三是有效动员整合各类资源，综合提升发展能力；四是加强人文合作，化解文明冲突，布局长远发展；五是促进经济社会均衡发展，实行共享共赢战略，携手打造中巴命运共同体。

报告 2：中巴经济走廊建设的系统设定

《中巴经济走廊研究报告（二）》提出，面对全球化进程中的冲突、秩序和发展三大挑战，中国提出建设"一带一路"的宏伟构想，开启促进全球经济增长的新动力，探索完善全球治理结构的新途径。作为"一带一路"旗舰项目，中巴经济走廊建设的早期收获和深入推进，将为周边国家与中国共同发展树立典范。

建设中巴经济走廊，应以跨越发展的思路推进战略合作。坦诚分享改革发展经验，输送先进技术和管理理念，加强人力资源的本土化建设，加快交通、能源特别是信息产业等关键性的基础设施建设。

建设中巴经济走廊，应以全面发展的理念开展和谐共建。促进形成有利于中巴经济走廊建设的政治格局，全面扩展中巴经济走廊的经济效益，多头并

《中巴经济走廊研究报告（二）》

举、积极推进社会与社区建设，深入研究伊斯兰文化，积极促进文明对话，并以生态文明建设引导可持续发展。

建设中巴经济走廊，应以协同发展的模式实现成果共享。通过善治实现政府与市场、社会、民众的良好合作，通过 PPP 模式实现多元利益主体

的成果共享，积极应对巴大规模私有化带来的重大机遇，通过"去中心化"促进中巴地方政府合作，建设智库合作平台，创新对话协商机制。

报告3：中巴经济走廊建设的合作模式与切入点

中国社会科学院蓝迪国际智库遵循"共商、共建、共享"三个重大原则，发挥智库在国际交流合作中的优势，搭建中巴经济走廊建设的创新务实合作平台，组织代表团于2015年5月29—31日赴新疆调研、6月1—4日赴巴基斯坦访问，形成了《中巴经济走廊研究报告（三）》。

《中巴经济走廊研究报告（三）》

调研组形成了五个方面的务实合作意见，并获新疆维吾尔自治区党委、政府的大力支持：根据巴基斯坦的需求，积极推进规划先行和产业对接；加快"一带一路"特别是中巴信息走廊建设，搭建"互联网+"公共服务平台；加强人力资源培训，多层次开展巴基斯坦人才本土化建设；深化瓜德尔港和克拉玛依的合作，树立中巴合作的成功范例；创新对话协商机制，建立永久性的中巴经济走廊国际论坛。

2015年5月31日，中共中央政治局委员、新疆维吾尔自治区党委书记张春贤同志接见蓝迪国际智库代表团时表示，中国社会科学院蓝迪国际智库提出的建议符合国家战略，符合中巴经济发展状况。蓝迪国际智库代表团即将到巴基斯坦的出访其实担负的是国家使命，一定程度上也是落实国家战略的一个先行考察。代表团提出的建议具有较强的针对性和可操作性，符合国家战略大局，新疆维吾尔自治区党委、政府、人大都将给予大力支持。

　　代表团访问巴基斯坦期间，拜会了巴总理、国会参议院主席，应邀列席了巴总统在国会上下两院联席会议的演讲，并与巴财政部、规划改革与发展部、参议院相关专门委员会、俾路支省领导以及巴中学会、红新月会、鲁巴工业园等机构负责人进行了真诚交流。双方认为，中巴经济走廊将惠及巴全体人民乃至整个南亚地区。中巴经济走廊不仅仅是一条通道，而是覆盖巴基斯坦全境的经济动脉；中巴经济走廊作为一条综合性走廊，含义远超基础设施建设范畴。双方期待能够共同行动，推进走廊建设。

　　此次调研访问本着顶层设计出战略、执行层面想办法、智库网络搭平台的思路，推动务实合作，探讨中央、地方、企业的合作模式，完善不同角色、不同激励政策参与中巴经济走廊建设的机制。蓝迪国际智库建议：（1）支持中巴经济走廊（克拉玛依）国际论坛，将其打造成服务走廊建设的国际交流平台；（2）从国家层面推动建设中巴信息走廊；（3）支持克拉玛依市与瓜德尔地区的对接合作，树立地方参与中巴经济走廊建设的范例。

　　报告4：中巴经济走廊可持续发展平台

　　2015年8月11—12日，中巴经济走廊新疆克拉玛依论坛（2015）顺利召开，来自中巴两国政府、企业、智库、社会组织、媒体机构等约300位参会代表围绕"共商中巴合作，共建繁荣走廊，共享和谐发展"主题展开讨论。

　　蓝迪国际智库通过《中巴经济走廊研究报告（四）》总结了有关情况。新疆克拉玛依论坛作为公共服务平台，在

《中巴经济走廊研究报告（四）》

建设"一带一路"美好愿景指引下，统筹国际国内资源，实现政府、市场、社会联动，把全方位开放战略体现到政治、经济、社会、文化、生态等"五位一体"之中，努力实现和平、发展、合作、共赢总目标。

新疆克拉玛依论坛依托政府支持，发挥智库作用；强化务实合作，注重实际产出；注重国际协作，打造共赢格局的三大特色。论坛产生了三项重要成果：（1）深化合作共赢理念，发布了《新疆克拉玛依宣言》，诠释了中巴经济走廊建设的重大意义及原则；（2）签署 20 项合作意向，总价值达 103.5 亿元人民币；（3）搭建了服务中巴经济走廊建设的可持续发展平台。

新疆克拉玛依论坛践行中央—地方互动的有效机制，深化政府—企业联动的建设思路，探索政府—市场—社会—智库相结合的服务模式，积极推动中巴经济走廊建设。

为进一步发挥新疆在丝绸之路经济带核心区的重要作用和战略节点地位，蓝迪国际智库建议：支持新疆克拉玛依论坛的可持续发展；加快中巴信息走廊的建设；进一步引导和促进企业参与；将人力资源开发和能力建设作为"一带一路"战略的重要抓手。

共建"一带一路"的途径是以目标协调、政策沟通为主，不刻意追求一致性，可高度灵活，富有弹性，是多元开放的合作进程。蓝迪国际智库愿与沿线国家相关机构一道，不断充实完善"一带一路"的合作内容和方式，共同制定合作的时间表、路线图，积极服务对接沿线国家发展和区域合作规划。发挥新疆独特的区位优势和向西开放重要窗口作用，深化与中亚、南亚、西亚等国家交流合作，形成丝绸之路经济带上重要的交通枢纽、商贸物流和文化科教中心，打造丝绸之路经济带核心区。

蓝迪国际智库充分总结了克拉玛依论坛在推动中巴合作中的经验：

1. 践行中央—地方互动的有效机制。论坛进一步深化中巴两国共识，扩大了对走廊建设的舆论宣传，并推动了企业项目的合作，从而积极呼应了中央关于中巴经济走廊在"一带一路"战略中的旗舰定位。同时，新疆也通过成功举办论坛，发挥了作为中巴经济走廊起点和"一带一路"核心区的作用，深化了中巴经济走廊建设对新疆经济发展、社会稳定的重要作用。在这一过程中，新疆准确把握中央"一带一路"倡议的战略意图，明确了自身在"一带一路"建设中的地位和作用，结合自身优势和需求，主动性、创造性地推动"一带一路"务实合作，形成了"一带一路"的"新疆模式"。

2. 深化政府—企业联动的建设思路。"一带一路"倡议作为中央提出的宏伟战略，在政策规划和具体项目上表现出明确的开放性，引导企业发挥自身优势创造性地开展国际合作，以更高效地满足社会对建设"一带一路"公共产品和服务的需求。克拉玛依论坛正是按照 PPP 模式，在中央和地方政府引导支持下，促进中巴企业积极开展合作，实现政府企业联动。其中，中电科技公司、中核建集团、中农发集团、中能建集团、中电建集团、中国交建集团、华为公司、青建国际集团等 60 余家具有较高国际合作资质的中方优秀企业参会，特别是金风科技、特变电工、中兴能源、野马集团、亿赞普等新疆本地股份制或民营企业积极参与、建言献策，成为新疆克拉玛依论坛（2015）的主体。巴基斯坦国防部边境工程局、国家转运电讯公司、巴基斯坦种业公司等巴方企业，壳牌中国等国际公司积极参与，成为中巴务实合作的基础。上述企业的参与，既是资源动员能力的有效补充，又能发挥市场在资源配置中的决定性作用，获得国际舆论的广泛认可和支持。

3. 探索政府—市场—社会—智库相结合的服务模式。新型智库应与决策需求、市场需求和社会需求相适应，并形成完整的服务体系。蓝迪国际智库逐步建立了完整的法律、资信、培训、标准等体系，不仅为国家建言献策，更为企业走出去牵线搭桥。在中国国家发改委、财政部、外交部、商务部、工信部及中宣部、网信办特别是我驻巴大使馆、新疆维吾尔自治区、克拉玛依市大力支持下，在巴基斯坦计划发展改革部、参议院国防委员会、财经委员会、外事委员会、国防部、巴驻华使馆等部门积极推动下，中巴双方众多优质企业和社会机构广泛参与，新疆克拉玛依论坛充分整合信息、资金、人力、授权、项目、公共关系等资源，建立跨国界、跨区域、跨部门、跨领域的专业化团队和机制，最大限度地推动成果转化、效果提升和价值实现。

二　中央地方综合调研，发挥各省比较优势

2015年，蓝迪国际智库赴新疆、山东、江苏、江西、河北、河南等地实地调研20余次，赴重点企业调研50余家，服务各地根据"一带一路"建设的总体蓝图，发挥比较优势，对接参与的契合点。推进"一带一路"建设，中国充分发挥国内各地区比较优势，实行更加积极主动的开放战略，加强东中西互动合作，全面提升开放型经济水平。蓝迪国际智库分别从丝绸之路经济带核心区——新疆，内陆开放型经济高地——江西等省区市切入，形成了以新疆克拉玛依论坛（2015）为例的新疆模式，也形成了内陆省份参与"一带一路"战略实施的探索成果。

报告5：为内陆省份提供"一带一路"战略下的政策建议

蓝迪国际智库关注内陆地区纵深广阔、人力资源丰富、产业基础较好优势，推动区域互动合作和产业集聚发展，打造内陆开放型经济高地。根据江西省参与"一带一路"建设的实际需求和发展阶段，针对《江西省参与"一带一路"战略实施方案（草案）》，蓝迪国际智库积极开展服务工作。

具体做法如下：

一是组建专家团队。在中国社会科学院蓝迪国际智库专家委员会中国—巴基斯坦小组基础上，组建赣巴小组。

二是组织专家咨询。分两轮征求相关专家对江西省参与"一带一路"战略方案、项目清单及工作要点的咨询意见，形成综合评审报告。

三是指导形成对接材料。根据专家意见，指导形成了江西省参与"一带一路"建设特别是中巴经济走廊建设的推介材料，其中的项目清单和企业清单尤为重要。

四是召开专题对接会。在 2015 年 4 月 15—17 日"一带一路"中巴经济走

《关于江西省参与"一带一路"战略实施的有关建议》

廊战略研讨会期间，专门组织召开江西省参与中巴经济走廊建设专题对接会。组织江西省参会人员、巴基斯坦各方代表、赣巴专家小组进行了人员、需求和机制对接。

五是提出工作建议。综合各方意见，提出了江西省参与"一带一路"战略实施下一步的工作建议。

蓝迪国际智库就进一步突出江西在"一带一路"中的重要作用，加大"一带一路"沿线重点国家的需求对接，牢牢抓住江西省自身特色、打造比较优势，高度重视江西与沿线国家的社会交流，以及加大落实"一带一路"战略的统筹协调力度等方面提出了具体的操作建议。

2015 年 4 月 30 日，江西省省长鹿心社就蓝迪国际智库提交的有关报告做出批示。江西省发改委结合有关建议，完善并正式形成了《江西省参与"一带一路"战略实施方案》。

◇◇ 第二节　服务于外交大局

在与大国的外交关系上，中国积极探索新型大国关系之路。中美两国正在构建新型大国关系，于两国、于世界都意义重大。中俄围绕推进全面战略协作伙伴关系取得了积极进展，为大国深化互信与合作树立了典范。新型大国关系之所以走得通，核心在于坚持互利共赢的新理念，关键在于中国保持和平发展的势头。蓝迪国际智库紧扣中美、中俄、中欧等重点国家和地区外交关系开展研究工作。

一　中美关系研究

蓝迪国际智库从中美地方合作的角度开展了深入的研究工作。中美关系包括竞争与合作两个方面，一方面两国的结构性矛盾有加深的趋势，另一方面双边合作也在不断扩大。中美地方多层次合作，是深化中美伙伴关系的重要基础之一。在中美两国领导人共同推动下，中美地方合作平稳发展，取得了许多成就，对中美关系的稳定一直发挥着积极作用。但地方合作在中美关系发展中的作用并未得到完全发挥，目前合作方式和成效也存在不足和不均衡的情况。中美地方合作有潜力成为维持中美关系战略性稳定的重要力量，成为我国与美国等发达经济体在"一带一路"战略上进行合作的窗口和示范。

报告6：中美地方合作研究

自2006年辽宁省人大与犹他州议会建立友好关系以来，双方持续开展了9年的交流合作。犹他州以此为契机，以点带面，广泛深入我国各地方市场。目前犹他州成了近年来美国经济发展最快、最健康的州之一。从这个典型案例出发，蓝迪国际智库形成了《中美合作研究报告（一）》，对中美地方合作研究内容进行了深入探讨。

据蓝迪国际智库统计，中美地方交流合作成绩显著，美各州争相搭乘"中国发展列车"。2005 年至今，美 50 个州中有 42 个州对华出口实现了至少 3 位数的增长，其中南卡罗来纳州、阿拉巴马州等 5 个州近十年对华出口增长超过 500%。2014 年，美有 39 个州把中国列为前三大出口市场，31 个州对华出口超过 10 亿美元，9 个州对华出口超过 5 亿美元。此外，特拉华州、肯塔基州、西

《中美合作研究报告（一）》

弗吉尼亚州和内华达州等较小州过去 10 年对华出口增长均超过 300%。

蓝迪国际智库认为，中美地方交流为构建新型大国关系提供了具体平台。中美地方间交流，为讲好"中国故事"提供了抓手。对一名议员讲好了"中国故事"，等于是对其所代表的选民群体进行了高效的宣传。中国地方政府可支配资源和政策执行力远大于美地方同级政府，是推动中美合作的重要力量。辽宁省人大是目前我国唯一与美国地方议会签订正式交流与合作协议的地方人大。自 2006 年合作以来，犹他州对中国出口的总量近十年间增幅达 1038%、近 5 年总量增幅达 164%。中美地方交流合作带动了科技、文化等各方面交流的深入。"一带一路"对亚太市场的客观把握，实质上为美国与亚太地区合作提供了"搭便车"的通道。

美国地方势力在美国对华交往中具有相当影响力。美国会通过"财权"和"对外通商权"对各州对外合作施加影响，对外问题特别是中

国事务，已成为议员寻求支持的重要议题。美地方势力已成为影响美外交的重要力量，主要包括地方政府，各地方的意见领袖和精英，跨国企业、商会、行业协会、工会等利益团体及各类外交事务委员会与基金会等。这些力量互相博弈和合作，从而促成政府决策。

蓝迪国际智库认为，中美地方合作机制有待完善。目前，我方对美国地方议会重视力度不够，缺乏对等合作沟通机制。美地方在华合作机构发展速度快于中国地方驻美机构。中美地方交流合作尚未形成全国统筹机制，难以实现合作成果共享。中美地方合作区域发展不平衡。交流合作缺乏落地机制，缺乏对彼此地方政治生态的深入了解。有鉴于此，蓝迪国际智库建议：（1）加强人大与美国地方议会对等交流的持久机制建设，讲好"中国故事"，实现中美地方区域合作的互联互通。（2）贯彻"共商、共建、共享"原则，考虑成立大区域综合协调平台，打破条块分割，强化综合统筹。（3）加强中美省州长论坛对话机制与中美战略与经济对话的衔接，推动"一带一路"体系下中美地方合作交流的战略互信。（4）建立和发展机制化的中美地方交往平台。（5）建立中美地方合作大数据平台，通过信息融合促进双方资源共享。（6）注意地域平衡，多层次多领域地开展深入交流合作。（7）发挥智库交流对中美地方合作的作用。（8）利用自媒体时代传播契机，引导民众支持中美地方交流合作。

二　中俄关系研究

蓝迪国际智库于 2015 年 9 月访问了俄罗斯科学院世界经济与国际关系研究所、国际事务委员会、欧亚经济委员会、外交部等机构，就新型全球治理体系、国际政治经济格局、中俄双边关系、"一带一盟"对接等问题进行深入探讨，围绕政治、经济、外交等领域的中俄合作提出了相关政策建议。

报告 7："一带一盟"对接与发展中俄关系

2015 年 9 月 13—15 日，蓝迪国际智库代表团访问俄罗斯，就新型全球治理体系、国际政治经济格局、中俄双边关系、"一带一盟"对接等问题进行调研与探讨。

研究表明：全球治理体系正在经历严重危机和深刻变革。俄罗斯是具有全球视野的世界大国，并期待与中国加强战略协作。在构建新型全球治理体系方面，俄关注的重点是注入新的价值理念；在防止核武器扩散、遏制"伊斯兰国"扩张、解决朝核和东北亚安全机制

《"一带一盟"与中俄关系
新动向及对策建议》

等全球热点问题上，中俄更需要加强战略协作，并提倡中俄智库推动共同研究。

蓝迪国际智库建议：在政治领域，要深入研究新型全球治理体系，发挥中俄应有的作用和机制，构建以合作共赢为核心的新型国际关系；在经济领域，要在"一带一盟"对接中推动双边与多边合作，明确对接关系，实现企业主导对接；在外交领域，要继续践行和倡导合作共赢理念，加快构建全方位、多层次、宽领域的外交新格局，实现中俄全面战略协作伙伴关系永续发展。

蓝迪国际智库不仅关注中美、中俄等大国关系，还积极通过国际项目合作，推动更广泛的国际合作。蓝迪国际智库推动的项目覆盖南亚、西亚、东南亚、中亚、非洲、大洋洲、东欧、中欧、西欧、南美洲的 22 个国家，涵盖能源、矿业、交通运输、仓储与物流、制造、房地产、

农业、科教文卫、金融等多个领域。建言献策与项目推动并重，全面服务外交大局。

◇◇ 第三节　服务于国家软实力建设

按照以习近平同志为总书记的党中央提出的创新、协调、绿色、开放、共享五大发展新理念，蓝迪国际智库发挥国际国内资源优势，积极参与发展领域的国家软实力建设，把人道与发展两个重大议题紧密结合，在气候变化应对、应急体系建设、综合减灾、人道事务等议题中建言献策，积极促进我国可持续发展，并努力在国际舞台贡献中国思想和中国方案。

一　可持续发展：气候变化

积极应对气候变化，加快推进绿色低碳发展，是实现可持续发展、推进生态文明建设的内在要求，是加快转变经济发展方式、调整经济结构、推进新的产业革命的重大机遇，也是我国作为负责任大国的国际义务。2015 年底在巴黎召开的联合国气候变化框架公约缔约方会议是全球应对气候变化进程中一次十分重要的会议。在巴黎气候大会召开前，蓝迪国际智库形成了有关研究报告。

报告 8：关注国际气候治理并贡献方案

2015 年 11 月 30 日至 12 月 11 日，第 21 届联合国气候变化框架公约缔约方会议在法国巴黎举行，会议旨在使全球升温控制在 2 摄氏度以下，并针对气候失常达成一项有目标、有约束力，并适合所有国家的协议。巴黎气候大会是国际气候谈判的重要转折点，将影响未来 15 年甚至更长时期的全球气候治理格局，重新定位各主要国家在国际气候大局中的地位和角色，并对我国外交和国内发展产生深远影响。在这重要的转型时期，重新审视国际气候治理格局演变，分析我国面临的国际国内形势，合理定位我国在巴黎气候大会上的原则与立场，非常必要。

蓝迪国际智库《国际气候治理格局演变和我国的战略选择》报告认为，巴黎会议所产生的气候协议将不仅是各主要力量的博弈，更是未来世界格局变化的展现。与美、欧等发达经济体相比，中国仍是发展中国家，但又有别于其他新兴经济体和低收入国家。这个"二重性"特征，表明中国在国际气候谈判中受到来自发达国家和发展中国家的双重压力。

《国际气候治理格局演变和
我国的战略选择》

报告建议，高举气候道义旗帜，能引领我实施"一带一路"战略，拓展发展空间，更可打破"跨太平洋伙伴关系协定"的壁垒，将低碳纳入双边、多边投资等协议。

中国定位的二重性特征，客观上表明我国已从国际规则接受者转向制定者的角色。在即将形成的巴黎气候协议中，我方宜高举气候道义旗帜，树立生态文明的良好形象，明确要求摒弃工业文明的弊端，拓展战略发展和市场空间。落实"国家自主贡献目标"，将低碳作为经济增长的新引擎，引领全球低碳转型。

《国际气候治理格局演变和我国的战略选择》引起中央高层的关注和气候变化应对领域高层专家的充分肯定。中国气候变化事务特别代表、全国政协人口资源环境委员会副主任解振华表示，报告中有很多好建议值得学习借鉴，中国在气候变化谈判的变局中地位特殊，需要兼顾国内国际、发达国家和发展中国家，立足当前又着眼长远、措施科学而现实，既要巩固发展中国家战略依托，又要加强与发达国家沟通，兼顾两大阵营各个集团的不同诉求。

二 完善应急管理体系

应急管理是社会建设的重要内容，是维护社会稳定和人民群众利益的重要保障，是蓝迪国际智库关注的重要领域之一。党的十八届三中全会提出创新社会治理体制，其中包括健全重大决策社会稳定风险评估机制、健全公共安全体系等内容，进一步凸显应急管理体系建设的重要性。

报告9：关注应急管理体制机制建设与发展

俄罗斯联邦紧急情况部
调研报告

RDI
蓝迪国际
中国社会科学院蓝迪国际智库项目
2015年10月16日

《俄罗斯联邦紧急情况部
调研报告》

2015年8月12日，中国天津港发生特大火灾爆炸事故。这折射出我国各种灾害频发，目前也正处于事故灾难高发期的现状。蓝迪国际智库本着"他山之石，可以攻玉"的思想，在实地调研的基础上，结合相关资料，撰写了《俄罗斯联邦紧急情况部调研报告》，旨在为健全我国应急管理体制、完善运作机制提供借鉴和参考。

俄紧急情况部成立和运作具有组织完善、任务明晰、运转高效、协调有力的特点，并在多年实践中形成了一些行之有效的经验和做法：一是建立起综合应急救援体制；二是应急响应与指挥体系高度集中；三是应急救援队伍和装备专业化程度高；四是得到功能强大的信息系统支持；五是致力于加强国际和双边合作机制；六是相关法律体系较为完备。

俄罗斯作为我全面战略协作伙伴和灾害应急领域经验丰富大国，是我国相关领域学习借鉴的重要对象和渠道之一。有鉴于此，蓝迪国际智库建议：（1）全面树立综合应急管理理念，树立大应急管理观，加强统筹协调，打破条块分割，实现跨领域跨部门联动，做好顶层设计；（2）适应新时期形势发展需要，针对现存不足和问题，加大资源投入，加强能力建设，补齐相关短板，健全我国综合应急管理体制；（3）改变以往重大事故经常被动反应、临时处置状况，以应对巨灾和重大突发事件为核心，加强系统调研和缜密论证，逐步建立起统一指挥、协同应对机制，并在实践中不断完善改进；（4）积极落实应急管理领域"互联网+"战略，做好总体规划，促进信息共享，提高资源利用效率，整合国内相关"金"字号工程，提升应急处置信息化水平；（5）俄罗斯在应急管理方面经验丰富、成效显著，具有重要参考借鉴意义，且俄一贯致力于推动加强该领域国际合作，对华态度积极，建议与俄紧急情况部开展机制化定期交流与合作。

三　减灾与国际人道主义工作

伴随着全球气候变化以及中国经济快速发展和城市化进程不断加快，中国的资源、环境和生态压力加剧，各类灾害防范应对形势更加严峻复杂。以人为本，实行综合减灾，成为实现可持续发展的重要保障。

报告 10：关注综合减灾与可持续发展

2015 年 3 月 14 日至 18 日，第三届联合国世界减灾大会在日本宫城县仙台市举行。大会重点围绕综合减灾、可持续发展、国际合作、能力建设及防灾减灾的资源动员体系进行讨论，形成《仙台框架》。蓝迪国际智库在会后形成了《关于第三届世界减灾大会的情况报告及对中国减灾战略的建议》。

在该报告中，蓝迪国际智库梳理了目前减灾方面面临的主要问题和解决方法：（1）在气候变化、快速城镇化、土地管理不力和工业部门发展等因素的影响下，如何准确预测和评估灾害风险；（2）减轻灾害风险框架具体在实践中如何实现有效的多层级的综合性减灾治理；（3）目前国际合作多停留在国际救援和资源技术知识的转移，缺少相互学习和经验共享的机制；（4）缺少切实的机制推动减灾与减贫、气候变化应对和可持续发展的整合。

《关于第三届世界减灾大会的情况报告及对中国减灾战略的建议》

蓝迪国际智库结合本次世界减灾大会重要讨论和成果文件，针对今后中国的减灾战略，建议：制定一部综合的《减灾法》；加大对减轻灾害风险工作的投入并优化投入结构；加强城市和农村防灾减灾的能力建设，尤其是社区恢复能力；加强社会动员，采用多利益相关者和包容性方法；推动救灾工作的规范化和标准化，提高行业管理和综合风险防范能力；在"一带一路"倡议框架下加强防灾减灾救灾领域的国际合作。

《关于第三届世界减灾大会的情况报告及对中国减灾战略的建议》受到国家有关部委办的高度重视。2015年4月29日，民政部部长李立国批示，对所提建议视情纳入今后有关工作安排中。可以以减灾办名义，将"报告与建议"印送减灾委成员单位，并可在有关载体上摘登。国家减灾委员会办公室于5月20日向国家减灾委各成员单位转发了该

建议。民政部办公厅于 5 月 21 日《民政信息参考》（第 34 期）摘发了
建议的相关内容。

四 话语体系研究

话语体系和宣传机制是国家软实力的重要组成部分。蓝迪国际智库
针对这一主题，借鉴国际经验，进行了深入细致的研究。

报告 11：“一带一路”话语体系的研究

“一带一路”的战略构想是中央
根据国际形势和中国发展阶段制定的
长远而重大的发展规划。要深刻理解
和准确传播这一战略发展构想必须具
备必要条件：一要对中央决策中的各
种表述有一个全面而深入的理解；二
要对中央提出“一带一路”战略发展
构想的国内外环境有明晰而准确的把
握；三要对国际理念有深刻的理解与
认同，以把握“一带一路”合作倡议
与《联合国宪章》的一致性。近两年
来，紧跟“一带一路”倡议出台和具

《“一带一路”对外传播话语体系
构建与战略研究报告（一）》

体政策落实，政府部门、智库学者等展开了丰富的讨论和探索。然而，
究竟在什么层次上理解“一带一路”的战略构想，它对中国未来的全
球战略布局有什么意义，特别是如何针对不同对象，向世界说明这一战
略构想，并在此基础上，说明中国所设想的未来国际秩序蓝图。蓝迪国
际智库对这些更具根本性、全局性的问题进行了系统论述，对有关
“一带一路”的各种战略阐述和政策表述做了系统总结和对策建议。

蓝迪国际智库建议，为了促进"一带一路"战略的稳步推进，首先，要积极认识中国对外传播话语体系的方向性变革。中国迫切需要回归新中国的外交传统和历史文化资源中汲取营养。其次，要善于运用国际化的多边语言开展对外传播，遵循联合国宪章精神，在对外传播中把中国外交精神与国际主流价值观念相结合。最后，还要着力构建"多重复合"的战略传播格局，从机构设置、官方外交、文化外交、公共外交、民间外交、大众传媒、智库学者、企业传播等方面出发，构建全方位、多主体、多层次、多领域的传播体系，力求战略传播正效应最大化。

在研究"一带一路"话语体系构建的同时，蓝迪国际智库以美国为例，研究了其对外战略传播体系和宣传机制的构建。

报告 12：美国对外战略传播体系研究

"一带一路"对外传播
话语体系构建与战略
研究报告
（二）

RDI
蓝迪国际

中国社会科学院蓝迪国际智库项目
2015 年 8 月 5 日

《"一带一路"对外传播话语体系
构建与战略研究报告（二）》

自第一次世界大战以来，特别是在第二次世界大战之后，美国形成了当今世界最庞大、最高效且覆盖面最为广泛的对外传播体系。

2010 年 3 月，由奥巴马总统向美国参众两院提交了一份题为"国家战略传播构架"的专题报告。以此为标志，美国政府主导的国家对外宣传体制进入了一个成熟的、更加具有整合运作能力的发展阶段。

蓝迪国际智库基于对大量文献的研读和调研，形成了《"一带一路"对外传播话语体系构建与战略研究报告（二）》，对美国的对外传播体系做出如下概括：

1. 美国战略传播是在美国总统领导下，由美国国家安全委员会

（NSC）主导的，直接服务于国家总体战略目标和军事战略目标的对外宣传体系。

2. 就战略目标而言，美国对外战略传播以作为美国核心利益的"普世价值"为主要诉求点，并以全球性的战略传播活动支持其全球合法性和政策目标。因此，美国对外传播的根本目标是：（1）增进美国的信誉和合法性；（2）贬损对手的信誉和合法性，诋毁其意识形态和政策；（3）说服特定受众采取特定行动来支持美国或国际的目标；（4）引致对手采取或放弃采取特定的行动。

3. 美国对外传播系统由公众外交、公共事务、国际广播和信息/心理运作四个部分构成。在战术层面，美国的对外传播活动一般被区分为公开、不公开与介于两者之间的行动，三者间的无缝对接是美国对外传播活动实现其"意识形态之穿刺力"的最重要战术手段。

蓝迪国际智库建议：（1）在我国已经形成的宣传格局基础上，应借鉴美国的有益实践，以我国当前及未来国家利益为中心，在战略和相应的战术层面建立起整合化的对外传播体系；（2）为此，在中央层面，必须对现有的外宣运行机制进行适当的甚至大幅度的调整和整合，以确保所有涉外部门之间无缝对接和有效联动；（3）国家的外宣目标应尽快摆脱历史性惯性，超越塑造国家形象这一起步阶段的任务，而将更多的资源和手段调向影响全球和各对象国的政治、经济和安全议程上去。

◇◇第四节　服务于企业国际化

企业在"一带一路"沿线国家或地区"走出去"，面临知识产权、标准、法律保障、人才、信息、发展模式等多方面的挑战。单一企业获取相关信息渠道有限，需要智库提供信息共享平台，助力企业"走出去"。蓝迪国际智库作为一个开放性、国际性的平台，努力服务于中国企业国际化。蓝迪国际智库自成立以来，积极服务"一带一路"建设，通过建立法律服务、政策研究、技术标准、信息服务、金融支持、文化与品牌、能力建设等服务机制，积极组织政府、企业和行业资源，推动企业抱团出海，在为企业实质性参与"一带一路"战略方面提供了大量系统性的服务和支持。

针对企业在"走出去"过程中面临的主要挑战，蓝迪国际智库成立七个服务小组，并组织撰写系统的报告以适应企业需求。

《蓝迪国际智库项目首批建设"一带一路"重点关注企业名录（2015）》

报告 13："一带一路"建设重点关注企业名录

中国社会科学院蓝迪国际智库在北京正式发布《蓝迪国际智库项目首批建设"一带一路"重点关注企业名录（2015）》。该份名单是蓝迪国际智库自 2015 年 3 月份成立以来发布的首批重点关注企业名录。全名录共分 16 个大类，236 家企业，覆盖了能源、制造、信息、文化、贸易、农业、金融、医药、矿业、纺织、培训、基础设施建设以及产业园区和行业协会等领域的重点骨干企业和机构。

该份名单是蓝迪信息团队根据 2015 年以来，企业积极参与蓝迪国际智库项目在推进"一带一路"建设过程中所做的工作和进展，以及企业自身的规模、发展方向和业务内容等信息，进行充分考察和筛选后列出的。这些企业名单信息完备，并将配置不同语言，这将成为国际交往合作中的重要信息内容之一，将有利于"一带一路"沿线国家深入了解我国企业服务内容和需求，从而加快产业对接，推动"一带一路"宏伟蓝图的落实。

法律服务是"一带一路"建设实现"共商、共建、共享"原则的有力支撑。蓝迪国际智库发挥平台的统筹性和主动性，围绕"一带一路"沿线重点国家或地区开展法律制度研究，为企业提供专业、优质、全方位的法律服务，促进市场要素的有序高效流动，为"一带一路"建设保驾护航。

报告 14："一带一路"相关国家法律制度研究

2015 年，蓝迪国际智库围绕"一带一路"沿线重点国家或地区，包括巴基斯坦、俄罗斯、伊朗、印度尼西亚、哈萨克斯坦、阿联酋以及日本等，详细介绍目标国的发展现状、政治制度、法律体系以及外商投资细则和实践案例，尤其对企业对外投资过程中所关注的税收制度、外汇管理、劳动就业、知识产权和环境保护等内容进行了重点研究。同时，蓝迪国际智库还通过解剖案例，对国际电力项目等基础设施的承包建设等相关法律进行了深入研究。

《蓝迪国际智库项目"一带一路"相关国家投资法律制度概述（2015）》

报告涵盖了"一带一路"重要沿线国家巴基斯坦、俄罗斯、伊朗、印度尼西亚、哈萨克斯坦和阿联酋等，详细介绍了各国发展现状、政治制度、法律体系，以及外商投资细则和实践案例，尤其对企业对外投资过程中所关注的税收制度、外汇管理、劳动就业、知识产权和环境保护等内容进行了重点阐述。报告还对国际电力项目等基础设施的承包相关法律进行了深入探讨，并对中国对日本企业的并购法律进行了介绍。

该份报告是蓝迪国际智库法律服务组的律师团队经过深入细致的调研、分析和整理，形成的深度研究资料。报告内容翔实、信息完备、专业性强，覆盖领域广泛。报告对"一带一路"国家的相关法律和政策信息的深入研究内容将为中国企业走出海外提供重要的信息，从而为加快企业国际化进程，推动"一带一路"战略的落实提供有力的支持。

继重点企业名录和法律制度研究之后，蓝迪国际智库将陆续发布在法律、政策、标准等方面的内容，以促进中国企业积极稳妥"走出去"和全面国际化。

◇◇ 小结

2015 年，作为中国特色新型智库，蓝迪国际智库聚焦"一带一路"建设，紧密服务国际国内两个大局需求，充分发挥咨政建言、理论创新、舆论引导、社会服务、公共外交等重要功能，坚持需求导向、项目导向、结果导向、国际国内资源联动的原则，组织开展高层交往、智库研讨、能力建设和专题研究，既及时直接服务党和国家重大决策，又以市场导向力促企业高质量对接合作，取得了一系列成果，凸显了中国特色新型智库优势，引起国内外政府、市场和社会的广泛关注和热烈反响，为扎实推进"一带一路"建设做出了应有的贡献。

第 三 章

推进国际合作，务实共建"一带一路"

国际化是蓝迪国际智库的旗帜，也是未来发展的不竭动力。推进国别实践，是蓝迪国际智库推动国际合作、促进务实共建"一带一路"的出发点和落脚点。共建"一带一路"旨在促进经济要素有序自由流动、资源高效配置和市场深度融合，推动沿线各国实现经济政策协调，开展更大范围、更高水平、更深层次的区域合作，共同打造开放、包容、均衡、普惠的区域合作架构。

蓝迪国际智库面向世界，以国际合作委员会共同主席机制为依托，以七大服务组为支撑，在"一带一路"沿线国家或地区系统推进中国与"一带一路"沿线国家的务实合作。

蓝迪国际智库从旗舰项目中巴经济走廊切入，扩大区域合作，连接中蒙俄、新亚欧大陆桥、中国—中亚—西亚、中国—中南半岛、中巴、孟中印缅六大经济走廊，紧紧抓住"一带一路"六条经济走廊在政治、经济、社会和文化领域的影响，以项目驱动的形式推动实质合作。2015 年，蓝迪国际智库在对外交流领域取得丰硕成果，展开与巴基斯坦、伊朗、阿联酋、哈萨克斯坦、俄罗斯、印度尼西亚、缅甸、柬埔寨以及中东欧多国等"一带一路"沿线重点国家或地区的深入合作。

◇◇ 第一节　南亚—巴基斯坦

中巴经济走廊是"一带一路"建设的旗舰项目。中巴经济走廊北起新疆喀什，南至巴基斯坦境内的印度洋出海口瓜德尔港，绵延约3000公里。中巴经济走廊建设被誉为改变命运、实现梦想的"世纪机遇"。走廊早期收获项目主要集中于能源、交通基础设施、工业园区和瓜德尔港四大领域。其中，能源和交通基础设施领域进展较快。随着项目推进，走廊涵盖的领域将拓展至农业、金融、旅游、减贫、文化交流等方面。

蓝迪国际智库围绕中巴经济走廊建设，通过系统化、有针对性的工作，组建中国—巴基斯坦国际合作委员会，搭建机制化的交流平台，并组织多轮次产业对接，开启中巴合作新模式。

一　召开"一带一路"中巴经济走廊战略研讨会，成立中国—巴基斯坦国际合作委员会

2015 年 4 月 15—17 日，"一带一路"中巴经济走廊战略研讨会在海南省海口市召开。中国和巴基斯坦官员、学者、企业家和媒体人士围绕"一带一路"建设与中巴经济走廊建设展开了三天的深入讨论，形成了诸多共识。

根据中巴经济走廊建设发展需求，蓝迪国际智库专家委员会成立了中国—巴基斯坦国际合作委员会。该委员会共由 20 名专业人士组成，其专业范围涉及经济、金融、能源、贸易、信息、通信、社会等诸多领域。中国全国人大常委会委员、外事委员会副主任委员赵白鸽担任中

国—巴基斯坦国际合作委员会主席。巴基斯坦参议员、国防委员会主席、巴基斯坦中国研究所主席穆沙希德·侯赛因·萨义德担任共同主席。会议围绕"一带一路"战略下的中巴合作展望、瓜德尔港及附属设施建设、水利电力与能源开发、经济园区建设、中资企业本土化及中巴智库合作计划进行了深入研讨。会议建立了中国—巴基斯坦智库合作框架，形成了第一批机构合作联盟，制订了蓝迪国际智库 2015 年中巴经济走廊行动计划，搭建了地方省份和企业参与中巴经济走廊建设的务实合作平台。

"一带一路"中巴经济走廊战略研讨会开幕

在中国社会科学院亚太与全球战略研究院、中国社会科学院蓝迪国际智库、中国（海南）改革发展研究院的共同推动下，中国宋庆龄基金会、商务部五矿化工商会、清华大学国际传播研究中心、清华房地产总裁协会等中方机构，巴基斯坦中国研究所、卡拉奇能源研究所、鲁巴集团等巴方机构等将深入参与中巴经济走廊建设合作。中国宋庆龄基金会还与巴基斯坦红新月会达成协议，合作开展民生交流项目。

各方共同商量制订了蓝迪国际智库平台 2015 年中巴经济走廊行动计划。一是加强高层倡导。共同搭建沟通平台，推动落实高层政治承诺，增进相关各方政治互信，强化战略领导力与执行力，提升彼此的政策影响能力。包括 6 月份组织访问团实地考察对接巴基斯坦经济社会发展需求。二是开展资源动员。践行"共商、共建、共享"原则，积极筹集资金、人才等资源，争取政策支持，发挥政府资金的杠杆效应，发挥政府、市场、社会对共同建设"一带一路"的三元支撑作用。三是推进能力建设。培养中巴双方各领域的优秀精英，加强组织能力建设，分享治理和管理经验。包括举办中巴经济走廊发展能力建设培训班，抓紧建设"一带一路"公共信息服务平台等。四是推进项目落地。蓝迪国际智库平台将坚持需求导向、决策导向、结果导向，提供资政服务，推动中巴企业项目对接落地，开展人文交流和民生项目，促进经济社会均衡发展，携手打造中巴命运共同体。

此次会议围绕中国江西省参与中巴经济走廊建设召开了专题会议，搭建了企业合作的畅通平台和机制。会议将江西省的优势产业与巴基斯坦需求进行对接，帮助双方建立常态化的沟通机制和省级交流平台，形成了江西省融入中巴经济走廊建设的项目清单和企业清单，为下一步企业走入巴基斯坦提供了沟通合作渠道与平台。

企业有效参与和后续跟进是此次会议的一大特色。根据中巴智库合作平台的行动计划，中巴双方企业将共同参与海尔—鲁巴经济园区、瓜德尔经济特区等巴基斯坦产业园区或经济园区的建设规划，对区域产业发展做出科学、合理、可操作的产业发展规划。中巴智库合作平台将特别注重引导企业履行社会责任，以绿色人文（如清洁能源、智能科技、人文交流）为导向，区域协同发展为主线，"互联网+物联网、云计算、大数据"为平台，形成新型发展模式和方案。

中巴智库合作平台强调要借助中巴友好年这一契机，进一步开展青年交流、文化宣介等人文交流活动和民生项目，努力让中巴经济走廊的发展成果惠及中巴两国人民。

二　第一次出访巴基斯坦

2015 年 5 月 31 日至 6 月 4 日，赵白鸽博士率领中国社科院蓝迪国际智库项目代表团赴巴基斯坦访问。巴基斯坦总理纳瓦兹·谢里夫在总理府会见了以中国社会科学院蓝迪国际智库专家委员会主席、全国人大外事委员会副主任委员赵白鸽博士为团长的蓝迪国际智库项目代表团全体成员。中国驻巴基斯坦大使孙卫东出席会见。

巴基斯坦总理纳瓦兹·谢里夫会见赵白鸽博士率领的蓝迪国际智库代表团

谢里夫总理表示，中巴友谊比山高、比海深、比蜜甜，中巴经济走廊建设就是真实写照。目前，巴国内各党派已形成共识，普遍热烈欢迎和支持中巴经济走廊建设，下一步将尽快推动项目对接落实。中巴双方智库以共同主席制的方式开展交流与合作，是落实两国元首战略决策与合作共识的具体行动，是"共商、共建、共享"原则的具体体现。他建议，在多领域促进全面发展，特别是关注直接惠及民生和社区的渔业、畜牧业、农业等产业合作；创新对话协商机制，建立中巴国际智库交流合作平台，打造中巴经济走廊国际论坛；创新协同发展模式，开展省市级合作对接，实现成果共享；加快中巴信息走廊建设，搭建中巴经济走廊"互联网+"公共服务平台；加强人力资源建设和能力培训，多层次开展巴基斯坦人才本土化建设；增进相互了解，开展中巴新闻媒体和人文交流合作，夯实中巴合作民意基础。

巴基斯坦参议院主席拉巴尼会见蓝迪国际智库代表团

蓝迪国际智库代表团到访巴基斯坦参议院、规划发展与改革部、财政部、红新月会和巴中学会，并与巴参议院成员进行了广泛接触。中国社会科学院蓝迪国际智库专家委员会主席、全国人大外事委员会副主任赵白鸽博士一行就深入推进中巴经济走廊建设的有关具体问题，与巴方进行了深入交谈。中国驻巴基斯坦大使孙卫东参加相关会见。

巴基斯坦规划发展与改革部部长阿赫桑·伊克巴尔（Ahsan Iqbal）会见代表团一行时指出，中巴两国双边关系友好，经济社会合作的空间非常巨大，中巴经济走廊的提出恰逢其时。他认为，中国提出建设"一带一路"的倡议与巴基斯坦提出的 2025 计划是互相契合的。当然，中巴经济走廊不仅仅是经济领域，还应包括社会和文化领域。在这一过程中，中巴双方应该相互学习，特别是在战略规划、计划实施、重大问题处理上分享经验，如城市化问题、工业化问题、移民问题、人口控制等方面的经验。

巴基斯坦财政部部长伊沙克·达尔（Ishaq Dar）会见代表团一行时表示，中巴经济走廊建设显然会给巴方带来巨大综合利益。巴基斯坦可以发挥沟通整个地区的桥梁作用，促进中亚、南亚地区的经贸人文合作。达尔提到，在中巴经济走廊项目合作中，中巴双方应该为双方企业进行培训，帮助企业按照国际标准开展项目的研究、建设与发展，特别是强化企业社会责任，使中巴经济走廊更早更好地惠及沿线人民。

到访巴基斯坦红新月会时，身为红十字会与红新月会国际联合会副主席的赵白鸽博士看望慰问了因遭遇恐怖主义袭击而致残的志愿者，对红十字与红新月运动的志愿者表达了崇高敬意。她认为，当今世界人道与发展事务的联系日益紧密，志愿者不仅仅是服务的提供者，更是发展的参与者。巴基斯坦红新月会会长萨伊德·伊拉希（Saeed Elahi）对中国红十字会多年以来对巴基斯坦和周边国家地区人道与发展事务的高度关注与支持，他表示希望学习中国红十字会在应急救援、应急救护、人道救助、国际合作等领域的成功经验和模式，让中巴两国人民更多地受益。萨义德·伊拉希会长建议，由于人道与发展事务日益紧密的联系，应将人道事务作为建设"一带一路"的总体框架中的重要内容，加强国际和地区间交流合作。他期待中国能够在专业人员培训、救援装备援助和减灾合作服务等方面对包括巴方在内的"一带一路"沿线国家提供帮助。

在巴中学会访问时，代表团一行与巴基斯坦政府、议会、智库和企业代表就"一带一路"和中巴经济走廊的建设问题进行了广泛讨论，就企业关注的土地政策、税收政策、安全保障和透明性等问题交换了看法。与会代表一致认为，中巴两国应该继续在全天候战略伙伴关系框架下，在中巴信息走廊建设、人力资源建设及友好城市对接等方面加强合作，推动"一带一路"落到实处。

中国驻巴基斯坦大使孙卫东（右四）会见蓝迪国际智库代表团

围绕中巴联合智库合作推进中巴经济走廊建设等有关话题，赵白鸽博士、穆沙希德·侯赛因·萨义德参议员共同接受了巴基斯坦国家电视台（PTV）的采访。赵白鸽博士说道，中巴经济走廊建设的目标是要通过创新发展的理念、协同发展的模式，走向全面可持续发展。资源动员对于这个过程而言至关重要。现代社会中，资源的概念不再局限于财政资源，而应包括人力、智力、文化、知识、技术、产品等。中巴经济走廊不仅是经济合作，社会、文化、生态建设都是全面发展的基本内容和必然要求。应将政府、市场、社会特别是民众等综合因素统筹规划，调动各方面的积极性。其中，特别要注意利用现代信息技术和平台，打造中巴信息走廊，借助"互联网+"为中巴经济走廊建设插上翅膀。穆沙希德·侯赛因·萨义德参议员在接受采访时强调指出，中巴两国之间的传统友谊深入民心，中巴经济走廊建设的成功不仅将对巴基斯坦，而且会对整个地区乃至全世界产生重大积极影响。

三 中巴经济走廊新疆克拉玛依论坛（2015）

2015年8月11日，中巴经济走廊新疆克拉玛依论坛（2015）在新疆克拉玛依开幕。来自中国、巴基斯坦两国政府、企业、智库、社会组织、媒体机构等约300位参会代表围绕"共商中巴合作，共建繁荣走廊，共享和谐发展"主题展开讨论。该论坛旨在进一步落实习近平总书记访问巴基斯坦系列成果，首次汇聚中巴双方各领域高级别人士，充分统筹联系官、产、学、研各方面资源，推动中巴经济走廊建设走实做深，支持地方特别是企业融入"一带一路"建设。

中共中央政治局委员、新疆维吾尔自治区党委书记张春贤10日下午会见了出席论坛的中外高级别代表。新疆维吾尔自治区人大常委会主任乃依木·亚森出席开幕式。巴基斯坦计划改革与发展部部长阿赫桑·伊克巴尔，中国社会科学院党组书记、院长王伟光，中国新疆维吾尔自治区党委常委、宣传部部长李学军，巴基斯坦参议员、参议院国防委员会主席穆沙希德·侯赛因·萨义德，中国宋庆龄基金会党组书记、常务副主席齐鸣秋，中国驻巴基斯坦大使孙卫东，巴基斯坦驻华大使马苏德·哈立德在开幕式上致辞。中国全国人大常委会委员、外事委员会副主任委员、中国社会科学院蓝迪国际智库专家委员会主席赵白鸽主持开幕式。

张春贤（右二）会见中巴经济走廊新疆克拉玛依论坛（2015）中外嘉宾

张春贤说，新疆率先响应贯彻"一带一路"建设，正在着力打造丝绸之路经济带核心区，各项事业面临着广阔的发展机遇，对接中巴经济走廊更是具有独特的地缘、经济、人文和社会等优势，是中巴经济走廊地方合作的优先载体。我们将不遗余力地推动中巴合作交流，积极参与支持中巴经济走廊建设，把中巴友谊转化为经济发展的动力和载体。希望中国新疆与巴基斯坦进一步加强全方位合作，通过发展促进双方经贸人文交流、加强反恐领域合作。预祝论坛圆满成功，碰撞出新思想、结下新成果，为推动中巴经济走廊建设做出更大贡献。

　　在承接和促进中巴经济走廊建设方面，克拉玛依有着独特的优势和巨大的潜力。新疆作为"一带一路"战略中的"丝绸之路经济带核心区"，面临着广阔的发展机遇，对接中巴经济走廊更是具有独特的地缘、经济、人文、宗教和社会等优势，是中巴经济走廊地方合作的优先载体。克拉玛依市在"一带一路"建设中有着良好的区位优势、产业基础和人才储备，在工业化、城镇化、信息化方面也积累了丰富的经验，体现了新疆的发展面貌，代表了新疆的发展进程，预示着新疆的发展前景。

中国社会科学院院长、蓝迪国际智库项目领导小组组长王伟光
指导并出席中巴经济走廊新疆克拉玛依论坛（2015）

　　巴基斯坦各界对此次论坛高度重视，派出了以计划发展改革部部长阿赫桑·伊克巴尔、参议院国防委员会主席穆沙希德·侯赛因·萨义德、参议院财经委员会主席萨利姆·曼迪瓦拉、参议院外事委员会主席努扎特·萨迪克等为首的60余人高级别代表团出席论坛，成员涉及中

巴经济走廊建设的政策协调、法律制定、安全保障、财税环境、企业伙伴、社会民生等关键领域。

王伟光（左二）、赵白鸽（右二）、王镭（左一）、李向阳（右一）
在中巴经济走廊新疆克拉玛依论坛（2015）现场合影

中国方面为实现高效对接、务实合作和项目落地，采取了政府、企业、智库三结合的参会方式，始终抓住市场主体，加强项目促进，推动多层次合作。引人注目的是，论坛精选了来自能源、制造、农林牧渔、信息、通信、服务、交通基础设施、贸易、文化、医药、房地产、金融、纺织家居、矿产、港口等 15 类 60 余家具有较高国际合作资质的中方优势企业负责人参会，积极促成中巴之间全方位的项目对接与合作，努力实现重点引导、形成示范。

本届论坛的六个平行分论坛分别围绕"城市合作"、"产业对接"、"信息走廊"、"人文社会"、"能力建设"、"青年作用"等议题展开。

2015 年 8 月 12 日，中巴经济走廊新疆克拉玛依论坛（2015）发布《新疆克拉玛依宣言》，全文如下：

> 我们来自中国和巴基斯坦各界代表于 2015 年 8 月 11 日至 12 日相聚中国新疆克拉玛依，共同出席中巴经济走廊（新疆·克拉玛依）论坛，围绕"共商中巴合作，共建繁荣走廊，共享和谐发展"这一主题进行了广泛深入且富有成果的讨论。

王灵桂主持"信息走廊"分论坛

卢山（蓝迪国际智库专家委员会成员、工业和信息化部软件与集成电路促进中心主任、中国电子信息产业发展研究院院长）在新疆克拉玛依论坛（2015）提出加快推进中巴信息走廊建设

我们认同古老的丝绸之路是沿线国家的共同文化遗产和历史财富，和平合作、开放包容、互学互鉴、互利共赢是其精神体现。

我们赞赏"丝绸之路经济带"和"21世纪海上丝绸之路"是古丝路精神在新时期的传承和发展，为沿线国家最终打造政治互信、经济融合、文化包容的利益、责任和命运共同体制定了宏伟蓝图和美好愿景。

我们重申中巴经济走廊是落实中国国家主席习近平2015年4月访问巴基斯坦期间两国领导人达成广泛共识的重要组成部分，是"一带一路"倡议的旗舰项目，其成功将对沿线国家产生重要的引领和示范效应。

我们强调通过"共商、共建、共享"原则致力于中巴经济走廊建设，双方将通过政策沟通、设施联通、贸易畅通、资金融通、民心相通，促进中巴两国乃至整个区域的共同发展。

因此，我们承诺在以下领域采取具体行动：

一、深化政策沟通。鼓励两国政治家、企业家、媒体代表、学者等开展多种形式的政策对话与交流，就推动中巴重大发展战略与项目规划对接提出建议，促进中巴经济走廊建设的顶层设计。

二、开展积极合作。为两国企业家、智库等提供互动平台，充分交流信息，实现优势互补，探寻合作机遇，在基础设施、信息、电力、能源、农业、水产、电子商务、教育培训及气候变化应对等领域积极开展互利合作。

三、加强能力建设。深化两国开展多领域、分类别的人力资源建设，关注妇女和青年人的关键角色，结合中巴经济走廊建设的各项需求，加强人力资源建设的针对性、有效性和务实性。

四、推动科技创新。以中巴经济走廊建设为契机，促进科技、资本、管理、人才、信息等新的生产要素顺畅流动，开展联合研发、技术转移、成果推广、标准分享和人才引进等国际合作，交流看法和经验，推动创新。

五、夯实人文交流。积极推进两国之间教育、文化、旅游、媒体、体育等领域交流互鉴，重视社区和公众特别是妇女和青年群体的积极广泛参与，以增进互相了解、夯实民意基础，确保中巴友谊世代相传。

六、拓展对话平台。实现新疆克拉玛依论坛定期化、机制化，为中巴经济走廊乃至"一带一路"建设提供对话与合作平台，整合各方资源，鼓励各界参与，实现共商、共建、共享。

克拉玛依是世界上唯一以石油命名的城市，一座应运而生的城市；瓜德尔港是世界上一座以风命名的城市，一座应势而生的城市，两座美丽城市的合作，使她们成为在诸多领域具有示范价值的城市，必将载入两国史册，进入世界视野。

新疆克拉玛依论坛，将持久地为中巴经济走廊和"一带一路"建设提供丰富的合作机遇、广阔的发展空间和深厚的人民福祉。

论坛通过《克拉玛依宣言》成果文件，阐释了中巴经济走廊建设宗旨、原则、目标、实施建议；启动和对接了一批中巴合作项目，推动成果转换和务实合作；致力于搭建中巴经济走廊在经济、文化、教育、医疗、科技等领域友好交流、广泛合作的可持续的对话协商平台，持久服务中巴经济走廊乃至"一带一路"建设。

中巴经济走廊新疆克拉玛依论坛（2015）见证签约现场

中巴经济走廊新疆克拉玛依论坛（2015）的闭幕式上，与会各方代表共同见证了20项合作备忘录的签署（见下页表），总价值约103.5亿元人民币，促成了中巴两国的务实合作。

中巴经济走廊新疆克拉玛依论坛（2015）签约项目

序号	项目名称	签约金额（百万元）
1	中国核工业第22建设有限公司在开普尔普什图省2×400MW联合循环电厂	7440
2	中电科技国际贸易有限公司在信德省100MW太阳能发电项目	1426
3	中电科技国际贸易有限公司50MW风能发电项目	980
4	新疆中兴能源有限公司光伏产品供货协议	500
5	中外运长航集团新疆有限公司与巴基斯坦国家物流部合作备忘录	框架协议
6	中国克拉玛依市与巴基斯坦瓜德尔区教育合作	框架协议
7	中国克拉玛依市与巴基斯坦瓜德尔区医疗合作	框架协议
8	中国克拉玛依市在巴基斯坦瓜德尔地区工业园区建设	框架协议
9	中国清华房地产总裁商会向巴基斯坦捐赠支持高级管理人员MBA培训课程	3
10	中国克拉玛依市与巴基斯坦鲁巴经济园区合作	框架协议
11	中国和平发展基金会援建巴基斯坦瓜德尔地区小学协议	0.4
12	中国欧亚物流贸易中心有限公司向巴基斯坦捐赠支持100例白内障手术	0.3
13	中国能源建设集团新疆电力设计院有限公司与卡拉奇能源研究所的战略合作项目	框架协议
14	新疆贝肯能源工程股份有限公司与卡拉奇能源研究所的战略合作项目	框架协议
15	中国湖北省种业集团有限公司与巴基斯坦Ali Akbar Group关于农作物杂交种子、配套农资的推广及农产品回购的合作项目	框架协议
16	中国湖北省种业集团有限公司与巴基斯坦AB SONS SEED & PESTICIDE关于信德省杂交水稻新品种示范与推广的合作项目	框架协议
17	中国湖北省种业集团有限公司与巴基斯坦Millan Agro Seed关于水稻品种经销及种子生产的合作项目	框架协议
18	中国喀什地区与巴基斯坦北部地区建立友好地区关系	宣布
19	中巴经济走廊人力资源建设	框架协议
20	中巴经济走廊论坛的联合规划与建设	框架协议

四　开展能力建设，举办中巴企业家国际研修班

2015 年 10 月 13 日，中国社会科学院蓝迪国际智库、清华房地产总裁商会、巴基斯坦中国研究院、国际绿色经济协会等单位联合主办为期一周的"一带一路"中巴经济走廊—中巴企业家国际研修班。

"一带一路"中巴经济走廊—中巴企业家国际研修班合影

这次企业家国际研修班是通过促进企业项目合作来落实中巴经济走廊建设的务实平台，是将政策、产业、法律、标准、信息、投融资、案例分享、实地调研等融为一体的全方位对接，采取"政府—市场—社会—智库"相结合的服务模式。本次培训为期 7 天，共有来自中国、巴基斯坦以及阿联酋、哈萨克斯坦的 100 多名企业界代表参加，涵盖新能源、电力、法律、金融、咨询、信息技术、钢铁、建材、建筑、家电、化工、环保、旅游、房地产等广泛领域。培训期间，蓝迪国际智库平台组织包括亚洲基础设施投资银行、中国出口信用保险公司在内的领导和

专家团队为学员们提供政策、产业、法律、标准、信息、投融资及典型案例等方面的综合指导。

全国人大常委会委员、农业与农村委员会委员、国家"十三五"规划专家委员会委员、中国社科院副院长、蓝迪国际智库项目领导小组副组长蔡昉以《企业是建设"一带一路"的市场主体和载体》为题发表主题演讲，深入阐述了企业和智库在"一带一路"中的重要作用与合作机制。

蓝迪国际智库项目领导小组副组长蔡昉在培训班开幕式讲话

中国出口信用保险公司总经理罗熹出席会议并发表主题演讲。他表示，在中巴经济走廊建设乃至"一带一路"建设中，中国信保可发挥信息服务、信用评级、风险评估、保后管理、理赔服务、追偿损失等功能和作用，支持相关企业和金融机构参与中巴经济走廊建设，充分发挥出口信用保险在加快转变对外经济发展方式方面的促进和引导作用，助推中国品牌、中国装备、中国标准"走出去"，促进我国开放型经济水平的全面提高，发挥好为中巴经济走廊建设的保驾护航作用，当好信用"保护伞"和风险"医疗队"。

中国出口信用保险公司总经理罗熹发表主题演讲

亚投行筹建中方工作组副组长陈欢出席会议并发表主题演讲。他表示，亚投行是一个开放、包容的多边开发机构，是一个实现各方互利共赢和专业、高效的基础设施投融资平台。亚投行致力于促进亚洲地区基础设施建设和互联互通，其中包括"一带一路"沿线亚投行成员国的相关基础设施建设项目，这顺应了"一带一路"沿线国家的期盼，对加快促进各国基础设施互联互通，推动区域经济合作具有重要意义。

新疆维吾尔自治区克拉玛依市委书记陈新发在主题演讲中以新疆克拉玛依论坛（2015）为例，分享了地方政府参与中巴经济走廊建设的经验与案例，并表示克拉玛依市将努力为2016年新疆克拉玛依论坛做好筹备工作，为中巴双方企业的经贸交流、能力建设等活动搭建平台、创造更多便利条件。

亚投行筹建中方工作组副组长
陈欢发表主题演讲

代表们普遍认为，这次企业家国际研修班体现了新型智库与决策需求、市场需求和社会需求相适应的服务体系。蓝迪国际智库建立了完整的研究、法律、资信、培训、标准等体系，不仅为国家建言献策，更为企业"走出去"牵线搭桥。在中巴两国相关部门积极推动下，中巴双方众多优质企业和社会机构广泛参与，蓝迪国际智库充分整合信息、资金、人力、项目、公共关系等资源，建立跨国界、跨区域、跨部门、跨领域的专业化团队和机制，最大限度地推动成果转化、效果提升和价值实现。

蓝迪国际智库专家委员会成员、新疆维吾尔自治区

克拉玛依市委书记陈新发发表主题演讲

中巴嘉宾在培训班上精彩发言

五 组织企业实地调研，开展产业对接

产业对接和项目合作是落实中巴合作的重要环节。为进一步推动中巴合作，2015 年 11—12 月，蓝迪国际智库平台先后组织两次赴巴基斯坦开展实地调研，以全面深化中巴产业对接。

2015 年 11 月 6 日，蓝迪国际智库平台成员杭州东部软件园有限公司宋晓春董事长等访问巴基斯坦。访巴期间，中方重点了解了中巴信息走廊目前的建设情况，探讨了如何充分利用中巴两国信息技术的优势、合作打造巴基斯坦信息园区及信息城中的各类具体问题，与巴基斯坦信息与电信部会面并签署一系列合作项目。双方表示，将在前期合作项目基础上，继续深化合作领域，务实推进中巴信息走廊的建设工作，充分发挥信息走廊对"一带一路"整体建设的强大支撑作用。

2015 年 12 月 16 日，蓝迪国际智库专家委员会成员、北京德恒律师事务所全球首席合伙人、主任王丽博士率领中国社会科学院蓝迪国际智库代表团赴巴基斯坦访问。代表团成员包括德恒律师事务所、清华房地产总裁商会、中国重汽、山东中农联合生物科技股份有限公司、仁创科技集团、北京中航启智有限公司、中铁十七局等机构的相关代表。蓝迪国际智库项目代表团主要针对政策、法律、标准、信息、高新技术、产能合作、房地产、农业、投融资、培训、投资服务等方面的问题，与巴基斯坦各有关部门会面，实地调研，全方位对接，实质开展中巴企业项目合作，落实中巴经济走廊建设。代表团先后访问伊斯兰堡、拉合尔和卡拉奇，与巴法律、公平与人权部领导、议会主席、信息技术与电信部领导、规划发展与改革部领导、巴基斯坦议会常委会主席、巴基斯坦标准质量控制部领导会面，参观海尔—鲁巴工业园，就铁路、城市规划、工业园区用地等，与旁遮普省投资局及相关部门举行会谈，与信德省投资局会面就各类投资、城市规划事宜进行讨论，签署建设中国特别经济区、标准对接和能力培训、建设 IT 城、在巴建设重卡生产基地和开展经营农药等农业相关产品等一系列合作备忘录。

蓝迪国际智库代表团与巴基斯坦方面签署信息产业合作备忘录

蓝迪国际智库代表团访问巴基斯坦法律、公平与人权部

　　中巴经济走廊建设是中巴合作的重点，是推进"一带一路"建设的旗舰项目。蓝迪国际智库通过有针对性、高效而系统的活动，促进中国和巴基斯坦各方全面对接，实现中央—地方互动、政府—企业联动、政府—市场—社会—智库相结合的服务模式，在推进中国—巴基斯坦合作中探索出可推广的合作模式。

蓝迪国际智库代表团与信德省签署有关合作协议

◇◇第二节　西亚—伊朗、阿联酋

一　举办"一带一路"中国—伊朗合作发展国际研讨会

　　2015年10月30日至11月4日，全国人大常委会委员、外事委员会副主任委员、中国社会科学院蓝迪国际智库专家委员会主席赵白鸽博士访问伊朗，并与中国驻伊朗大使庞森交流了关于促进中国—伊朗合作发展的有关事宜。12月1日，赵白鸽博士与伊朗驻华大使哈吉（Ali

Asghar Khaji）交流了蓝迪国际智库围绕促进中国伊朗合作发展的有关工作情况，达成诸多共识。

2015 年 12 月 22 日至 24 日，在习近平主席成功访问伊朗等西亚北非三国前期，"一带一路"中国—伊朗合作发展国际研讨会在海南省海口市召开。会议由中国社科院亚太与全球战略研究院、中国社科院蓝迪国际智库项目、中国（海南）改革发展研究院、国浩律师事务所和清华房地产总裁商会共同主办。国家发改委、商务部、工信部等部委有关领导，中国社会科学院、中国（海南）改革发展研究院、国家认监委等机构的专家学者，以及中交集团、中电科技、上海外经集团、上海电气集团、康缘药业集团、浪潮集团、晶科电力、天紫环保投资公司、东方雨虹防水技术股份有限公司、新疆石油工程设计有限公司、万贝科技发展集团等知名企业负责人参加会议。外方代表包括来自伊朗的政府官员、伊朗驻华官员、中伊双方商会负责人，以及伊朗知名企业家。此次会议还有包括德国、柬埔寨、哈萨克斯坦等国的政府官员和专家与会，与中伊双方参会嘉宾共同探讨和推进"一带一路"的合作发展。

与会代表就"一带一路"战略下的中伊两国的合作展望、重点领域、关键项目、合作计划进行深入而具体的讨论。研讨会分为六个专题论坛，深入探讨"一带一路"倡议背景下的中伊合作机会和挑战，研究两国合作的政治经济环境与趋势，探索围绕重点项目的合作模式和推进策略，总结分享中国企业在伊朗建设投资的经验等。

伊朗驻华使馆商务参赞赛义德·阿哈扎代表示，伊朗对中国政府提出的"一带一路"倡议完全赞同。当前，伊朗在基础设施建设、能源、制造业方面合作机遇巨大，希望可以加快两国合作的进程，也期待加强两国政府间对话和民间对话，为经济合作营造良好的环境。中伊合作未来仍有很大的开拓空间，此次中伊发展合作研讨会可协助双方找到合适的对接领域，落实合作成果。

"一带一路"中国—伊朗合作发展国际研讨会

伊朗驻华使馆商务参赞赛义德·阿哈扎代发言

　　伊朗中国联合商会主席阿索多拉·阿斯加罗拉迪在发言中指出，伊朗一直将中国视为重要战略、经贸和能源合作伙伴，伊朗未来的发展机会将永远向中方敞开。中伊贸易额增长迅速，伊朗也是亚洲基础设施投资银行意向创始成员国，双方围绕"一带一路"合作正向深处发展。中伊双方有各自的优势，在石油、矿产、设备、先进制造业方面合作空间巨大，未来希望通过创新合作模式，寻找务实有效的对接机制，进一步开拓两国经贸合作空间。

伊朗中国联合商会主席阿索多拉·阿斯加罗拉迪发言

　　会议达成了多项共识："一带一路"是古丝路精神在新时期的传承和发展，为沿线国家最终打造政治互信、经济融合、文化包容的利益、责任和命运共同体制定了宏伟蓝图和美好愿景，将推动全球治理结构与全球深化要求相匹配，促进新兴国家主动积极作为，推动全球治理结构调整；将创造全球经济增长新动力，培育新增长点提振全球经济，促进沿线国家基础设施更新，实现持续增长。双方希望在法律框架下，在标准引领下，充分发挥政府的引导和服务功能，充分发挥市场的调节和资源配置作用，充分调动企业在"一带一路"建设中的主体作用。同时蓝迪国际智库平台在促进"一带一路"建设中有着积极作用和良好声誉，积极组织政府、企业、行业和社会资源，为双方企业参与"一带一路"建设提供服务和支持。双方提倡包括经济、社会、文化、金融、贸易、科技及生态环境等综合、全面、可持续发展的概念，希望借助蓝迪国际智库平台扩大在基础设施建设、能源、矿产、科技、医药、通信、电力、工程机械等领域合作，实现两国优势产业、优质资源、优良市场对接，促进西亚乃至全球的和平发展与人民福祉。

蓝迪国际智库专家委员会成员、中华全国律师协会副会长、国浩律师事务所首席执行合伙人吕红兵就法律服务为"一带一路"领航护航发表主题演讲

本次会议形成了多项成果，包括：

总结"一带一路"中国—伊朗合作发展的理念和成果，共同开展高

层倡导和媒介宣传，共同研究起草关于中国—伊朗合作发展政策的研究报告，以推动中伊的全面合作。

将共同筹建中国社会科学院蓝迪国际智库中国—伊朗国际合作委员会。

双方尽快提供本国需求、企业清单和项目清单，以促进项目对接和务实合作。

为促进中伊双方的合作、交流和经验共享，共同开展多层次的能力建设项目。

积极筹划组织 2016 年 5 月的蓝迪国际智库平台伊朗访问团，开展高层倡导、实地调研、企业对接、项目洽谈和社会交流。

积极组织中伊双方政府、智库、企业代表出席 2016 年 8 月的"一带一路"新疆克拉玛依论坛（2016），以推动中伊双方务实对接和项目合作。

二　出访阿联酋

应红十字会与红新月会国际联合会邀请，2015 年 9

赵白鸽与中国驻阿拉伯联合酋长国
大使常华交流中阿合作事宜

月 1—4 日，全国人大常委会委员、外事委员会副主任委员、红十字会与红新月会国际联合会（IFRC）副主席、中国社会科学院蓝迪国际智库专家委员会主席赵白鸽博士，中国社会科学院西亚非洲研究所杨光所长和社会学所副研究员张倩一行赴阿联酋参加了 IFRC "全球管理会议"。

　　蓝迪国际智库代表团与中国驻阿拉伯联合酋长国大使常华、中国驻迪拜总领事李凌冰女士以及阿联酋迪拜酋长之兄哈希尔、哈希尔公司首席执行官阿利和迪拜王储全资控股公司首席执行官马尔旺，共同探讨阿联酋充分发挥其优势融入中国"一带一路"建设，促进双方乃至整个地区互惠共赢的发展。

　　阿联酋是仅次于中国香港和新加坡的世界第三大转口贸易中心，也是西亚和北非地区重要的航空、航运、旅游、金融中心。阿布扎比王储穆罕默德提出了"重振丝绸之路"，这与"一带一路"倡议高度契合。目前，阿联酋正积极推行旨在扩大与亚洲新兴经济体的贸易投资，促进本国经济多样化的"向东看"战略，以推动经济发展及与地区国家的互联互通。将我国"一带一路"战略与阿联酋的"向东看"政策相结合，促使阿联酋充分融入"一带一路"建设之中，具有重要意义。

　　中国和阿联酋近年来经济都发展迅速，中国已成为阿联酋第二大贸易伙伴。2013年，中国与阿联酋的双边贸易额已达460亿美元。中国企业在阿发展迅速，目前已有4200多家注册公司，包括四大银行和各行业的企业，部分企业已经在当地发展了20多年，对阿联酋市场有较为深入的了解。同时，阿联酋稳定的社会环境以及中阿良好的政治关系，为两国合作提供了难得的机遇。

　　通过与蓝迪国际智库的深入交流，阿联酋迪拜酋长之兄哈希尔、哈希尔公司首席执行官阿利和迪拜王储全资控股公司首席执行官马尔旺等都表示将努力推动中阿下一步的合作，促进中阿两国政府和企业的相互沟通，务实推进"一带一路"战略和"向东看"政策的融合与建设。

　　双方确定将在以下几个方面开展工作：

　　第一，确定枢纽性的协调人员，有力推动双方今后切实的沟通与合作。

　　第二，双方选择包括法律、管理、金融等行业领域专家在内的5人到10人组成专家团队，对相关领域的问题展开深入研究，交流智慧，沟通思想，了解和对接各自需求。

第三，双方互相提供重点公司清单信息，包括国有企业和私有企业，促进相互直接快速地了解与合作。

第四，建立合作平台，确定支持团队，增加合作伙伴，寻找互利点，推动项目落实。

◇◇ 第三节　东南亚—印度尼西亚、柬埔寨

一　出访印度尼西亚

2015年11月11—13日，全国人大常委会委员、外事委员会副主任委员、中国社会科学院蓝迪国际智库专家委员会主席赵白鸽博士率蓝迪国际智库代表团访问印度尼西亚。

中国驻印度尼西亚大使谢锋会见蓝迪国际智库代表团，就印度尼西亚国情、两国产能合作、企业对接、智库交流、案例分析等进行了深入交流。谢锋表示，蓝迪国际智库平台采取"政府—市场—社会—智库"相结合的服务模式，是对"一带一路"建设的积极推动和务实实践，愿意协助蓝迪国际智库平台开展政策沟通、市场对接和智库交流等有关工作，共同服务中国和印度尼西亚间的务实合作。

印度尼西亚国会第一委员会副主席丹多维·叶海亚会见了蓝迪国际智库代表团，深入探讨智库平台合作，共同搭建具有政府、市场、智库背景的专家小组，进一步发挥各自优势，推动中国与印度尼西亚双方的企业在电力、高铁、有色金属、造船、建材等产能领域以及铁路、公路、港口、码头、水坝、机场、桥梁等基础设施和互联互通建设领域进行深度合作，抓紧开展智库交流、项目对接和能力建设，争取尽快取得

早期收获，共同推进和服务于中国建设"21世纪海上丝绸之路"的宏伟倡议和印度尼西亚"全球海洋支点"发展规划。

中国驻印度尼西亚大使谢锋（左四）会见蓝迪国际智库代表团

蓝迪国际智库代表团还访问了印度尼西亚知名智库印度尼西亚战略和国际事务研究中心，并与负责人优素福·瓦南迪等领导层会见。双方表示，将加强智库交流与合作，共同统筹政府、市场和社会资源，服务中国和印度尼西亚企业间的务实交流与项目合作。

二　出访柬埔寨

2015年12月10日下午，柬埔寨副总理兼国防部长迪班上将接见全国人大常委会委员、外事委员会副主任委员、中国社会科学院蓝迪国际智库专家委员会主席赵白鸽博士一行。迪班上将在柬人民党内享有极高声誉和影响力。

迪班副总理对蓝迪国际智库在促进中柬交流与合作中的务实态度和行动给予高度赞赏。他表示，柬埔寨经济发展潜力大，投资环境良好，欢迎中资企业在基础设施建设、制造业、房地产业、航空航天、农林牧副渔业等各领域进行投资。柬方愿意借助蓝迪国际智库提供大力协调支持，保护中资企业在柬埔寨的投资。蓝迪国际智库的机制模式先进、工作成效显著，柬方愿意推动蓝迪国际智库开展与柬埔寨在政治、经济、社会、文化等各领域的交流合作，推动柬埔寨融入中方提出的"一带一路"建设中实现互利共赢，推动两国合作更上一个新台阶。

柬埔寨副总理兼国防部长迪班上将亲切接见赵白鸽博士

未来，蓝迪国际智库将进一步推动中柬双方的合作，并带领更多中资企业在柬埔寨落实投资项目，推动中柬合作成为"一带一路"重点示范，为促进中柬友谊，深化中柬经贸合作做出积极贡献。

◇◇ 第四节　中亚—哈萨克斯坦

2015 年 9 月 16 日至 18 日，蓝迪国际智库代表团赴哈萨克斯坦访问，在中国驻哈萨克斯坦大使张汉晖的支持和指导下，出席了由哈萨克斯坦总统战略研究所、中国驻哈萨克斯坦大使馆共同主办的哈中专家论坛，访问了哈萨克斯坦经济发展和贸易部经济研究所及哈萨克斯坦首任总统基金会及其下属的世界经济与政治研究所。

蓝迪国际智库代表团出席哈中专家论坛

出访结束后，蓝迪国际智库邀请哈萨克斯坦观察员参加中国—巴基斯坦企业家国际研修班、中国—伊朗合作发展国际研讨会等多项重要活动，促进哈萨克斯坦代表深化对蓝迪国际智库在"一带一路"国别对接思路的理解，并就中国—哈萨克斯坦国际合作委员会和 2016

年即将在中国江苏省江阴市举办的中国—哈萨克斯坦合作发展国际研讨会的筹备工作、合作企业清单、项目清单等进行了深入而全面的讨论。

蓝迪国际智库代表团访问哈萨克斯坦经济发展和贸易部经济研究所

哈萨克斯坦作为中亚最重要的经济体，是中国在"一带一路"上的重要合作伙伴。中哈两国领导人均高度关注"一带一路"建设，哈萨克斯坦总统纳扎尔巴耶夫2015年度国情咨文提出"光明之路"新经济政策，表示该政策是"一带一路"构想的重要补充和对接。"光明之路"的核心是加强交通基础设施建设，实现交通、物流、通信领域互联互通，促进本国经济发展和创造新的就业岗位，为两国未来发展注入新的增长动力。基础设施建设是中哈合作的重中之重。根据中哈已经出台并确认的国家发展战略和落实措施，两国共同感兴趣的建设领域包括产能合作、公路、铁路、港口、石油天然气管道、电力和住宅建设。中哈两国优势的高度互补体现在产能合作、基础设施、地区发展、结构调整等多方面。中哈双方应重视"一带一路"与"光明之路"的对接，在重视基础设施发展的同时，注重在产能、经贸、能源、科技、信息、投融资等领域的合作。

中国—哈萨克斯坦合作发展国际研讨会将于2016年4月在中国江苏省江阴市召开，邀请中哈两国的政府、议会、智库和企业代表，就深化中哈合作进行交流与研讨。

此次研讨会选择在江苏省江阴市召开有其特殊意义。江阴市紧抓改革开放中国企业国际化契机，以本土乡镇企业起家，发展民营经济，成为城镇经济领航者，被誉为"中国资本第一县"，经过30余年的发展，在全国县域经济基本竞争力排名中连续14年蝉联榜首，如今全市有36家上市公司，涵盖制造业、纺织、新能源、化工、医药、基础设施等重要领域。对江阴企业的考察，有助于参会代表深入对中国改革开放和民营企业发展的认识，并有针对性地与相关行业企业进行对接。

◇◇第五节　中东欧—俄罗斯及中东欧智库网络

一　出访俄罗斯

2015年9月13日至15日，全国人大常委会委员、外事委员会副主任委员、中国社会科学院蓝迪国际智库专家委员会主席赵白鸽博士率领蓝迪国际智库代表团访问俄罗斯。

蓝迪国际智库代表团受到俄罗斯联邦副总理奥丽加·戈洛杰茨接见。代表团还访问了欧亚经济委员会和俄罗斯外交部，深入研讨丝绸之路经济带与欧亚经济联盟建设对接等事宜。

俄罗斯联邦副总理奥丽加·戈洛杰茨会见赵白鸽博士

蓝迪国际智库代表团会见了普京特使米哈伊尔·什维德科伊。双方就中国智库在促进"一带一路"建设中发挥的作用、"五通"的推进等进行深入交流。赵白鸽表示，蓝迪国际智库愿意通过特使先生，加强与俄罗斯政府、企业、智库及社会组织的交流与合作，共同推动"一带一路"和欧亚经济联盟的建设与对接。米哈伊尔·什维德科伊特使表示，蓝迪国际智库在促进中俄交流与合作中的务实态度和行动令人钦佩，"一带一路"建设不仅是经济方面的合作，更有社会、历史、人文和生态领域的交流对话，人民与人民之间的交流对于深化中俄全面战略协作伙伴关系非常重要。米哈伊尔·什维德科伊特使还表示，愿意推动蓝迪国际智库开展与俄罗斯政治、经济、社会、文化、生态等各领域的交流与合作，也愿意为相关合作搭建和促成多边对话平台。

俄罗斯总统普京特使米哈伊尔·什维德科伊（右二）
会见蓝迪国际智库代表团

　　代表团访问了俄罗斯国际事务委员会，并与俄罗斯国际事务委员会主席、俄联邦前外交部长、俄罗斯科学院通讯院士伊戈里·谢尔盖维奇·伊万诺夫会见。双方就国际政治、经济、社会等领域的广泛议题和具体案例展开了深入对话与研究。

　　蓝迪国际智库代表团访问俄罗斯科学院世界经济与国际关系研究所。该所所长、院士、俄罗斯著名国际问题专家邓金，副所长、通讯院士、俄罗斯著名国际问题专家瓦西里·米赫耶夫会见代表团一行。双方探讨了全球治理体系的变革与趋势、世界经济新的增长点、全球经济和政治一体化、"一带一路"与欧亚经济联盟的对接、新型大国关系等共同关心的话题，深入讨论了智库在促进新形势下国际交流与合作的价值、工作模式与切入点。双方共同表示，将围绕世界政治与经济的广泛议题加强合作研究与发展工作，并为此凝聚共识、动员资源、务实行动，整合既有战略思考能力又有操作实践优势的合作者共同参与，共同发挥智库作用，服务双方政治、市场、社会领域的全面发展。

伊万诺夫（左五）会见赵白鸽博士率领的蓝迪国际智库代表团

世界经济与国际关系研究所所长、院士、俄罗斯著名国际问题

专家邓金（左三）会见蓝迪国际智库代表团

　　蓝迪国际智库代表团还访问了俄罗斯联邦紧急情况部。紧急情况部创始人之一、国际合作局局长尤里·布拉哲尼科夫率有关部门负责人会见代表团并进行深入讨论。双方围绕紧急情况部的组织架构、主要职能、法律基础、标准流程和运作方式等议题进行了深入讨论。双方表示，中俄两国具有很多相似之处，俄国在综合应急救援方面的成功经验对中国有很好的借鉴作用。他建议双方尽快签订长期合作协议，从而有计划地开展合作和交流。

蓝迪国际智库代表团访问俄罗斯联邦紧急情况部

　　蓝迪国际智库代表团还出席了在俄罗斯首都莫斯科举办的2015年丝绸之路国际文化论坛，赵白鸽博士在论坛上致辞。

蓝迪国际智库代表团出席 2015 年丝绸之路国际文化论坛

　　赵白鸽博士表示，民心相通是中俄交流与合作的目标和宗旨，文化交流是促进各国人民相知相亲、深化合作的重要途径。她呼吁在通过文化交流促进各国合作中，首先要坚持平等、开放、互利、共赢的原则，还要注重操作和实践，以结果为导向，推动在文化交流平台上达成的共识与成果顺利落地，特别要注重企业的参与和责任。赵白鸽以新奥集团为例，阐释了企业参与在丝绸之路经济带建设特别是文化领域交流与合作中的重要作用，呼吁各国企业共同行动，为促进文明对话、文化交流做出应有贡献。

　　中国驻俄罗斯大使李辉会见代表团，并对蓝迪国际智库的组织框架、运作机制和重要成果表示敬佩，认为中国特色新型智库应该在国家全面深化改革开发特别是"一带一路"建设中发挥积极作用。李辉大使认为，共建"一带一路"是中俄双方共同利益所在，是深化两国全面战略协作伙伴关系的倍增器。蓝迪国际智库结合"一带一路"建设，在探索建设新型智库中起到了引领示范作用，驻俄使领馆将全力支持蓝迪国际智库开展相关工作，促进中俄友好交流与合作，为推动中俄全面战略协作伙伴关系再上新台阶做出应有贡献。

中国驻俄罗斯大使李辉（中）会见蓝迪国际智库代表团

二　共同建设中国—中东欧国家智库交流与合作网络

围绕深化中国与中东欧 16 国合作，蓝迪国际智库参与第三届中国—中东欧国家高级别智库研讨会，建设"中国—中东欧国家智库交流与合作网络"，王伟光院长担任理事长，蔡昉、赵白鸽担任副理事长。

这是中国同中东欧 16 国为深化传统友谊、加强互利合作而共同创建的合作新平台，也是促进中欧关系全面均衡发展的新举措，将进一步加强中东欧国家和中国的智库合作，加速"16+1合作"框架。

"中国—中东欧国家智库交流与合作网络"揭牌仪式

2015年11月23日，全国人大常委会委员、外事委员会副主任委员、中国社会科学院蓝迪国际智库专家委员会主席赵白鸽博士率领蓝迪国际智库代表团出席立陶宛—中国商务论坛。立陶宛总理布特克维丘斯（Algirdas BUTKEVICIUS）出席会议并与蓝迪国际智库代表团举行双边对话会。

赵白鸽博士介绍，蓝迪国际智库积极服务"一带一路"建设，根据企业需求相应组织了法律服务、政策研究、技术标准、信息服务、金融支持、公共关系、能力建设等服务机制，服务中国与国际的产能合作，为企业实质性参与全球治理和全球经济一体化进程提供服务。

立陶宛总理布特克维丘斯致辞

赵白鸽博士致辞

　　布特克维丘斯总理对赵白鸽博士参与搭建的蓝迪国际智库平台表示出浓厚的兴趣。他认为，蓝迪国际智库的需求导向、项目导向、结果导向等原则，完全符合"一带一路"建设和国际合作的务实精神。立陶宛愿意与以蓝迪国际智库为代表的中方平台合作，共同促进中立双方在工程、商贸、文化、投资等各领域的交流、对接与合作。

布特克维丘斯总理会见蓝迪国际智库代表团

◇◇ 小结

"一带一路"建设是沿线各国开放合作的宏大愿景，需各国携手努力，朝着互利互惠、共同安全的目标相向而行。努力实现区域基础设施更加完善，安全高效的陆海空通道网络基本形成，互联互通达到新水平；投资贸易便利化水平进一步提升，高标准自由贸易区网络基本形成，经济联系更加紧密，政治互信更加深入；人文交流更加广泛深入，不同文明互鉴共荣，各国人民相知相交、和平友好。

展望 2016 年，蓝迪国际智库将继续积极发挥中国特色新型智库的桥梁和平台功能，促进"一带一路"倡议与沿线各国发展战略的对接，进一步推动在南亚、西亚、欧亚、东南亚等地区的合作，致力于构建全方位、多层次、复合型的互联互通网络，进一步提升服务内容的标准化和国际化水平，为"一带一路"建设提供更好更多的思想成果和实践案例，全面服务国家决策和企业发展，以期增进沿线各国人民的人文交流与文明互鉴，让各国人民相逢相知、互信互敬，共享和谐、安宁、富裕的生活。

附 录 1

战略合作伙伴及支持机构名录

1. 智库

1.1　中国社会科学院

所属地：北京

主营业务：学术科研

机构介绍：中国社会科学院是中国哲学社会科学研究的最高学术机构和综合研究中心。

中国社会科学院是在中国科学院哲学社会科学学部的基础上，于1977年5月建立的。第一任院长胡乔木，第二任院长马洪，第三任院长胡绳，第四任院长李铁映，第五任院长陈奎元，现任院长王伟光。

建院前的中国科学院哲学社会科学学部有经济研究所、哲学研究所、世界宗教研究所、考古研究所、历史研究所、近代史研究所、世界历史研究所、文学研究所、外国文学研究所、语言研究所、法学研究所、民族研究所、世界经济研究所和情报资料研究室等14个研究单位，总人数2200多人。

从1977年至1981年期间，中国社会科学院先后成立了工业经济研究所、农村发展研究所、财贸经济研究所、新闻研究所（现为新闻与传播研究所）、马克思列宁主义毛泽东思想研究所、社会学研究所、人口研究所、少数民族文学研究所、世界政治研究所（后与世界经济研究所合并成立世界经济与政治研究所）、美国研究所、日本研究所、西欧研究所（现为欧洲研究所）、中国社会科学杂志社、中国社会科学出版社、研究生院和郭沫若著作编辑出版委员会办公室等 16 个研究和出版单位。苏联东欧研究所（现为东欧中亚研究所）、西亚非洲研究所和拉丁美洲研究所也在这个时期划归中国社会科学院。

1981 年以后成立数量与技术经济研究所、文献信息中心、边疆史地研究中心、政治学研究所、台湾研究所和亚洲太平洋研究所。中国社会科学院现有研究所 31 个，研究中心 45 个，含二三级学科近 300 个，其中重点学科 120 个。全院总人数 4200 多人，有科研业务人员 3200 多人，其中高级专业人员 1676 名，中级专业人员 1200 多名。他们中拥有一批在国内外学术界享有盛名、学术造诣高深的专家学者和在学术理论研究方面崭露头角的中青年科研骨干。

中国社会科学院以学科齐全、人才集中、资料丰富的优势，在中国改革开放和现代化建设的进程中，进行创造性的理论探索和政策研究，肩负着从整体上提高中国人文社会科学水平的使命。

1.2　中国（海南）改革发展研究院

所属地：北京

主营业务：学术研究

机构介绍：中国（海南）改革发展研究院（简称中改院）成立于 1991 年 11 月 1 日，是以改革发展政策研究为主要业务的研究机构。

中改院的办院宗旨是"立足海南，面向全国，走向世界"，致力于服务中国经济社会改革的政策决策，实行董事局领导下的院长负责制，坚持"小机构、大网络"的运作机制与"网络型、国际化、独立性"的机构特色。

中改院自成立以来，以"直谏中国改革"为己任，努力建设中国改革智库，向中央有关部门提交改革政策、立法建议报告 160 余份；撰写改革调研报告 488 份；先后承担 80 多项改革政策咨询课题；出版改革研究专编著 280 余部，发表论文 1700 余篇。所提交政策建议，有些直接为中央决策所采纳，有些被用作制定政策和法规的重要参考。获得包括国家"五个一工程"奖、"孙冶方经济科学奖"、"中国发展研究奖"等多种国家级奖项。

1.3　清华大学国际传播研究中心

所属地：北京

主营业务：教学、科研

机构介绍：清华大学国际传播研究中心是清华大学校级重点研究机构，是在汪道涵先生和王大中校长的倡议下，由清华大学校务委员会于 1999 年夏决定成立的，李希光教授任主任。16 年来，中心在全球传播、健康传播、国家软实力建设、公共品牌塑造、新闻发言人制度建设与人才培养、危机传播管理、新闻改革和新闻教育等领域积累了深厚的科研实力和大量的实践经验。中心已形成政策、学术、媒体多边互动的研究构架，被政界、学界和传媒界视为中国在国际传播和舆论研究方面的新型智库，在一些重要决策上参与咨询。

1.4　北京大学国家战略传播研究院

所属地：北京

主营业务：教学、科研

机构介绍：北京大学国家战略传播研究院是专门致力于现代国家信息和舆论治理问题研究的科研教学机构。研究院的主要研究和咨询领域涉及国家的对外传播和形象建设、国际政府间和民间的公共外交、中国地方政府的媒体沟通和对外联络、中国大型企业国际化发展中的传播战略、国家互联网治理和传媒产业发展政策的制定等。

研究院采取大型企业和高等院校共建的形式，既能够集纳各方资源，发挥各方优势，又能够做到信息共享、协同创新，贡献出真正符合中国国家战略实际需要的智力资源。

研究院的筹备和发展已经得到了国家领导人的亲自批示和关注，并责成教育部和北京大学的有关部门协助创建和培育。

在政府资源支持方面，研究院的核心成员有着与国家新闻宣传部门、国务院各部委新闻宣传机构和地方政府的长期合作关系，在研究院成立之前就已经积累了大量的研究成果，并与这些政府机构形成了会议、项目、培训等各种长期联合工作机制。

在人员构成方面，研究院集纳了一批海内外高水平中青年学者参与日常的研究、咨询和培训工作，并邀请国内外一流的中国问题研究专家和传播问题研究专家担任学术顾问和特聘研究员，充分重视研究团队的国际视野和专业水准。

研究院计划在三到五年时间内办成国际一流的智库机构和公共外交机构。一方面，构建成熟而高质量的国家传播政策预案体系和研究体系，领导构建现代国家传播治理体系的建设；另一方面，建成一个有国际声誉和国际视野的公共外交平台，充分利用北京大学的优势，广泛开展各种国际合作和对外传播。

1.5　财政部财政科学研究所

所属地：北京

主营业务：学术研究

机构介绍：1956 年 6 月，根据毛泽东主席关于财政部要加强财政经济问题研究的指示，财政部财政科学研究所正式成立。

财政部原副部长陈如龙同志为第一任所长，第二任所长为朱楚辛。此后，著名经济学家许毅、方晓丘、宁学平、何盛明同志先后任所长。现任所长为贾康（研究员、博士生导师），其他所领导为：丛安妮副所长（研究员、硕士生导师）、苏明副所长（研究员、博士生导师）、王朝才副所长（研究员、博士生导师）、罗文光（研究生部主任、副研究员）、刘尚希副所长（研究员、博士生导师）、白景明副所长（研究员、博士生导师）。

财政部财政科学研究所担负着财经理论政策研究和财政决策可行性分析以及培养高级财会人才的任务。

同时，紧密结合我国各个时期经济发展和体制改革的实际情况，围绕国家财政中心工作，从事财经理论和政策研究，探讨客观经济规律，为国家决策提供咨询意见，为制定正确的财政方针政策和提高财政工作管理水平服务，定期和不定期为财政部、国务院提供决策支持。

研究所的研究方向和重点包括：宏观经济理论与政策；财政基础理论；收入分配；财政体制；政府预算；国家税收；财政政策与货币政策协调；资本市场；国有资产管理；会计理论与实务；政府会计；会计电算化；企业财务；审计理论与实务；投资；财政风险；社会保障；国债；国库管理；农村财政；城市财政；地方财政；区域财政；外国财经；财政史等。在各个研究方向上，都形成了高水平的研究成果，在国内外具有广泛影响。

1.6　中国电子信息产业发展研究院

所属地：北京

主营业务：信息产业

机构介绍：中国电子信息产业发展研究院（赛迪集团）是直属于国家工业和信息化部的一类科研事业单位。自成立20余年以来，秉承"信息服务社会"的宗旨，坚持面向政府、面向企业、面向社会，致力于提供决策咨询、管理顾问、媒体传播、评测认证、工程监理、创业投资和信息技术等专业服务，在此基础上，形成了政府决策软科学研究、传媒与网络服务、评测与认证服务、咨询与外包服务、软件与信息服务、投资与资产管理六业并举发展的业务格局。研究院总部设在北京，并在上海、广州、深圳等地设有分支机构，业务网络覆盖全国 500 多个大中型城市。研究院现有员工 1700 余人，其中专业技术人员 1200 余人、博士 100 余人、硕士 600 余人。

研究院控股赛迪传媒、赛迪顾问两个上市公司，培育了赛迪评测、赛迪时代、赛迪呼叫、赛迪数据、赛迪监理等一批信息服务业著名企业，形成了具有一定品牌影响力的企业集团，即赛迪集团（CCID）。

研究院设立了 10 个专业研究所、3 个研究中心对政府和行业提供服务，业务涉及产业经济、行业规划、政策法规研究等重大课题。专业的咨询顾问公司是国内首家在香港上市的咨询企业，从 2001 至今国内 IT 咨询服务市场占有率第一，咨询业务走向国际化，产品行销亚太、日本市场，并进入美国、欧洲市场，服务于政府、跨国企业和社会各界，具有产业规划与投资咨询、企业管理顾问、电子政务咨询和市场策略咨询等专业咨询服务能力。

研究院主办有《中国计算机报》、《中国电子报》、《通信产业报》、《中国经济和信息化》等六报十刊，是国内最大的 IT 业平面媒体群，全面宣传报道产业动态，受众覆盖产业各阶层；赛迪网是国内最大的 IT 专业门户网站，网络信息服务能力不断提高；赛迪电子出版社数字化多媒体出版，多方位的 IT 专业媒体宣传具有广泛的影响力。

研究院正在按照"软硬结合、转型提升"的集团化发展战略，致力于发展成为具有国际竞争力的、集现代技术服务和信息服务为一身的企业集团。

1.7　工业和信息化部软件与集成电路促进中心

所属地：北京

主营业务：信息产业

机构介绍：工业和信息化部软件与集成电路促进中心（CSIP）是工业和信息化部直属事业单位，全面承担了国家软件与集成电路等公共服务平台的建设、维护、运营和管理工作。

中心的主要职责包括：承担国家核心电子器件、高端通用芯片及基础软件产品科技重大专项的有关支撑保障工作；推进相关领域前瞻性技术和共性技术研发应用，开展科技成果的转化、推广以及国内外科技交流、技术咨询等工作；承担国家软件与集成电路等产业公共服务平台以及产业公共服务体系的相关建设工作，为我国软件与集成电路等产业和企业的发展提供公共、中立、开放的服务；开展工业和信息化相关领域战略研究、知识产权预警研究等软科学研究，为政府决策、行业发展提供支撑服务；承担工业和信息化相关领域高端、紧缺专业人才培养相关工作；承办工业和信息化部交办的其他事项等。

1.8　中国标准化研究院

所属地：北京

主营业务：科研机构

机构介绍：中国标准化研究院（初名国家科委标准化综合研究所）始建于1963年，是直属于国家质量监督检验检疫总局，从事标准化研究的国家级社会公益类科研机构，主要针对我国国民经济和社会发展中全局性、战略性和综合性的标准化问题进行研究。

全院现有职工500余人，包括研究员30名、博士及博士后80名，主要开展标准化发展战略、基础理论、原理方法和标准体系研究。承担节能减排、质量管理、国际贸易便利化、视觉健康与安全防护、现代服务、公共安全、公共管理与政务信息化、信息分类编码、人类工效、食品感官分析等领域标准化研究及相关标准的制修订工作。承担相关领域的全国专业标准化技术委员会、分技术委员会秘书处工作。承担相关标准科学实验、测试等研发及科研成果的推广与应用工作。组织开展能效标识、顾客满意度测评工作，承担地理标志产品保护研究及技术支持工作。负责标准文献资源建设与社会化服务工作，承担国家标准文献共享服务平台运行和标准化基础科学数据资源建设与应用工作。同时，我院的工作直接支撑着国家质量监督检验检疫总局以及国家标准化管理委员会的相关管理职能，包括我国缺陷产品召回管理、国家标准技术审查、全国工业产品、食品生产许可证审查等。

作为国家级社会公益类科研机构，中国标准化研究院一直致力于积极参与并主导国际组织活动，维护国家利益，承担了国际地理标志网络组织（ORIGIN）副主席职务，承担了国际标准化组织（ISO）的技术委员会副主席、秘书等 13 个关键职务，主持制定 ISO 标准 20 项。在国家质量监督检验检疫总局党组和国家标准化管理委员会党组的坚强领导下，中国标准化研究院紧密围绕中心任务加强党建、廉政建设和精神文明建设，实现常态化、规范化和制度化，采取灵活多样的学习教育方法，开展丰富多彩的文体活动，坚持思想政治工作理论研讨和论文评选活动，连续九年获得中央国家机关文明单位和首都文明单位荣誉称号。

1.9　中国国家认证认可监督管理委员会认证认可技术研究所

所属地：北京

主营业务：标准研究，认证认可

机构介绍：国家认证认可监督管理委员会是国务院授权的统一管理、监督和综合协调全国认证认可工作的行政管理部门。

中国国家认证认可监督管理委员会认证认可技术研究所（以下简称研究所）是由中央机构编制委员会批准的独立法人事业单位，直属国家认证认可监督管理委员会。同时，研究所是我国认证认可研究国家层面的社会公益类科研机构，是以认证认可政策理论、学术研究为主要职责的技术支撑服务机构。

研究所由综合技术研究中心、认证技术研究中心、认可技术研究中心、认证认可机构发展研究中心和办公室组成，其技术服务工作由中认国证（北京）评价技术服务有限公司承担。

根据国家事业单位登记管理局授权，研究所主体业务包括：

承担认证认可/合格评定理论研究；

承担认证认可/合格评定标准研究；

承担认证认可/合格评定专业培训与咨询；

承担认证认可/合格评定技术开发与服务；

承办国家质检总局、国家认监委委托事项。

主要职责为：

政策研究：围绕国家认证认可的方针政策，开展认证认可发展的前瞻性研究；

科研课题：承担国家认证认可科研课题和科研攻关项目；

技术研究：依据认证认可国际准则和我国认证认可工作发展需要，开展认证认可技术研究；

培训研讨：根据认证认可客户需求，开展认证认可相关业务的培训和研讨活动；

咨询服务：提供认证认可国内和国际相关信息，承担认证认可方针政策及相关技术的咨询服务；

承办工作：承办国家质量监督检验检疫总局、国家认证认可监督管理委员会交办的其他工作。

2. 行业协会

2.1 中国五矿化工进出口商会

所属地：北京

主营业务：五矿进出口

机构介绍：中国五矿化工进出口商会于1988年9月1日在北京成立，是在国家民政部注册的商务部直属单位。中国五矿化工进出口商会有会员 6000 多家，集中了本行业经营进出口贸易的企业。会员的经营范围涵盖了黑色金属、有色金属、非金属矿产及制品、煤炭及制品、建材制品、五金制品、石油及制品、化工原料、塑料及制品、精细化工品、农用化工品和橡胶及制品等五矿化工商品。会员企业每年进出口总额在本行业中占据了近 30% 的比重，每年约有 250 多家会员企业进入全国进出口额 500 强之列，基本代表了我国五矿化工行业的整体实力和水平。

中国五矿化工进出口商会的主要职能是：遵守法律、行政法规，依照章程对会员企业的进出口经营活动进行协调指导；维护进出口经营秩序和会员企业的利益；组织对国外反倾销案的应诉工作；进行国内外市场调研，为会员企业提供信息和咨询服务；公正地调解会员企业之间的贸易纠纷；向政府积极有效地反映会员企业的要求和意见，并主动对政府制定政策提出建议；认真监督和指导会员企业守法经营；根据主管部门授权，组织进出口商品配额招标的实施；海外能矿投资的协调与促进；参与组织出口商品交易会；向政府有关执法部门建议或直接根据同行协议规定，采取措施惩治违反协调规定的会员企业；履行政府委托或根据会员企业要求赋予的其他职责。

2.2　中国农业产业化龙头企业协会

所属地：北京

主营业务：农业

机构介绍：中国农业产业化龙头企业协会是由国家和省级农业产业化龙头企业、省农业产业化龙头企业协会及相关行业领域内具有一定影响力的企事业单位和个人自愿结成的全国性、行业性、非营利性社会组织。协会主要开展行业协调、管理、服务、信息交流、举办展会和人员技术培训等业务。通过发挥协会的桥梁和纽带作用，坚持为会员企业服务、为行业服务、为产业化服务，做好政府的助手，为政府服务，维护会员合法权益，倡导行业自律，推动农业产业化健康、有序、稳定发展。

中国农业产业化龙头企业协会的主要职责如下：一、接受政府职能部门委托，制定农业产业化相关行业标准与规范，建立行业自律机制，提高行业素质，维护行业利益。

二、开展行业调查研究，根据授权开展统计，参与制定全国农业产业化发展规划和经济技术政策，向政府反映企业发展中的困难，为政府出台惠农惠企扶持性政策提供决策参考。

三、经政府有关部门批准或授权，组织承担农业产业化龙头企业技术评估、技术鉴定、名优产品评定；依照有关规定经批准开展表彰奖励活动。

四、为会员企业提供项目咨询服务，协助会员企业开展品牌建设。

五、积极向政府及有关部门反映会员诉求，提出建议并协助解决会员相关问题，全力维护会员的合法权益。

六、依照有关规定，编辑出版农业产业化刊物，建立行业信息交流平台，开展信息咨询，为会员提供技术、投资、市场等各类信息服务。

七、组织农业产业化论坛，进行国内、国际行业技术交流合作，受政府委托承办或根据市场和行业发展需要举办展览会、新闻发布会等活动。

八、组织与农业产业化相关的培训活动。

九、承办政府主管部门交办、委托的其他工作。

2.3　中国产业海外发展和规划协会

所属地：北京

主营业务：境外投资与发展服务

机构介绍：中国产业海外发展和规划协会是经中华人民共和国民政部批准登记注册的，具有社团法人资格的全国性非营利性社会团体。协会成立于 2004 年 12 月 10 日，名誉会长为国务院原副总理曾培炎，会长为国家发展和改革委员会原副主任、国家能源局原局长（正部长级）张国宝。

协会业务主管部门为中华人民共和国国家发展和改革委员会，并在其指导下，开展有关中国企业境外投资与发展的服务工作。协会积极贯彻落实"走出去"战略，发挥政府与企业之间的桥梁、纽带作用，为中国企业在境外发展提供全方位服务。

协会组织机构：协会设理事会、正副会长、正副秘书长；下设办公室、财务部、综合部、法律部、国际合作部、研究规划部、投资咨询部、培训部、国际会展部。下设：分会、联络处。

1）办公室负责协会人事、外事、文件、档案管理和日常事务工作。

2）财务部负责协会资金、资产管理，编制年度预算、决算报表。对协会的资金使用情况进行审核、监督与控制。负责账务处理与税务申报工作。负责资本的投资管理工作。

3）综合部为会员服务和发展会员，负责协会季度、年度工作总结，负责联系分会、联络处等工作。

4）法律部承担协会各项法律服务工作，为中国企业境外投资提供多方面涉外法律服务。

5）国际合作部负责对外投资、贸易及经济合作的项目策划、企业咨询、出国考察、参展办会等业务。

6）培训部围绕企业"走出去"需要，组织有针对性的人员培训，培育精通跨国经营管理的高素质人才。

7）研究规划部负责对外投资规划研究，包括配合投资东道国进行行业发展规划研究并向国内企业提供相关参考建议。

8）投资咨询部负责对外投资项目咨询、规划设计，组织相关行业专家对投资项目进行可行性论证。

9）国际会展部（外洽办）负责中国对外投资合作洽谈会及相关研讨会和推介会的筹备及会务组织工作。

协会的服务范畴包括：

1）协会是中国政府与企业间的联络桥梁。就政府有关境外投资及经贸合作政策的制定或修改，会员企业可向协会提出建议和意见，由协会出面向国家有关部委、机构反映企业心声，为企业争取最大的发展空间和合法权益。

2）协会与国家发改委、商务部等国家部委，以及国家开发银行、进出口银行等政策性金融机构保持有密切协作关系，在一定条件下，协会可牵头组织或协助会员企业参与境外大型项目的建设与融资。

3）依靠协会与我驻外使领馆、商务处等各派驻机构的紧密协作关系，立足于协会与国外相关部门的伙伴关系，及我中外文网站的广泛影响力，协会将不定期组织外方企业来华寻找投资合作伙伴，并与协会会员单位进行对口会谈。

4）协会定向性地搜集整理本地、本国以及国际上的相关供求、投资及各类商务信息，分国别、分行业进行市场调研并形成报告，编辑出版资料（包括适时的电子刊物）供企业参考。

5）协会利用与国外工商会、行业协会及其他有关机构的协作关系，不定期在国内或国外组织研讨会、商务考察、展示洽谈等系列商务活动，促进会员企业不断寻求新的经济效益增长点。

6）利用与国内外公关、咨询、法律服务机构的良好合作模式，全方位向企业提供咨询与法律服务，包括境外大型项目的可行性研究、项目公关、纠纷后的法律咨询与诉讼、境外兼并与收购等。

7）作为会员单位间的润滑剂，协会将有效协调成员企业间的利害关系，维持正常的生产经营秩序，避免可能出现的国内国外范围内的恶性竞争；协调会员企业间开展互利合作，实现同步发展。

8）作为企业培养专向人才的最佳选择，协会将不定期组织企业员工培训。会员企业可优先参与协会举办的各类专业和技术培训。

2.4　中国对外承包工程商会

所属地：北京

主营业务：行业协会

机构介绍：中国对外承包工程商会是由在中华人民共和国境内依法注册从事对外承包工程、劳务合作、工程类投资及提供相关服务的企业和单位依法自愿组成的全国性、行业性、非营利性的社会组织，代表行业，具有社会团体法人资格。

中国对外承包工程商会遵守国家宪法、法律和法规，遵守社会道德风尚，执行国家方针、政策，致力于促进我国对外承包工程、劳务合作、工程类投资及相关服务行业的发展。

商会职责包括：

（1）代表行业利益，表达行业意愿。参与相关法律法规、产业政策、技术标准和行业发展规划的制订，向政府反映会员的合理建议。代表行业进行对外交涉，维护会员企业及劳务人员的合法利益。

（2）实施行业自律，维护经营秩序。制定行业行为规范和公约，协调会员业务和会员关系，开展行业信用体系和社会责任建设，维护国家利益，维护经营秩序，保护公平竞争。

（3）开展专业服务，满足企业需求。开展行业研究，提供信息、咨询、培训服务，协助企业解决业务问题，组织市场考察和开拓活动。

（4）加强国际交流，促进同行合作。代表本行业参加国际同行业组织，出席有关国际会议，与相关国际组织和地区、国家同行业组织建立联系，促进行业的国际间合作。

（5）履行政府委托的、会员共同要求的及行业发展所需要的其他职责。

2.5　中华全国律师协会

所属地：北京

主营业务：法律咨询

机构介绍：中华全国律师协会经 1985 年 7 月 25 日中央书记处第 221 次会议决定同意成立的，并在司法部指导下进行工作。1986 年 7 月 5 日，第一次全国律师代表大会在北京举行。中华全国律师协会是全国性的律师自律组织，依法对律师实施行业管理。

中华全国律师协会的宗旨是：坚持中国共产党的领导，团结带领会员高举中国特色社会主义伟大旗帜，忠实履行中国特色社会主义法律工作者的职责使命，维护当事人的合法权益，维护法律的正确实施，维护社会公平和正义，为建设社会主义法治国家，促进社会和谐发展和文明进步而奋斗。

中华全国律师协会的最高权力机构为全国律师代表大会。中华全国律师协会每四年举行一次全国律师代表大会，选举产生理事会，理事会选举产生会长、副会长和常务理事。在全国律师代表大会和理事会闭会期间，常务理事会行使理事会的职权，执行全国律师代表大会的决议。

中华全国律师协会的主要职责包括：保障律师依法执业，维护律师的合法权益；总结、交流律师工作经验；制定行业规范和惩戒规则；组织律师业务培训和职业道德、执业纪律教育，对律师的执业活动进行考核；组织管理申请律师执业人员的实习活动，对实习人员进行考核；对律师、律师事务所实施奖励和惩戒；受理对律师的投诉或者举报，调解律师执业活动中发生的纠纷，受理律师的申诉；法律、行政法规、规章以及律师协会章程规定的其他职责等。

中华全国律师协会设秘书处，负责实施全国律师代表大会、理事会、常务理事会的各项决议、决定，承担协会日常工作。秘书处由秘书长领导，下设办公室、会员部、业务部、培训部、国际部（中国国际律师交流中心)、调研部、联络部、宣传部,主办会刊《中国律师》杂志和网站"中国律师网"。

2.6　国浩律师事务所

所属地:北京,上海

主营业务:法律服务

机构介绍:国浩律师事务所创立于 1998 年 6 月,是目前中国最大的综合性律师事务所之一,在北京、上海、深圳、杭州、广州、昆明、天津、成都、宁波、福州、西安、南京、南宁、济南、重庆、苏州及中国香港、巴黎、马德里、硅谷等 20 个地区设有执业机构。作为 THEINTERLEX GROUP 在中国大陆地区的唯一成员,国浩律师事务所还与近 50 家国际顶级律所建立了紧密的合作关系,执业范围可扩展到 59 个国家及地区的 155 个城市。

国浩律师事务所现有合伙人 260 余人,执业律师及各类专业辅助人员近 2000 人。其中 90% 以上的合伙人具有硕士、博士学位或高级职称,且多为中国某一法律领域及相关专业之顶尖律师或专家学者。

国浩律师事务所设有证券与资本市场专业委员会、公司与商业专业委员会、银行与金融专业委员会、国际投资专业委员会、基础设施建设专业委员会、知识产权专业委员会六个专业化法律服务机构,开创了中国律师业规模化、专业化、团队化之先河。

国浩律师事务所系香港联合交易所、美国纽约证券交易所、美国 NASDAQ 证券交易市场、澳大利亚悉尼证券交易所、新加坡证券交易所等境外证券交易机构认可的可为证券发行上市及公司并购项目出具法律意见的中国律师事务所。

国浩律师事务所业务领域广泛,服务范围涵盖金融证券、公司商务、并购重组、跨境投资、国际贸易、知识产权、私募融资、争议解决等各项法律业务。尤其是在资本市场,国浩在境内外 IPO、再融资、重大资产重组、收购兼并等综合指标上几乎每年均排名行业第一。

国浩的服务对象多为国内外知名的跨国公司、大型国有企业及大中型民营企业，并为 300 余家上市公司提供过包括上市、并购重组、债券发行在内的法律服务。在国浩已完成的项目名单中，不乏像国家核电技术公司、中国航天信息、中国五矿有色、中国有色矿业集团、中国远洋运输集团、中粮集团、中国航空集团、中国东方航空、中国铝业、中国华能集团、江南重工、上海电气集团、上海百联集团、上海建工集团这样的大型国企，也有像腾讯、盛大网络、巨人集团这样的著名民营企业。近期完成的重大项目有以 245.3 亿港元集资规模荣膺港股"集资王"的中国核电巨头"中广核电力"香港发行上市项目、交易金额达到 30 亿美元的巨人网络私有化项目、中国南车与中国北车吸收合并项目、腾讯公司收购四维图新股权项目、阿里巴巴入股银泰商业项目、斑马技术公司收购摩托罗拉系统企业部项目等数十起。

2015 年，国浩还以"一带一路"法律服务为主题主办或参与主办了分别于北京和海口举办的第三届"国浩法治论坛"和"中国—伊朗合作发展国际研讨会"。

2.7 北京德恒律师事务所

所属地：北京

主营业务：法律服务

机构介绍：北京德恒律师事务所原名中国律师事务中心，1993 年 1 月经中华人民共和国司法部批准创建于北京，1995 年更名，现有分支机构 30 个，律师专业人员 1700 余人，已形成遍布中国和世界主要城市的服务网络和客户群，为中国最大规模的合伙制律师事务所之一。

德恒总部坐落于北京市金融街核心区——富凯大厦 B 座 12 层，毗邻中国证监会、中国银监会、中国保监会、中国人寿、中国长江三峡集团公司、中国联通、中国平安、中国建设银行等国家机关和大型知名金融企业，并与众多国家机关和大型企业有常年法律合作关系。

据全球最大的财经通讯社美国彭博统计，2008 年度在企业重组改制及首次公开发行股票上市（IPO）法律顾问服务领域，德恒在中国大陆市场及香港市场均位居第二位。2010 年度德恒担任发行人律师 IPO 项目募集金额约 1721 亿元，占国内企业 IPO 融资总额的 23.7%，占全球 IPO 融资总额的 9.4%。2011 年度 ALB 中国法律大奖评选中，德恒担任发行人律师的中国农业银行 IPO 获"年度最佳股票市场项目大奖"。2012 年 12 月 4 日，德恒获《21 世纪经济报道》"2012 年度（PE/VC）最佳 IPO 律师事务所"大奖。2013 年 10 月，德恒凭借在反垄断领域的出色表现，荣获 2013 年度"优秀内资反垄断律师"称号。

据 Mergermarket 统计，在 2009 年，德恒代理了总价值 190 亿美元的重大资产重组并购业务，列 Mergermarket 2009 年亚太地区（日本除外）重组并购业务排行榜（按金额）的第二名。

据 ALB《亚洲法律杂志》公布的排名，自 2007 年起，德恒在"全国律所规模 20 强"中排名一直位居前列。尤其在 2010 年 7 月，德恒的排名位居第三，稳居国内法律服务机构的第一梯队。

德恒拥有一流的律师队伍，全球员工 1700 余人，80% 以上具有硕士、博士学位，具有在国内外立法、司法、行政机关、跨国公司、大型国企、金融证券机构的工作经历和经验。截至 2014 年，北京总部注册律师为 255 人，合伙人 78 人。

历经 20 年的磨砺，德恒在公司、金融、证券、并购、诉讼仲裁、基础建设与房地产、知识产权、科技法律、国际贸易等业务领域累积了丰富经验，形成了核心竞争力。经司法部、证监会、国家发改委等部门批准，首批获得证券法律服务、基本建设项目招投标法律服务、破产管理人、境内外知识产权代理等专项法律业务资质，能够为客户提供全方位专业法律服务。

2.8　北京市律师协会

所属地：北京

主营业务：法律咨询

机构介绍：北京市律师协会是依法成立的社会团体法人，是北京律师的自律性行业组织，依据《中华人民共和国律师法》、《律师协会章程》，对北京执业律师实行行业管理。

北京市律师协会始建于 1952 年，恢复于 1979 年 8 月 10 日，1982 年 4 月召开了第一次北京律师代表大会，宣告北京市律师协会正式成立，通过了北京市律师协会第一个《章程》。这是北京律师制度发展史上的一座里程碑。

从第一次北京律师代表大会到第三次北京律师代表大会，每届为 4 年，律师协会的领导都由司法行政官员担任。1995 年第四次律师代表大会进行了改革，改为每届为 3 年，律师协会的会长、副会长、常务理事和理事全部由经代表大会选举产生的执业律师担任。2005 年 3 月，第七次律师代表大会对律师行业管理体制进行调整，取消了常务理事会，会长由全体代表直接选举产生，形成了以律师代表大会、理事会、会长会议为主的三级组织构架，建立了代表常任制。截止到 2008 年底，协会共有团体会员 1211 家，个人会员 18635 人。

北京市律师协会的宗旨是：团结和教育会员维护宪法和法律的尊严，忠实于律师事业，恪守律师职业道德和执业纪律；维护会员的合法权益，提高会员的执业素质；加强行业自律，促进律师事业的健康发展，为依法治国、建设社会主义法治国家、促进社会的文明和进步而奋斗。

2.9　新疆律师协会

所属地：新疆乌鲁木齐

主营业务：法律咨询

机构介绍：新疆律师协会始建于 1980 年。1982 年召开了新疆第一次律师代表大会，协会建立之初只有律师事务所 71 家、律师 204 人，新疆律师的业务基本以刑事诉讼案件为主。自新疆第五届、第六届、第七届律师代表大会以来，新疆律师协会加强了自身建设，积极开展了各项工作。

新疆律师协会于 2012 年 4 月召开了第八次律师代表大会，选举产生了由 69 人组成的理事会和 23 人组成的常务理事会，首次由执业律师担任会长。现有会长 1 人、副会长 6 人。截至目前，已经成立了 15 个地方律师协会、一个律协联络部、一个直属分会。

加强各专门、专业机构建设。新疆律师协会现有专门委员会 18 个：律师事务所规范建设指导委员会、律师参政议政工作协调委员会、复查委员会、扶持发展基金管理委员会、互助金管理委员会、青年律师工作委员会、宣传联络委员会、规章制度建设委员会、直属分会（新疆律师协会直属所工作委员会）、行业发展战略委员会、会员事务及文体福利委员会、律师权益保障委员会、律师业务指导及继续教育委员会、执业纠纷调处委员会、新疆女律师联谊会、惩戒委员会、财务管理委员会、少数民族律师工作委员会。专业委员会 12 个：民商专业委员会、刑事专业委员会、行政专业委员会、建筑房地产专业委员会、金融专业委员会、知识产权专业委员会、涉外法律专业委员会、公司及证券专业委员会、未成年人权益保障专业委员会、法律援助专业委员会、劳动法与社会保障专业委员会、消费者权益保障专业委员会。目前，参与各专门、专业委员会工作的律师达 260 人。

加强协会秘书处建设。秘书处现有秘书长一名、副秘书长三名，秘书处下设办公室、会员部、业务部、宣传联络部、直属工作部、《新疆律师》编辑部（汉、维文）六个工作部门，工作人员共 20 人。

2.10　清华房地产总裁商会

所属地：北京

主营业务：房地产

机构介绍：清华房地产总裁商会由全联房地产商会和清华大学联合发起成立，其核心成员由清华大学房地产总裁班学员构成。自 2003 年成立以来，迄今已有 10 多年历史。

目前，商会拥有房地产开发、投资、运营等各类企业会员 4000 余名，其中国有企业、上市公司、集团控股企业约 400 多家，会员企业所在区域遍及国内 200 多个核心城市。商会已成为目前国内规模最大、直属会员最多、联系最紧密的行业商会之一，是"推动中国房地产产业升级的一支新军力量"。商会由班级分会、区域分会、专业委员会构成。现有班级分会 50 多个，区域分会 6 个，专业委员会 12 个。服务体系涵盖金融投资、联合（土地）开发、国际合作、专业服务等内容，已经形成了"培训+俱乐部+投资基金"三位一体的成熟发展模式。

自 2002 年起，商会下设的华房商学院已开发清华大学房地产总裁高级研修项目、清华大学房地产总裁专题研修项目、清华大学房地产职业操盘手高级研修班、"华房国际房地产投资基金"全球精选课程等项目，培训内容涵盖房地产金融、产业地产、土地一级开发等与房地产行业密切相关的内容，积累了丰富的办班经验、严谨的课程体系、雄厚的师资力量，铸就"中国房地产高端教育项目首选品牌"，成为中国房地产高端培训的引领者。

自 2007 年起，商会与全国几十个城市展开深度战略合作，成功运营多个土地一级开发项目。在新城镇化建设的背景下，面向产业地产发起深入合作，在文化创意、工业园物流园建设、农庄经济、养老地产、旅游地产等多个方向，积聚了一批领头企业和众多的优质专业服务企业，在与地方政府合作方面也积累了大量经验。

自 2009 年起，商会下设的"华房系"基金已在香港、成都、重庆、海南、北京、深圳、上海 7 个城市成功落地，投资运作项目 100 余个，每年投资金额逾百亿元，是目前房地产行业内成立最早、发展十分稳健的基金公司，已成为国内房地产私募基金的先行者、创新者与实践者。

自 2011 年起，商会发起全国范围内的百城联动计划，重点布局新型城镇化建设背景下的地产投资开发战略转型。目前，商会区域联合开发投资成员企业已超过百家。此外，商会还为广大会员企业提供集中采购、战略投资、项目咨询评估、法律事务顾问等多方面的专业技术服务和平台支持。

华房汇是专业投资人俱乐部，致力于搭建服务于高端投资人的多层次主题交流平台，旨在为金融、地产界企业家提供信息交流、商务合作、资源共享的机遇。已携手国内顶尖合作伙伴，为会员量身打造了高端医疗服务、葡萄酒品鉴与投资、高尔夫与体育休闲、艺术品收藏与投资、高端教育与培训、高端旅游、私人银行与财富管理、公益与慈善、奢侈品、跨界互动沙龙等服务体系。

2.11　中国民营经济国际合作商会

所属地：北京

主营业务：国际合作

机构介绍：中国民营经济国际合作商会（以下简称商会）是经国务院同意批准于 2011 年 11 月 24 日成立的我国唯一一家专门服务民营企业"走出去"，开展国际经济合作与交流的全国性大型商会组织。

全国工商联是商会的业务主管单位，商务部、国家发改委是商会的业务指导单位，民政部是社团登记管理机关。

商会在筹备中，得到了党中央和国务院领导的高度重视。2010 年全国"两会"期间，时任中共中央总书记的胡锦涛同志在听取了商会筹备组负责同志关于民营企业"走出去"和商会筹备情况的汇报后，发表了重要指示，特别强调民营企业"走出去"一要"抓住机遇、积极作为"；二要"趋利避害、防范风险"，为商会工作指明了方向。

在各级领导的关怀下，商会将按照建设中国特色商会组织的要求，努力做好服务，回报广大会员企业和单位的支持。

商会宗旨：服务会员、服务市场、服务政府、服务国际经济合作。

商会任务：宣传政策、提供服务、反映诉求、维护权益、加强自律。

商会定位："走出去"企业的发展联盟，服务"走出去"商协会的合作组织。

商会特色：以服务为中心，以项目为纽带，以人才为支撑，以金融为保障，以需求为重点。

2.12　中国医药创新促进会

所属地：北京

主营业务：医药

机构介绍：中国医药创新促进会（简称中国药促会，英文名称为 China Pharmaceutical Industry Research and Development Association，英文缩写为 PhIRDA）成立于 1988 年，是经国家民政部登记注册的非营利性全国性一级社会团体组织。

目前，中国药促会有会长及会员单位 60 多家，主要由三个方面的成员构成：一是在医药创新方面具有代表性的民族医药企业；二是从事医药研发的高等院校和科研院所；三是在新药临床研究领域具有较高水平特别是承担"重大新药创制"科技重大专项新药临床评价研究（GCP）技术平台的临床医疗机构。中国药促会将努力建设成为以研发为核心，以创新为宗旨，以临床需求为导向，"产学研用"紧密结合的促进医药科研开发的社会团体。

中国药促会的工作内容主要包括：一是通过举办各种论坛、发布会、大型会议等促进会员单位乃至整个医药产业互相交流、创新发展；

二是通过与美国药品研发和制造商协会（PhRMA）等国外协会和外国
驻华使馆合作，共同寻求推动中外医药产业领域的合作交流，为会员单
位搭建国际交流平台；三是为会员单位提供医药信息搜集、整理、评
价、咨询的服务，包括编辑双月刊刊物《医药科研开发信息》和《医
药信息简报》、《国际医药产业发展动态与研发信息简报》、《行业热点
评析》等内部电子刊物以及建设药促会官方网站等内容；四是开展医
药政策研究工作，在卫生部、商务部、工信部、国家食品药品监督管理
局等有关政府部门和医药科研学术机构和企业的支持下，为医改事业和
医药产业发展建言献策。

在 2010 年 4 月召开的中国药促会第九届会员大会第一次会议上，
全国人大常委会副委员长桑国卫院士被推举为会长。在 2012 年 6 月召
开的中国药促会第九届会员代表大会第三次会议上，全体参会代表一致
选举全国人大常委会副委员长桑国卫院士担任荣誉会长；改革会长任期
制度，经无记名投票选举上海复星医药（集团）股份有限公司董事长
陈启宇为 2012—2013 年度会长。

3. 金融机构

3.1 亚洲基础设施投资银行

所属地：北京

主营业务：投资

机构介绍：亚洲基础设施投资银行（简称亚投行，英文名称为 Asi-an Infrastructure Investment Bank，缩写为 AIIB）是一个政府间性质的亚洲区域多边开发机构，重点支持基础设施建设，成立宗旨为促进亚洲区域的建设互联互通化和经济一体化的进程，并且加强中国及其他亚洲国家和地区的合作。亚投行的总部设在北京，法定资本为 1000 亿美元。

2013 年 10 月 2 日，习近平主席提出筹建倡议。2014 年 10 月 24 日，包括中国、印度、新加坡等在内的 21 个首批意向创始成员国的财长和授权代表在北京签约，共同决定成立亚洲基础设施投资银行。

2015 年 4 月 15 日，亚投行意向创始成员国确定为 57 个，其中域内国家 37 个、域外国家 20 个。

2015 年 6 月 29 日，《亚洲基础设施投资银行协定》签署仪式在北京举行，亚投行 57 个意向创始成员国财长或授权代表出席了签署仪式。

2015 年 12 月 25 日，亚洲基础设施投资银行正式成立，全球迎来首个由中国倡议设立的多边金融机构。

2016 年 1 月 16 日至 18 日，亚投行开业仪式暨理事会和董事会成立大会在北京举行。

亚投行初期投资的重点领域主要包括五大方向，即能源、交通、农村发展、城市发展和物流。

3.2 国家开发银行

所属地：北京

主营业务：金融服务

机构介绍：国家开发银行（China Development Bank）于 1994 年 3 月成立，直属国务院领导。目前在全国设有 32 家分行和 4 家代表处。自成立以来，开行始终认真贯彻国家宏观经济政策，发挥宏观调控职能，支持经济发展和经济结构战略性调整，在关系国家经济发展命脉的基础设施、基础产业和支柱产业重大项目及配套工程建设中，发挥长期融资领域主力银行作用。

国家开发银行是经国务院批准设立的政策性金融机构，自 1994 年成立以来，有力地支持国家基础设施、基础产业、支柱产业等重点领域建设，促进投融资体制改革，积极开展金融创新和金融合作，在支持经济社会发展中发挥了重要作用。

为适应经济社会发展需要，根据国家开发银行的具体情况，党中央、国务院决定实施国家开发银行改革。中央汇金公司和国家开发银行于 2007 年 12 月 31 日在北京签署协议，向国家开发银行注资 200 亿美元。2008 年 2 月，国务院批准了国家开发银行改革实施总体方案。

3.3　中国出口信用保险公司

所属地：北京

主营业务：保险

机构介绍：中国出口信用保险公司（简称"中国信保"）是由国家出资设立、支持中国对外经济贸易发展与合作、具有独立法人地位的国有政策性保险公司，于 2001 年 12 月 18 日成立，目前已形成覆盖全国的服务网络。公司的经营宗旨是："通过为对外贸易和对外投资合作提供保险等服务，促进对外经济贸易发展，重点支持货物、技术和服务等出口，特别是高科技、附加值大的机电产品等资本性货物出口，促进经济增长、就业与国际收支平衡。"

中国信保的业务范围包括：中长期出口信用保险业务；海外投资保险业务；短期出口信用保险业务；国内信用保险业务；与出口信用保险相关的信用担保业务和再保险业务；应收账款管理等出口信用保险服务及信息咨询业务；保险资金运用业务；经批准的其他业务。中国信保还向市场推出了具有多重服务功能的"信保通"电子商务平台和中小微企业投保平台，使广大客户享受到更加快捷高效的网上服务。

自公司成立以来，出口信用保险对我国外经贸的支持作用日益显现。尤其在国际金融危机期间，出口信用保险充分发挥了稳定外需、促进出口成交的杠杆作用，帮助广大外经贸企业破解了"有单不敢接"、"有单无力接"的难题，在"抢订单、保市场"方面发挥了重要作用。截至 2014 年末，中国信保支持国内外贸易和投资规模累计 1.9 万亿美元，为数万家出口企业提供了出口信用保险服务，为数百个中长期项目提供了保险支持，包括高科技出口项目、大型机电产品和成套设备出口项目、大型对外工程承包项目等，累计向企业支付赔款 67.6 亿美元。同时，中国信保还带动 219 家银行为出口企业融资累计超过 2.2 万亿元人民币。

中国信保将努力建设成为定位明确、业务清晰、功能突出、偿付能力充足、治理规范、内控严密、运营安全、具备可持续发展能力的政策性保险公司。中国信保将围绕服务国家战略，通过提供政策性保险服务，在支持我国外经贸发展、实施"走出去"战略、保障国家经济安全以及促进经济增长、就业和国际收支平衡等方面，发挥更为重要的政策性作用。

3.4　中国开发性金融促进会

所属地：北京

主营业务：金融

机构介绍：为促进开发性金融社会化，建立开发性领域的广大企业与各级政府、金融机构、科研院所的交流合作平台，更好地运用开发性金融方法推动市场建设、信用建设和制度建设，服务我国工业化、信息化、城镇化和农业现代化同步发展，服务我国开发性金融领域的各类市场主体，促进政府、市场、企业、金融合作，共同推进开发性金融事业发展，国家开发银行发起成立中国开发性金融促进会。2013 年 4 月，中国开发性金融促进会正式成立。

国家开发银行在近 20 年的实践中，把中国国情与国际先进金融原理相结合，探索出一条有中国特色的开发性金融之路，形成一套独特的开发性金融理念和方法，成为我国经济社会发展全局和金融体系中不可替代的重要力量。今天的开行已发展成为我国最大的中长期投融资银行、最大的债券银行、最大的对外投融资合作银行和全球最大的开发性金融机构。

第十二届全国政协副主席陈元任促进会会长，国家开发银行董事长胡怀邦任促进会副会长，中国社会科学院副院长李扬、原国务院副秘书长崔占福、原中央办公厅副主任徐瑞新、中国社会科学院金融研究所所长王国刚任副会长，国家开发银行行长郑之杰、监事长姚中民、副行长李吉平、副行长袁力、董事会秘书陈民等行领导以及行务委员白桦、贷委会专职委员袁英华任副会长。

促进会设秘书处为办事机构，国家开发银行行务委员、客户管理中心主任白桦兼任秘书长，国家开发银行客户管理中心副主任邢军任常务副秘书长，中国社科院金融研究所所长助理胡滨任副秘书长。秘书处下设办公室、财务与基金管理部、研究咨询部、信用评级部、会员管理部、国际合作部、法律事务部等部门。

促进会共有发起会员 194 名。目前，促进会受理申请会员 7000 余名，申请会员主要是在我国开发性领域建设中发挥重要作用的企事业单位。

促进会成立以来，根据陈元会长"上为国家分忧，下为会员解愁，与开行协同发展"的办会方针，积极探索支持经济社会发展的新模式：一是开展"融资、融智、融商"综合服务，把促进会"融商"（招商、投资、并购等）与开行"融资、融智"相结合，协助企业完善产业链，帮助地方政府打造产业生态圈。目前，内蒙古包头、浙江台州等地"三融"试点效果显著。二是创办并连续举办六期开发性金融大讲堂，包括与中国城投公司联络会举办的"开发性金融与中国城市化"，与中国新闻文化促进会举办的"以开发性金融助推文化发展"研讨会，以及中法养老产业合作洽谈会等，大讲堂已成为集研究、宣介、项目对接等为一体的综合平台。三是以上海远东资信评估有限公司为平台，为会员企业提供规划、咨询、评级等服务，汇聚标普、穆迪、联合信用等国内外评级机构举办信用建设论坛，为构建民族品牌评级机构、服务民族企业评级需求奠定了基础。四是深化与行业协会、社团组织合作，与中国新闻文化促进会签署《合作备忘录》，与中国扶贫开发协会推进产业扶贫等领域合作。促进会还将在设立城市发展和产业基金，参与多层次资本市场建设等领域不断创新，为会员提供更丰富的综合服务。

中国开发性金融促进会实施会员与开行客户一体化管理，推动符合条件的会员向开行客户转化；在开发性金融理论和实践研究、开发性金融社会化与国际化、产学研交流、银政企合作等领域与开行协同发展，共同为开发性领域的广大企事业单位提供规划、投融资、信息咨询、信用评级、产业链合作等综合服务。

促进会将发挥"提供服务、反映诉求、规范行为"功能，通过与其他行业协会、社团组织合作，创办论坛、投资洽谈会等社会平台，组织培训、讲座、经验交流等活动，为会员间的合作铺路搭桥；通过调查研究，向政府和有关机构建言献策，为会员发展争取更有利的政策环境。同时，促进会将建设信息化便捷高效的会员交流与合作平台，以社团自律引导和规范会员稳健经营和健康发展。

4. 社会组织

4.1 中国宋庆龄基金会

所属地：北京

主营业务：公益慈善

机构介绍：为纪念中华人民共和国国家名誉主席宋庆龄，1982 年 5 月成立了宋庆龄基金会。2005 年 9 月，经第五届理事大会审议通过，更名为中国宋庆龄基金会，英译名为"China Soong Ching Ling Foundation"，缩写为"SCLF"。

1982 年 5 月 29 日，为纪念中华人民共和国国家名誉主席宋庆龄，继承和发扬她的未竟事业，在邓小平同志倡导下，宋庆龄基金会在北京成立。邓小平同志担任名誉主席，廖承志同志任顾问，首任主席康克清，第二任主席黄华，现任主席胡启立。

基金会宗旨为"继承和发扬宋庆龄毕生致力的增进国际友好，维护世界和平；开展两岸交流，促进祖国统一；关注民族未来，培育少年儿童的未竟事业"，即和平、统一、未来。

中国宋庆龄基金会兼具群众团体和公益慈善机构双重属性，参照《公务员法》管理机关、副部级单位、国家预算单位。

4.2　中国社会工作联合会

所属地：北京

主营业务：社会组织

机构介绍：中国社会工作联合会（原中国社会工作协会）是经过中国社会团体登记机关核准登记、国家民政部直属主管的全国性专业社会团体，是中国唯一代表从事社会工作的单位和社会工作专业人员的权威组织。

联合会成立于 1991 年 7 月；1992 年 7 月加入国际社会工作者联合会，成为正式会员。目前下设 19 个工作（行业）委员会、9 支专项基金、11 个职能部门、3 个直属单位。中国社会工作联合会在民政部的领导下，坚持科学发展观，促进和谐社会构建，开展了一系列有影响的社会活动，2004 年度被民政部授予"全国先进民间组织"。

5. 国际多/双边机构

5.1　联合国

所属地：美国纽约

主营业务：国际组织

机构介绍：联合国是第二次世界大战后成立的国际组织，是一个由主权国家组成的国际组织。1945 年 10 月 24 日，在美国旧金山签订生效的《联合国宪章》，标志着联合国正式成立。联合国致力于促进各国在国际法、国际安全、经济发展、社会进步、人权及实现世界和平方面的合作。联合国现在共有 193 个成员国，总部设立在美国纽约。中国是联合国创始成员国之一。

联合国的行政首长是联合国秘书长，当前由潘基文担任。联合国的经费由会员国分摊和自愿捐赠。联合国内的五大常任理事国有：美利坚合众国、俄罗斯联邦、大不列颠及北爱尔兰联合王国、法兰西第五共和国和中华人民共和国。截至 2013 年 5 月，联合国共有 193 个成员国，包括所有得到国际承认的主权国家。

联合国共有六种工作语言，分别为英语、法语、俄语、汉语、阿拉伯语和西班牙语。

联合国在维护世界和平，缓和国际紧张局势，解决地区冲突方面；在协调国际经济关系，促进世界各国经济、科学、文化的合作与交流方面，都发挥着相当积极的作用。

5.2　红十字会与红新月会国际联合会

所属地：瑞士日内瓦

主营业务：人道保护和援助

机构介绍：红十字会与红新月会国际联合会（英语：International Federation of Red Cross and Red Crescent Societies，缩写为 IFRC，阿拉伯语：الإتحاد الدولي لجمعيات الصليب الأحمر والهلال الأحمر）（初创时名为红十字会联盟，英语：League of Red Cross Societies）是一个国际人道主义组织，与红十字国际委员会（ICRC）、各国家协会（红十字会或红新月会）共同组成了国际红十字与红新月运动。该组织成立于 1919 年，总部设在瑞士日内瓦。它负责协调各国家协会的活动，以"通过动员人道力量改善弱势群体的生活"。在国际层面上，该联合会与国家协会密切合作，领导和组织大规模紧急救援。

该组织在全球 80 多个国家共有大约 1.3 万名员工；资金主要来自于各国政府以及国家红十字会和红新月会的自愿捐赠。宗旨是为战争和武装暴力的受害者提供人道保护和援助。

国际红十字运动不是个单一机构，它是由红十字国际委员会、红十字会与红新月会国际联合会以及 189 个国家红十字会构成的。每个组成部分都有各自独立的法律地位并发挥着不同的作用，但都共同遵守在七项基本原则之下。这七项基本原则包括人道、公正、中立、独立、志愿服务、统一和普遍。运动每个组成部分都尽力尊重和维护这些原则。

红十字国际委员会独有的人道使命是保护武装冲突和其他暴力局势受难者的生命和尊严，并为他们提供援助。该组织主导并协调运动各成员在武装冲突中开展的国际性援助行动。红十字国际委员会创立于 1863 年，它是国际红十字与红新月运动的发起者。

红十字会与红新月会国际联合会鼓励、协助并促进各国红会为最脆弱人群开展各类人道活动。该组织主导并协调各国红会为自然灾害和技术灾难受害者、难民和受卫生紧急情况影响的人开展的援助活动。

国家红十字会是其本国政府在人道工作领域的助手，负责提供包括救灾、卫生和社会项目等一系列服务。在战时，他们会援助平民并为武装部队医疗服务机构提供支持。

要想加入红十字与红新月运动，国家红会必须先得到红十字国际委员会的承认，然后加入国际联合会。运动章程中列出了获得承认的十项条件，其中包括在其本国立法中承认红会的自治地位、使用公认标志以及坚持七项基本原则等。每个国家只能有一个红会，而且红会必须设在独立主权国家的领土之内。

在 2007 年召开的第 30 届红十字与红新月国际大会上，因巴勒斯坦红新月会的地位问题而免除了最后一项条件。运动全体成员与《日内瓦公约》所有缔约国每四年召开一次红十字与红新月国际大会。在其他时候，如需处理运动面临的问题时，也可以召开国际大会。由9人组成的常设委员会负责组织这些会议。常设委员会有5名委员是在国际大会期间通过选举产生的。另外4人是依照职位兼任的委员：红十字国际委员会和国际联合会各占两席，包括这两个组织的主席。运动各成员与各国政府定期召开国际大会，这是人道事务领域所独有的。它反映了红十字国际委员会和各国红会的历史和渊源以及国际人道法（尤其是《日内瓦公约》）的核心重要性。

在行动方面，运动通过了《塞维利亚协议》，理清各组成部分在不同局势中的作用和责任。"主导作用"概念旨在通过加强合作并消除工作重叠和重复来将运动影响力发挥到最大。运动在一线与其他非政府组织有很多合作，因此制定了行为守则来确保为战争和灾害受难者提供高标准的援助。虽然运动本身并不是一个组织，但它还是有自己的出版物《红十字红新月杂志》，该杂志由红十字国际委员会与国际联合会日内瓦总部共同编撰出版。

5.3 中国—中东欧国家智库交流与合作网络

所属地：北京

主营业务：智库

机构介绍：2014年12月31日，中国国务院总理李克强访问塞尔维亚，参加中国—中东欧国家领导人峰会。李克强总理在峰会上宣布了推动中国和中东欧国家合作的《贝尔格莱德纲要》，并明确提出"中方支持建立中国—中东欧国家智库交流与合作中心"。

外交部作为"16+1合作"综合性协调单位，积极支持由中国社会科学院牵头组建的"中国—中东欧国家智库交流与合作网络"，并希望秉持"共建、共享、共赢"的原则，吸收国内各研究机构力量，打造中国—中东欧国家合作（简称"16+1合作"）框架下二轨交流的智库平台，推动国内研究机构同中东欧智库的交流沟通，夯实"16＋1合作"的智力基础，促进"16＋1合作"研究。

中国社会科学院作为国家高端智库，于 2015 年初受国家委托，决定组建"中国—中东欧国家智库交流与合作网络"。

"中国—中东欧国家智库交流与合作网络"（以下简称"16＋1 智库网络"）是中国与中东欧国家间国际性智库协调机制与高端交流平台。

"16＋1 智库网络"将整合中国社会科学院、中国国内和中东欧 16 国智库的优势资源，积极贯彻新型智库建设、中欧伙伴关系、"一带一路"倡议等战略，积极配合与推动"16＋1 合作"。

具体功能："16＋1 智库网络"依靠中国社科院学科齐全、人才济济、与国内外智库和学术机构交往密切等优势，搭建一个机制化的平台，推动我院各研究机构、国内相关智库同中东欧智库的相互交流与合作。

工作内容："16＋1 智库网络"集智库交流、政策咨询、实地调查、合作研究、人才培养及对外宣传于一体，服务于国家中国与欧洲全面伙伴关系及中国与中东欧"16＋1 合作"等需要，积极推动中国同中东欧国家在经济、社会、政治、文化等多领域的密切合作，促进与加强中国对中东欧国家的二轨外交，服务于"一带一路"倡议等战略构想。

运作方式：中国社科院与外交部、中国国际问题研究基金会联合主办、由"16＋1 智库网络"和欧洲研究所具体承办中国—中东欧国家高级别智库研讨会。该研讨会是目前中国与中东欧国家人文合作领域影响最为广泛的高端智库论坛。

充分利用"16＋1 智库网络"的协调功能，提出我国在针对中东欧国家政策上需要研究的相关议题，经常组织召开各类圆桌会议与研讨，及时整理纪要，提取相关信息与最新研究成果，报送中央和国务院及相关部门。

加强与中东欧 16 国高端智库的交流与沟通，通过项目合作、智库对话、实地调研等方式充分发挥"16+1 智库网络"的联络、协调功能，以"二轨"形式推进我国与中东欧国家的"16+1 合作"。

组织架构："16+1 智库网络"的组织架构主要包括理事会、智库网络委员会、秘书处和办公室。

理事会为"16+1 智库网络"的最高决策机构。设理事长 1 人，常务副理事长 1 人，副理事长和理事若干人。首届理事长由王伟光院长担任，常务副理事长由蔡昉副院长担任，副理事长及理事由国务院有关部委、中国社会科学院相关所局及国内高端智库、科研单位等的负责人或代表担任。

智库网络委员会是联络 16 国智库展开活动的常规性机构，主任由秘书长兼任（对外也称"16+1 智库网络"主任），委员会成员由中国和中东欧 16 国智库代表组成。委员会的主要职能是负责中国和中东欧 16 国智库交流与合作的协调工作。

"16+1 智库网络"下设秘书处，作为常设机构。设立"16+1 智库网络"秘书长，首任秘书长由欧洲研究所所长黄平兼任。

"16+1 智库网络"秘书处下设办公室，首任主任由欧洲所中东欧研究室主任刘作奎兼任。办公室负责处理中国—中东欧国家智库交流与合作网络的日常业务，执行理事会和秘书处交办的工作。

5.4 巴基斯坦工商委员会

所属地：巴基斯坦

主营业务：工商界交流、国际交流

机构介绍：巴基斯坦工商委员会是一个商业政策倡导平台，是非营利机构，成立于 2005 年，目前由 48 家巴基斯坦最大的私营商业机构（包括跨国公司）组成。目前巴基斯坦工商总会的执行总监是艾赫桑·马利克，他将其丰富的企业从业经验带入委员会管理中。

巴基斯坦工商委员会的目标是：

提供有关巴基斯坦相关商业活动的信息；

组织、建立、统筹、管理相关商业活动、重点讨论、培训班、研讨会和实地考察，以推动相关研究，提升各方对巴基斯坦商业活动的认识；

收集、汇总、分析、出版并提供与巴基斯坦商界各领域相关的全面的统计数据、数据分析和其他信息，提供有关巴基斯坦内外的商业信息；

提升并协助巴基斯坦与世界经济的合作，鼓励巴基斯坦跨国企业的发展壮大；

在经济发展领域与巴基斯坦政府互动，协助并培育经济、社会、人文等方面的全面发展。

巴基斯坦商会目前的 48 个成员涵盖农业、水泥、化肥、能源、工程、快消、包装、医疗卫生、纺织、工程服务、金融服务等诸多领域。

5.5　巴中学会

所属地：巴基斯坦

主营业务：智库、国际交流

机构介绍：巴中学会（Pakistan—China Institute，英文缩写 PCI）于 2009 年 10 月 1 日在巴基斯坦参议员穆沙希德·侯赛因·萨义德的主持下成立。PCI 是同类型机构中首个非政府、无党派和非政治的智库。PCI 致力于提供一个非政府平台，促进巴基斯坦和中国两国人民，特别是青年和妇女，在国防、外交、教育、能源、经济和环境领域的交流。PCI 是一个独立的、非党派的智库和信息发布平台，致力于服务政府机构、教育机构、学生、民间领袖以及所有相关的人民群众，以帮助他们更好地了解亚洲地缘政治动态。

在这一愿景之下，PCI 期望通过开展多方位的活动，包括会议、演讲、交流互访、期刊、电子杂志和纪录片，进行严谨的讨论和深入的研究。

PCI 是中国与巴基斯坦双边关系的一线倡导者，并已成为一个双方国家的可信机构和重要实体，从而根据双方国家社会的差异提供不同的资源、援助和信息服务。

巴中学会的目的在于引导中国和巴基斯坦，以及整个周边区域在外交关系方面进行讨论和分析。在亚洲的新世纪里，需要这样一个平台来促进亚洲人民直接的交流。对 PCI 而言，其中一项重要任务是为那些希望更好地了解区域关系动态变化，特别是巴基斯坦与中国关系的动态变化的机构提供资源。

5.6 伊朗中国商会

所属地：伊朗

主营业务：行业协会

机构介绍：伊朗中国商会成立于 2001 年，是一个非贸易、非营利组织，旨在构建中国和伊朗企业间更紧密的合作关系，是伊朗最大的商会组织，共有 4200 名伊朗和中国成员。其主要目标包括：

（一）统计两国在贸易、工业和经济领域的准确信息，以鼓励中伊贸易、经济和工业关系良好发展。

（二）建立中国和伊朗商界、实业界的联系。

（三）进行研究，为两国工业和贸易投资做准备，参与两国官方机构认可的会展、市场交易等活动，并为参加相关活动的研究所、组织、法人提供支持。

（四）鼓励中伊工业、贸易代表团的交流访问。

（五）举办关于贸易和工业发展、增进经济往来的研讨会、演讲和会议。

（六）发布中伊经济、工业关系、工程技术服务、法律法规、软件培训手册等相关信息。

（七）通过两国商会，仲裁解决贸易、经济和劳动关系领域纠纷。

5.7　中国伊朗商会

所属地：中国

主营业务：行业协会

机构介绍：中国伊朗商会设立于北京，旨在构建中国和伊朗企业间更紧密的经贸关系。其主要目标包括：

（一）中伊经贸信息定期发布。

（二）鼓励中伊工业、贸易代表团的交流访问。

（三）建立中国和伊朗商界、实业界的联系。

（四）举办并支持中伊交流合作领域相关研讨会和培训。

5.8　德黑兰大学

所属地：伊朗

主营业务：教育

机构介绍：德黑兰大学（University of Tehran，英文缩写 UT）是伊朗最古老，也是规模最大的大学。德黑兰大学建于1934年，占地面积22.5万平方米。刚开始德黑兰大学只有六个学院，分别是医学院、技术学院、哲学院、法学院、科学院和文学院，后来逐渐发展，成为伊朗规模最大的大学。现在德黑兰大学共有16个学院、2个语言培训中心、4个教研机构、14个研究机构、3个服务与通信机构。此外，德黑兰大学还附设有数座图书馆、文化中心、医疗中心和娱乐中心等。

在伊朗的综合大学里，成立于1934年的德黑兰大学，无疑是最著名的。尤其是近年来，它的教学和科研水平已越来越引起国内外人士的注目。目前这所综合性大学设有自然科学、人文社会科学、工程、医学、制药、农业、法律、政治、经济、生命科学、资源环境、国际贸易和伊斯兰哲学法律等科系或学院。另外，德黑兰大学还增设了中东和考古研究，社会扶贫调查、防治恶性疾病和高科技研究等专业和研究中心。德黑兰大学在卡腊季、库姆、萨里等城市设有分校。

5.9 哈萨克斯坦经济研究所

所属地：哈萨克斯坦

主营业务：智库研究

机构介绍：哈萨克斯坦经济研究所成立于 1961 年。该研究所是哈萨克斯坦领导性智库，其目标是促进经济繁荣，提高哈萨克斯坦的国际竞争力。其股东为哈萨克斯坦国家经济部。

自成立以来，该研究所积极参与政府主要项目和法律、评估等方面的工作，为国家在中长期实施经济战略、达成宏观经济目标和促进区域发展提供政策建议，与公营、私营机构往来密切。

哈萨克斯坦经济研究所的主要研究内容包括：

区域发展，区域经济发展；

针对哈萨克斯坦的投资过程进行方法论和管理层面的分析；

利用最新电子信息技术对国家经济形势系统监控，对经济形势做出迅速反应；

公共计划领域的研究；

全面评估立法在科技、经济、社会领域的影响；

进行国际科学研究，将对哈萨克斯坦的研究整合进全球研究体系中。

哈萨克斯坦经济研究所有 6 个主要研究中心，包括：

宏观经济和应用经济和数学研究中心

企业发展研究中心

经济研究专业中心

战略细化和经济研究中心

公共机构评估中心

社会和地区研究中心

5.10　哈萨克斯坦企业家商会

所属地：哈萨克斯坦

主营业务：协会

机构介绍：哈萨克斯坦企业家商会是哈萨克斯坦最大、最具影响力的全国性商会，主管哈萨克斯坦各行业协会，在哈萨克斯坦经济发展和企业国际经贸往来中发挥重大作用。

5.11　哈萨克斯坦共和国首任总统基金会世界经济政治研究所

所属地：哈萨克斯坦

主营业务：经济研究

机构介绍：哈萨克斯坦共和国首任总统基金会世界经济研究所是哈萨克斯坦国内具有影响力的大型智库。

附 录 2

服务机制主要参与机构名录

注：1. 法律服务；2. 政策研究；3. 技术标准；4. 信息服务；5. 金融支持；6. 文化与品牌等各机构，请参阅本书附录 1《战略合作伙伴及支持机构名录》相应内容。

7. 能力建设

7.1 商务部国际商务官员研修学院

所属地：北京

主营业务：教育培训

机构介绍：商务部国际商务官员研修学院是商务部直属的唯一的教育培训机构，成立于 1980 年，由原外经贸部管理干部学院、亚太地区国际贸易培训中心合并而成。学院的主要职责是负责全国援外培训协调管理、援外培训执行、商务领域业务培训、党校培训和会议服务。

研修学院以服务商务发展为大局，以高度的政治责任感，认真做好全国援外培训项目管理和执行工作。根据商务部赋予职责，自 1998 年以来，学院承担对全国援外培训项目承办单位有关培训项目立项之后的管理、协调、监督与评估工作，均圆满完成工作任务。

自 1998 年以来，学院重点工作是开展对外援助项下的援外培训，承办了数百期发展中国家官员研修班，培训了来自世界 160 多个国家和地区的近两万名官员，其中包括部分部级及以上官员，工作语言涉及英语、法语、葡萄牙语、阿拉伯语、老挝语、俄语、西班牙语、朝鲜语 8 种语言。

商务领域业务培训方面，学院紧紧围绕商务中心工作和热点问题，积极为商务部机关司局和地方政府量身定制开展多层次、多领域的干部人才培训，高质量地完成驻外人员培训、任职培训等培训班和专题特色培训班。另外积极开展国际合作，与国外知名培训机构探讨合作开展国际培训事宜，为学院进一步迈向国际化奠定基础。

与此同时，研修学院还承担着中共商务部党校培训的具体任务。在部党组及部直属机关党委等有关部门的领导下，党校积极探索新时期工作新举措，创新教学模式，凸显商务特色，增强教学效果。自 2008 年起连续被评为中央党校和中央国家机关分校教学管理先进单位，荣获 2006—2010 年度"优秀办学单位"称号，并获中央党校中央国家机关分校教学 ISO9000 质量管理体系认证，教学科学化管理水平大幅提升。

学院拥有规范的会务服务功能，已通过质量管理体系认证（ISO9001）和环境管理体系认证（ISO14001），是中央党政机关和北京市党政机关会议定点单位。拥有 19 个不同规格的会议室、研讨室，可同时容纳 400—600 人的会议或培训。

学院自成立以来，锐意进取、改革创新、扎实奋斗，坚持"一切为推进我国商务事业的发展，一切为商务教育培训事业服务的主导思想"，培养了一大批优秀人才，为我国商务事业发展作出了积极的贡献。

7.2　国家行政学院应急管理培训中心

所属地：北京

主营业务：教育培训

机构介绍：2008 年，根据国务院办公厅颁布的《"十一五"期间国家突发公共事件应急体系建设规划》和《关于"十一五"期间国家突发公共事件应急体系建设规划的实施意见》，经国务院领导同意，决定依托国家行政学院筹建国家应急管理人员培训基地。2012 年 9 月，基地竣工落成，其中教学及配套用房 10968 平方米，住宿及配套用房 12399 平方米，培训规模为同期在院 180 人，每年 2000 人。2010 年 4 月，中编办批复成立国家行政学院应急管理培训中心，履行国家应急管理人员培训基地的职能。

自筹建以来，按照马凯国务委员提出的"把基地建成全国应急管理人员培训中心、应急管理政策研究和咨询中心以及国际交流与合作中心"指示要求，国家行政学院举全院之力，高起点谋划、高质量落实、高水平推进，基地各项工作呈现出良好的发展势头，应急管理培训已成为学院的一个新的亮点和重要增长点。

教学培训。探索应急管理专业化培训道路，紧密结合应急管理工作实际，不断推进培训方式方法和内容创新，发挥基地在国内应急管理教学中的示范辐射作用。大力开展中国特色应急管理学科体系建设。开发了 20 多门应急管理新课程，组织编写了《政府应急管理》等多本教材，形成了以现代应急管理理论与方法为基础，以模拟演练、案例教学为特色，以能力提升为核心的应急管理培训模式。近几年举办了省部级、司局级、地市级政府领导干部应急管理专题研讨班、地方行政学院应急管理师资培训班等 10 多个班次，培训各类学员 1000 多人。

研究咨询。积极承担推进应急管理理论和实践创新的任务，正在成长为中央在应急管理方面的重要"智囊团"、"思想库"。主持和参与了十余项国家自然科学基金、社科基金和软科学课题。2012 年申报成功国家科技支撑计划课题，将搭建国家应急演练仿真服务平台并开展应用示范。撰写了 20 多个送阅件，为中央领导同志决策和有关部门制定政策提供了重要参考。联合民政部、卫生部和安监总局，每年推出《中国应急管理报告》，成为中国应急管理白皮书。建设的国家应急管理案例数据库是国内内容最权威、数据最丰富、功能最齐全的应急管理案例库。目前，案例库在库资源 100 多万条，各类案例 3000 多个，为应急管理决策咨询和教学培训工作提供了重要学术支撑。

国际交流合作。承担了中欧、中德、中美、中英等应急管理国际合作项目，使基地从筹建起就具有开放的环境和国际视野。先后派遣 280余名骨干教师和厅局级学员出国培训学习，并邀请国外应急管理领域知名专家学者近 200 人来院授课和交流。通过进阶式的演练教学方法培训，培养了 80 多位应急管理演练师。系统学习和翻译一批国外应急管理法律和政策规范文献。在广东省深圳市、河源市及重庆市九龙坡区开展"政府风险治理与预案优化"试点工作，引入德国公共风险分析方法，探索全面推进应急管理工作的新思路。承办的"应急管理创新论坛"，成为汇聚集体智慧、研讨应急管理工作创新的高端平台。与公安部、民政部、卫生部、国家安监总局合作举办的"应急管理国际研讨会"，成为交流全球经验、展示全球成果、促进全球应急管理事业发展的盛会。

7.3　清华房地产总裁商会

所属地：北京

主营业务：房地产

机构介绍：清华房地产总裁商会由全联房地产商会和清华大学联合发起成立，其核心成员由清华大学房地产总裁班学员构成。自 2003 年成立以来，迄今已有 10 多年历史。

目前，商会拥有房地产开发、投资、运营等各类企业会员 4000余名，其中国有企业、上市公司、集团控股企业约 400 多家，会员企业所在区域遍及国内 200 多个核心城市。商会已成为目前国内规模最大、直属会员最多、联系最紧密的行业商会之一，是"推动中国房地产产业升级的一支新军力量"。商会由班级分会、区域分会、专业委员会构成。现有班级分会 50 多个，区域分会 6 个，专业委员会 12 个。服务体系涵盖金融投资、联合（土地）开发、国际合作、专业服务等内容，已经形成了"培训+俱乐部+投资基金"三位一体的成熟发展模式。

自 2002 年起，商会下设的华房商学院已开发清华大学房地产总裁高级研修项目、清华大学房地产总裁专题研修项目、清华大学房地产职业操盘手高级研修班、"华房国际房地产投资基金"全球精选课程等项目，培训内容涵盖房地产金融、产业地产、土地一级开发等与房地产行业密切相关的内容，积累了丰富的办班经验、严谨的课程体系、雄厚的师资力量，铸就"中国房地产高端教育项目首选品牌"，成为中国房地产高端培训的引领者。

自 2007 年起，商会与全国几十个城市展开深度战略合作，成功运营多个土地一级开发项目。在新城镇化建设的背景下，面向产业地产发起深入合作，在文化创意、工业园物流园建设、农庄经济、养老地产、旅游地产等多个方向，积聚了一批领头企业和众多的优质专业服务企业，在与地方政府合作方面也积累了大量经验。

自 2009 年起，商会下设的"华房系"基金已在香港、成都、重庆、海南、北京、深圳、上海 7 个城市成功落地，投资运作项目 100 余个，每年投资金额逾百亿元，是目前房地产行业内成立最早、发展十分稳健的基金公司，已成为国内房地产私募基金的先行者、创新者与实践者。

自 2011 年起，商会发起全国范围内的百城联动计划，重点布局新型城镇化建设背景下的地产投资开发战略转型。目前，商会区域联合开发投资成员企业已超过百家。此外，商会还为广大会员企业提供集中采购、战略投资、项目咨询评估、法律事务顾问等多方面的专业技术服务和平台支持。

华房汇是专业投资人俱乐部，致力于搭建服务于高端投资人的多层次主题交流平台，旨在为金融、地产界企业家提供信息交流、商务合作、资源共享的机遇。已携手国内顶尖合作伙伴，为会员量身打造了高端医疗服务、葡萄酒品鉴与投资、高尔夫与体育休闲、艺术品收藏与投资、高端教育与培训、高端旅游、私人银行与财富管理、公益与慈善、奢侈品、跨界互动沙龙等服务体系。

7.4　国家卫计委干部培训中心

所属地：北京

主营业务：教育培训

机构介绍：国家卫生计生委干部培训中心在原卫生部干部培训中心和原国家人口计生委培训交流中心基础上组建，是国家卫生计生委的直属事业单位。

中心组建以来，积极参与拟订并组织实施了国家卫生计生委直属机关管理干部教育培训工作规划和年度计划，并在国家卫生计生委、国家中医药管理局直属机关各单位党员干部教育培训方面开展了大量的工作。中心还承担了卫计委干部教育培训的教学研究、教材开发、教学基地建设和师资队伍建设，协助实施了卫生计生系统管理干部岗位的培训工作和卫生计生系统管理干部远程教育培训系统的研发与实施，并积极参与实施婴幼儿早期发展国家项目等。

中心同时也负责国（境）内外有关机构委托的卫生计生领域干部教育培训，在对外培训方面具有丰富的经验。

7.5　克拉玛依职业技术学院

所属地：新疆克拉玛依

主营业务：教育培训

机构介绍：克拉玛依职业技术学院是经自治区人民政府 2000（46）

文首批批准成立的一所以工科为主、文理兼备、多层次、多学科的综合性普通高等院校，面向全国招收"高中后三年制、初中后五年制"大专及普通中专层次的学生，各类在校生 6000 余人。学院以就业为导向，以培养高素质技能型专门人才为己任，突出能力，注重实践，具有独特的石油、石化专业特色，职业教育积淀厚重，人才培养水平评估获得优秀，学院招生就业两旺，具有较高的知名度和美誉度。

学校创建于 1956 年，伴随着祖国的石油工业和西部大开发而不断发展壮大；学院创建于 1956 年，是一所以工科为主，以石油石化为特色、文理兼备的综合性普通高校，是"国家示范性高等职业院校建设计划"立项建设单位，已培养出各类技术管理人才 3 万余名。

院校沿革：

1956 年，克拉玛依油田被发现。根据石油部决定，在乌鲁木齐明园地区创建乌鲁木齐石油学校；后由中专改为大学，易名为新疆石油学院，辖中专、大学两部。1961 年，其中专部由校本部分出，迁往独山子油矿，成立独山子石油学校。学校于 1956 年初创时，师不过 40，生仅逾 300；但师生合力，白手起家。待初具雏形，又以 1300 余名师生，脱离母体，从首府都市西出迁徙数百公里到偏远矿区，开始了二次建校，并逐步站稳了脚跟，开创出了一片新天地。初创基业，艰难何堪，自强不息，终成典范。

从 20 世纪 50 年代末到 70 年代中后期，中华人民共和国经历了数次政治运动的荡涤；又以十年"文革"为最。政治动荡，经济停滞，内乱频仍，文化衰颓。学校作为这一场浩劫的重灾区，经受了严峻的考验。其间，竟长达 7 年停止招生。危害之重，可见一斑。天行健，君子以自强不息。灾难过后，克职院人又抖擞精神，奋力前行，借强势东风，于 20 世纪 70 年代末期，调整航向，实现了学校"以教学为中心，以提高教学质量为目的，以为'四化'建设多出人才、快出人才为根本任务"的战略转移。

　　党的十一届三中全会召开之后，学校党委果断提出并快速实现了中心工作的转移。经过 20 年的艰苦努力，到新千年前夕，成功进行了多项教学改革和人事制度改革，突出实践教学，强化职业技能培养；"学大庆，学解放军，从严治校，优化育人环境"的办学方针得到了深入贯彻；学校以"核心工程"、"主导工程"、"主体工程"、"繁荣工程"、"基础工程"为主要内容的精神文明建设取得了丰硕成果；实现了"办一流院校，建一流队伍，创一流工作，培养一流人才"的奋斗目标，被人们赞誉为新疆油田的"黄埔军校"，学校先后被评定为自治区和国家级重点院校，成为自治区重要的职业技术人才培养基地。

　　2000 年，学校凭借自身的实力，首批跨入自治区高职院校行列。其时，社会主义经济体制改革正处于攻坚阶段。由于计划经济向市场经济转型的需要，国有石油企业重组改制重锤出击，使学校处于"控制发展，稳步退出"的尴尬境地。在此情况下，广大师生员工在院党委的坚强领导下，明确目标，坚定信心，转变思想，迎难而上，加速办学层次转型，加大学院各项改革力度，牢牢把握社会主义市场经济体制下开展高等职业技术教育的办学规律，走"以市场为导向，以质量求生存，以规模求效益，以特色求发展"的办学之路，实行校校联合、校企联合，开展订单教育，实施工学交替，首创"双直通"人才培养机制，创建高职教育的"新疆模式"，增强学院的生存能力，开拓学院的发展空间，办学规模、办学质量创下了历史最好水平，学院发展正处于又一个新的历史机遇期。

　　2006 年，学院成功举办了建校 50 周年庆典，同年，学院在全国高职高专院校人才培养工作水平评估中获得等级为优秀的好成绩。2007 年，教育部、财政部正式批准学院为"国家示范性院校建设计划"立项建设单位。学院将依托石油石化职教资源，走内涵发展之路，创建全国示范性高职院校，为祖国的石油石化工业及地方经济的建设与发展做出更大的贡献，谱写新的壮丽篇章。

探索新型智库发展之路

发展之路
——蓝迪国际智库报告

·2015·

（下册）

荣誉主编
王伟光

主编
赵白鸽　蔡　昉
副主编
王　镭　王灵桂

中国社会科学出版社

下册目录

附录 3

建设"一带一路"重点关注
企业名录（2015）

1. 能源

1.1　中国电力建设集团有限公司

所属地：北京

主营业务：电力勘探设计、装备制造

企业介绍：中国电力建设集团有限公司（简称中国电建）是经国务院批准，于 2011 年底在中国水利水电建设集团公司、中国水电工程顾问集团公司和国家电网公司、中国南方电网有限责任公司所属的 14 个省（市、区）电力勘测设计、工程、装备制造企业基础上组建的国有独资公司。

中国电建是提供水利电力工程及基础设施投融资、规划设计、工程施工、装备制造、运营管理为一体的综合性建设集团，主营业务为建筑工程（含勘测、规划、设计和工程承包），电力、水利（水务）及其他资源开发与经营，房地产开发与经营，相关装备制造与租赁。

中国电建是全球清洁可再生能源和水利（水务）资源开发建设行业的领先者，全球基础设施建设服务的骨干企业；中国电力和水利工程建设行业的龙头企业，中国房地产开发与经营的重要企业，带动行业结构优化、产业升级、产品和服务出口的重要力量。

中国电建的水利水电规划设计、施工管理和技术水平达到世界一流，水利电力建设一体化（规划、设计、施工等）能力和业绩位居全球第一，是中国水电行业的领军企业和享誉国际的第一品牌。公司承担了国内大中型以上水电站65%以上的建设任务、80%以上的规划设计任务和全球50%以上的大中型水利水电建设市场，设计建成了国内外大中型水电站200余座、水电装机总容量超过2亿千瓦，是中国水利水电和风电建设技术标准与规程规范的主要编制修订单位。

中国电建拥有工程勘察综合甲级、工程设计综合甲级、水利水电工程施工总承包特级、公路工程施工总承包特级、房屋建筑工程施工总承包特级、电力工程施工总承包一级、进出口贸易权、对外工程承包经营权等资质权益，精通EPC、FEPC、BOT、BT、BOT+BT、PPP等多种商业模式及运营策略，具备驾驭大型复杂工程的综合管理能力。

中国电建在全球101个国家设有160个驻外机构，在110个国家执行1565项合同，海外业务以亚洲、非洲为主，辐射美洲、大洋洲和东欧，形成了以水利、电力建设为核心，涉及公路和轨道交通、市政、房建、水处理等领域综合发展的"大土木、大建筑"多元化市场结构。

中国电建拥有世界一流的综合工程建设施工能力、世界顶尖的坝工技术、世界领先的水电站机电安装施工、高等级铁路工程施工、城市轨道交通工程施工、地基基础处理、特大型地下洞室施工、岩土高边坡加固处理、砂石料制备施工等技术，具有大中型水利水电工程及城市、交通、民生基础设施工程设计、咨询及监理、监造的技术实力。截至2014年底，共有4个国家级研发机构、46个省级研发机构、4个院士工作站、4个博士后工作站，39家企业被认定为省级高新技术中心，3家企业被认定为科技部火炬计划重点高新技术企业；累计获得国家级科技进步奖101项、省部级科技进步奖1257项，拥有专利3920项（其中发明专利388项），软件著作权535项；制修订国家及行业标准376项。

1.2　中国能源建设集团有限公司

所属地：北京

主营业务：电力解决方案

企业介绍：中国能源建设集团有限公司（简称中能建）是中国乃至全球最大的电力行业全面解决方案提供商之一。凭借强大的全产业链（尤其在勘测设计领域）业务优势，公司能为客户提供一站式综合解决方案和全生命周期的管理服务。公司在中国及海外逾 80 个国家及地区的电力工程建设项目中获得丰富的经验。根据沙利文报告，于 2012 年至 2014 年，公司参与设计或建设的电厂的总并网装机容量超过 160 吉瓦，排名世界第一。根据《工程新闻记录》杂志评选，按收入计，2015 年公司可名列"全球设计公司 150 强"第 21 位（设计业务）及 2014 年公司名列"全球承包商 250 强"第 15 位（承包业务）。公司名列 2015 年"世界财富 500 强"第 391 位。

公司已承担设计或建设大量标志性项目及取得多项成就，包括三峡工程项目（其拥有世界上装机容量最大的水电站）、最高电压等级的交直流输电线路，以及最多百万千瓦超超临界发电机组。根据沙利文报告，于 2014 年，公司的勘测设计业务在中国火电项目（按国内已完成合约金额计）、输电线路市场（330 千伏及以上）及特高压输电线路（两者均按国内已安装长度计）市场的市场占有率分别为 81.1%、52.6% 及 73.7%。根据同一数据源，于 2014 年，公司的工程建设业务在中国火电项目及水电项目（两者均按已完成合约金额计）的市场占有率分别为 57.6% 和 22.8%。此外，截至 2015 年 3 月 31 日，在中国所有投运及在建的核电机组中，公司的勘测设计及核电厂常规岛安装业务（两者均按已装机容量计）的市场占有率分别为 90.8% 及 59.8%。

近年来，公司的国际业务经历了快速发展期。公司的主要项目包括中国首个海外核电工程——在巴基斯坦的恰希玛核电（1×300 兆瓦）

项目（一期）；以及应用中国首台出口的 600 兆瓦超临界燃煤发电机组——土耳其 EREN 超临界燃煤电站（2×600 兆瓦）项目。此外，公司正在建设的阿根廷圣克鲁斯河基赛水电站项目是阿根廷最大的项目，以及迄今为止中国企业在海外承建的合约金额最大的水电项目。2012 年到 2014 年，海外业务收入的年化复合增长率达到 19.3%，持续保持高速增长。根据沙利文报告，按新合约金额计，公司于 2014 年在中国公司承接的海外电力合约项目中占有最大市场份额（即 35.6%）。基于以往良好的成绩记录，公司已成功在国际电力及基础设施建设行业确立了"中国能建"的知名承包商品牌。

1.3　中国核工业建设集团公司

所属地：北京

主营业务：核工程、核电

企业介绍：中国核工业建设集团公司（以下简称"集团公司"）于 1999 年在原中国核工业总公司所属部分企事业单位基础上组建而成，是中央直接管理的国有重要骨干企业，是经国务院批准的国家授权投资机构和资产经营主体，主要职责是承担核工程、国防工程、核电站和其他工业与民用工程建设任务。2004 年国务院国资委批准集团公司主业为"军工工程，核电工程、核能利用，核工程技术研究、服务"。

集团公司坚持"以核为本、两业并重、适度多元"的发展方针，即：以核军工、核电建设、核能利用为立足之本，承担国家级核事故应急救援任务，拓宽核技术应用领域；同步发展工程建设服务业务及清洁能源开发利用业务；选择与主业相关的领域进行适度拓展。2010 年 12 月 21 日，在推进实施主营业务重组改制上市的战略布局下，中国核工业建设集团公司联合中国信达资产管理股份有限公司、航天投资控股有限公司、中国国新控股有限责任公司共同发起设立了中国核工业建设股份有限公司，成为承担集团公司军工工程、核电工程、工业与民用工程建设业务的大型控股子公司。

在军工工程领域，集团公司承担了大量的国防科技工业军工建设任务，积累了丰富、先进的工程技术和管理经验，在高精尖和技术、保密等要求较高的军工建设领域以及核军工工程领域形成了独特的优势，成为国防军工工程的主要承包商之一。

在核电工程建造领域，集团公司安全优质高效地完成了我国压水堆、实验快中子反应堆、重水堆等多种不同堆型核电站的建造，具有30万、60万、70万、100万千瓦级各个系列机组的建造能力与业绩，具备同时承担40台核电机组的建造能力。目前，集团公司是国内外唯一一家连续30余年不间断从事核电建造的企业集团，承担着祖国大陆所有在建核电站核岛部分的建造任务，并圆满完成了巴基斯坦恰希玛核电站一期、二期工程的建造，形成了具有国际先进水平的核电建造管理模式。

集团公司积极发展以核能产业化及中小水电开发利用为代表的清洁能源业务。在核能产业化方面，深化与清华大学等相关方面的产学研合作，开拓以高温气冷堆、低温核供热堆为代表的先进核能利用业务，逐步实现产业升级，提升核心技术水平。在水电及其他清洁能源开发方面，形成了以水电投资为主，电网、风电、光伏等产业协同发展的业务布局，并保持了较快发展速度。

核电建造能力拓展到民用和工业领域，先后承建了遍及市政、交通、能源、石化等海内外多个行业的大批重点工程项目；积极开展环保水务、房地产、投融资业务，逐步形成适度多元发展格局。

1.4　中国水电工程顾问集团公司

所属地：北京

主营业务：水电勘测、咨询

企业介绍：中国水电工程顾问集团有限公司（HYDROCHINA，简称"水电顾问集团"），是中国电力建设股份有限公司（简称中国电建，股票代码：601669）旗下引领国际业务、投资业务和水务、环境等战略性新兴业务的重要子企业，是HYDROCHINA（中国水电顾问集团）品牌的持有者、维护者和管理者，秉承"高端切入，规划先行，技术领先，融资推动"的发展理念，拥有全球营销能力、产品供货能力、技术服务和融资能力，业务覆盖水电、风电、太阳能等新能源及基础设施各领域，是全球可再生能源开发的引领者。

经过各个历史时期的发展，中国水电顾问集团"HYDROCHINA"已经发展成为政府信赖、业主满意、社会放心、国际认可的优质品牌。在巴基斯坦、泰国、埃塞俄比亚、塞拉利昂、喀麦隆、阿根廷等36个国家树立了良好的品牌信誉。2012年，入选中国进出口银行的贷款项目评估单位。2014年，入选商务部对外援助成套项目可行性研究咨询单位。在ENR（美国工程新闻纪录）发布的2014年度全球设计150强企业中排名第12位，继续位居前列；在ENR和中国《建筑时报》发布的中国工程设计60强企业中继续蝉联榜首；在国际工程设计公司225强排名中位列第38位。

水电顾问集团的发展历经两个阶段：2011年前，是国资委直接管理的中央企业，是中国唯一提供水电水利建设和风电开发综合性技术服务的大型企业集团，主要从事全国水电和风电、太阳能等可再生能源的规划、勘测、设计、科研和政策研究、标准制定等业务。2011年底，随着国家电力体制改革的持续深化，成为中国电建的核心成员企业，构建为政府和企业提供整体解决方案的高端平台。

截至2014年，水电顾问集团共完成世界级水电项目十余座，其中规划、勘测、设计的以小湾和溪洛渡等为代表的混凝土双曲拱坝，代表了世界拱坝技术的最高水平；拥有水电、风电的权益装机容量约600万kW，拥有供水、污水处理权益规模为75.3万吨/日。已在国内全资或控股开发水电、风电项目 30 余个，实现投产项目 16 个，投产电厂规模约 110 万 kW，成功跃过百万千瓦级，跻身中等发电企业行列。组建了 6 个海外业务区域总部，在 30 多个国别设有办事机构或工作组，控股或参股 7 家以境外投资为主要任务的子公司，经营范围涉及亚洲、非洲、拉丁美洲等 66 个国家和地区。紧跟国家"一带一路"战略，重视六大经济走廊、拉美战略，在中巴能源经济走廊第一批 14 个项目中，水电顾问集团投资的大沃风电项目和萨察尔风电 EPC 总承包项目入选。

1.5 中国水利电力对外公司

所属地：北京

主营业务：水电

企业介绍：中国水利电力对外公司（简称"中水电公司"，英文简称"CWE"）为中国长江三峡集团公司的全资子公司，是中国水电行业最早参与国际经济合作的国有企业，自 1983 年启用现名，其前身可追溯到半个多世纪前的水利电力部援外机构。

公司水利水电主营业务优化突出，输变电、路桥、港口疏浚等基础设施建设经验丰富，积极争取大型 EPC 项目，稳妥推进投资项目，各项经营指标连续 10 年刷新历史纪录，2014 年新签国际工程合同额逾 20 亿美元，实现营业收入逾 90 亿元人民币；足迹遍及亚、非、欧、美的 70 多个国家和地区，在 34 个国家和地区常设驻外机构；2014 年公司从业人数 2 万余人，其中 75% 为外籍员工。

公司具有国家水利水电工程施工总承包一级资质、对外工程承包经营权、进出口贸易权、AAA 级信用等级，已通过质量管理、环境管理、职业健康安全管理三标体系认证，在中国香港地区拥有所有工程类别的最高等级承建商牌照；连续 26 年荣登 ENR 全球最大 250 家国际工程承包公司榜单，连续 15 年荣登 ENR 全球最大 225 家国际工程设计公司榜单。

1.6 特变电工股份有限公司

所属地：沈阳、衡阳等

主营业务：电力解决方案

企业介绍：特变电工股份有限公司（简称特变电工）是为世界能源事业提供系统解决方案的服务商，是中国最大的能源装备制造企业、世界输变电制造行业的骨干企业，其中变压器年产能达到2.5亿kVA，居中国第一位、世界前三位。特变电工集团居世界机械500强第224位；特变电工集团综合实力居中国企业500强第287位；中国机械百强第8位；品牌价值502.16亿元人民币，列"中国500最具价值品牌"第47位。

作为中国最大的能源装备制造企业，特变电工是承担中国国家电网、电源、石油、化工、铁路、交通、工矿企业等重大项目、重点工程最多的企业之一。特变电工拥有自主知识产权的核心专利技术及专有技术近1000项，实现了130多项自主技术重大突破，其中40余项世界首创、90多项中国首台套。公司先后荣获中国科学技术领域最高奖——国家科学技术进步特等奖1次，国家科学技术进步一等奖4次，国家科学技术进步二等奖1次。

围绕"一特四大"能源战略，特变电工先后参与到多项中国重点工程中，承担了世界上输送距离最远、传输容量最大的哈郑线±800千伏特高压直流、世界上首条商业运行的1000千伏晋东南—南阳—荆门特高压交流、世界装机容量最大的台山2×175万千瓦核电、安徽平圩百万千瓦大型火电、溪洛渡百万千瓦大型水电、向上±800千伏特高压直流、溪浙±800千伏特高压直流、浙福1000千伏特高压交流等一系列代表世界节能输电技术领域创新领跑工程的中国首台套、世界首台套输变电产品自主研制，其中特变电工承担了中国百万、千万大型火电50%以上主变的供货任务，位居中国第一；承担了中国60%以上大型水电主变供货任务，位居中国第一；承担了中国60%以上百万、千万大型核电主变供货任务，位居中国第一；承担了中国近25%的光伏系统项目，位居中国第一。

同时，作为中国电力能源事业发展最重要的装备商，特变电工还承担了一大批代表世界绿色节能输电领域创新领跑工程的产品研制。目前，特变电工在输变电、新能源、新材料、能源领域，均拥有代表中国最高水平的国家级企业技术中心、工程实验室、博士后科研工作站，建立了产、学、研、用相结合开放式的自主创新平台。承担中国863课题、科技支撑计划及研究课题17项，拥有知识产权专利技术900余项，参与了国内外行业标准制定100余项，其中IEC标准2项，加快了跨国经营国际化进程，实现了由单机制造向系统集成创新、由中国制造向中国创造、由装备中国向装备世界的升级，推动了中国标准向世界的输出，打造了中国民族工业品牌。

1.7　特变电工新疆新能源股份有限公司

所属地：新疆乌鲁木齐

主营业务：电力项目

企业介绍：特变电工新疆新能源股份有限公司（简称特变电工新能源公司；英文名称：TBEA SUNOASIS CO.，LTD.）成立于2000年，历经14年的快速发展，形成以光、风、火等电力工程服务为核心的主营业务结构，专注于向客户提供各类电力项目开发、投融资、设计、调试到运营维护一体化的可靠、高效的清洁能源解决方案。目前，公司在全国有4个产业园、12个项目公司，服务于国内外客户和市场，每年源源不断地为人类贡献着18亿千瓦时的清洁能源，减少二氧化碳排放近100万吨，已成为领军中国光伏发展、改善世界能源结构的大型企业集团。

公司拥有一支由博士、硕士组成的专业研发、设计团队，拥有专利数百项，荣获联合国技术创新特等奖等多项殊荣。实现 3—1250kW 全系列并网逆变器的研制，最新研发三电平模块化并联新机型 TC500KM 和北美版 UL 机型，全线产品已通过 CQC 新能标、TUV、VDE、CE、G95、SAA、UL、国网零电压穿越等多项国内外权威认证及测试，运行业绩已突破 2GW。在提升电能质量方面，公司着力研发完成 3—35kV 全系列 SVG 产品，这是继 SVC 之后新一代无功补偿装置，系统采用高压链式拓扑结构，凭借先进的控制系统架构和控制策略，模块化的结构设计理念，响应速度快、占地面积小、补偿范围广的特点，广泛适用于新能源发电、钢铁、铁路等负荷变化频繁的市场应用领域。

公司光伏项目承包安装量接近中国市场新增光伏总需求的 15%，凭借超 GW 的 EPC 总承包量排名全球第二、全国第一。2013 年，公司荣获"中国光伏电站——卓越服务商"称号、"中国机械工业科学技术奖"，公司承建的中电投太阳山 30MW 项目荣获我国电力行业最高奖项——中国电力优质工程奖。所承建的离并网电站 3000 余座，遍布新疆、青海、内蒙古等 20 余个省区，其中 30 余个项目获得业主单位优质工程称号。2014 年，公司中标全球最大的单体太阳能光伏电站——巴基斯坦旁遮普省 100MW 项目。

公司立足新疆千万千瓦风电发展规划和全国总装机量达一亿千瓦的发展规划，自主开发、投资并建设了中国首个最大的风光互补电站——吐鲁番 100MW 国家级示范电站。承担了吉木乃、哈巴河、木垒、十三师等众多重点风电项目的开发建设，储备的风力发电总装机量超 100 万千瓦，正在努力为中国风电产业集成技术的结构优化和升级贡献着自己的力量。

公司拥有电力工程总承包二级、电力工程调试以及电力工程设计乙级资质，具有百万千瓦级的项目储备及投资，专业为客户提供 30 万千瓦及以下 EPC 工程和 220 千伏及以下发电、输配电设备系统安装、调试、EPC 工程等服务。已承担甘泉堡工业园 2×350 兆瓦电厂、伊犁南岗 2×135 兆瓦电厂、石河子天富 2×330 兆瓦电厂等多个火力发电机组的工程服务，获得了电力行业信用等级双 A 认证。

1.8　新疆金风科技股份有限公司

所属地：新疆乌鲁木齐

主营业务：风电

企业介绍：新疆金风科技股份有限公司（简称"金风科技"）是全球领先的风电设备研发及制造企业以及风电整体解决方案提供商。公司拥有自主知识产权的直驱永磁技术，代表着全球风力发电领域最具成长前景的技术路线，两次荣获美国麻省理工学院《科技评论》杂志评选出的"全球最具创新能力企业 50 强"。公司目前是全球最大的直驱永磁风机研制企业，同时在深圳证券交易所（股票代码：002202）和香港联合交易所（股票代码：2208）上市。

金风科技以"为人类奉献白云蓝天，给未来创造更多资源"为企业使命。公司生产的产品不仅得到国内市场的高度认可，还进入了欧、美、澳、非等海外市场。金风科技成为国内第一、国际领先的风电制造商及风电整体解决方案提供商，同时也是全球最大的直驱永磁机组设备制造商。目前公司拥有员工 4162 人，其中研发技术人员近千人，超过公司总人数的 20%。

截至 2013 年 12 月 31 日，金风科技全球累计装机容量超过 19GW，装机台数超过 14000 台，相当于每年可为社会节约标准煤约 1300 万吨，减少二氧化碳排放约 3900 万吨，相当于再造了约 2100 万立方米森林。

1.9　中国长江三峡集团公司

所属地：北京

主营业务：水电

企业介绍：中国长江三峡工程开发总公司于 1993 年 9 月 27 日成

立，2009 年 9 月 27 日更名为中国长江三峡集团公司。中国长江三峡集团公司为国有独资企业，注册资本金 1495 亿元。截至 2014 年 12 月 31 日，集团合并资产总额 4755 亿元，营业收入 630 亿元；在册员工超过 18000 名，其中技术专家超过 5000 人，占比约 28%。享受国务院政府津贴人员共计 104 名，两院院士 2 人，国家级突出贡献专家 3 人。集团公司的战略定位是以大型水电开发与运营为主的清洁能源集团，主营业务是水电工程建设与管理、电力生产、国际投资与工程承包、新能源开发、相关专业技术服务。

中国长江三峡集团公司全面负责三峡工程的建设与运营。三峡工程于 1994 年 12 月 14 日正式开工，1997 年 11 月 8 日成功实现大江截流，2003 年按期实现二期工程蓄水、通航、发电三大目标。2009 年，除国家批准缓建的升船机外，三峡工程初步设计建设任务如期完成，通过了 175 米蓄水前验收，由以建设为主转入以运行为主的阶段；2010 年，三峡水库成功蓄水至 175 米，标志着三峡工程的防洪、发电、通航、补水等各项功能均达到设计要求，其综合效益开始全面发挥。

中国长江三峡集团公司共有 17 个全资和控股子公司。其中，中国长江电力股份有限公司为集团公司控股的上市公司，是集团电力生产管理主体，拥有三峡—葛洲坝梯级电站；中水电国际投资有限公司主要从事海外清洁能源项目投资开发；中国三峡新能源公司主要从事风电和太阳能等新能源开发；中国水利电力对外公司主要从事国际工程承包业务；三峡金沙江川云水电开发有限公司、三峡金沙江云川水电开发有限公司分别为金沙江溪洛渡和向家坝、乌东德和白鹤滩四座电站的业主；上海勘测设计研究院是集团公司所属甲级工程勘测设计研究院，主要从事工程勘测、设计、咨询业务；三峡财务有限责任公司是专门服务于集团公司及其成员单位的非银行金融机构；长江三峡技术经济发展有限公司主要从事工程管理咨询和监理业务；三峡国际招标有限责任公司主要从事国际、国内招标代理与合同执行业务；长江三峡设备物资有限公司主要从事设备物资仓储管理、重大件运输、代理采购、特许经营业务；三峡旅游发展有限责任公司主要从事旅游开发和酒店管理；内蒙古呼和浩特抽水蓄能发电有限公司主要从事呼和浩特抽水蓄能电站建设和运营；宜昌三峡工程多能公司主要从事资产处置业务；长江三峡集团传媒有限公司主要从事集团公司报纸杂志编辑出版工作，并承担集团公司常规宣传业务；长江三峡能事达电气股份公司主要从事发电厂控制设备全厂解决方案等业务；南京河海科技有限公司依托"水资源高效利用与工程安全国家工程研究中心"，为重大水资源开发与管理提供技术及工程咨询。

1.10　江苏省国信资产管理集团有限公司

所属地：江苏南京

主营业务：能源、金融、贸易

企业介绍：江苏省国信资产管理集团有限公司是于 2001 年 8 月经省政府批准，在江苏省国际信托投资公司和江苏省投资管理有限责任公司基础上组建的大型国有独资企业集团，从事授权范围内的国有资产经营、管理、转让、投资、企业托管、资产重组以及经批准的其他业务，注册资本金为人民币 200 亿元。

江苏国信自成立以来，始终依托资源和功能优势，精心打造以电力为主的能源产业平台，以信托为主的金融服务业平台和以房地产开发、酒店业为主的不动产平台，并不断拓展投资领域、完善业务功能，先后介入天然气管网建设、新能源开发、江苏软件园建设等实业投资领域，拓展了担保、保险经纪、金融租赁等业务功能。2006 年底，与江苏省国有资产经营控股公司合并重组，在证券、银行、酒店旅游、房地产和社会文化事业等领域注入了新资源。2010 年 4 月，与江苏舜天国际集团合并重组，在对外贸易以及制造业等领域又有了新的拓展。截至 2014 年底，集团总资产 1450 亿元、净资产 642 亿元；全年实现营业收入 499 亿元，实现利润总额 64.7 亿元，拥有全资、控股企业 50 余家。

1.11　正泰电气股份有限公司

所属地：上海

主营业务：电力设备

企业介绍：正泰电气股份有限公司系正泰集团股份有限公司的控股子公司。公司位于上海西南门户——美丽的松江新城，毗邻虹桥机场、浦东机场和洋山深水港，沪杭铁路、沪杭高速、同三高速、沪青平高速等绕园区而过；海陆空交通非常便捷，地理位置十分优越。企业注册资金 8.5 亿元，总投资额 35 亿元。已初步建成的占地 1350 亩的公园式工业园，是世界上规模最大的输配电设备生产基地，被列为上海市 20 家重大产业升级项目之一。

公司现有员工 4100 人，其中教授级高工 8 人，高级职称 63 人，博士、硕士 28 人，大专以上学历员工占员工总数的 30%。2007 年公司销售收入 28 亿元，预计 2010 年销售收入将达 50 亿元。公司下设 10 个事业部，主要生产和销售 110—500kV 电力变压器，10—35kV 配电变压器，126—252kV 气体绝缘金属封闭开关设备（GIS）、高压断路器和隔离开关，500kV 及以下避雷器、互感器、绝缘子，0.66—40.5kV 成套开关设备，箱式变电站，配电自动化设备，以及 35kV 以下电线电缆等产品，并可承接电力工程总包业务。公司多项产品被评为国家、省、市级名牌产品，其中自主研发的 LW43—252 高压六氟化硫断路器荣列"国家重点新产品"并填补了国内空白，ZF21—126 气体绝缘金属封闭开关设备（GIS）荣列"国家火炬计划项目"，500kV 变压器和智能化 GIS 被列为上海市重大技术装备研制专项。各类产品已广泛运用于国家电网、南方电网、西电东送、西气东输、三峡工程、青藏铁路、中央电视台、首都国际机场等国内重点工程，并已出口到俄罗斯、日本、意大利、澳大利亚、印度、越南、刚果、尼日利亚、哥伦比亚等 30 多个国家和地区。以 110kV 河龙湾变电站总包工程为标志，系统工程业务也蓬勃发展。

公司被评为"国家级火炬计划优秀高新技术企业"和"上海市高新技术企业"，拥有"国家级技术研发中心"和"上海市认定企业技术中心"，并与上海交大、同济大学等建立了联合研发中心。采用柔性研发体系，以试验站和专业研发室为核心组成，以清华大学、上海交大、西高所等著名科研院所为重要依托，将专业技术研发和产品项目开发相结合，实现了科研成果与市场需求的即时对接，不断推动企业从传统电气制造向自动化和系统集成领域发展。以"宁可少做亿元产值，不让一件不合格品出厂"为质量宣言，企业先后通过了 ISO9001、ISO14001 和 OHSAS18001 体系认证，并斥巨资引进国际先进的索能剪切线、PA-MA 镗铣加工中心、海德里希环氧树脂真空浇注设备、海沃 SF6 气体绝缘工频试验装置、艾美特变极性等离子铝纵缝自动焊接系统等先进的工艺装备，为生产高质量产品提供了可靠的体系和工艺保证。CAD、CAM、PDM、CAPP、Pro/E 三维等设计软件和信息技术广泛运用于设计和制造过程，大大缩短了研发周期，降低了研发成本，实现了产品生命周期的全过程控制。

1.12 天津恒运能源集团股份有限公司

所属地：天津

主营业务：能源

企业介绍：天津恒运能源集团股份有限公司（简称恒运能源集团）是一家以能源产业为龙头、以农业产业为基础、以金融产业为保障的具有强大综合实力的多元化民营企业集团。集团成立于 2003 年，注册资金 6.5 亿元。十余年来，集团始终坚持以国家产业政策为导向，利用自身优越的资源优势，实现了跨越式的发展。集团目前下辖多个子公司，员工达 1000 多人。自 2013 年，集团连续三年荣膺"天津市百强企业"称号；同年，跻身"中国服务业企业 500 强"之列。

在石油领域，在河北黄骅拥有 5 万立方米的油库、四条铁路线（两条铁路专用线，两条杂货线）、具备成品油批发兼零售资质以及危险品运输资质；在天然气领域，在吉林建设有 78 公里天然气管线、一个天然气分输站和 9 个天然气加气站，拥有天然气供气特许经营权和汽车油改气资质；在能源物流领域，在天津港拥有集仓储、加工、贸易为一体的 13 万平方米的现代化物流中心；同时在泰国、中国香港等国家和地区设有涉及化工、油品、矿石、有色金属等国际贸易的海外公司，其作为集团海外的金融平台和合作窗口，为集团海外业务的拓展奠定了坚实的基础。

围绕中国最大的山东乐陵百万亩枣林的独特优势，发展集乐陵富硒金丝小枣种植、研发、生产加工、销售、小枣文化博物馆、服务、旅游文化、互联网等于一体的红枣全产业链。旗下拥有山东百枣纲目生物科技有限公司、山东双陵春生物科技股份有限公司、山东酵亿生物科技有限公司及金枣优购等核心企业。百枣纲目作为"中国枣产业著名企业"，拥有 300 亩园林式厂区、三大现代化生产车间、30 万亩红枣种植示范基地、中国最大的金丝小枣文化博物馆、山东省民政厅唯一批准注册成立的山东百枣枣产业技术研究院，公司产品在"第十一届中国林产品交易会"上荣获金奖。双陵春生物科技已在上海股票交易中心成功挂牌上市（股份简称：双陵春，股份代码：100152），公司拥有的"双陵春"品牌枣香型酒、天然饮品金卡迷思尼，"烈鹰"品牌金丝枣酒、中华蜜酒两大品牌四大系列产品，相继荣获巴拿马金奖和沙迦金奖，"双陵春"商标荣获"2013 年中国最具成长力商标"、"烈鹰"牌金丝枣酒获得中国果酒（北京）创新品介会"金果杯奖"。2015 年，

"双陵春"和"烈鹰"商标，分别被国家工商行政管理局商标局和国家工商行政管理总局商标评审委员会认定为"中国驰名商标"。酵亿生物科技从台湾引进世界上最先进的前沿生物科技技术，将金丝小枣中最精华的部分做成酵素、SOD、富硒枣虫草王三大系列60余种健康品。金枣优购致力于互联网+农业，与乐陵市委、市政府全力合作，共同打造国家级枣博会唯一线上最专业的电子商务交易平台。

依托天津自贸区金融创新的政策优势，集团将金融产业总部基地落户于此，并于2014年相继成立资管公司、基金公司、基金管理公司、投资公司等，后期将相继成立融资租赁公司、商业保理公司。伴随着天津自贸区2015年的揭牌成立，集团将打造成为以创新金融服务为核心的民营金融服务集团。

1.13 新奥集团股份有限公司

所属地：河北廊坊

主营业务：能源

企业介绍：新奥集团股份有限公司创建于1989年，始终践行"创新清洁能源改善生存环境提高生活品质"的企业使命，致力于创建美丽生态、创造美好生活。目前，集团拥有员工3.5万余人，总资产超过945亿元人民币，300余家全资、控股公司分布于国内20余个省份及亚洲、欧洲、美洲等地区。

集团下辖生态板块产业包括：新奥能源（香港上市代码：HK.2688）、能源化工（新奥生态股份有限公司，上市代码：SH.600803）、技术工程、智能能源、太阳能源、新奥环保、新奥（舟山）液化天然气有限公司、能源研究院。集团下辖生活板块产业包括：新绎地产、新绎文化、新绎健康、北部湾旅游股份有限公司（上市代码：SH.603869）、新苑阳光农业。

1.14 杭州海兴电力科技有限公司

所属地：浙江杭州

主营业务：电力设备

企业介绍：杭州海兴电力科技有限公司（简称海兴电力科技）是全球领先的智能电网解决方案提供商、营收管理系统服务商。企业始终围绕客户需求持续创新，致力于在发电、输电、变电、配电、用电各个环节提供解决方案和服务，为客户创造最大价值，并促进社会经济与环境的可持续发展。经过多年的努力，公司产品销往全球 70 多个国家和地区，并覆盖国内除西藏外的所有省市；公司拥有国内领先的全球营销网络，并设立了多个海外研发、生产和营销中心。

海兴电力科技是全球智能电网解决方案提供商，营收管理系统运营商、服务商；是国家火炬计划重点高新技术企业；拥有省级"海兴电力研究院"、省级企业技术中心、省级高新技术企业研究开发中心，基础性研究与产品研发相融合；拥有全球化的市场网络，以自主品牌，连续多年电能表产品出口量居全国首位；在国内智能电能表市场占有率稳居前列；具备丰富的国际系统工程项目经验，成功部署与实施了多个国家级电力系统工程项目；也是首批杭州市供应链示范企业，具有先进的供应链管理体系与信息化平台，完整的产业架构，构筑全球竞争优势。

1.15 中国电力国际发展有限公司

所属地：中国香港

主营业务：发电

企业介绍：中国电力国际发展有限公司是于 2004 年 3 月 24 日根据香港法例第 32 章《公司条例》在香港注册成立的有限责任公司，并是中华人民共和国五家最大的发电集团之一中国电力投资集团公司的旗舰公司。公司股份于 2004 年 10 月 15 日在香港联合交易所有限公司（香港联交所）主板上市，股份代号 2380。公司的主要业务是在中国开发、建设、拥有、经营和管理大型发电厂。

公司及其附属公司（"本集团"或"企业"）拥有及经营的发电厂有：平圩电厂（100%所有权）、平圩二厂（75%所有权）、姚孟电厂（100%所有权）、姚孟二厂（100%所有权）、神头一厂（100%所有权）、大别山电厂（51%所有权）、福溪电厂（51%所有权）及一间联营公司常熟电厂（50%所有权）。2011 年 12 月 31 日，以上电厂总装机容量为 8980 兆瓦，其中本公司权益装机容量为 7079 兆瓦。

公司亦拥有五凌电力 63%的股权，五凌电力是中国领先的水电开发公司之一，也是湖南省最大的水电公司。2011 年 12 月 31 日，该电厂总装机容量为 5286 兆瓦，其中本公司权益装机容量为 3057 兆瓦。

公司亦持有上海电力股份（18.86%所有权）。上海电力是一间发电公司，其股份在上海证券交易所上市，本公司为其第二大股东，仅次于中电投集团。2011 年 12 月 31 日，上海电力总装机容量为 7284 兆瓦，本公司权益装机容量为 1374 兆瓦。

2011 年 12 月 31 日，本公司合计权益装机容量为 11510 兆瓦，其中水电权益装机容量为 2906 兆瓦，占全部权益装机容量的 25.25%，本公司也由此成为水电装机容量比例最高的中国海外上市发电公司。

公司亦代表中电国际管理两间发电厂，即清河电厂（1000 兆瓦）和芜湖兆达电厂（250 兆瓦），总计委托管理容量为 1250 兆瓦。

公司正在建设中的火电项目包括福溪电厂（1×600MW）、新塘电厂（2×300MW）及神头一厂"上大压小"（2×600MW）。以上新项目装机容量合计为 2400 兆瓦。公司正在建设中的水电项目包括白市电厂（3×140MW）及托口电厂（4×200MW＋2×15MW），总装机容量为 1250 兆瓦。

1.16 山东圣威新能源有限公司

所属地：山东临沂

主营业务：锅炉制造

企业介绍：山东圣威新能源有限公司成立于 1993 年，现已发展为国内最大的锅炉制造企业之一。公司持有国家质量检验检疫总局颁发的 A 级部件、B 级锅炉、D 级压力容器制造许可证。专业制造生产导热油炉、蒸汽锅炉、导热油、生物质燃料、环保设备等多种系列产品。产品畅销全国 20 多个省、市、自治区的大、中、小城市（地区）和东南亚、非洲等许多国家，深受广大用户的欢迎。公司及其导热油炉产品先后获得"中国质量服务信誉 AAA 级企业"、"中国环保产品质量信得过重点品牌"、"山东省重合同守信用企业"、"山东省节能产品奖"、"山东省环保产品使用认可证书"等荣誉和奖项，中国人民保险公司已对本公司的产品质量予以承保。

圣威公司不仅拥有自己庞大的专利技术（其中专利 37 项及多项核心技术），而且引进德国导热油炉技术并同清华大学、大连之光研究所以及韩国朝一公司等建立长期深度合作关系。技术实力雄厚，圣威锅炉在业内以高效节能、安全稳定、产品质量过硬而著称。现已形成燃天然气、燃生物质、燃煤、燃废料等各种锅炉类型，可广泛运用于石化、纺织、印染、塑料、橡胶、食品加工、木材加工、沥青加热、纸箱生产、蔬菜脱水、烤漆、铸造砂模烘干等多种行业。

圣威还创办了山东省第一家专业生产导热油的企业——富泉导热油。导热油是导热油锅炉的血液，当为客户打造精益求精的导热油炉的时候，圣威也更加注重导热油炉的"血液"——导热油的油品质量。该公司生产的"富泉"牌导热油，无味、无腐蚀性、无污染，可在低压力下液相输送高温热能，具有初馏点高、传热性能好、抗氧化性强、热稳定性高、使用寿命长等优点。另外，公司可承接导热油的回收、再生报废合成导热油和导热油加热系统的清洁工程服务等。

1.17　海润光伏科技股份有限公司

所属地：江苏无锡

主营业务：光伏

企业介绍：海润光伏科技股份有限公司成立于 2004 年，总部位于江苏省江阴市。公司以高效晶硅太阳能电池及高性能太阳能组件的研发和生产为基础，着力拓展全球光伏电站开发、建设与运营业务，是中国最大的晶硅太阳能电池生产企业之一，致力于发展成为全球领先的能源开发投资和光伏能源供应商。目前，公司注册资本 15.75 亿元人民币，总资产超过 180 亿元人民币。2014 年预计实现销售额 80 亿元人民币。公司于 2012 年在上证所成功上市，证券代码 600401，总市值 130 亿元人民币左右。2014 年 9 月，顺利完成 38 亿元人民币定向增发，开启了公司发展的新篇章。

目前，公司在国内江苏和安徽两省拥有五大生产基地，员工总数 7000 人，单晶拉棒、多晶铸锭和硅片产能为 600MW，太阳能电池产能 1.6GW，太阳能组件产能 1.2GW，旗下 8 家制造工厂全部入选国家工信部《光伏制造行业规范条件》企业名单，晶体硅一体化产能位居全球第七、国内前三。同时，在德国、中国香港、美国、意大利、瑞士、日本、澳大利亚、南非均设立了子公司，在全球范围内拥有 70 余家控股子公司，建立了覆盖全球的营销网络，产品远销海内外众多国家。

公司 2011 年即启动规模光伏电站的投资开发业务，通过 EPC、BT 和自持三种形式，目前在包括中国在内的全球 6 个国家累计投资开发光伏电站项目超过 1GW，完成总投资超过 130 亿元人民币。成为行业内率先实现战略转型和电站投资业务突破的企业之一。经过近四年的团队建设和经验积累，形成了一支专业的项目开发建设团队，具备了每年 GW 级光伏电站开发能力。目前全球电站项目储备超过 5GW。率先和重点发展光伏电站业务，是公司发展战略的重中之重。

公司研发中心于 2011 年获授由国家发改委颁发的国家级"工程研究中心"称号。目前，公司自主开发的高效多晶技术生产的电池效率较普通多晶硅技术提升 0.3%，并已实现量产；在国内首家完成了 PERC 电池/组件技术的开发，电池转换率达到 20% 以上，已完成了可靠性认证并具备批量生产能力；已完成双面电池/组件技术的开发，电池正面和背面的效率分别达到 19.5% 和 18.4%；2013 年公司开始研发无须后续电镀处理的第二代喷墨打印技术，目前已获得国家"863"计划专项资金支持；基于 PID 机理研究，公司自主开发了扛 PID 的 SINx 镀膜工艺，在国内率先通过了 TOV 双倍 PID 测试，并实现了扛 PID 电池/组件技术的产业化生产。截至 2014 年底，公司已申请专利 399 件，其中授权专利 227 件，连续五年递增。

1.18　晶科电力有限公司

所属地：上海

主营业务：光伏新能源

企业介绍：晶科能源控股有限公司（以下简称晶科能源）是晶硅光伏组件出货量位居全球第二位的太阳能光伏企业，2010 年在美国纽交所上市，股票代码 JKS。公司系中国 500 强企业，拥有全球 20000 名员工，超过 10 亿美金出口额。公司目前拥有江西上饶、浙江海宁、马来西亚、南非及葡萄牙五大生产基地，全球营销中心位于上海，并在北京、新加坡、德国慕尼黑、美国旧金山、澳大利亚昆士兰、加拿大安大略省、意大利博洛尼亚、瑞士楚格、日本东京等地分别设立了分/子公司。晶科能源始终专注于为客户提供世界领先水平的光伏产品，专业化生产优质的硅锭、硅片、电池片以及高效单多晶组件，产品销往欧美以及亚太多个国家，包括意大利、德国、比利时、西班牙、美国、加拿大、东欧、澳大利亚、中国、印度、日本以及南非等主要光伏市场。

2014 年晶科能源实现净利润为 6.73 亿元人民币，较 2013 年净利润飙升 258%。2015 年，晶科能源组件出货量达 4.5GW，跃居全球光伏行业第二位。

晶科电力有限公司系晶科能源控股子公司（占股 55%），2014 年晶科电力获得 2.25 亿美元股权融资，股东包括国内首家银行系私募股权投资公司国开国际（占股 21%）、全球最大的基础设施投资机构之一麦格理（占股 20%）、私募股权投资基金新天域资本（占股 4%）等投资者，晶科电力是专业从事光伏新能源的电力资产开发、电站建设、电站运维、投资管理、电力生产和销售等主要业务的具有领先竞争力的全球性独立光伏电站生产企业，致力于在世界范围内供应可持续、经济的清洁能源。

晶科电力已持有运营光伏电站发电规模达 1GW，与此同时，在中国 16 个省市和海外市场拥有超过 3GW 的光伏电站储备项目。目前，晶科电力与国开金融租赁公司签订了项目开发战略协议，与国家开发银行、民生银行等签订了融资战略合作协议，多家金融机构为晶科提供项目贷款、流动资金贷款等资金支持，并正在积极筹划上市。

晶科电力在西部投资大型地面电站，在中东部建设农光互补（江西横峰 50MW 光伏电站）、渔光互补电站（江西鄱阳 120MW 光伏电站），正探索建设水上漂浮式电站，并积极开拓海外市场。

2014 年底晶科电力建成了国内领先的光伏电站远程监控中心，打造全国一流的光伏电站远程数据监控中心。对旗下拥有的总量为 1GW 的光伏电站进行统一高效的远程智能化管理。

晶科有着雄厚的技术实力和深厚的行业基础，拥有一支高素质的研发技术及管理团队，并专门成立了晶科电力设计院。自 2012 年开始，晶科电力组建了一支优秀的质量管理团队，由第三方检测机构专业光伏检测工程师、电气及土建专业的工程师和有过多年光伏电站建设质量管控经验的质量员组成。

1.19　江苏爱康太阳能科技股份有限公司

所属地：江苏无锡

主营业务：太阳能

企业介绍：江苏爱康太阳能科技股份有限公司是一家专注于光伏电力投资、运营、总包及光伏配件一站式供应的高新技术企业。公司始建于 2006 年 3 月，坐落于江苏省江阴市华士镇，2011 年 8 月公司成功登陆深圳证券交易所中小板（股票简称：爱康科技，股票代码：002610）。

从铝型材的铸造，到太阳能电池铝边框的深加工，从 EVA 胶膜、光伏支架系统、光伏专用接线盒等配套产品的研发、生产，到光伏太阳能电站的投资建设，公司始终致力于为客户提供更加稳定、优质、全方位的一站式服务。

爱康的全球推广品牌为"AKCOME"（中文为爱康），在中国大陆设有一家工厂和两家外贸公司。

公司现有产品主要包括太阳能电池板专用边框、太阳能支架、组件专用 EVA 封装胶膜、接线盒及各种太阳能应用产品及光伏组件。据权威机构统计，2011 年 7 月公司生产的太阳能电池板专用边框全球销量第一，占全球 17% 的市场份额。主要生产设备从日本进口，模具精良，精度可达 0.02mm，能够大批量地为客户提供各种型号的铝边框。生产能力、产品精度和质量均居同行业领先水平，并全部出口到日本、韩国、德国等世界 500 强企业，赢得了太阳能行业国际市场前 50 强企业的广泛认同。公司现有 26 条边框生产线和一条自动化生产线，生产能力达 150 万套/月，预计 2012 年此产品可占全球 30% 的份额。

爱康太阳能支架系统品种齐全、功能强大，凭借稳定的质量赢得了国内外客户的优良口碑。如今支架生产能力达 3MW/月。公司的支架系统有固定地面系统、屋顶系统、单双轴自动追踪系统等。太阳能支架系统已经申请外观设计专利 13 项，实用新型专利一项。爱康太阳能支架系统可以根据客户的需求进行设计和生产。公司研发的太阳能公交站台是国内最早一批实现 BIPV 的公交车站台，具有透光率高、空间感良好、节能环保的特点。公司自主研发的太阳能组件专用 EVA 封装胶膜具有良好的耐湿热、紫外老化性能，透光率高，可以大大提高光伏电池的光电转换效率，使用寿命达到 30 年以上，同时以精湛的技术服务受到了用户的一致好评。爱康接线盒产品完全由公司研发团队自主研发。

公司拥有强大的研发团队，汇集了太阳能、塑料、电子、电器领域内的诸多经验丰富的研发人员，为不断改善产品品质、迎合电池组件的不断发展开发新的接线盒产品而努力。

1.20　江苏绿钢集团有限公司

所属地：江苏无锡

主营业务：光伏新能源

企业介绍：江苏绿钢集团有限公司（简称江苏绿钢集团）组建于 2008 年，总部位于江苏省江阴市临港经济技术开发区。经过近十年的发展，江苏绿钢集团不断梳理主营业务与发展规划，积极顺应时代潮流转型升级，拓展企业空间，现已发展成为以新能源光伏产品的生产、销售为主导，涉及涂料化工、金属卷材、信息传媒、生态观光等产业领域的综合性企业集团。

江苏绿钢集团下辖全独资子公司：江阴市绿钢新能源科技有限公司、江苏绿钢涂料有限公司、白城市绿钢能源科技有限公司、江阴市绿钢紫薇园、江苏绿钢集团北京办事处。

目前，江苏绿钢集团凭借全新的人才观、雄厚的资源、领先的技术力量、先进的加工设备、科学务实的管理理念，主导产业已形成太阳能级硅片及组件、工业涂料、金属薄板卷材三大产品系列，与国内外多家大型企业保持良好的合作。企业先后获得"国家高新技术企业"、"全国守合同重信用企业"、"江苏省创新型企业"等荣誉称号。"绿钢"牌涂料、"华彩"牌卷材等产品被认定为江苏省名牌产品。

1.21　新疆光明天然石油技术服务有限责任公司

所属地：新疆巴音郭楞蒙古自治州库尔勒市

主营业务：石油技术服务

企业介绍：新疆光明天然石油技术服务有限责任公司及其系列公司〔新疆坤德新能源有限公司、新疆嘉和天然房地产开发有限公司、新乡市建筑（集团）有限责任公司、新乡市防腐防火防水工程有限公司〕是提供基础设施建设、规划设计、工程施工、装备制造、运营管理为一体的综合性建设集团，主营业务包括油气开发、石油化工、石油钻采、冶金、电力、工业与民用防腐、防火、保温、防水等专业工程以及民用建筑工程。自1982年起，公司完成了近千个大中型工业与民用施工任务，多次荣获国家石油优质工程金奖，建设工程质量管理先进企业、安全文明生产先进企业等诸多荣誉，公司承接的标志性工程如"牙哈凝析油气田集气处理站工程"、"塔中四原油稳定工程"等曾获得国家优质工程金奖。30多年来，公司秉承"质量第一、信誉至上"的宗旨，以优异的工程质量，诚信的服务理念，科学的施工管理，与客户一起携手同行，为他们精雕细琢更多更好的精品工程，得到合作方及客户的广泛赞誉和高度信任。

新疆光明天然石油技术服务有限责任公司及其系列公司施工经验丰富、技术力量雄厚、施工机械齐全。各公司分别具备相关专业工程施工一级或二级资质；现有职工总人数近万人，管理人员和工程技术人员近千人，其中，具有中高级技术职称的工程技术人员超过200人；现有机械设备数千台，动力装备率2.5kW/人，技术装备率0.5万元/人。从1982年成立第一家公司以来，在全体职工的努力拼搏下，公司的整体实力和企业管理水平得到不断增强和提高，2001年通过了ISO9001质量体系认证，从而与国际质量管理模式相接轨，2002年经国家建设部批准为房屋建筑工程施工总承包一级企业，为服务国内和国际两个市场夯实了基础，创造了有利条件。

1.22　宝塔石化集团

所属地：宁夏回族自治区银川市

主营业务：石油化工

企业介绍：宝塔石化集团创立于1997年，是一家以石油化工为主，向煤油化工、气化工一体化和产、学、研相结合而延伸的大型民营龙头石化企业，企业总资产524.43亿元，职工1.5万人，位居中国企业500强第345位，民营企业500强第101位，中国化工企业500强第17位。

集团拥有4家核心控股子公司、1家上市公司（宝塔实业：A股代码000595）、近200座加油加气站，地域上完成宁夏银川芦花、宁东，广东珠海，新疆奎山，内蒙古二连浩特等"沿海、沿疆、沿国门"的战略布局，已经投产的炼化基地可实现每年1500万吨的产能，即将形成的炼化规模约为2300万吨，已形成和即将形成丙烯、聚丙烯、乙炔等化工产能120万吨，装备制造、液化天然气、高端轴承、农林生态等石化关联业务正在快速成长，石油化工装备制造能力4万吨，轴承5000多种，LNG日产达60万方。围绕核心业务，集团投资创办了银川大学，建立了设计院、研究院和石油化工装备制造厂；除集团主营业务板块——实业板块外，建立了金控、资本、生态、置业、资源、科技、商贸、教育、燃气、投资控股等专业板块。从而形成了以石油化工为主，产学研结合，产融结合，科技创新和石油化工装备制造为一体的民营石化企业。

围绕四个战略基地，宝塔石化在北京设立了集团总部，在宁夏、深圳、上海设立了运营总部，在香港特区、新加坡设立了金融和国际贸易平台，在哈萨克斯坦、吉尔吉斯斯坦、俄罗斯、新加坡、阿联酋等国际原油富集区设立了国际业务公司或商务机构。总体布局上，已经形成了在俄罗斯和中亚、中东获取石油供应，在生产基地实施各具特色的石油加工，"京港、京沪一体化"的资本运营战略格局。

宝塔石化集团是唯一获得国家发改委、商务部审批的原油进口配额及资质、原油进口使用资质、国际原油贸易资质、成品油批发资质、燃料油进口资质——"五证齐全"的民营石化集团。经过 18 年的发展，宝塔石化集团已经成长为跨区域、全国化经营的以石油炼化为核心业务的多元化企业集团，正在走向世界，实现国际化运营。

1.23　中国石油天然气管道局

所属地：河北廊坊

主营业务：油气储运工程建设

企业介绍：中国石油天然气管道局（简称管道局）成立于 1973 年，是中国石油天然气集团公司（简称中国石油）所属全资子公司，是国内外油气行业知名的油气储运工程建设专业化公司。

管道局具有化工石油工程施工总承包特级资质，工程设计综合甲级资质，工程咨询甲级资质，工程测绘、勘察甲级资质，工程监理综合资质，海洋石油工程专业承包一级资质，通信工程总承包一级资质，压力容器设计、制造许可，长输（油气）管道带压封堵甲级资质，特种设备综合检验检测机构甲类资质，通过了质量、健康、安全、环保标准体系认证。

拥有职业项目经理和管理骨干 524 名，建造师、造价师、监理工程师、PMP 等执业资格人才 2600 余名，技术和技能专家 111 名，高级技师和技师 966 名，外籍高级管理和技术雇员 1300 余名。拥有专业化的管线、储罐、定向钻穿越、盾构穿越和管道检测、维抢修施工机组，以及配套的各型施工装备。

管道局主营业务包括：陆上管道建设、海洋管道建设、油气储库/罐建设、油田地面建设、LNG 处理与接收站建设、炼化装置安装、通信电力安装、管道技术服务等八个领域，形成了从科研、咨询、融资、勘察、设计、采办、施工、管件制造到投产保驾、运行维护的完整产业链，具备油气储运设施全生命周期建设管理能力，可为客户提供"一揽子"解决方案和"一站式"综合服务。管道局的市场遍及全球，国内进入了除台湾、澳门外所有区域，国际进入了苏丹、伊拉克、坦桑尼亚、乍得、阿根廷等 30 多个国家和地区，在中东、中亚、非洲、东南亚四个区域建立了稳固的发展平台，正在向北美、南欧、大洋洲等地区市场延伸。秉持开放包容、合作共赢的理念，管道局与国内外 100 多家能源企业、金融机构、科研院所和供应商建立了战略合作关系，基本形成了全球化的资源配置平台。

1.24　中国石油工程建设公司

所属地：北京

主营业务：石油工程

企业介绍：中国石油工程建设公司（英文缩写 CPECC）隶属于中国石油天然气集团公司，是集团公司专门从事石油工程设计、制造、施工和工程总承包的专业公司，现已发展成为集团公司在国内外石油工程建设领域最具代表性的公司。

CPECC 历史悠久，建设功能完善，技术力量雄厚，拥有一大批熟悉国际惯例、技术水平高、管理经验丰富的专业技术和管理人才，具备设计、采购、制造、施工一体化全功能，能够在高原、沙漠、滩海等各种条件下，按照国际标准和惯例，提供大型石油工程项目前期咨询、可行性研究、环评安评、勘察测量、设计、采购、施工、制造、监理、试运投产和运行维修等各项服务和项目总承包服务。

多年来，CPECC 始终坚持"诚信，创新，服务，共赢"的经营理念，以先进的技术和管理，努力为客户提供优质高效、安全环保的服务和产品，不断创造和提升客户投资价值。先后在 50 多个国家和地区完成了一大批油气集输、油气处理、长输管道、海洋工程、石油炼制、石油化工、油气储库、电站、道路桥梁、民用建筑等大型项目的可研、设计、环评安评、施工、监理和 EPC 总承包，均实现了投产一次成功，实现了质量与安全的统一，创造了建设与环境的和谐，赢得了业主、项目所在地政府和公众的高度赞扬和信任，企业信誉日益提高，连续 19 年被美国《工程新闻记录》（ENR）评选为全球最大 225 家国际工程承包商之一，多次入选"中国承包商企业 60 强"。自 2003 年以来，先后获国家、省部级以上优秀工程勘察设计奖 48 项，优质工程奖 28 项；荣获全国对外承包"十佳"企业、"AAA 级信用企业"、"全国百强设计院"、"全国 100 家最佳建筑企业"等荣誉称号。

1.25　中国东方电气集团有限公司

所属地：四川成都

主营业务：发电设备制造和电站工程

企业介绍：中国东方电气集团有限公司（简称：东方电气集团）是中央确定的涉及国家安全和国民经济命脉的 53 户国有重要骨干企业之一，是全球最大的发电设备制造和电站工程总承包企业集团之一，属国务院国资委监管企业。

东方电气集团以大型发电成套设备、工程承包及服务为主业，积极发展高效清洁能源，依托持续不断的技术创新获得了长足发展，产量连年位居世界前列，可批量制造 1000MW 等级超超临界火电机组、

1000MW 等级水轮发电机组、1000MW—1750MW 等级核电机组、重型燃气轮机设备、风电设备、太阳能电站设备以及大型环保设备、水处理设备、电力电子与控制系统等产品，形成了"六电并举"的产品格局。

东方电气集团积极拓展海外业务，大型成套设备出口到近 50 个国家和地区，从 1994 年起连年入选 ENR 全球 250 家最大国际工程承包商之列，是中国大型成套设备出口的骨干企业。

展望未来，东方电气集团将秉承"共创价值、共享成功"的宗旨，以创建具有国际竞争力的世界一流重大装备集团为宏愿，以绿色动力驱动中国和世界经济发展。

1.26 中石化中原石油工程有限公司

所属地：北京

主营业务：实业投资及投资管理等

企业介绍：中国石油化工集团公司（英文缩写 Sinopec Group）是 1998 年 7 月国家在原中国石油化工总公司基础上重组成立的特大型石油石化企业集团，是国家独资设立的国有公司、国家授权投资的机构和国家控股公司。公司注册资本 2316 亿元，董事长为法定代表人，总部设在北京。

公司对其全资企业、控股企业、参股企业的有关国有资产行使资产受益、重大决策和选择管理者等出资人的权力，对国有资产依法进行经营、管理和监督，并相应承担保值增值责任。公司控股的中国石油化工股份有限公司先后于 2000 年 10 月和 2001 年 8 月在境外、境内发行 H 股和 A 股，并分别在香港、纽约、伦敦和上海上市。

公司主营业务范围包括：实业投资及投资管理；石油、天然气的勘探、开采、储运（含管道运输）、销售和综合利用；煤炭生产、销售、储存、运输；石油炼制；成品油储存、运输、批发和零售；石油化工、天然气化工、煤化工及其他化工产品的生产、销售、储存、运输；新能源、地热等能源产品的生产、销售、储存、运输；石油石化工程的勘探、设计、咨询、施工、安装；石油石化设备检修、维修；机电设备研发、制造与销售；电力、蒸汽、水务和工业气体的生产销售；技术、电子商务及信息、替代能源产品的研究、开发、应用、咨询服务；自营和代理有关商品和技术的进出口；对外工程承包、招标采购、劳务输出；国际化仓储与物流业务等。中国石油化工集团公司在 2015 年《财富》世界 500 强企业中排名第 2 位。

1.27　中石化胜利油建工程有限公司

所属地：山东东营

主营业务：石油工程

企业介绍：中石化胜利油建工程有限公司（简称胜利油建公司）是国有一级大型建筑施工企业，始建于 1965 年 4 月，于 2001 年 10 月实现改制。现有员工 5950 人，其中专业技术干部 1154 人，具有中、高级专业技术职称 860 人；一级建造师 110 人，二级建造师 28 人。

公司现设 9 个建安分公司等 22 个基层单位和 4 个子公司，公司机关设 17 个部室和 9 个直属单位。现有注册资本金 20471 万元，其中国有股 14471 万元，占 70.7%；职工个人股 6000 万元，占 29.3%。有固定资产原值 63191 万元，净值 28137 万元，各类设备机具 2482 台套，技术装备率 6.16 万元/人年，动力装备率 19.37kW/人年，新度系数 0.43。

公司拥有石油工程施工总承包一级资质，海洋石油工程、管道工程、化工石油设备安装工程、防腐保温工程、消防工程施工专业承包一级资质，市政公用工程总承包二级资质，房屋建筑工程、电力工程、水利水电工程施工总承包三级资质。取有 A1、A2、A3 级压力容器设计、制造许可证，GA1 级、GB1 级、GB2 级、GC1 级压力管道安装许可证，Ⅰ级、Ⅱ级锅炉安装改造许可证，美国机械工程师学会（ASME）

"U"、"R"钢印授权。于 1995 年 8 月通过 ISO9002 质量体系国际、国内认证，2004 年 12 月通过 Q/HSE 一体化管理体系认证。按产值计，年施工能力可达 50 亿元以上。

公司于 1965 年铺设了当时我国第一条大口径长距离输油管线——东（营）辛（店）长输管线；1971 年在我国第一次成功地实施了大口径管线穿越大型河流——滨（州）纯（化）输油管线穿越黄河；1974 年建成当时我国口径最大、距离最长的输油管线——东（营）黄（岛）长输管线；1986 年，国内首创钢管道防腐保温泡沫黄夹克"一步法"成型工艺技术，获国家科技进步二等奖，第二届国际发明专利金奖；1988 年，建成当时我国规模最大的油、气、水综合处理站——孤东一号联合站，荣获国家优质工程（银）奖和建筑工程鲁班奖；1993 年，建成我国浅海水域规模最大、功能最全、自动化程度最高的移动式采油平台——胜利开发二号平台，获中国建筑工程鲁班奖，被评为全国优秀焊接工程。

1994 年以来，先后敷设了我国极浅海水域第一条海底输油管线、第一条海底动力电缆、第一条海底注水管线、第一条海底天然气管线，建造了我国第一座浅海石油作业平台——胜利作业二号平台、我国浅海水域规模最大的钢结构多功能综合性平台——埕岛中心二号平台；2000 年，建成绥中 36—1 油田二期开发工程陆上终端，获得中国石化集团公司优质工程；2000 年，建成埕北采修一体化平台，获国家银质奖和"全国用户满意工程"称号；2001 年、2002 年、2003 年，先后中标施工了国家重点工程——西气东输 26 标段、18 标段、9A 标段，大型国际反承包工程——大港赵东、EDC 工程；2005 年，中标施工了国内浅海规模最大的特大型海上平台—— 中海油南堡 35—2 油田开发项目 CEP/WHPB 平台组块。

1.28 中国电力工程顾问集团有限公司

所属地：北京

主营业务：电力工程

企业介绍：中国电力工程顾问集团有限公司（以下简称"中电工程"），前身为中国电力工程顾问集团公司，于2002年底在原国家电力公司所属中国电力工程顾问（集团）有限公司基础上组建，现为中国能源建设集团（股份）有限公司的全资子公司。

中电工程下属东北电力设计院有限公司、华东电力设计院有限公司、中南电力设计院有限公司、西北电力设计院有限公司、西南电力设计院有限公司、华北电力设计院有限公司六大区电力设计院和中国电力建设工程咨询有限公司、投资有限公司、新能源有限公司、国际工程有限公司共10家全资子企业，注册资本6亿元。

中电工程是面向国内外市场，为政府部门、金融机构、投资方、发展商和项目法人提供电力工程一体化解决方案的服务商，主要从事电力规划研究、咨询、评估与工程勘察、设计、服务、工程总承包，电力项目投资与经营及相关专有技术产品开发等业务。中电工程技术力量雄厚，专业配套齐全，具有丰富的工程实践经验和坚实的综合管理能力。中电工程在职员工9000余人，其中国家级勘察设计大师11人，享受政府特殊津贴的专家126人。近十余年来，中电工程凭借其良好的经营业绩和资产状况，连续进入美国工程新闻记录（ENR）"全球150强设计公司"和"世界225强设计公司"排名，2015年分别名列第42位和96位；在"2015全球最大250家承包商"排名中，中电工程名列第124位；首次进入"2015全球最大250家国际承包商"，排名第234位；连续位居前列进入"中国承包商、工程设计企业双60强"，荣膺2014年"中国工程设计企业60强"第2名；中电工程所属六大区电力设计院多年连续进入中国勘察设计综合实力百强。

1.29 远景能源（江苏）有限公司

所属地：江苏江阴

主营业务：智能风机

企业介绍：远景能源以"为人类的可持续未来解决挑战"为使命，致力于引领全球能源行业的智慧变革。远景能源成立至今连续多年业务高速增长，已经成为全球领先的智慧能源技术服务提供商，业务包括智能风机的研发与销售、智慧风场软件和技术服务，研发能力和技术水平处于全球领先地位。目前集团员工总数接近 1000 人，国际员工占 20%，硕士和博士超过 60%，研发及技术人员达到 80%。

近年来，远景能源始终将挑战视作机遇，用创新解决挑战。远景能源率先研发创新并设计出"智能风机"，利用自主研发的核心智能控制技术，彻底突破并超越了传统风机的技术禁锢，使得风机发电效率提升 20%；远景能源全球首创的低风速风机的研发和投产加快了我国风电产业战略调整的步伐，使得占中国风资源 60% 以上的低风速区域得到有效开发；远景能源是中国最大的海上风机解决方案提供商，基于全球最为稳健、可靠的传动链和零部件体系，专门针对中国近海风电开发而设计的 4MW 海上风机，运用全球首创的智能控制技术、先进的测量技术、数据分析专家系统、主动性能控制和基于可靠性的决策算法等，使得发电效率要比同类产品高 20%，成为中国近海风电开发的首选机型，2014 年同时也是中国最大的海上风机供应商，预计交付 130MW。远景采用全球首创的局部变桨技术和碳纤维主轴技术的 3.6MW 新概念海上风机能有效应对台风工况，并大幅降低海上风电建设成本 20% 以上，成为全球未来风机的标杆。远景能源全球首创了基于智能传感网和云计算的智慧风场全生命周期管理系统，管理着包括美国最大的新能源上市公司 Pattern 能源、美国大西洋电力公司以及中广核集团等在内的 2000 万千瓦的全球新能源资产，远景是目前全球最大的智慧能源资产管理服务公司。

2. 制造业

2.1　中国航天科技集团公司

所属地：北京

主营业务：卫星、运载火箭

企业介绍：中国航天科技集团公司是根据国务院深化国防科技工业管理体制改革的战略部署，经国务院批准，于 1999 年 7 月 1 日在原中国航天工业总公司所属部分企事业单位基础上组建的国有特大型高科技企业，是国家授权投资的机构，由中央直接管理。前身为 1956 年成立的我国国防部第五研究院，曾历经第七机械工业部、航天工业部、航空航天工业部和中国航天工业总公司等发展阶段。

中国航天科技集团公司承担着我国全部的运载火箭、应用卫星、载人飞船、空间站、深空探测飞行器等宇航产品及全部战略导弹和部分战术导弹等武器系统的研制、生产和发射试验任务；同时，着力发展卫星应用设备及产品、信息技术产品、新能源与新材料产品、航天特种技术应用产品、特种车辆及汽车零部件、空间生物产品等航天技术应用产业；大力开拓以卫星及其地面运营服务、国际宇航商业服务、航天金融投资服务、软件与信息服务等为主的航天服务业，是我国境内唯一的广播通信卫星运营服务商；是我国影像信息记录产业中规模最大、技术最强的产品提供商。作为我国航天科技工业的主导力量，集团公司是国家首批创新型企业，创造了以载人航天和月球探测两大里程碑为标志的一系列辉煌成就，在推进国防现代化建设和国民经济发展中做出了重要贡献。

2.2　海尔集团

所属地：山东青岛

主营业务：家电

企业介绍：海尔集团创立于1984年，从开始单一生产冰箱起步，拓展到家电、通信、IT数码产品、家居、物流、金融、房地产、生物制药等领域，成为全球领先的美好生活解决方案提供商。2014年，海尔全球营业额2007亿元，利润总额150亿元，利润增长3倍于收入增长，线上交易额548亿元，同比增长2391%。据消费市场权威调查机构欧睿国际（Euromonitor）的数据，2014年海尔品牌全球零售量份额为10.2%，连续六年蝉联全球大型家电第一品牌。

海尔致力于成为全球消费者喜爱的本土品牌，多年来一直践行本土化研发、制造和营销的海外市场战略，并取得了很好的成绩。目前，海尔在全球有5大研发中心、21个工业园、66个贸易公司，用户遍布全球100多个国家和地区。

目前海尔正从制造产品转型为制造创客的平台，青岛海尔（股票代码SH：600690）和海尔电器（股票代码HK：01169）两大平台上聚合了海量创客及创业小微，他们在开放的平台上利用海尔的生态圈资源实现创新成长，聚集了大量的用户资源。2014年海尔注册用户已经达到3685万人。

以青岛海尔为主体智能家庭平台，致力于推动从产品硬件到解决方案的转型，通过智慧家庭U+生活平台、互联工厂构建并联交互平台和生态圈，提供互联网时代美好生活解决方案，最终实现用户的全流程最佳交互、交易和交付体验。以海尔电器为主体的价值交互平台，致力于实现从制造向服务的转型，打造虚实融合的用户价值交互平台，以物联网和物流服务为核心，把传统的物流配送环节转变为在给用户提供服务的过程中创造用户交互的价值，构建互联网时代用户体验引领的开放性平台。

海尔致力于搭建投资驱动平台和用户付薪平台，通过人单合一双赢模式创新让员工成为开放创新平台上的创业者，在为用户创造价值的同时实现自身的价值。在这一模式下，海尔将企业从管控型组织变成一个投资平台，员工从原来被动的命令执行者转变为平台上的自驱动创新者，而驱动员工创业的就是不断交互出的用户需求，企业与员工、合作方转为合作共赢的生态圈，原来串联的流程变成并联流程，所有各方并联在一起共同为市场创造价值。2014 年海尔集团战略推进的主题颠覆为"企业平台化、员工创客化、用户个性化"：企业平台化对应企业的互联网思维，即企业无边界；员工创客化对应员工的价值体现，员工成为自主创业的创新者；用户个性化对应着企业的互联网宗旨，即创造用户全流程最佳体验。人单合一双赢模式因破解了互联网时代的管理难题而吸引了世界著名商学院、管理专家争相跟踪研究，并将海尔人单合一双赢模式收入案例库进行教学研究。

2.3 中国机械工业集团有限公司

所属地：北京

主营业务：机械装备、工程承包

企业介绍：中国机械工业集团有限公司（简称"国机集团"）成立于 1997 年 1 月，2013 年 7 月与中国第二重型机械集团公司重组，成为中央直接管理的国有重要骨干企业，是世界 500 强企业。国机集团是中国机械工业规模最大、覆盖面最广、业务链最完善、研发能力最强的大型中央企业集团。国机集团拥有近 50 家全资及控股子公司，10 家上市公司，140 多家海外服务机构，全球员工总数近 10 万人。国机集团连续多年保持 30%以上的高速增长，2012 年营业收入达 2142 亿元；连续多年位居中国机械工业企业百强榜首、国资委中央企业业绩考核 A 级企业。

中国机械工业集团有限公司围绕装备制造业、现代制造服务业两大领域，着力打造机械装备研发与制造、工程承包、贸易与服务三大主业，服务领域覆盖了工业、农业、交通、能源、建筑、轻工、汽车、船舶、矿山、冶金、航空航天等国民经济重要产业领域，为全球170多个国家和地区提供专业化服务。国机集团具有较强的资源集成和运用能力、雄厚的研发实力、广泛的全球营销网络、强大的资金实力和项目融资能力，形成了涵盖设计、研发、制造、工程承包、系统集成、国际贸易等方面的完整产业链，具备独特的产业价值和市场竞争优势。

在机械装备研发与制造业务领域，国机集团是中国最大的农业机械、林业机械、地质装备制造企业，以及最重要的工程机械制造企业之一，众多市场领先的优秀产品远销世界各地。同时拥有在重型机械、电站设备、石化通用、机床工具、汽车工程、机械基础件、仪器仪表及环保设备等领域强大的研发能力和系统集成能力，向国内外市场提供了一大批具有重大影响力的装备和技术。

在国际工程承包业务领域，作为全球知名的国际工程承包商，国机集团连续多年入选（ENR）"全球最大225家国际工程承包商"前50强、"全球200强工程咨询设计企业"前100强，在业内具有广泛的影响力，在全球众多国家和地区的工程市场具有重要的市场地位。2012年，国机集团名列（ENR）"全球最大225家国际工程承包商"第24位、"国际工程设计企业200强"第77位。

在贸易与服务业务方面，国机集团是中国机电产品出口和国外先进技术和产品引进的重要窗口，是中国最大的汽车贸易和服务商，是中国机械工业最大的进出口贸易企业。

2.4　中国中车股份有限公司

所属地：北京

主营业务：铁路设备

企业介绍：中国中车股份有限公司（简称"中国中车"，英文缩写

"CRRC"）是经国务院同意，国务院国资委批准，由中国北车股份有限公司、中国南车股份有限公司按照对等原则合并组建的 A＋H 股上市公司。经中国证监会核准，2015 年 6 月 8 日，中国中车在上海证券交易所和香港联交所成功上市。中国中车的总部设在北京，现有 46 家全资及控股子公司，员工达 17 万余人。

中国中车承继了中国北车股份有限公司、中国南车股份有限公司的全部业务和资产，是全球规模最大、品种最全、技术领先的轨道交通装备供应商。主要经营：铁路机车车辆、动车组、城市轨道交通车辆、工程机械、各类机电设备、电子设备及零部件、电子电器及环保设备产品的研发、设计、制造、修理、销售、租赁与技术服务；信息咨询；实业投资与管理；资产管理；进出口业务。

中国中车建设了世界领先的轨道交通装备产品技术平台和制造基地，以高速动车组、大功率机车、铁路货车、城市轨道车辆为代表的系列产品，已经全面达到世界先进水平，能够适应各种复杂的地理环境，满足多样化的市场需求。中国中车制造的高速动车组系列产品，已经成为中国向世界展示发展成就的重要名片。产品现已出口全球六大洲近百个国家和地区，并逐步从产品出口向技术输出、资本输出和全球化经营转变。

2.5 中国重型汽车集团有限公司

所属地：山东济南

主营业务：汽车制造

企业介绍：中国重型汽车集团有限公司（以下简称"中国重汽"）的前身是济南汽车制造总厂，始建于 1956 年，是中国重型汽车工业的摇篮，曾在 1960 年生产制造了中国第一辆重型汽车——黄河牌 JN150 八吨载货汽车；1983 年成功引进了奥地利斯太尔重型汽车项目，是中国第一家全面引进国外重型汽车整车制造技术的企业。2001 年改革重组后的中国重汽正式成立，经过十多年的发展，已经成为国内外知名的重型汽车研发制造企业集团。2007 年中国重汽在香港主板红筹上市，初步搭建起了国际化平台；2009 年成功实现了与德国曼公司的战略合作，曼公司参股中国重汽（香港）有限公司 25%+1 股，中国重汽引进曼公司 D08、D20、D26 三种型号的发动机、中卡、重卡车桥及相应整车技术，为企业长远发展奠定了坚实的基础。目前，中国重汽已成为中国最大的重型汽车生产基地，为中国重型汽车工业发展和国家经济建设做出了突出贡献。

中国重汽是中国汽车行业拥有专利最多的企业。中国重汽下属的技术发展中心是全国第一批国家级企业技术中心，拥有"中国实验室国家认可委员会"认可的检测实验室，具有整车、发动机、零部件、材料工艺等全方位的研发和检测能力，拥有各种加工、试验、测试等高、精、尖设备，发动机、整车、部件振动、强度测试等设备均达到世界先进水平。2009 年，经国家批准，国家重型汽车工程技术研究中心在中国重汽正式揭牌成立，承担我国重型汽车行业技术研发、应用示范、成果推广和技术服务的职能。

中国重汽主要组织开发研制、生产销售各种载重汽车、特种汽车、客车、专用车、新能源商用车、发动机及机组、汽车零部件、专用底盘，形成了拥有汕德卡（SITRAK）、HOWO、斯太尔、黄河、金王子、豪瀚、王牌、福泺、威泺等品牌的全系列商用汽车企业集团，是我国卡车行业驱动形式和功率覆盖最全的企业。中国重汽制造的中国先进水平的 D10、D12 柴油发动机，T10、T12 燃气发动机，国际先进水平的 MC05、MC07、MC11、MC13 达到欧Ⅱ—欧Ⅴ排放的发动机，功率覆盖 140—560 马力；世界级水平的系列化单级减速桥、轮边减速桥以及 16.5—22.5 英寸盘式制动器；系列化的单中间轴带同步器变速器、双中间轴变速器，10、12、16 挡手自一体 AMT 变速器等重要总成，构成具有世界先进水平的发动机、拉式离合器、变速箱、驱动桥组成的黄金动力产业链。中国重汽目前拥有 3 条自动化车身冲压线、8 条驾驶室焊装线、12 条驾驶室涂装线以及 9 条整车装配线，装备达到国际先进水平。

中国重汽在中国重型汽车行业具有明显的技术和市场领先优势，产品畅销国内外，出口世界 90 多个国家和地区，连续 11 年位居中国重卡行业首位，被国家发改委和商务部确定为国家汽车整车出口基地。还先后获得中国名牌产品、中国优秀创新型企业、全国最佳诚信企业、全国首批质量信用管理 AA 企业等荣誉称号。

2.6　中国建筑材料集团有限公司

所属地：北京

主营业务：建材

企业介绍：中国建筑材料集团有限公司（简称中国建材集团，英文缩写 CNBM）于 1984 年经国务院批准设立，2003 年成为国务院国有资产监督管理委员会直接监督管理的中央企业。

中国建材集团以"善用资源、服务建设"为核心理念，是集科研、制造、流通为一体的中国最大的综合性建材产业集团、《财富》世界 500 强企业。中国建材集团坚持市场化道路，大力推进水泥、玻璃的联合重组、结构调整和节能减排，大力发展新型建材、新型房屋和新能源材料，走了一条资本运营、联合重组、管理整合和集成创新的发展道路，10 多年来以超过 40% 的年复合增长率快速发展，成为充分竞争领域快速成长的央企典范。目前集团资产总额超过 4100 亿元，员工总数超过 18 万名，直接管理的全资、控股企业 17 家，控股上市公司 6 家，其中海外上市公司 2 家。

中国建材集团是国资委第二批中央企业董事会试点企业和国家级创

新型试点企业，已发展成为治理规范、管控科学、市场化运营的产业控股型集团公司。集团公司作为战略中心、决策中心、资源中心、政策文化中心，行使出资人权利。子集团作为经营平台，突出核心专长和主营业务，以品牌知名度和市场占有率为基础构造利润中心。

2.7 上海电气集团股份有限公司

所属地：上海

主营业务：电力设备

企业介绍：上海电气集团股份有限公司是中国装备制造业最大的企业集团之一，旗下有电站、输配电、重工、轨道交通、机电一体化、机床、环保、电梯、印刷机械等多个产业集团，现拥有上海机电股份有限公司等上市公司和上海三菱电梯有限公司等 50 多家合资企业，员工总数超过 70000 人。公司集工程设计、产品开发、设备制造、工程成套和技术服务为一体，具有设备总成套、工程总承包和提供现代装备综合服务的优势。自 20 世纪 90 年代以来，销售收入始终位居全国装备制造业第一位，是中国最重要的发电设备供应商之一。

高效清洁能源、新能源装备是上海电气集团的核心业务，能源装备占销售收入的 70% 左右。主导产品主要有 1000MW 级超超临界火力发电机组、1000MW 级核电机组，重型装备、输配电、电梯、印刷机械、机床等。中国第一套 6000 千瓦火电机组、世界第一台双水内冷发电机、中国最大的 12000 公顿水压机、世界第一台镜面磨床、中国第一套 30 万千瓦核电机组、中国第一根大型船用曲轴、中国第一套百万千瓦等级超超临界火电机组都来自于上海电气。

2014 年 5 月 8 日，上海电气集团股份有限公司在意大利热那亚市与意大利战略基金公司正式签署协议，拟出资 4 亿欧元向其收购意大利安萨尔多能源公司 40% 的股权。据凤凰网等媒体报道，安萨尔多公司在意大利、荷兰、阿联酋、美国、印度等地拥有机构，是仅次于 GE、西门子、三菱，并与阿尔斯通年产量相当的著名重型燃机厂商。

上海电气是中国装备制造业领袖品牌。在"亚洲品牌 500 强"评选中，上海电气为亚洲机械类品牌排名第五名、中国机械类品牌第一名。

上海电气确立了以中央研究院、集团所属的科研院所、企业技术中心共同组成的科技创新体系，明确了科技创新的主体是企业及其技术中心，上海电气科技创新体系的支撑是产学研合作。上海电气拥有国家级技术中心 5 家，上海市级技术中心 15 家。

2.8 江苏阳光集团有限公司

所属地：江苏无锡

主营业务：纺织服装

企业介绍：创建于 1986 年的江苏阳光集团有限公司，是国家重点企业集团和国家重点扶持的行业排头兵，涉足毛纺、服装、生物医药、房地产、新能源等产业，是毛纺织行业唯一的国家级创新型企业，年产高档服装 350 万套、高档精纺呢绒 3500 万米，是全球最大的毛纺生产企业和高档服装生产基地。2006 年，成为中国纺织行业唯一获得"世界名牌"和"出口服装免验"荣誉的企业。2007 年，国际标准化组织/纺织品技术委员会（ISO/TC38）国际秘书处落户阳光，成为国内首家承担 ISO/TC38 国际秘书处工作的企业单位，标志着阳光纺织技术水平达到了国际领先水平。2008 年，新品牌"阳光时尚"在上海、南京开店面市，并在未来的 5 年内，在全国开设 500 家连锁店，标志着阳光开始直接走向零售市场，从而大大提升阳光毛纺、服装主产业的综合实力。2014 年，实现销售 347 亿元，利税 32 亿元。

阳光集团坚持以产品创新、技术创新为主导，建立了以"一站三中心"为主要支撑的技术创新体系，即博士后科研工作站、国家级技术中心、国家级毛纺新材料工程技术研究中心、江苏省毛纺技术开发中心，配置了世界最先进的检测设备和纺、织、染、服装的生产流水线。

阳光集团以平均每天 50 多个新品的开发能力，始终在国内保持领先水平，并步入了国际先进行列。目前，阳光集团不仅承担了 40 个国家科研项目的科研攻关，还一直致力于发展自主核心技术，累计申报各类专利 1163 项，获授权专利 767 项，共参与 47 项国际和国家行业的标准制定工作。

2.9　江苏双良集团有限公司

所属地：江苏无锡

主营业务：空调

企业介绍：江苏双良集团有限公司地处经济繁荣的长江三角洲，创建于 1982 年，经过 30 余年的专注与创新，从中央空调制造业发展成为集节能装备、化工新材料、酒店服务、金融地产、生物医药等产业于一体的大型综合性企业集团，名列中国机械工业 500 强、中国民营百强、中国工业行业排头兵企业。

双良是我国具有自主知识产权的溴化锂吸收式中央空调诞生之地，拥有亚太地区规模最大的溴化锂中央空调制造基地，同时拥有空冷器装置、海水淡化装置及换热器装置等大型节能节水设备制造基地、国内领先的智能化环保锅炉生产基地、国内重要的氨纶丝和包覆纱生产基地、国际先进的包装材料及苯乙烯化工材料生产基地。

集团拥有两大工业园区：占地 2000 亩的双良化工新材料产业园区和占地 700 亩的双良机械制造产业园区，下属 18 家子公司，其中两家上市公司（双良节能：600481，友利控股：000584）。

双良以科技创新为先导，以国家级企业技术中心和博士后工作站为研发平台，集思广益、博采众长，参与制定溴化锂制冷机、智能化锅炉等多项产品，技术达到国家及行业标准。

公司不仅通过了国际通用的 ISO9001/ISO14001/OHSAS18001 等质量、环境管理体系认证，还取得美国 ASME、德国 TÜV、欧盟 CE 等国际标准机构认证。作为国家重点高新技术企业，公司多项产品列入国家火炬计划和 863 计划，成为各个所在领域的领导品牌。

双良采用国际先进的 DFM 柔性生产管理模式，引进一流的生产检测设备，推行创新周到的服务理念，为全球 20000 多家客户提供卓越的产品和服务。

2.10 江阴兴澄特种钢铁有限公司

所属地：江苏无锡

主营业务：钢铁

企业介绍：江阴兴澄特种钢铁有限公司隶属中信泰富特钢集团，是中国中信集团下属的高度专业化的特钢生产企业，从 1993 年合资以来，公司以"建成全球最具竞争力的特钢企业"为愿景，经过 20 余年的发展，现已成为我国特钢行业龙头企业，被《国家钢铁工业"十二五"规划》列为四大特钢产业基地之一和中国特钢技术引领企业。公司现为国家火炬计划重点高新技术企业，全国节能先进集体，全国首批两化融合示范企业，4A 级国家标准化良好行为企业。

公司地处长三角核心区域，位于江苏省江阴市高新技术开发区，北临长江，自建两座 10 万吨级远洋专用码头，南接锡澄、沿江、沪宁高速公路，拥有公路、内河、长江和远洋海运等发达的交通物流优势。

目前，公司拥有 8500 多名员工，具备年产铁 500 万吨、钢 690 万吨、坯材 660 万吨的生产规模，为全球单体规模最大的特钢生产企业。公司炼铁、炼钢、轧钢、检测等主要装备均从国外引进，其中棒线材生产线 7 条，中厚板生产线 2 条，具备"棒、线、板、坯"各种规格、品种生产能力。公司产品主要有轴承钢、齿轮钢、弹簧钢、系泊链钢、帘线钢、特厚板、容器钢、管线钢、高强耐磨钢等，广泛应用于石油化工、工程机械、汽车用钢、高速铁路、海洋工程、风力发电、新能源等行业，其中高标准轴承钢连续 11 年产销全国第一，汽车用钢连续 7 年产销全国第一。

2015 年公司实现营业收入 365 亿元，利税总额 25.88 亿元，其中上缴税金 12.88 亿元。

2.11 江苏法尔胜股份有限公司

所属地：江苏无锡

主营业务：钢丝绳、电缆

企业介绍：江苏法尔胜股份有限公司于 1999 年 1 月 19 日在深圳证券交易所上市，股票名称：法尔胜，股票代码：000890，股本总额：37964.16 万元。

江苏法尔胜股份有限公司是一家专业从事精优化金属制品、光通信产业以及基础设施新型材料制造与销售的上市公司，是世界上最大的高强度输送带用钢丝绳生产基地。

公司专注于高科技含量、高附加值产品的开发制造，主要生产开放式胶带钢丝绳、吊带钢丝绳、拉筋钢丝绳、航空钢丝绳、胶管钢丝绳、特细钢丝绳、不锈钢丝绳、特种合金绳、线接触钢丝绳、面接触钢丝绳、光缆钢丝、弹簧钢丝、汽车座椅骨架用低碳钢丝、超高强度电力电缆用镀锌钢丝、打包钢丝、钢塑复合管、大桥用斜拉索和悬索等产品。公司主产业金属制品的品种、质量、规模和技术含量一直处于国内同行业领先地位，并达到或超过世界同行先进水平，产品曾多次获得国优、部优、省优荣誉称号。公司在国内同行中最早通过 ISO9001 质量体系认证，并最早先后取得英国劳埃德船级社、英国邓禄普公司、美国交通部 DOT、欧共体 ECE 等国际质量认证，是世界级的合格供应商，出口创汇居全国同行榜首。

同时，江苏法尔胜股份有限公司已累计拥有国内授权专利 118 项，其中发明专利 25 项、新型实用专利 93 项。

2.12　江苏三房巷集团有限公司

所属地：江苏无锡

主营业务：化工、纺织

企业介绍：江苏三房巷集团有限公司成立于1980年，现已发展成为以PTA、聚酯切片、涤纶纤维（短纤和长丝）、PET薄膜、纺织和工程塑料等为主体的六大产业集团。公司目前已形成年产：PTA、EPTA共180万吨，瓶级切片150万吨，涤纶短纤维80万吨，涤纶长丝40万吨，PET薄膜30万吨，合计480万吨，在海外参股投资了470万吨炼油项目，其中年产PX80万吨，形成了聚酯产业的上下游基本自我配套。"三房巷"牌涤纶短纤维、"翠钰"牌瓶级切片是中国"驰名商标"，参与起草修订了国家标准4项，通过了可口可乐、百事可乐等认证，产品销往100多个国家和地区，成为具有国际影响力的自主品牌。2014年，集团公司完成工业销售收入298.8亿元，出口额12.5亿美元，列中国企业500强第283位、中国民营企业500强第176位。

公司拥有20多家成员单位，包括2家国家级重点高新技术企业、4家省级高新技术企业和1家上市公司，建有国家级博士后科研工作站、省级工程中心和企业技术中心，承担国家火炬计划2项，拥有专利281件，获得国家纺织企业先进集体、省质量管理奖、省创新型企业、省科技进步一等奖等荣誉。

公司年产PTA、EPTA共180万吨，分别于2009年、2014年竣工投产，配套建设液体化工码头及液体化工原料罐区，液体化工码头每年总吞吐量为300万吨。

公司年产能150万吨瓶级切片，共建有连续化聚合装置9条，主要装备采用美国杜邦工艺流程技术，固相增粘装置采用瑞士布勒工艺技术和装备。主要供应可口可乐、百事可乐、娃哈哈、农夫山泉、统一等企业，自2005年以来，连续10年在国内同行业同类产品中出口量最大，出口市场占有率 40%，是国内规模较大的瓶级聚酯切片制造和出口基地。

公司年产差别化涤纶短纤 80 万吨，纺丝装置采用德国纽玛格工艺技术和装备，是目前国内生产规模较大，技术、管理及设备先进的聚酯熔体直纺生产企业。年产涤纶长丝 40 万吨，长丝生产线引进德国纽玛格公司的纺丝技术，主要生产细旦丝、异型丝、粗旦丝及其他特定功能性纤维等产品。公司年产 PET 包装薄膜 30 万吨，薄膜生产线采用瑞士布鲁克纳双向拉伸薄膜技术，生产镀铝基膜、胶带基膜、烫金基膜、电气绝缘膜等产品。公司年产棉纺纱锭 16 万锭、全棉印染布 5000 万米。实体是江苏三房巷实业股份有限公司（上市公司），引进国内外先进的纺织生产线，包括瑞士立达、德国赐来福、比利时毕佳乐等先进设备，主要生产纱线、织造、印染、染整等产品。公司年产 2.5 万吨 PBT 改性工程塑料，现有不同规格的双螺杆挤出生产线 21 条，主要采用德国 WP 公司的配混生产线，是目前国内改性工程塑料较大生产企业。

2.13　江阴澄星实业集团有限公司

所属地：江苏无锡

主营业务：石油化工

企业介绍：江阴澄星实业集团有限公司（简称澄星集团）地处中国长江三角洲中心的江阴市，北临长江，东距上海虹桥机场 120 公里，西距南京禄口机场 130 多公里，距无锡机场、常州机场、南通机场各 30 多公里。沪宁、沿江、锡澄三条高速公路纵横穿越而过，海、陆、空交通运输十分便捷。

公司创办于 1984 年，目前主要涉及精细磷化工、石油化工（PET、PTA）、煤化工、液体化工品仓储物流和新能源新材料等产业领域。公司拥有独资和控股的子公司 50 余家，员工 6600 多名，产品销售覆盖全球 70 多个国家和地区，连续多年跻身中国企业 500 强前 300 强，2015 年位列第 283 位，在 2015 中国民企 500 强中位列第 65 位。

公司磷化工产业核心企业江苏澄星磷化工股份有限公司在上海证券交易所上市（简称"澄星股份"，股票代码：600078），是中国精细磷化工生产和销售的骨干企业。石油化工产业目前拥有年产30万吨的瓶级聚酯切片（PET）和年产60万吨精对苯二甲酸（PTA）。公司在江阴长江边建有5万吨级泊位的专用化工码头和40多万立方米的化工储罐。拥有200列铁路自备化工专用罐车和4000个化工专用集装罐箱，拥有火力、水力自备发电厂5座，总装机容量达50多万千瓦，拥有自己的化工科研所及外贸进出口公司。澄星集团已成为一个集产、供、销、科、工、贸为一体，产品经营、贸易经营、资本经营相结合的综合性化工企业集团。

2.14　三一重工股份有限公司

所属地：北京

主营业务：装备制造

企业介绍：三一重工股份有限公司（以下简称三一重工）由三一集团投资创建于1994年。自成立以来，公司取得了持续快速发展。目前，三一重工是全球装备制造业的领先企业之一。

2003年7月3日，三一重工在上海A股上市（股票代码：600031），并于2005年6月10日成为首家股权分置改革成功并实现全流通的企业，被载入中国资本市场史册。2011年7月，三一重工以215.84亿美元的市值，入围FT全球500强，是唯一上榜的中国工程机械企业。2012年，三一重工并购混凝土机械全球第一品牌德国普茨迈斯特，改变了行业竞争格局。

公司产品包括混凝土机械、挖掘机械、起重机械、桩工机械、筑路机械，其中泵车、拖泵、挖掘机、履带起重机、旋挖钻机、路面成套设备等主导产品已成为中国第一品牌，混凝土输送泵车、混凝土输送泵和全液压压路机市场占有率居国内首位，泵车产量居世界首位。

秉承 "品质改变世界" 的使命，三一重工每年将销售收入的 5%—7% 用于研发，致力于将产品升级换代至世界一流水准。凭借技术创新实力，三一重工于 2005 年、2010 年和 2013 年三次荣获 "国家科技进步二等奖"，2012 年、2014 年荣获 "国家技术发明二等奖"，成为新中国成立以来工程机械行业获得的国家级最高荣誉。同时，公司首席专家易小刚还获评 "首届十佳全国优秀科技工作者"，是工程机械行业唯一获奖者。截至目前，三一重工共拥有授权有效专利 3310 项。

凭借自主创新，三一重工成功研制的 66 米泵车、72 米泵车、86 米泵车三次刷新长臂架泵车世界纪录，并成功研制出世界第一台全液压平地机、世界第一台三级配混凝土输送泵、世界第一台无泡沥青砂浆车、亚洲首台 1000 吨级全路面起重机、全球最大 3600 吨级履带起重机、中国首台混合动力挖掘机、全球首款移动成套设备 A8 砂浆大师等，不断推动 "中国制造" 走向世界一流。

凭借一流的产品品质，三一重工广泛参建全球重点工程，其中包括迪拜塔、北京奥运场馆、伦敦奥运场馆、巴西世界杯场馆、上海中心、香港环球金融中心等重大项目的施工建设。

目前，三一重工在全国已建有 15 家 6S 中心。未来几年，将在全国 31 个省会城市、直辖市，200 多个二级城市开设 6S 中心。在全球拥有 169 家销售分公司、2000 多个服务中心、7500 多名技术服务工程师。近年来，三一重工相继在印度、美国、德国、巴西投资建设研发和制造基地。自营的机制、完善的网络、独特的理念，将星级服务和超值服务贯穿于产品的售前、售中、售后全过程。

2.15　日照钢铁控股集团有限公司

所属地：山东日照

主营业务：钢铁

企业介绍：日照钢铁控股集团有限公司（简称日照钢铁）是京华

日钢控股集团有限公司下辖企业。日照钢铁是一家全流程一贯制作业钢铁企业，是山东省最大的千万吨级民营钢铁企业，集团资产 500 亿元，在册职工 18000 人。2015 年 1—10 月份，实现销售收入 250 亿元，实现净利润 1.16 亿元，上缴税金 13.46 亿元。公司建设于 2003 年，拥有年产 1300 万吨钢材生产能力。

2014 年，在严峻的经济形势下，日照钢铁通过转方式调结构，积极应对市场挑战，全年产铁 1287 万吨、产钢 1241 万吨、产材 1218 万吨，实现销售收入 480 亿元，实现利税 30 亿元。公司保持了连续 10 年盈利的良好态势，盈利能力和外经贸水平居全国前三，并已连续 10 年跻身"中国企业 500 强"，在"2014 中国民营企业 500 强"中排名第 55 位。

公司产品包括：热轧极薄板（SP 全无头轧制技术，产线为国内第一条、世界第二条，产品可以热代冷）、热轧卷板、热轧型钢、工字钢、槽钢、热轧带肋钢筋、热轧高速线材、热轧宽厚板、焊管、水泥副产品。公司的 Arvedi 无头带钢生产线（ESP），与传统铸轧工艺相比，新铸轧设备的能耗和相关成本将降低 45%，意味着二氧化碳排放量将大幅度降低。新设备的设计年产量每条生产线为 260 万吨，可生产最大宽度为 1600 毫米、最小厚度为 0.8 毫米的优质超薄热轧带钢。

公司实施"立足客户需求，实现终端用户订单式直供销售"的营销策略，通过为顾客提供全方位的售前、售中、售后服务，打造国际领先的服务品牌。公司依靠先进的生产工艺、硬件装备和管理水平，便利的水、陆交通运输条件，专业的技术研发团队，对板、棒、线、型、焊管等主营钢材产品和水泥、微粉等循环经济产品进行严格把关，不断追求过硬的产品品质、更快的物流速度及更贴心的客户服务。企业先后通过了卓越绩效管理体系认证、欧盟 CE 认证、韩国 KS 认证和九国船级社认证。热轧 H 型钢、热轧带肋钢筋荣获中国冶金产品实物质量认定金杯奖，H192×198 轻型薄壁 H 型钢的成功轧制填补了国内空白，被京沪高铁声障屏项目列为指定用材。近年来，公司产品被广泛应用于鸟巢、三峡大坝、港珠澳大桥、郑西高铁、青藏铁路、胶州湾跨海大桥等国家级重点工程。企业先后被授予"质量放心品牌"、"消费者最信赖质量放心品牌"、"中国质量 500 强"等荣誉称号。

近年来，日照钢铁累计投资 55.6 亿元用于节能环保工作。公司污水处理工程、烧结脱硫工程、煤气发电工程等项目被省环保厅评定为"山东省环境保护示范工程"；公司率先实施了钢铁企业烧结脱硫设备的第三方运营模式；公司建设了山东省首套企业环境管理信息化系统，为企业的节能减排提供数据支撑和决策依据。循环经济发展不仅实现了企业的污染物零排放目标，更为企业带来了实实在在的经济效益，据统计，2014 年日照钢铁循环经济创效约占公司创效总额的一半。

2.16　北京安力斯科技发展有限公司

所属地：北京

主营业务：紫外线消毒

企业介绍：北京安力斯科技发展有限公司成立于 2002 年，致力于将世界先进的紫外线消毒技术引入中国。总部位于北京市中关村科技园区，在天津宝坻经济开发区建立了 6000 多平方米的生产组装、调试及售后服务中心，并在上海、广州、南京、昆明、重庆设立了办事处。

近年来，北京安力斯科技发展有限公司在市政、建筑中水、油田回注水等领域取得了优良的业绩，得到了业内的广泛认可，已成为中国紫外线消毒行业受人瞩目的领跑者。截至 2009 年上半年，公司已签约市政污水项目超过百个，设备处理量超过 1000 万吨/天。2007 年度公司被《中国环境报》、中国水网和《中国证券报》联合评为水业优秀设备公司，2009 年度公司被中国水工业互联网站评为中国十佳城镇污水处理厂主要设备供应商。

公司拥有独立的技术研发中心，建有专业化实验室，有20多名科研人员，其中具有博士学位和高级职称的研发人员占研发人员总数的30%以上，获得8项专利技术。2007年底，全国紫外线消毒标准委员会成立，总经理蔡晓涌先生被委任为该委员会的专家委员，重点参与了中国第一版紫外线消毒标准的草拟工作，并提出了专业化建议。公司雄厚的技术实力不仅成为立足市场的坚实基础，同时也为公司不断发展前进提供了原动力。

2.17 中冶京诚工程技术有限公司

所属地：北京

主营业务：勘察设计

企业介绍：中冶京诚工程技术有限公司（简称"中冶京诚"）成立于2003年11月28日，是由走过50多年光辉历程的中冶集团北京钢铁设计研究总院改制设立的股权多元化的大型国际化创新型工程技术公司。

作为国内外客户认可的知名品牌企业，中冶京诚坚持"诚信、创新、增长、高效"的企业精神，先后为国内外500余家客户提供了近5000项工程技术服务。在历年国家建设部、勘察设计协会等年度排名中，均位居前列，2007年、2008年连续2年位列百强之首。面对2008年全球金融危机等众多宏观经济不利因素，中冶京诚提前两年实现年营业收入超过百亿元的经营目标，并一直保持稳定增长。

作为全国勘察设计行业的龙头企业，中冶京诚以客户需求为导向，不断践行"全方位"服务模式，以国际化的发展模式，提供多行业的工程全流程服务，形成了以工程咨询和工程承包为中心，以装备制造和投资开发为支撑，以资产和资金运作为策应的业务架构；实现了从单一的钢铁行业工程咨询、设计业务向矿山和工业工程、装备和材料制造、市政和公用设施、资源开发业务转型，业务领域延伸至矿山、机械、造纸、电力、建筑、市政、公路、公用基础设施等多个行业。服务涵盖了工程设计、装备研发与制造、工程咨询、环境评价、环保核查、清洁生产审核、节能审计、项目管理、工程监理、招标代理、施工图审查等全过程、完整业务链。在业内率先获得"国家综合设计资质"、"国家工程监理综合资质"等一系列国家行业最高级别的行政许可。

2.18　天紫环保投资控股有限公司

所属地：天津

主营业务：全资源化废弃物处理

企业介绍：天紫环保投资控股有限公司坐落在天津市滨海新区，注册资金 5 亿元，系国家高新技术企业、天津市科技领军企业和城乡废弃物工程技术中心。自 2008 年进入环保领域后，公司进行了全方位探索创新，独树一帜地提出了"世界上没有真正的垃圾，只有放错地方的资源"的观点；明确以"地球、家园、己任"为企训，以实现生活废弃物资源化处理为目标，以打造绿色经济、循环经济、低碳经济为方向，以改善人类生存环境为使命。

集团主营业务涉及产品研发、装备制造、规划设计、建筑安装、垃圾处理、制肥制塑、有机农业、碳减排交易等多个领域，打造了一条废弃物处理的循环经济产业链。

公司自主研发的全资源化废弃物处理技术——TWR（Total Waste Recycling）拥有国家专利技术 300 余项，可将废弃物转化为优质有机肥、塑料颗粒、沼气等具有市场价值的再生资源，综合解决生活和农业废弃物的处理难题。公司在变废为宝、低碳循环的同时，解决了二次污染难题，真正实现了废弃物处理的减量化、资源化、无害化和实时化，率先走出了一条生活废弃物资源化处理之路。

2.19 山东五征集团有限公司

所属地：山东日照

主营业务：农业机械

企业介绍：山东五征集团成立于 1961 年。2000 年改制后，五征实施差异化发展战略，在行业以小搏大、以弱胜强，成为行业领军企业。2006 年以来，五征加快产业结构调整与升级，全力提升研发能力与制造水平，实现了由传统制造业向现代制造业转变，并先后收购浙江飞碟汽车和山东拖拉机厂，现已形成三轮汽车、汽车、电动三轮车、环卫装备、农业装备和现代农业六大产业，是中国机械工业重点骨干企业之一。

公司先后荣获"全国五一劳动奖状"、"中国机械工业现代化管理企业"、"山东省长质量奖"等称号；姜卫东董事长被评为"全国劳动模范"，当选为第十一届、第十二届全国人大代表。

2.20 北京仁创科技集团有限公司

所属地：北京

主营业务：新材料

企业介绍：北京仁创科技集团有限公司是一家集科、工、贸于一体的高新技术企业，国家首批创新型试点企业。公司坚持自主创新，从创新中诞生，在创新中发展，从创新中收获，拥有 6 家子公司、1 所研究院和 7 大生产基地，总部位于北京中关村高科技园区。仁创科技集团拥有一批富有创新精神的科研、生产与经营管理人才，其中博士 7 人、硕士 21 人、学士 67 人；高级工程师 23 人、享受国务院特殊津贴专家 3 人。

北京仁创科技集团有限公司是"硅砂资源利用国家重点实验室"建设单位，国家自主创新示范区"十百千工程"重点培育企业，并设立了博士后工作站。

历经 20 多年"风积沙综合利用技术"创新，开发出 150 多项原创性科研成果，成功解决美国、俄罗斯等发达工业国家多年来一直攻克而未果的技术难题，开辟了一条科学用砂治沙新途径，形成绿色可循环的工业型"砂产业"，为解决长期困扰人类的"沙漠化、水资源短缺、能源枯竭"三大世界性难题做出了成功的实践。

仁创科技集团专业致力于"砂产业"开发。"砂产业"就是以沙为原料，通过技术创新，加工成各种各样对人类有益的砂产品，系统集成形成"以砂治水、以砂增油、以砂低碳、以砂治沙"为代表的解决问题方案，从而开创出一个具有完整产业价值链的战略性新兴产业。

把沙漠中的风积沙加工成新型精密铸造材料——覆膜砂，实现"以砂精铸"。97%以上的国产化汽车发动机关键铸件均采用仁创覆膜砂生产而成。

把沙漠中的风积沙加工成"透油不透水"的新型压裂支撑剂——选择性孚盛砂，实现"以砂增油"。经大庆油田、胜利油田和中石化华东分公司等的应用，平均单井日提高石油产量2.3吨以上。

把沙漠中的风积沙加工成新型透水建材——生泰砂，实现"以砂治水"。成功运用于奥运工程、中南海办公区、国庆六十周年长安街改造工程、上海世博工程等。

把沙漠中的风积沙加工成"透气不透水"的生态保水材料——透气防渗砂，初步解决沙漠种植的世界性难题，使沙漠变为绿洲，实现"以砂治沙"。

仁创科技集团建立了完善的质量保证体系：通过了"ISO9001质量认证体系、ISO14001环境认证体系、OHSAS18001职业健康安全"三大管理体系认证。

2.21 广西丰林木业集团股份有限公司

所属地：广西南宁

主营业务：人造板

企业介绍：广西丰林木业集团股份有限公司是中国最大的木业企业

集团之一，人造板和营林造林是公司的两大业务板块。1996年广西第一张中密度纤维板在这里诞生，目前拥有广西南宁、百色、环江、上思4个人造板工厂共53万立方米/年生产能力和20多万亩自有速生丰产林，总资产逾十亿元。丰林国际有限公司（BVI）、中信集团金石投资有限公司和世界银行国际金融公司（IFC）为丰林的三大股东，集团总部设于广西南宁市白沙大道22号丰林大厦。公司主要产品为丰林牌中/高密度纤维板，以林业"三剩物"和"次、小、薪"柴为原料，是国家鼓励的资源综合利用项目，广泛用于装饰、装潢和家具、地板、音响制作，为国内众多一流企业提供生产家具、地板、门板的基材，拥有稳定的客户群和较高的市场信誉，2007年在中国国际木业（北京）博览会获得金奖。丰林自主研制的环保阻燃板已用于北京奥运乒乓球馆、北京国家图书馆和其他重要公共建筑、车辆船舶，是目前国内唯一替代进口的环保阻燃板品牌。丰林胶合板远销欧、美和东南亚等国家和地区。

2.22　江苏宝利国际投资股份有限公司

所属地：江苏无锡

主营业务：沥青

企业介绍：江苏宝利国际投资股份有限公司（以下简称"公司"）是一家专业生产道路沥青系列产品的高新技术上市公司（股票代码：300135）。主要沥青产品有：通用型改性沥青和乳化沥青、高铁乳化沥青、机场跑道特种沥青、高黏度改性沥青、高强度（模量）改性沥青、高弹性改性沥青、橡胶改性沥青、液体石油沥青、各类防水材料沥青等。公司还经销、仓储、中转进口重交石油沥青和国产重交石油沥青。

公司成立于2002年11月，位于江苏省江阴市云亭工业园区，占地175亩，在长江码头有自己的中转仓库，交通运输比较便捷。公司注册资本9.21亿元人民币，截至2014年，总资产达22.2亿元人民币，净资产达10.5亿元人民币。

公司拥有 7 家沥青生产公司（含总公司）、1 家道路桥梁 BT 投资公司、1 家国内贸易公司、1 家海外贸易投资公司、1 家融资租赁公司，共计 11 个公司。7 家沥青生产型企业分别为：陕西宝利沥青有限公司、湖南宝利沥青有限公司、吉林宝利沥青有限公司、新疆宝利沥青有限公司、四川宝利沥青有限公司、西藏宝利沥青有限公司、江苏宝利国际投资股份有限公司，均具有当地规模最大的沥青生产装置和沥青仓储库。随着业务的扩张，公司在产业链上不断延伸，并于 2012 年成立了全资子公司江苏宝利建设发展有限公司，主营道路、桥梁等 BT 项目投资业务。随后公司于 2014 年分别在国内和新加坡两地设立了贸易和投资公司，即宝利控股（新加坡）私人有限公司和江阴市宝利沥青新材料有限公司，新加坡子公司除了从事海外贸易业务外，还涉及海外投融资业务，对于公司进军国际、国内市场具有重要的战略意义。2015 年 2 月，公司在上海自贸区设立了一家融资租赁公司，即上海成翼融资租赁有限公司。目前公司全国布局已经形成，改性沥青的年产能不低于 60 万吨，重交沥青不低于 50 万吨。通过在全国各地设立子公司，宝利沥青的产品已辐射到华东、华中、华南、西北、西南、东北、新疆、西藏及非洲等国内外市场，是国内专业从事道路石油改性沥青生产的龙头企业、新标杆企业。

公司拥有先进的实验、检测设备和仪器，确保产品出厂质量符合相关技术要求。公司的沥青产品已广泛应用在江苏、海南、浙江等省份及自治区的高速铁路、高速公路、国道、省道和城市道路工程中。公司的沥青产品还远销阿尔及利亚等非洲国家，并取得了欧盟（CE）认证。

作为高新技术企业，截至目前，公司承担了国家科技支撑计划 1 项、国家火炬计划 1 项，拥有 12 项国家专利和 20 多项专有技术。组建了江苏省企业技术中心、江苏省博士后工作站。公司建立了完善的研发体系，被评为江苏省创新型企业。公司与国内著名科研院校产学研合作所形成的专家群体及多层次人才结构成为公司在道路沥青材料研究领域最有力的保障。

2.23 万华生态板业股份有限公司

所属地：北京

主营业务：板材

企业介绍：万华生态板业股份有限公司是全球规模最大的零甲醛秸秆板材供应商。万华生态板业股份有限公司于 2006 年底，由万华实业集团与红塔创新等五家股东公司共同投资组建，主要经营项目为零甲醛生态秸秆板、生态黏合剂的研发与生产，秸秆板材制造设备的研发与制造，实现了从生态胶黏剂、秸秆板材生产设备到板材生产的跨行业产业整合，是目前世界唯一同时拥有无醛胶黏剂技术、秸秆板制造专利技术和秸秆板装备制造技术的秸秆人造板生产供应商。

万华致力于通过开发、生产高质量的产品，拥有胶黏剂的研发与生产的全套设施及人员，是业内首家集产、学、研为一体的高科技公司，公司生产的零境界禾香板产品品质与其他类似产品相比实现了跨越式的提升。2009 年获国家科技进步二等奖；产品属国家级新产品及国家科技部重点推广项目，被列入国家 863 计划。目前公司拥有 1000 多名员工，现下设万华生态板业（荆州）有限公司、万华生态板业（信阳）有限公司、万华生态板业（栖霞）有限公司、信阳木工机械有限责任公司、万华装饰工程有限公司、万华研究设计有限公司、道生国际融资租赁股份有限公司和司空科技股份有限公司，总资产已达 20 亿元人民币。

2.24 江苏华宏实业集团有限公司

所属地：江苏无锡

主营业务：纺织原料、环保机械等

企业介绍：江苏华宏实业集团有限公司（简称华宏集团）是中国

制造业 500 强、中国民营企业 500 强企业。华宏集团下辖 13 家子公司。华宏化纤在全国化纤行业中排名第三，外贸出口位全国第一；华宏科技（股票代码：002645）上市五年来，已形成再生资源加工设备及电梯精密部件双轮并行发展的格局；新华宏铜业专注国内合金铜制品行业，是全球家电领导企业集团美的的全球供应商。投资企业华宏医药（股票代码：831488）于 2015 年新三板挂牌交易。

历经 20 年的发展，"华宏"、"伍仕"两品牌成为中国驰名商标。拥有国家级博士后工作站、院士工作站、企业研究生工作站、江苏省液压工程技术研究中心、江苏省认定企业技术中心在内的"三站两中心"。销售网络遍布全球，产品远销欧、亚、美等 30 多个国家和地区，与之相配套的、遍布全球的服务网络与办事处为快速响应用户需求提供了保证。

2.25　武汉蓝宁能源科技有限公司

所属地：湖北武汉

主营业务：节能技术

企业介绍：武汉蓝宁能源科技有限公司（简称：蓝宁能源）是在中国最大制冷空调企业之一"大连冰山集团"的支持和推动下，由武汉新世界制冷工业有限公司、西安奇通能源科技有限公司及其战略投资合作伙伴共同出资组建的节能产品研发、制造及技术与工程服务的高新技术企业，公司成立于 2015 年 6 月。蓝宁能源以自主研发节能工艺压缩机、天然气压缩机、天然气管道膨胀机及冷能回收、ORC 及蒸汽膨胀余热发电机为技术基础，通过研发、生产、销售、成套解决方案及工程技术服务、EPC 工程总承包、合同能源管理或 BOT 及相关咨询服务等经营模式，致力于推动先进节能技术的产业化。

蓝宁能源的使命是围绕实现股东各方的战略目标，集聚整合股东各方在研发设计、产品制造、工程实践、产业配套等方面的优势资源，利用产学研销一体化结合的体制优势，发挥企业主体和产业化平台的积极作用，推动具有自主知识产权的天然气管道膨胀发电及冷能回收、热电厂余热回收发电及其他余热回收利用等先进节能技术的产业化。

蓝宁能源控股方为武汉新世界制冷工业有限公司，其前身武汉冷冻机厂始建于 1954 年，距今已有六十多年设计制造制冷机的历史，为冰山集团核心企业，属于大型国有控股公司，2014 年集团实现销售收入 127 亿元。武冷自 1978 年开发成功国内第一台螺杆制冷机以来，已累计生产各类螺杆机 3 万余台。是中国空调制冷行业大型骨干企业之一。

2.26　中国船舶重工集团公司七一一研究所

所属地：上海

主营业务：柴油机研发

企业介绍：七一一所（SMDERI）创建于 1963 年，隶属于中国船舶重工集团公司，是中国唯一的国家级船用柴油机研发机构。

中国船舶重工集团公司（简称中船重工，CSIC）成立于 1999 年 7 月 1 日，是由原中国船舶工业总公司部分企事业单位重组成立的特大型国有企业，是国家授权投资的机构和资产经营主体，主要从事海军装备、民用船舶及配套、非船舶装备的研发生产，是中国船舶行业唯一一家世界 500 强企业，现有总资产 4127 亿元，员工 15 万人。

七一一所具有雄厚的研发实力和齐全的专业配置，拥有柴油机、热气机、动力系统集成、船舶自动化、节能环保装备、能源服务等六大战略业务，其核心技术与产品在国内处于领先地位并具有国际影响，已发展成为集研发、生产、服务、工程承包为一体的企业集团，服务于机械、石化、能源、交通运输等 20 多个行业和领域，涉及世界 30 多个国家和地区。

七一一所现有员工 2000 余名，其中专业技术人员超过 900 名，拥有中国工程院院士 1 名，博士生、硕士生导师 26 名，设有硕士、博士学位授予点和博士后流动站，41 人获得国务院特殊津贴。拥有 30 多个现代化试验室，主要专业研发设施达到国内领先、国际先进水平，拥有国内唯一的船舶动力系统国家工程实验室。共获得各类科技成果奖 464 项，其中国家科技进步特等奖 1 项、一等奖 4 项，拥有有效专利 285 项。

经过多年的发展，七一一所形成了柴油机、气体发动机以及核心零部件的科研、生产的产业布局，具备柴油机、气体及其核心零部件的开发能力，拥有 110 万千瓦（150 万马力）低速柴油机及其核心零部件、100 万千瓦中高速柴油机和气体发动机及其核心零部件的生产规模，产品包括引进专利许可证生产的曼恩品牌的中速柴油机、瓦锡兰品牌的中速和低速柴油机以及自主品牌的中速柴油机和气体机，产品功率范围为 500kW—35520kW，在全球范围内建有维修服务网点，提供完善的售后服务保障。

七一一所曾荣获"全国五一劳动奖状"，两次荣获"全国先进党组织"称号，十五次荣获"上海市文明单位"称号，获得中共中央、国务院、中央军委的表彰。

2.27　江西铜业集团公司

所属地：江西南昌

主营业务：金属矿业生产加工

企业介绍：江西铜业集团公司成立于 1979 年，肩负国家赋予的"摆脱我国铜工业落后面貌，振兴中国铜工业"的光荣使命。30 多年来，受益于国家经济持续增长，亦有赖于自身的专业与专注，已成为中国最大的阴极铜生产商及品种齐全的铜加工产品供应商，是中国铜工业的领跑者和有色金属行业综合实力最强的企业之一。

公司致力于持续发掘资源价值，恪守可持续发展承诺，满怀感恩和敬畏之心，坚定不移地以最小的环境代价，发掘出矿产资源的最大价值，追求人与自然的和谐共生。总部设在江西南昌，多元化的业务包括铜、金、银、稀土、铅、锌等多金属矿业开发以及支持矿业发展的贸易、金融、物流、技术支持等，在中国、秘鲁、阿尔巴尼亚、阿富汗等国建立了绿色矿业基地。通过我们的创造，十多种矿产资源转化为商品并最终进入人们的日常生活。旗下江西铜业股份有限公司先后于1997年和2001年分别在香港、上海完成H股和A股上市。2008年江铜集团实现整体上市。

江西铜业的阴极铜产量2014年达到128万吨，为中国第一、世界第二。2015年，江西铜业以337.8亿美元的销售收入位列《财富》世界500强第354位，比上年度前进27位。2014年为中国企业500强第74位，2015年为第71位。位居2015《福布斯》全球企业2000强第952位。

2.28　中信重工机械股份有限公司

所属地：河南洛阳

主营业务：重型机械制造

企业介绍：中信重工机械股份有限公司（CITIC Heavy Industries Co., Ltd.，英文缩写为"CITIC. HIC"，中文简称"中信重工"）原名洛阳矿山机器厂，是国家"一五"期间兴建的156项重点工程之一。1993年并入中国中信集团公司，更名为中信重型机械公司。2008年元月，改制成立中信重工机械股份有限公司。2012年7月，公司A股股票在上海证券交易所成功挂牌并上市交易。

历经60年的建设与发展，中信重工已成为国家级创新型企业和高新技术企业，世界最大的矿业装备和水泥装备制造商，中国最大的重型机械制造企业之一，中国低速重载齿轮加工基地，中国大型铸锻和热处理中心。拥有"洛矿"牌大型球磨机、大型减速机、大型辊压机、大型水泥回转窑四项中国名牌产品，可为全球客户提供矿山、冶金、有色、建材、电力、节能环保、电气传动和自动化、关键基础件等产业和领域的商品、工程与服务。被誉为"中国工业的脊梁，重大装备的摇篮"。

中信重工拥有国家首批认定的国家级企业技术中心，位列全国 887 家国家级技术中心前十，荣获国家技术中心成就奖，所属的洛阳矿山机械工程设计研究院，是国内最大的矿山机械综合性技术开发研究机构，具有甲级机械工程设计和工程总承包资质，专业从事国家基础工业技术装备、成套工艺流程的基础研究和开发设计。拥有国家重点实验室——"矿山重型装备实验室"。博士后工作站建成运行。成立院士专家顾问委员会，形成了一支由业内各领域科学泰斗组成的高层次专家团队和高智力创新载体。

中信重工以技术创新为核心战略，开发拥有"年产千万吨级超深矿建井及提升装备设计及制造技术"、"年产千万吨级移动和半移动破碎站设计及制造技术"、"日产 5000—12000 吨新型干法水泥生产线成套装备设计及制造技术"、"低温介质余热发电成套工艺及装备技术"、"利用水泥生产线无害化处置生活垃圾技术"等 20 多项核心技术，形成了大型化、集成化、成套化、低碳化的绿色产业新格局。

中信重工是国家首批确定的 50 家国际化经营企业之一。着眼全球化战略布局，中信重工着力打造全球化的营销与服务网络：全资收购西班牙 GANDARA 公司，设立澳大利亚公司、巴西公司、智利公司、南非公司、印度及东南亚公司、俄罗斯办事处等；独家买断 SMCC 的 100% 知识产权，成为全球最先进的选矿工艺技术的拥有者。

2.29　中国一拖集团有限公司

所属地：河南洛阳

主营业务：农业装备

企业介绍：中国一拖集团有限公司（以下简称"中国一拖"）是

国家"一五"时期 156 个重点建设项目之一，1955 年开工建设，1959年建成投产，现为中国机械工业集团有限公司子公司。新中国第一台拖拉机、第一辆军用越野载重汽车在这里诞生。建成投产五十余年来，为国家农业机械化提供拖拉机、柴油机等各种装备 360 多万台，拥有的"东方红"商标为中国"驰名商标"。

"十五"以来，中国一拖抓住国家振兴装备制造业、加快社会主义新农村建设的机遇，坚持以加快结构调整、转变发展方式为主线，通过加大重点产品研发、技改投入力度，基本形成了农业机械、动力机械及零部件等多元结构发展的格局。农业机械业务具有国内最完整的拖拉机产品系列，拥有国际先进、国内领先的具有自主知识产权的产品技术。其中，大功率拖拉机国内市场份额第一，动力机械业务在国内非道路用柴油机行业排名第一。近年来，企业销售收入每年以 20% 的幅度递增。

2.30 北京碧水源科技股份有限公司

所属地：北京

主营业务：污水处理和资源化应用

企业介绍：北京碧水源科技股份有限公司是由归国学者于 2001 年在中关村国家自主创新示范区创办的高科技企业。目前公司净资产超过120 亿，在国内外拥有超过 80 家子公司，并于 2010 年 4 月在深交所创业板挂牌上市，上市后市值一直处于创业板前列，复合增长率达 60%。2015 年，国家开发银行旗下国开金融持有碧水源 10.48% 的股份，成为碧水源第三大股东，开启了环保行业混合所有制改革新模式。

碧水源是国家首批高新技术企业、国家创新型企业，公司具有完全自主知识产权的全产业链膜技术（微滤、超滤、纳滤、反渗透）。致力于解决"水脏、水少、饮水安全"的国家资源战略问题，致力于使污水变成资源，解除水污染之困，化解水短缺之忧，从而实现中央政府提出的"发展循环经济，实现可持续发展"的战略目标。业务领域涵盖水务全产业链：膜技术研发以及膜设备制造、市政污水和工业废水处理、污水资源化及再生利用、固废污泥处理、自来水处理、海水淡化、水务工程建设、水务投融资，以及民用、商用净水设备等。

碧水源是中国唯一一家集膜材料研发、膜设备制造、膜工艺应用于一体的企业，建有全球规模最大的膜研发制造基地。公司核心产品——MBR 膜生物反应器具有占地面积小、污泥产量少、出水水质优于地表水 IV 类等优势。2014 年碧水源成功研发出全球首个具有完全自主知识产权的创新膜产品——超低压选择性纳滤（DF）膜，出水水质达到地表水 II 标准，真正意义上实现了"废水资源化"，为解决我国水脏、水少、饮水不安全问题找到了新出路。

凭借先进的技术工艺和高超管理水平，碧水源参与了众多国家水环境治理重点工程，包括南水北调丹江口污水处理工程、无锡环太湖地区水环境治理重点工程、北京引温济潮跨流域调水工程（世界上最大的 MBR 工程）、北京奥运龙形水系工程以及国家大剧院水处理工程等。

碧水源 2007 年开始在水务领域摸索采用 PPP 模式与地方政府合作，业务拓展至云南、新疆、山东、江苏及贵州等省区，在全国拥有 92 个水务 PPP 项目。目前碧水源以 PPP 模式成立的合资公司超过 30 家，水处理能力达到每天 1000 万吨，覆盖了全国 20 多个省份和地区，服务人口超过 6000 万。

碧水源公司与英国曼彻斯特大学商学院、佐治亚理工学院经济发展研究中心、英国 Global Water Intelligence（全球水资讯）有深度交流，并将积极探索交流合作。碧水源期待能在水务方面与英国的科研机构、水务企业开展技术、管理等各层面的交流与合作，希望了解借鉴英国企业在全球范围内开展 PPP 项目和基础设施建设方面的经验。

2.31 中国冶金科工集团有限公司

所属地：北京

主营业务：钢铁工业建设工程

企业介绍：中国冶金科工集团有限公司（简称中冶集团）是国务院国资委监管的特大型企业集团，是新中国最早一支钢铁工业建设力量，是中国钢铁工业的开拓者和主力军。

从 1948 年投身"中国钢铁工业的摇篮"鞍钢的建设，到建设武钢、包钢、太钢、攀钢、宝钢等，公司先后承担了国内几乎所有大中型钢铁企业主要生产设施的规划、勘察、设计和建设工程，是构筑新中国"钢筋铁骨"的奠基者。

中冶集团是全球最大最强的冶金建设承包商和冶金企业运营服务商，是国家确定的重点资源类企业之一，是国内产能最大的钢结构生产企业，是国务院国资委首批确定的以房地产开发为主业的 16 家中央企业之一，也是中国基本建设的主力军，在改革开放初期，创造了著名的"深圳速度"。2015 年公司在"世界 500 强企业"排名中位居第 326 位，在 ENR 发布的"全球承包商 250 强"排名中位居第 10 位。

中冶集团作为国家创新型企业，拥有 13 家甲级科研设计院、15 家大型施工企业，拥有 4 项综合甲级设计资质和 23 项特级施工总承包资质，其中，双特级施工资质企业数量达 11 家，位居全国第一。拥有 17 个国家级科技创新平台和国家级重点实验室，累计拥有有效专利 16241 件，位居中央企业第四名。累计获得国家科学技术奖 54 项，中国建设工程鲁班奖 78 项（含参建），国家优质工程奖 121 项（含参建），中国土木工程詹天佑奖 9 项（含参建），冶金行业优质工程奖 459 项。拥有 53000 余名工程技术人员，中国工程院院士 1 人，国家勘察设计大师 12 人，中央直接联系的院士、专家 3 人，国家百千万人才工程专家 4 人，享受国务院政府特殊津贴人员 500 余名。

2.32 中国通用技术（集团）控股有限责任公司

所属地：北京

主营业务：先进技术装备

企业介绍：中国通用技术集团成立于1998年3月，是由中央直接管理的国有重要骨干企业，是我国最大的先进技术装备引进服务商、最大的轻工产品和医药保健品进出口商、最大的移动通信终端产品分销与服务商，同时也是我国重要的装备制造商、国际工程承包商、医药生产与供应商、技术服务与咨询商、建筑地产商。

集团主业包括装备制造、贸易与工程承包、医药、技术服务与咨询、建筑地产等五大板块。各板块主力子公司大多具有半个多世纪的历史，实力雄厚，资质齐全，品牌信誉卓著，在我国相关行业或细分领域发挥着重要骨干作用，长期以来为经济社会发展作出了重要贡献。目前集团共有境内二级经营机构32家（其中A股上市公司2家），境外机构58家，员工总数45000多人。

集团具有较强的集成服务能力和资源整合能力，能够为客户提供集市场开发、商务服务、融资安排、关键装备制造、工程设计与施工、技术服务与咨询在内的一揽子解决方案；拥有比较完善的国内外市场营销网络、物流配送网络，与世界上100多个国家和地区建立了稳定的贸易与合作关系，有较强的国内外一体化经营能力；具有较强的科技创新能力，拥有一批国家级工程技术中心、重点试验室、检验检测机构和国家认定企业技术中心，拥有有效专利数量在中央企业中位居前列；与国际国内大企业、金融机构有长期稳定的战略合作关系；拥有门类齐全、素质较高、经验丰富的人才队伍；资产质量较高，投融资能力较强。

2015年度在美国《工程新闻纪录》（ENR）排名榜中以276.7亿美元营业收入排名第93位，中国排名第20位。

2.33 中钢设备有限公司

所属地：北京

主营业务：冶金、矿业、电力、煤焦化工、节能环保、机电产品贸易

企业介绍：中钢设备有限公司（简称中钢设备，英文简称 SINOS-TEEL MECC）为中钢国际全资的唯一经营性资产，控股、参股 7 家投资企业。公司及其下属企业拥有冶金、建筑行业甲级工程设计、钢铁、建筑专业甲级工程咨询、环境工程专项设计、生态建设和环境工程咨询甲级、特种设备设计、设备成套、设备监理、对外承包、对外贸易经营、环境污染治理设施运营等齐备的资质，拥有国家环境保护工业烟气控制工程技术中心、国家工业烟气除尘工程技术研究中心，通过了质量、职业健康安全和环境体系认证。公司作为中国知名的冶金工程技术公司，在中国钢铁工业发展历程中做出了突出的贡献，先后承担了国内各主要大型钢铁企业 400 多项国家重点建设项目。

作为最早"走出去"的中国企业，公司在海外冶金工程市场享有较高的声誉，已在海外搭建起较为完善的经营网络，形成了成熟的工程项目、单机与备品备件市场。公司具备钢铁联合企业全流程工程总承包能力，是目前冶金行业工程公司中专业领域经营范围最宽泛的企业，部分专业处于行业领先水平。同时，公司已将钢铁行业工程总承包业务模式成功复制到矿业、电力、煤焦化工、节能环保等相关多元化业务领域，并取得重大突破，部分示范项目已投产并通过验收，在海内外市场产生了积极的影响。

目前，公司已形成冶金、矿业、电力、煤焦化工、节能环保、机电产品贸易等 6 大主营业务板块。公司自 2004 年参加中国勘察设计协会"中国工程总承包企业营业额百名排序"以来，一直居于冶金行业企业前列。2014 年，公司工程总承包完成合同额位列全行业第 6 名、冶金行业第 1 名。公司为我国首批对外承包工程 AAA 级信用企业，并先后

被评为中国机电进出口企业（大型成套设备）AAA级信用企业、中国对外贸易AAA级信用企业和国际经营信用AAAAA级企业。公司连续6年入选美国《工程新闻纪录》（ENR）全球最大250家国际承包商和最大250家全球承包商，2014年位列国际承包商第147位，位列全球承包商第140位。

2.34 中国寰球工程公司

所属地：北京

主营业务：化工装置

企业介绍：中国寰球工程公司隶属于中国石油天然气集团公司，是以技术为先导，以设计为龙头，集咨询、研发、设计、采购、施工管理、设备制造、开车指导等多功能于一体的，具有项目管理承包和工程总承包综合能力的国际工程公司，是智力密集、技术密集的科技型国有骨干企业。

五十多年来，先后完成了两千多项跨行业的国内外大中型项目的咨询、设计、施工和总承包建设任务，在国际规模的大型乙烯、大型炼油、大型聚丙烯、大型LNG和大型化肥等15大类装置上具备总承包能力并拥有骄人业绩。

公司现有员工9875人，高层次技术人才阵容强大，高级技术专家、专业带头人225人，高级技能专家9人，高级别国家注册执业资格人员1471人，98%的专业技术人员具备用英文按美、欧、日本标准和中国国标进行设计和建设的工作能力，教授级高级工程师165名，高级工程师1103名，在欧、美、日等国工程公司工作和培养两年以上的人员120多名，具有硕士（含双学士）和博士学位的人员652名，有丰富经验的高级项目管理人员236多名，国际化人才960人。

拥有雄厚的科研实力，承担了多项大型化工装置的科技攻关任务，获得国家授权专利62项，已受理专利23项；国家级工法3项，省部级工法 14 项；有 60 项具有竞争优势的专有技术，10 余项自行开发或正在开发的具有市场价值的工艺创新技术，38 项自行开发的计算机软件。荣获国际和国家级、省部级发明奖、科技进步奖、优秀工程设计奖等奖项 491 项，主编和参编的国家标准规范 33 项、行业标准规范 47 项、中国石油天然气集团公司企业标准 9 项、协会标准规范 8 项，为大型化工装置的国产化及以高新技术带动国际工程承包和机电产品出口奠定了坚实基础。

2.35 中铝国际工程股份有限公司

所属地：北京

主营业务：工程设计与咨询、工程建设和总承包以及装备制造

企业介绍：中铝国际工程股份有限公司（简称"中铝国际"）是中国铝业公司的工程技术板块，前身是 2003 年 12 月 16 日在中华人民共和国（中国）注册成立的中铝国际工程有限责任公司，2011 年 6 月 30 日改制为股份制公司后，于 2012 年 7 月 6 日在香港联交所主板成功上市。现办公地址位于北京市海淀区杏石口路 99 号 C 座（北京市海淀区杏石口路立交桥东北角）。

中铝国际现有员工 10000 余人，是一家集技术研发、工程建设、测绘勘察、装备制造、科技成果产业化于一体的高新工程技术服务企业，目前主要从事工程设计与咨询、工程建设和总承包以及装备制造业务。中铝国际所属的企业包括 60 年代中国有色金属工业 8 大甲级设计院所中的 4 家甲级设计研究院（沈阳铝镁设计研究院、贵阳铝镁设计研究院、长沙有色冶金设计研究院、洛阳有色金属加工设计研究院）、1 家勘察设计企业（中国有色金属长沙勘察设计研究院）和 5 家大型综合建筑安装公司（中国有色金属工业第六冶金建设有限公司、中色十二冶金建设有限公司、中铝国际山东建设有限公司、中铝长城建设有限公司和中铝国际天津建设有限公司）。这些成员企业大都成立于 20 世纪

五六十年代，参与了我国冶金、交通、电力、石油、化工、建材、军工等多个行业的规划、科研、设计和工程建设，尤其是在有色金属领域的采矿、选矿、冶炼和金属材料加工等方面拥有一系列专有技术，在多个行业取得54项设计和咨询资质，创造出了多项"中国第一"和"中国企业新纪录"，取得多项建设金奖、鲁班奖等奖项，为我国国民经济建设与社会发展做出了积极贡献，特别是为有色金属工业的发展和技术进步建立了卓越功勋，在业界享有盛誉。

2.36　山东科瑞石油装备有限公司

所属地：山东东营

主营业务：高端石油装备

企业介绍：科瑞石油是一家集高端石油装备研发制造、油气田一体化工程技术服务、油气 EPC 工程总承包三位一体的综合性产业集团，是中国最大的油气设备生产和服务提供商。集团现有员工 8000 余人，总部位于中国第二大油田胜利油田所在地——东营市。

集团拥有总占地面积 240 万平方米的七个大型生产制造基地，研发、设计、制造陆地与海洋钻井/修井装备，油田大型压裂机组，连续油管车、固井车、制氮车等特种作业装备，天然气压缩机设备，油气生产处理工艺系统，天然气液化装置，井口、井控系统，采油机械等九大系列高端石油装备产品。

科瑞在总部以及北京、上海、新加坡、休斯顿、卡尔加里等地区设立了 16 个技术研发中心，技术人员占员工总数约 50%。科瑞目前已在全球 57 个国家设立了分子公司、技术服务站及零配件仓库，海外分支机构员工本土化率超过 51%。拥有遍布多个国家的钻井、修井作业、连续油管技术服务、压裂施工服务、欠平衡钻井服务、稠油开采技术服务等油田服务队伍 200 余支，在提升采收率、老旧油田改造、疑难油田开发等方面掌握世界领先技术，在页岩气、煤层气等非常规油气开发领域拥有杰出能力。科瑞拥有出色的油田 EPC 工程总承包及系统解决方案提供的能力，可根据全球油气田条件定制成熟的油气生产处理系统，提供原油、天然气、污水处理场站综合解决方案，在高度集成化小型撬装 LNG 液化装置和中大型模块化 LNG 液化工厂领域拥有国际领先技术。

2.37　大连冷冻机股份有限公司

所属地：辽宁大连

主营业务：制冷空调

企业介绍：大连冷冻机股份有限公司（以下简称大冷股份）始建于 1930 年，是中国工业制冷行业领军企业——大连冰山集团有限公司的核心企业。大冷股份专注冷热事业，致力于发展工业制冷、食品冷冻冷藏、中央及商用空调、零部件、工程贸易服务事业领域，融合了中、日、美、德、英等国家和地区的先进技术基因，原发创新、引进消化吸收再创新、集成创新核心冷热技术，引领行业新发展，创造客户新价值。

大冷股份出资设立了 25 家企业，构成了以大连冰山工业园区为中心，以武汉和常州冰山工业园区为支撑的总面积为 130 多万平方米的冷热装备研发生产基地。

大冷股份及出资公司，围绕冷热五大事业领域，打造了我国最完备的冷热产业带，构建了从最初一公里到最后一百米的全程冷链，成为我国唯一掌握全部制冷关键技术的绿色装备企业。

2016 年，大冷股份将建成智能制造示范基地，依托我国最大的冷热性能试验中心，建设冷热技术创新中心，持续引领中国冷热事业的发展。大冷股份依托国家级企业技术中心、企业博士后工作站、中国最大最完备的性能试验中心，坚持政产学研用相结合，创建国家标准，遵循国际标准，精心打造"绿色、智能、安全"的冷热产品研发创造体系，获得进入国际市场的通行证。

2.38　中车株洲电力机车有限公司

所属地：湖南株洲

主营业务：电力机车研制

企业介绍：中车株洲电力机车有限公司坐落于美丽的湘江之滨，毗邻京广、沪昆铁路线，占地 2.25 平方公里，是中国中车旗下的核心子公司，中国最大的电力机车研制基地、湖南千亿轨道交通产业集群的龙头企业，被誉为"中国电力机车之都"。自 1936 年创建以来，始终保持快速健康发展，创造了中国轨道交通装备领域的诸多纪录。公司主要业务集中在电力机车、城轨车辆、城际动车组、磁浮车辆、储能式有轨/无轨电车等新技术公共交通车辆、重要零部件、专有技术延伸产品及维保服务等领域。目前，公司总资产 260 亿元，在国内外设有 20 余家子公司，2015 年实现销售收入 260 亿元、利税 34 亿元。

中车株洲电力机车有限公司坚持创新驱动发展，持续加大研发投入，推动制造能力升级。在 1 万余名株机人中，超过 25% 的员工从事产品及工程技术的研究与开发，其中包含 1 名在企业成长的中国工程院院士以及 10 名享受国务院特殊津贴的行业专家。公司拥有全球最大的电力机车产能、与欧洲标准接轨的城市交通装备研发制造能力，以及分布在业主城市能快速响应的造修基地。公司建有国家级企业技术中心和检测试验中心，掌握了系统集成、交流传动、重载运输、磁悬浮、车辆储能、铰接轻轨车辆、高速受电弓、超级电容等多项前沿技术，始终处于轨道交通装备行业的最前列。

中车株洲电力机车有限公司致力于改善公众出行条件，创造与环境和谐发展的交通运输方式。在电力机车领域，自 1958 年研制出中国第一台电力机车以来，先后研制出快速客运、客货两用、重载货运等各型干线电力机车 41 种，累计 7500 余台，占中国电力机车总量的 60% 以上，引领中国电力机车实现由普载向重载、由直流传动向交流传动的转变，是全球最大功率电力机车的研制者，站在了世界行业技术的制高点。

中车株洲电力机车有限公司是中国装备"走出去"的先锋。公司凭借卓越的品质、可靠的性能、优秀的履约能力得到了国际客户的广泛认可。自 1997 年实现中国电力机车整车出口"零"突破以来，先后在伊朗、乌兹别克斯坦、哈萨克斯坦、新加坡、土耳其、印度、马来西亚、南非、埃塞俄比亚、马其顿等国家获得近 30 个项目订单，出口产品包括机车、地铁、轻轨、动车组、地铁工程维护车，合同额累计 300 亿元。公司在马来西亚轨道交通领域的市场占有率达到 80% 以上，为其量身打造的世界最高速米轨动车组已经成为吉隆坡一道亮丽的风景线。公司勇夺南非 21 亿美元电力机车订单，创造了中国轨道交通装备行业的出口之最。公司获得马其顿动车组订单，实现中国动车组首次出口欧洲。同时，公司在马来西亚、南非、土耳其、印度等地成立多家子公司，开展国际化经营。国务院总理李克强来公司考察期间，评价公司的产品是中国装备"走出去"的代表作。

2.39　湖南科力远新能源股份有限公司

所属地：湖南长沙

主营业务：先进储能材料

企业介绍：湖南科力远新能源股份有限公司创建于 1998 年，以专利技术进入先进储能材料行业并迅速崛起，2003 年在上海证券交易所上市，股票代码 600478。公司总部位于国家级长沙高新技术产业开发区，在中国上海、长沙及日本等布局了八大产业基地，缔造了一条从先进储能材料、先进电池、汽车动力电池能量包到油电混合动力汽车动力总成系统、电池回收系统的完整产业链，并拥有完全知识产权，产品成功进入丰田、本田等高端供应链体系，全面融入国际化高端产业分工。

公司全面推行精益管理与智能化制造，融合工业 4.0，拥有强大的自主创新平台和油电混合动力汽车总成系统平台。2009 年，科力远牵头组建了先进储能材料国家工程研究中心，这是先进储能材料及先进储能技术领域目前唯一的国家级工程中心。2014 年 10 月与吉利控股集团合资成立科力远混合动力技术有限公司，共同开发 CHS 深度混合动力总成项目，破解了国内油电混合动力汽车发展的技术瓶颈。

公司现有员工近 4000 人，其中硕士以上学历 500 多人。以钟发平博士为核心，汇聚了国内外电池行业知名专家、教授、院士 100 多人，其中日本专家数十人。经过十多年的拼搏，成就了先进储能材料及高能动力电池产业的龙头地位。公司拥有 357 项自主知识产权的专利核心技术，并获得 283 件全球专利许可，工程转化能力和技术达到国际先进水平，是我国先进储能材料、汽车动力电池和储能应用系统的重要生产、研发基地和销售服务中心。

公司拥有湖南长沙、常德、益阳、甘肃兰州、上海闵行、广东深圳、江苏常熟、日本茅崎等八个产业基地，战略布局到了美国和欧洲。旗下拥有常德力元新材料有限责任公司、兰州金川科力远电池有限公司、益阳科力远电池有限责任公司、湖南科霸汽车动力电池有限责任公司、日本湘南 CORUNENERGY 株式会社、科力远混合动力总成系统有限公司、科力远（上海）汽车动力电池系统有限公司、科力远（绍兴）汽车动力电池系统有限公司、科力远华南基地、科力远（美国）商贸有限公司、科力远新能源（欧洲）有限公司、北京科力远科技有限公司、深圳先进储能技术有限公司，并参股湖南稀土产业集团、科力美（中国）汽车动力电池有限公司。

2.40   湖南永清投资集团有限责任公司

所属地：湖南长沙

主营业务：环保全产业链综合服务

企业介绍：湖南永清投资集团有限责任公司成立于 1998 年，是一家环保全产业链的综合服务集团，是"中国最佳创新企业 50 强"公司，也是中国环保产业协会副会长单位和湖南省环保产业协会会长单位。2014—2015 年公司连续两年入选美国《福布斯》杂志排行榜。2016 年全国两会期间，习近平总书记参加湖南代表团审议时，对永清自主研发的耕地治理稻米降镉富硒技术给予了高度关注与肯定。

公司资产超过 100 亿元，现有员工 1100 多人，下辖永清环保、永清水务、永清制造、永清东方除尘、永清研究院等多家专业子公司，并先后在北京、江苏、上海、广州、深圳等多个重点城市成立了子公司。其中，永清环保股份有限公司（300187. SZ）是湖南省唯一一家 A 股上市环保企业。

永清是全方位的环境综合治理服务提供商。公司长期致力于环境保护事业，已形成集研发、咨询、设计、制造、工程总承包、营运、投融资为一体的完整的环保产业链，业务范围已涵盖土壤修复、环境咨询、清洁能源、雾霾治理、污水治理、设备制造、环境检测等环保全领域。永清是全国屈指可数的全能型、平台型环保企业，也是环保部批准的全国第一家地市级合同环境服务试点单位和全国首批环境污染第三方治理试点单位。

永清是环保技术创新的领先者。公司高举"开拓创新、务实求精"的旗帜，不断创新环保技术，目前，在耕地污染治理、土壤修复、超低排放、垃圾焚烧等领域掌握了核心技术，拥有 60 余项技术专利。其中，以自有技术生产的离子矿化稳定剂是国内技术最成熟、实践应用最多的修复药剂。2015 年，永清环保并购全球领先的土壤及地下水修复企业美国 IST 公司，极大提升了永清在土壤修复技术领域的领军地位。

永清将致力打造中国环保领域的"苹果"。快速发展中的永清，将继续秉承"领先环保科技，创造碧水蓝天"的宗旨，以打造"千亿产业、百年永清"为目标，致力于发展成中国环保领域的"苹果"式品牌企业，为助力绿色发展，建设美丽中国作出积极贡献。

2.41　泰富重装集团有限公司

所属地：湖南湘潭

主营业务：先进装备制造及系统总承包、配套服务

企业介绍：泰富重装集团是一家以先进装备制造及系统总承包、配套服务为主的创新型企业集团，主要为客户提供物料输送高端成套装备、港口和海工装备的设计、研发、制造、销售、安装、调试、售后服务、融资租赁及总承包、配套服务。

集团下设泰富重工、泰富国际工程、泰富海工、泰富建设、泰富国贸、泰富租赁、泰富投资、泰富中诚等 20 多个子公司，在北京、上海、香港等地成立了分公司，在巴西里约热内卢、印度加尔各答、澳大利亚悉尼、韩国浦项等设立了办事处。

目前集团正努力打造以"中国国际高端装备交易服务创新中心"为基础，以"湖南九华工业园"和"天津临港工业园"为主体的"一体两翼"主要构架。

通过与德国西门子、iSAM 自动化、丹麦 FLSmidth（艾法史密斯）公司和澳大利亚卧龙岗大学等国际知名的企业和院校合作，泰富重装成功攻克了智能化海上移动码头、全智能无人化散料输送装备系统和环保节能料场等业内多项核心技术，研发了中国最大管径的长距离大运量圆管带式输送机系列产品，开辟了先进装备领域的工业 4.0 时代，技术水平已跻身国际先进行列。

成立以来，泰富重装已完成了由制造型企业向制造服务型企业的成功转型升级，从单一产品制造商成长为系统配套服务提供商，通过并购与战略合作整合设计、制造、施工、项目管理等上下游产业链资源，从根本上改变了原有的设计、制造、施工、服务互相分割及集成性差的格局，目前泰富可为客户提供系统成套服务，正日益成长为港口、水运及

散装物料输送系统行业的领军企业。

泰富重装致力于打造先进装备智能制造示范企业，并已形成了以智能化设计、智能化生产和智能化服务为基础的智能制造体系：采用三维参数化设计软件、PDM、PLM、ERP、模拟仿真等信息化和数字化技术等进行产品设计，实现产品设计智能化；引入物联网理念，实现了信息化、远程管理控制和智能化的网络，从而达到智能生产的要求；建造以智能无人化环保料场系统和智能海上移动码头为标志的高端智能化成套产品，打造产品售后服务平台、工程总包管理智能化管理平台、产品远程运维，先进装备智能电子商务交易服务平台。

通过技术创新、产业升级实现生产过程智能化、自动化和绿色化，从产品下料到零部件加工、焊接、涂装、检测、装配采用智能化生产线，三到五年内智能制造各关键工序设备数控化率将达85%以上，从而提升先进装备制造服务的专业化生产能力，做"中国制造2025"的引领者。

2.42 株洲硬质合金集团有限公司

所属地：湖南株洲

主营业务：硬质合金、超硬材料及工具；钨、钼、钽、铌等难熔金属制品、化合物及深度加工产品；金属陶瓷、精密陶瓷。

公司介绍：株洲硬质合金集团有限公司坐落于全国交通枢纽城市、动力之都——株洲市，是国家"一五"期间建设的156项重点工程之一。公司主要生产金属切削工具、矿山及油田钻探采掘工具、硬质材料、钨钼制品、钽铌制品、稀有金属粉末制品等六大系列产品。硬质合金号称"工业的牙齿"，广泛应用于冶金、机械、地质、煤炭、石油、化工、电子、轻纺及国防军工等领域，是一个基础性产业，关系到国民经济发展的质量和水平。公司目前下设2个产品专业事业部、12个生产厂、5家控股子公司，是国内大型的硬质合金生产、科研、经营和出口基地，被湖南省认定为"十大标志性工程"企业。

公司拥有较强的自主创新能力。公司是国家首批认证的国家级技术中心、湖南省第一家博士后科研工作站挂牌单位，拥有国内领先水平的钻石切削刀具研发中心、硬质材料研发中心和国家级分析测试中心。公司通过了质量、职业健康安全和环境管理体系认证，采用国际标准和国际先进标准的产品超过80%。目前公司技术创新投入达到销售收入的3%，新产品贡献率达到25%以上。钻头、PCB加工工具、大制品、切削刀具等产品达到或接近当代国际先进水平，超细碳化钨、复合粉等多项生产技术在国内同行中居于领先地位。公司2009年成为行业内唯一一家拥有硬质合金国家重点实验室的企业，2013年被国家工信部、财政部认定为"国家技术创新示范企业"，进入到国家级技术创新示范企业行列，是硬质合金行业首个"国家技术创新示范企业"。

公司结构调整稳步推进。"十一五"时期，公司按照"分块做强，整体做大"的思路，整合主体生产厂，提升专业发展水平。"十二五"以来，公司按照"核心裂变，纵延横联"的发展战略，启动了精密工具产业园建设，积极推进高性能超细晶硬质合金生产线等多个技术改造项目。通过技术改造、产业链整合与布局，公司产品专业化生产模式基本形成，产品结构调整取得重大突破，已形成金属切削刀具、IT加工工具、以及硬质材料、钻掘工具、难熔金属等产业板块，基本形成以硬质合金为主导产业，以深加工、精加工及配套工具为重点，以高端产品为核心，以通用产品为依托的新型产业格局。

公司拥有健全的营销网络。前移营销平台，着力构建以点带面、点面结合、多层次、多渠道的立体营销网络，产品国内市场占有率30%左右，并销往世界70多个国家和地区。"钻石牌"商标相继在英国、丹麦、韩国、澳大利亚、加拿大等47个国家与地区注册，成为硬质合金领域拥有较大行业影响力、国际知名度的现代企业集团。

3. 农林牧渔食品

3.1 中国农业发展集团有限公司

所属地：北京

主营业务：农业、渔业

企业介绍：中国农业发展集团有限公司（简称"中农发集团"）是原中国水产（集团）总公司在与中国牧工商（集团）总公司重组的基础上，于2004年10月组建成立，并于2011年1月按照《公司法》改制更名。中农发集团系国务院国有资产监督管理委员会直接管理的唯一一家大型综合性农业类中央企业，是我国农牧渔业"走出去"发展、国家动物疫病防控等领域的龙头企业，在我国农业产业领域，较好地发挥了中央企业应有的影响力和带动力，具有不可替代的特殊地位和作用。集团资产总额236多亿元，员工5万多人。目前集团拥有全资及控股子公司19家、上市公司4家，业务遍及全国各省（自治区、直辖市），在世界40多个国家（地区）建立了分支机构或基地，与80多个国家（地区）保持经贸往来。

中农发集团作为国有独资公司，对外开展国际合作，开发国外农业、渔业资源；对内参与农业产业化，服务"三农"，在农业领域发挥重要的影响和带动作用。集团主要有三大核心主业领域：以大型工业化远洋捕捞、国际农业资源开发为主体的战略性资源开发，以高科技生物疫苗、兽药等为主体的动物疫病防控产品的研发、生产、销售，以现代种业、农业保险和农业国际贸易为主体的"三农"服务产业；同时发展与核心业务相关的其他配套产业，如柴油机制造和港口建设等。

3.2　中农发种业集团股份有限公司

所属地：北京

主营业务：农业种子

企业介绍：中农发种业集团股份有限公司（简称"农发种业"）成立于1999年8月，2001年1月在上海证券交易所上市，证券代码：600313。公司现有注册资本为36728.7248万元，实际控制人为中国农业发展集团有限公司（简称"中农发集团"）。

在中国种业产业升级的新时期，农发种业积极担当中农发集团发展现代种业的社会责任和历史使命，本着"产业投资"的坚定理念，致力于打造现代种业。目前拥有控股子公司9家，包括8家种业子公司和1家农资公司，分别是：河南黄泛区地神种业有限公司、广西格霖农业科技发展有限公司、湖北省种子集团有限公司、洛阳市中垦种业科技有限公司、中垦锦绣华农武汉科技有限公司、山西潞玉种业股份有限公司、江苏金土地种业有限公司、山东中农天泰种业有限公司、华垦国际贸易有限公司，业务涵盖了玉米、水稻、小麦、甘蔗、马铃薯、棉花和油菜等多种农作物种子（苗），以及农化产品进出口业务。农发种业现已成为推动我国现代种业快速发展、提升中国种业国际竞争力的重要力量，在保障国家农业安全方面发挥着国家队和主力军的积极作用。

农发种业正朝着"中国种业第一股"的战略目标稳步迈进。公司以资本为纽带，通过产融结合，整合优质资源，创新科企合作模式，构建以科技为核心竞争力的产业集群，力争把农发种业培育成"国内第一、国际一流"的大型种业集团。同时以种业为核心，整合粮食收储加工的优质资源，构建从品种选育、种子生产、农资配送、规模化种植、粮食收储、食品加工的"全产业链发展新模式"，进一步将农发种业打造成国内一流的农业种植业综合服务商，成为深受用户信赖的知名品牌。

3.3　中国水产总公司

所属地：北京

主营业务：海产品捕捞、加工和销售

企业介绍：中国水产总公司是专门从事海洋渔业经营活动的跨国企业。公司以海产品捕捞、加工与销售为核心业务，并从事相关行业的劳务输出、产品贸易等业务。

公司秉承稳健的经营战略，奉行诚信互利的合作原则，在远洋渔业生产、贸易、管理、技术、人才、规模等方面占优势地位，是中国同行业中规模最大、综合运营实力最强的远洋渔业企业。

公司拥有经验丰富、高效干练的管理队伍及各类专业技术人员；在境外十几个国家和地区设有办事处和代表机构，投资建有二十几个独资、合资企业；在全世界建立了广泛的商贸关系；在业内赢得了良好的声誉。

公司拥有中国规模最大的远洋捕捞船队，作业海域遍及大西洋、印度洋、太平洋和南极海域；并拥有国际一流的水产加工设备和遍布全球的水产品销售网络。

探寻蓝色海洋，关爱大众健康。公司从事的是一项为人类提供绿色健康食品，增加人们体质的崇高事业。公司将以无污染、纯天然的高品质海产品，为提升消费者的生活品位而竭诚服务。

公司捕捞作业与运输补给配套完备，自成体系；拥有各类捕捞作业、运输补给船只 256 多艘；在大西洋、印度洋、太平洋、南极等海域作业；主要捕捞品种为金枪鱼、硬体鱼、软体鱼、甲壳类等；年捕获量达 16 万吨。

公司在国内外均建有高水平、现代化的水产品加工设施。总面积 4 万多平方米的厂区，年加工能力 3 万多吨。产品完全达到欧盟及美国的卫生标准。

公司凭借质量上乘、品种多样的产品和多年的运营经验，建立起了遍及全球的产品销售网络，产品在市场上具有很高的认知度，客户主要分布在欧洲、非洲、日本、美国、中国大陆及香港地区。年贸易额超过2.7亿美元。

公司拥有一支具有一类航区运营资格的运输船队，包括冷藏运输和成品油料运输，其中冷藏运输能力达到每年 12 万吨。船队除为本公司捕捞船队提供运输补给服务外，还开展对外运输服务业务。

3.4   湖北省种子集团有限公司

所属地：湖北武汉

主营业务：农作物种子经营

企业介绍：湖北省种子集团有限公司是由中国农业发展集团所属上市公司——中农发种业集团股份有限公司控股，集科研、开发、推广于一体的国际化农业高科技企业，具有全国"育繁推"一体化种子经营许可证和进出口企业资格证。

公司主营水稻、玉米、棉花、油菜、小麦、马铃薯等作物种子，年经营种子量 1500 万公斤以上，经营额 2 亿元左右；年种子出口量 4000吨左右，出口创汇 1500 万美元左右，走在我国种子企业的前列，是中国种业骨干企业。

公司全资成立了湖北禾盛生物育种研究院，经过 15 年滚动发展，目前公司在国内建有育种基地 6 个（鄂州路口、宜昌深溪、五峰长乐坪、襄阳卧龙、海南陵水、三亚南滨），在巴基斯坦、孟加拉、越南、贝宁等国家和地区建立了科研试验站。科研、试验用地 438 余亩，科研建筑面积 1500 多平方米。

2010 年公司购置了专业设备，组建了我省种子企业第一家"基因育种与分子检测实验室"，全面开展种子室内 DNA 纯度检测、品种真实性鉴定和转基因检测，实现了公司技术性跨越。

公司先后被评定为农业产业化国家重点龙头企业，全国"守合同，重信用"企业，中国种业骨干企业，国家高新技术企业，湖北省国际科技合作示范基地，科技部农作物育种国际科技合作基地，商务部、农业部和中国种子协会 AAA 级信用企业等。禾盛注册商标被国家工商行政管理总局商标局认定为驰名商标。公司同时也是农业部籼稻新品种创制与种子技术重点实验室、优质水稻育种国家地方联合工程研究中心依托单位。

3.5　中粮集团有限公司

所属地：北京

主营业务：粮油、农产品

企业介绍：中粮集团有限公司（COFCO）成立于 1949 年，经过多年的努力，从最初的粮油食品贸易公司发展成为中国领先的农产品、食品领域多元化产品和服务供应商，致力于打造从田间到餐桌的全产业链粮油食品企业，建设全服务链的城市综合体，利用不断再生的自然资源为人类提供营养健康的食品、高品质的生活空间及生活服务，贡献于民众生活的富足和社会的繁荣稳定。

中粮从粮油食品贸易、加工起步，产业链条不断延伸至种植养殖、物流储运、食品原料加工、生物质能源、品牌食品生产销售以及地产酒店、金融服务等领域，在各个环节上打造核心竞争能力，为利益相关者创造最大化价值，并以此回报全体客户、股东和员工。

通过日益完善的产业链条，中粮形成了诸多品牌产品与服务组合：福临门食用油、长城葡萄酒、金帝巧克力、屯河番茄制品、家佳康肉制品、香雪面粉、五谷道场方便面、悦活果汁、蒙牛乳制品、大悦城 Shopping Mall、亚龙湾度假区、雪莲羊绒、中茶茶叶、金融保险等。这些品牌与服务铸就了中粮高品质、高品位的市场声誉。

作为投资控股企业，中粮旗下拥有中国食品（00506，HK）、中粮控股（00606，HK）、蒙牛乳业（02319，HK）、中粮包装（00906，HK）四家香港上市公司，以及中粮屯河（600737，SH）、中粮地产（000031，SZ）和中粮生化（000930，SZ）三家内地上市公司。

面对世界经济一体化的发展态势，中粮不断加强与全球业务伙伴在农产品、粮油食品、番茄果蔬、饮料、酒业、糖业、饲料、肉食以及生物质能源、地产酒店、金融等领域的广泛合作。凭借其良好的经营业绩，中粮持续名列美国《财富》杂志全球企业 500 强，居中国食品工业百强之首。

中粮下属品牌有农产品、食品及地产酒店等领域。大悦城是中粮集团商业地产板块战略部署精心打造的"国际化青年城市综合体"。

2014 年 2 月 28 日，中粮集团收购全球农产品及大宗商品贸易集团 Nidera 51% 的股权。这大大加快了中粮从我国粮食央企发展为全球粮油市场骨干力量的步伐。

2014 年 11 月 26 日，经报国务院批准，中国华孚贸易发展集团公司整体并入中粮集团有限公司，将成为其全资子公司，中国华孚贸易发展集团公司不再作为国资委直接监管企业。

3.6 青岛啤酒股份有限公司

所属地：山东青岛

主营业务：啤酒

企业介绍：青岛啤酒股份有限公司（以下简称"青岛啤酒"）的前身是 1903 年 8 月由德国商人和英国商人合资在青岛创建的日耳曼啤酒公司——青岛股份公司。它是中国历史悠久的啤酒制造厂商，2008年北京奥运会官方赞助商，目前品牌价值 950.16 亿元，居中国啤酒行业首位，位列世界品牌 500 强。

1993 年 7 月 15 日，青岛啤酒股票（0168）在香港交易所上市，是中国内地第一家在海外上市的企业。同年 8 月 27 日，青岛啤酒

（600600）在上海证券交易所上市，成为中国首家在两地同时上市的公司。

截至 2014 年底，青岛啤酒在全国 20 个省、直辖市、自治区拥有 60 多家啤酒生产企业，公司规模和市场份额居国内啤酒行业领先地位。

2014 年，青岛啤酒全年共实现销量 915.4 万千升，同比增长 5.2%，营业收入 290.49 亿元人民币，同比增长 2.68%，实现归属于上市公司股东的净利润 19.90 亿元人民币，取得了销量、收入、利润、市场份额等持续增长。

目前，青岛啤酒远销美国、加拿大、英国、法国、德国、意大利、澳大利亚、韩国、日本、丹麦、俄罗斯等 90 多个国家和地区。全球啤酒行业权威报告 Barth Report 依据产量排名，青岛啤酒为世界第六大啤酒厂商。

青岛啤酒几乎囊括了 1949 年新中国成立以来所举办的啤酒质量评比的所有金奖，并在世界各地举办的国际评比大赛中多次荣获金奖。2006 年，青岛啤酒荣登《福布斯》"2006 年全球信誉企业 200 强"，位列第 68 位；2007 年荣获亚洲品牌盛典年度大奖；在 2005 年（首届）和 2008 年（第二届）连续两届入选英国《金融时报》发布的"中国十大世界级品牌"；2009 年，青岛啤酒荣获上海证券交易所"公司治理专项奖——2009 年度董事会奖"；2010 年，青岛啤酒获得"首届中国绿金奖"、"年度中国最佳雇主企业"、"中国企业社会责任百强榜"；2011 年，青岛啤酒荣获"国际碳金奖"、"最佳企业公民"等殊荣；2012 年，青岛啤酒荣膺"最佳表现公司"、"最具幸福感企业"，四度蝉联"中国绿公司百强"等殊荣；2013 年，青岛啤酒荣膺"最具国际竞争力中国企业"、"中国信用典范企业"、"最佳可持续发展企业"、"中国香港上市公司最佳董事会"等殊荣；2014 年，青岛啤酒荣膺"中国管理学院奖金奖"、九度蝉联"最受赞赏中国公司"、第 12 次荣膺"中国最受尊敬企业"、荣膺"亚洲最受尊敬的知识型组织（Asian MAKE）大奖"等殊荣。

3.7 内蒙古蒙牛乳业（集团）股份有限公司

所属地：内蒙古呼和浩特

主营业务：奶业

企业介绍：内蒙古蒙牛乳业（集团）股份有限公司成立于 1999 年 8 月，总部设在内蒙古自治区呼和浩特市和林格尔盛乐经济园区，是国家农业产业化重点龙头企业、乳制品行业龙头企业。2009 年 7 月，中国最大的粮油食品企业中粮集团入股蒙牛，成为"中国蒙牛"第一大股东。中粮的加入，推动了蒙牛"食品安全更趋国际化，战略资源配置更趋全球化，原料到产品更趋一体化"进程。

蒙牛已经建成了集奶源建设、乳品生产、销售、研发为一体的大型乳及乳制品产业链，规模化、集约化牧场奶源达 100% 以上，居行业领先。目前，蒙牛在全国 20 个省区市建立了 31 个生产基地和 50 多个工厂，年产能超过 810 万吨，年销售额超过 500 亿元。荷兰合作银行近期公布的 2015 年度"全球乳业 20 强"榜单中，蒙牛凭借稳健的综合表现排名第 11 位，相比去年排名连续上升 3 位。近年来，蒙牛着力整合全球优势资源，先后与丹麦 Arla、法国 Danone（达能）、美国 White Wave、新西兰 AsureQuality（安硕）达成战略合作，并联合君乐宝、雅士利、现代牧业、原生态牧业等国内优秀伙伴，快速与国际乳业先进水平接轨，为消费者提供营养健康的食品。

蒙牛积极投入研发资金，建成了国际领先的乳制品研发中心，并承担中国农业部与丹麦食品、农业和渔业部牵头成立的"中国—丹麦乳品技术合作中心"这一国家级合作项目在中方的实施。蒙牛先后与 30 余家高等院校和科研机构建立了合作关系，在为行业培养人才和解决制约发展的关键技术方面发挥着重要作用。截至 2013 年底，蒙牛集团申请专利 1409 件，授权专利 1029 件。

3.8　山东中农联合生物科技有限公司

所属地：山东济南

主营业务：农药

企业介绍：山东中农联合生物科技有限公司隶属中国农资集团，全资控股山东省联合农药工业有限公司、潍坊中农联合化工有限公司、山东中农联合作物科学技术有限公司三家国家定点原药、制剂、中间体生产、销售企业。总部位于济南。

公司主要生产和销售原药（吡虫啉、啶虫脒、烯啶虫胺、噻虫啉、噻虫嗪、哒螨灵、甲维盐、戊唑醇、嘧菌酯、氟醚菌酰胺、噻唑膦、唑螨酯、联苯菊酯、双氟磺草胺、腈菌唑、霜霉威盐酸盐等）、中间体（二氯、硝基胍、咪唑烷、氟化物、噻唑、噁二嗪、乙基氯化物、叔丁基肼盐酸盐、二氯哒嗪酮、氰基乙酯等）、制剂（杀虫剂、杀菌剂、杀螨剂、种衣剂、除草剂）百余个产品。

山东中农联合，是中国农药工业协会副会长单位、山东省农药工业协会理事长单位、"'十一五'全国石油和化工行业节能减排先进单位"、山东省十强农药生产企业、"农药行业 AAA 级信用企业"、"中国农药百强企业"、"低碳山东贡献单位"高新技术明星企业、守合同重信用企业，荣获"中国农药行业市场拓展奖"、"2013 年中国农药行业技术创新奖"、"全国供销合作社质量奖"等众多荣誉。

3.9　雅士利新西兰乳业有限公司

所属地：新西兰

主营业务：奶粉

企业介绍：2015 年 11 月 6 日，蒙牛雅士利投资 11 亿元人民币的新西兰工厂盛大开业，这是雅士利国际化的重要一步，也是蒙牛全球化布局的再次深化。新西兰总理约翰·基、经济发展部长斯蒂文·乔伊斯，中国驻新西兰大使王鲁彤，蒙牛乳业总裁孙伊萍、雅士利国际总裁卢敏放以及中新两国政府官员、奶协等行业人士，共同见证了中国乳企"走出去"的这一标志性事件。

雅士利还与法国达能、丹麦 Arla 共同开启了"雅士利 α 国际品质生态链计划"，并分别签署双边合作框架备忘录，各方将围绕雅士利 α 国际品质生态链的建立与完善携手提供所需资源，共同强化雅士利的国际品质生态。据了解，该计划也是蒙牛国际化部署下的核心战略之一，是其在全球范围内的优质资源整合动作，旨在打造世界顶端乳品品质，为中国消费者提供更具价值的奶粉产品。

自 2013 年并购雅士利以来，蒙牛强大的国际资源，也成为雅士利国际化的坚实保障。去年 10 月，蒙牛的战略股东达能入股雅士利，成为第二大股东；同年 11 月，雅士利与新西兰奥克兰大学研发机构达成战略合作协议；本次借工厂启动之机，又与达能、Arla 开启了生态链计划，在蒙牛的推动下，雅士利的国际化进程正逐步加快。

作为中国乳品领军品牌，蒙牛正以全球最好的国际资源勾画出国际化发展的可持续路线。从与法国达能、丹麦 Arla Foods、新西兰 Asure Quality 等国际品牌展开合作，到新西兰、澳大利亚、丹麦等建立世界级工厂、全球奶源布局等，都为其国际化品质奠定了坚实基础，为消费者生产更多健康优质的牛奶提供了持续的动力。

3.10　中粮屯河股份有限公司

所属地：新疆乌鲁木齐

主营业务：果蔬食品加工销售

企业介绍：中粮屯河股份有限公司成立于 1983 年，1996 年在上交所上市。2005 年 6 月，在中粮集团成功重组新疆屯河后，公司进入快速、健康、持续的发展轨道，企业盈利能力、产业规模、行业地位、客户认可度、社会声誉、国际影响力得到全面提升。2008 年，进入上证

180、沪深 300 指数样本股。

中粮屯河股份有限公司是我国领先的果蔬食品生产供应商，是世界 500 强企业中粮集团有限公司控股的 A 股上市公司，股票代码：600737。公司主营农业种植、番茄、食糖、林果、罐头、饮料加工及贸易业务，是全球最大的番茄生产企业之一、全国最大的甜菜糖生产企业、全球最大的杏酱生产企业之一，是国家农产品加工重点龙头企业，是中粮集团九大业务板块之一。公司致力于成为果蔬食品行业的领导者和全球一流的食品企业，奉献绿色营养食品，使客户、股东、员工价值最大化。

在食品安全方面，中粮屯河实施业内领先的全产业链食品安全控制体系，在原料的选种、种植、采摘、运输、加工、销售的每一个环节实施产品质量控制，确保从田间地头到餐桌的每一个环节的产品品质和安全。公司产品通过了 ISO9001：2000 质量管理体系认证、HACCP 食品安全管理体系认证、ISO14001 环境管理体系认证、非转基因产品身份保持认证、国家级绿色食品认证等，公司检测中心获得了"中国实验室国家认可委员会认可证书"。

3.11　双汇集团

所属地：河南漯河

主营业务：肉类加工

企业介绍：双汇集团是以肉类加工为主的大型食品集团，总部位于河南省漯河市，2010 年总资产达 200 亿元，员工 6 万多人，年肉类总产量 300 万吨，是中国最大的肉类加工基地，在 2012 年中国企业 500 强排序中列第 200 位。

双汇集团始终坚持围绕"农"字做文章，围绕肉类加工上项目，实施产业化经营。以屠宰和肉类加工业为核心，向上游发展饲料业和养殖业，向下游发展包装业、物流配送、商业、外贸等，形成了主业突出、行业配套的产业群，推动了企业持续快速发展：80 年代中期，企业年销售收入不足 1000 万元，1990 年突破 1 亿元，2013 年达到 472 亿元，年均复合增长率 30%以上。

双汇集团实施六大区域的发展战略，立足河南、面向全国在黑龙江、辽宁、内蒙古、河北、山东、江苏、浙江、湖北、河南、江西、四川、广东、安徽、广西、上海等 18 个省市建设了 20 多家现代化肉类加工基地，在 31 个省市建有 300 多个销售分公司和现代化的物流配送中心，在美国、西班牙、日本、韩国、香港、新加坡、菲律宾等建立有办事机构，形成了纵横全国、辐射海外的生产销售网络，使双汇产品走出河南、遍布全国、走向世界。

双汇集团坚持引进先进的技术和设备，改造传统肉类工业。先后投入 40 多亿元，从欧美等发达国家引进先进的技术设备 4000 多台（套），通过消化、吸收和再创新，实现技术与国际接轨。双汇集团率先把冷鲜肉引入国内，实行"冷链生产、冷链销售、冷链配送、连锁经营"，实现了肉类的品牌化经营，结束了中国卖肉没有品牌的历史，开创了中国肉类品牌。

双汇集团坚持技术创新，建立了国家级的技术中心、博士后工作站，培育了 600 多人的产品研发队伍，围绕中式产品的改造、西式产品的引进、屠宰行业的精深加工，做出了 1000 多种的产品群，满足不同层次的消费需求，双汇肉制品、双汇冷鲜肉均是"中国名牌"产品，已成为广大消费者一日三餐首选的肉类品牌。

2013 年 9 月 26 日，双汇控股母公司万洲国际成功并购美国最大的猪肉加工企业——史密斯菲尔德公司，成为拥有 100 多家子公司、12 万名员工、生产基地遍布欧美亚三大洲十几个国家的全球最大的猪肉加工企业，使双汇品牌走出了国门，迈向了世界。

3.12　正邦集团股份有限公司

所属地：江西南昌

主营业务：农业产品的销售与技术服务以及基于农业产业链的贷款、担保、融资租赁、资产管理

企业介绍：正邦集团成立于1996年，是农业产业化国家重点龙头企业，拥有博士后科研工作站，旗下正邦科技于2007年在深交所上市。集团下有农牧、种植、金融、物流四大产业集团，以种猪育种、商品猪养殖、种鸭繁育、农作物优良新品种选育、肉食品加工、饲料、兽药、生物农药、芳樟种植及芳樟产品加工、油茶种植及油茶产品加工、大米加工、相关产品的销售与技术服务以及基于农业产业链的贷款、担保、融资租赁、资产管理为主营业务。

目前集团有39000多名员工，360家分（子）公司，遍布全国27个省市。2014年集团总销售额突破430亿元，荣列中国企业500强（第321位）、中国民营企业500强（第79位）、中国制造业500强（第129位）。

正邦集团致力于做现代农业的投资者和组织者，做绿色安全食品的生产者与供应者，不断推动中国农业的规模化、产业化、生态化发展。目前，正邦集团正在全力推进"千亿工程"，力争在种鸭、种子、生物农药等产业打造三到五家上市公司，2017年实现产值千亿目标，成为中国最优秀的农业企业之一。

4. 信息

4.1　中国移动通信集团公司

所属地：北京

主营业务：通信

企业介绍：中国移动通信集团公司（简称"中国移动"）于2000

年 4 月 20 日成立，注册资本 3000 亿元人民币，资产规模达到万亿元人民币，基站总数超过 220 万个，客户总数超过 8 亿户，是全球网络规模、客户规模最大的移动通信运营商。2014 年，中国移动位居《财富》杂志"世界 500 强"排名第 55 位，并连续七年入选道琼斯可持续发展指数。

中国移动全资拥有中国移动（香港）集团有限公司，由其控股的中国移动有限公司（简称"上市公司"）在国内 31 个省（自治区、直辖市）和香港特别行政区设立全资子公司，并在中国香港和纽约上市。主要经营移动话音、数据、宽带、IP 电话和多媒体业务，并具有计算机互联网国际联网单位经营权和国际出入口局经营权。近年来，中国移动通过全面推进战略转型，深入推动改革创新，加快转变方式、调整结构，经营发展整体态势良好，经营业绩保持稳定。2014 年，中国移动建成全球规模最大的 4G 网络，基站数量超过 70 万个，客户数超过 9000 万名。中国移动多年来一直坚持"质量是通信企业的生命线"和"客户为根，服务为本"的理念，不断提升质量，改善服务，客户满意度保持行业领先，百万客户申诉率连续多年位于全行业最低。

同时，中国移动注重履行社会责任，积极支持社会公益事业，追求企业与利益相关方在经济、社会与环境方面共同可持续发展。作为联合国全球契约正式成员，中国移动认可并努力遵守全球契约十项原则。中国移动上市公司连续五年入选恒生可持续发展指数，公司连续五届荣获民政部颁发的"中华慈善奖"，在国务院国有资产监督管理委员会举办的中央企业管理提升活动中，被选为企业社会责任管理提升标杆企业，并被评为"企业社会责任管理提升先进单位"。

2007 年 2 月，中国移动成功收购 Millicom 所持有的 Paktel 公司 88.86% 的在外发行股份，同年 5 月完成小股东收购，持有 100% 的股份，并更名为 CMPak。CMPak 成立于 2007 年，是中国移动的巴基斯坦子公司，中文名叫"辛姆巴科公司"。2007 年 1 月 22 日，中国移动花费 8 亿 USD 成功收购时，其用户低于 150 万名，为巴基斯坦移动最小的 GSM 运营商。2008 年 3 月，经过一年多的准备，CMPak 推出品牌名为 Zong，市场开始发力。2009 年 3 月，PTA 公布 CMPak 用户数为 598 万名。2012 年底，CMPak 的用户数增至 1900 万名，用户年增长速度为 34.1%。CMPak 现意为：China Mobile Pakistan（中国移动全资子公司）。

4.2　中国联合网络通信集团有限公司

所属地：北京

主营业务：通信

企业介绍：中国联合网络通信集团有限公司（简称"中国联通"）于 2009 年 1 月 6 日在原中国网通和原中国联通的基础上合并组建而成，为与合并前的中国联通相区分，业界常以"新联通"进行称呼。中国联通在国内 31 个省（自治区、直辖市）和境外多个国家和地区设有分支机构，是中国唯一一家在纽约、香港、上海三地同时上市的电信运营企业，连续多年入选"世界 500 强企业"。

中国联通主要经营 GSM、WCDMA 和 FDD—LTE 制式移动网络业务，固定通信业务，国内、国际通信设施服务业务，卫星国际专线业务、数据通信业务、网络接入业务和各类电信增值业务，以及与通信信息业务相关的系统集成业务等。

中国联通拥有覆盖全国、通达世界的通信网络，积极推进固定网络和移动网络的宽带化，为广大用户提供全方位、高品质信息通信服务。2009 年 1 月，中国联通获得了当今世界上技术最为成熟、应用最为广泛、产业链最为完善的 WCDMA 制式的 3G 牌照，拥有"沃 3G/沃 4G"、"沃派"、"沃家庭"等著名客户品牌。

2013 年中国联通启动 4G 设备建网，采购了 TD—LTE 基站。中国联通宣布在 2014 年 3 月 18 日启动 4G 的正式商用。

2015 年 2 月 27 日，中国联通正式获得世界上采用的国家及地区最广泛的 FDD—LTE 牌照。

4.3　中国电信集团公司

所属地：北京

主营业务：通信

企业介绍：中国电信集团公司（简称"中国电信"）成立于 2000 年 5 月 17 日，注册资本 2204 亿元人民币，资产规模超过 7000 亿元人民币，年收入规模超过 3800 亿元人民币。中国电信是中国三大主导电信运营商之一，位列 2014 年度《财富》杂志全球 500 强企业排名第 154 位，多次被国际权威机构评选为亚洲最受尊敬企业、亚洲最佳管理公司等。作为综合信息服务提供商，中国电信为客户提供包括移动通信、宽带互联网接入、信息化应用及固定电话等产品在内的综合信息解决方案。

中国电信在国内的 31 个省（自治区、直辖市）以及欧美、亚太等区域的主要国家均设有分支机构，拥有全球规模最大的宽带互联网络和技术领先的移动通信网络，具备为全球客户提供跨地域、全业务的综合信息服务能力和客户服务渠道体系。中国电信旗下拥有"天翼领航"、"天翼 e 家"、"天翼飞 Young"等著名客户品牌，以及"号码百事通"、"翼支付"等多个知名产品品牌。中国电信拥有庞大的客户资源，截至 2014 年底，宽带互联网接入用户规模 1.21 亿户，移动用户规模 1.86 亿户，固定电话用户规模约 1.49 亿户。

近年来，中国电信紧紧把握住信息通信产业日益呈现的大变革、大融合的发展趋势，秉承"开放、合作、创新"的互联网精神，定位于"智能管道的主导者、综合平台的提供者、内容和应用的参与者"，致力于成为世界级的综合信息服务提供商。中国电信打破传统思维禁锢，全面深化企业改革，持续推进战略转型；优化客户服务方式，扩大价值创造领域，通过市场化运作深层次激发企业活力，通过差异化经营持续打造竞争优势，进一步解放生产力，增强企业发展动力，推动公司向互联网化运营模式演进，力争用五年时间再造一个新型的中国电信。

2013 年 12 月，中国电信获得国家工信部颁发的 4G 运营牌照，开启了 4G 运营的新时代，2014 年 2 月在全国百余城市实现 4G 业务运营。公司将积极推进 4G 网络建设，通过混合组网搭建无缝高速移动网络，并统筹做好 4G、3G 和宽带业务的协同发展，打造全场景网络优势，加快 4G 商用的步伐，为用户提供更快更好的天翼 4G 服务体验，与广大用户一道畅享美好信息新生活。

2012 年，中国电信决定整合国际业务资源和人才队伍，在原香港公司、美洲公司、欧洲公司以及总部海外拓展事业部的基础上组建中国电信国际有限公司，总部设于香港。

中国电信国际有限公司在全球 26 个国家和地区设立了分支机构，建设海外 POP 节点 32 个，拥有国际传输出口频宽达 1900G，与 11 个接壤国家有陆缆直连，参与了 10 余条海缆建设，服务网点与网路能力的全球布局已基本形成。

4.4 华为技术有限公司

所属地：广东深圳

主营业务：通信产品

企业介绍：华为技术有限公司是一家生产销售通信设备的民营通信科技公司，总部位于中国广东省深圳市龙岗区坂田华为基地。华为的产品主要涉及通信网络中的交换网络、传输网络、无线及有线固定接入网络和数据通信网络及无线终端产品，为世界各地通信运营商及专业网络拥有者提供硬件设备、软件、服务和解决方案。华为于 1987 年在中国深圳正式注册成立。

2007 年合同销售额 160 亿美元，其中海外销售额 115 亿美元，并且是当年中国国内电子行业赢利和纳税第一。截至 2008 年底，华为在国际市场上覆盖 100 多个国家和地区，全球排名前 50 名的电信运营商中，已有 45 家使用华为的产品和服务。

华为的产品和解决方案已经应用于全球 170 多个国家和地区，服务全球运营商 50 强中的 45 家及全球 1/3 的人口。

2014 年《财富》世界 500 强中华为排行全球第 285 位，与上年相比上升 30 位。

2014 年上半年度经营业绩显示，华为实现销售收入 1358 亿元人民币，同比增长 19%；营业利润率 18.3%。

以 "服务创造价值·合作共赢未来" 为主题的 2014 华为中国企业业务服务合作伙伴大会于 10 月 17 日在苏州正式拉开帷幕。

2014 年 10 月 9 日，Interbrand 在纽约发布的 "最佳全球品牌" 排行榜中，华为以排名第 94 位的成绩出现在榜单之中，这也是中国大陆首个进入 Interbrand top100 榜单的企业公司。

2015 年，华为被评为新浪科技 2014 年度风云榜年度杰出企业。

华为聚焦 ICT 基础设施领域，围绕政府及公共事业、金融、能源、电力和交通等客户需求持续创新，提供可被合作伙伴集成的 ICT 产品和解决方案，帮助企业提升通信、办公和生产系统的效率，降低经营成本。

华为将继续以消费者为中心，通过运营商、分销和电子商务等多种渠道，致力于打造全球最具影响力的终端品牌，为消费者带来简单愉悦的移动互联应用体验。同时，华为根据电信运营商的特定需求定制、生产终端，帮助电信运营商发展业务并获得成功。

华为还将对网络、云计算、未来个人和家庭融合解决方案的理解融入到各种终端产品中，坚持 "开放、合作与创新"，与操作系统厂家、芯片供应商和内容服务商等建立良好的合作关系，构建健康完整的终端生态系统。

4.5　北京百度网讯科技有限公司

所属地：北京

主营业务：搜索

企业介绍：北京百度网讯科技有限公司（简称百度）（Nasdaq：BIDU）是全球最大的中文搜索引擎、最大的中文网站。2000年1月由李彦宏创立于北京中关村，致力于向人们提供"简单，可依赖"的信息获取方式。"百度"二字源于中国宋朝词人辛弃疾的《青玉案·元夕》词句"众里寻他千百度"，象征着百度对中文信息检索技术的执着追求。

1999年底，身在美国硅谷的李彦宏看到了中国互联网及中文搜索引擎服务的巨大发展潜力，抱着技术改变世界的梦想，他毅然辞掉硅谷的高薪工作，携搜索引擎专利技术，于2000年1月1日在中关村创建了百度公司。从最初的不足10人发展至今，员工人数超过18000人。如今的百度，已成为中国最受欢迎、影响力最大的中文网站。

百度拥有数千名研发工程师，这是中国乃至全球最为优秀的技术团队，这支队伍掌握着世界上最为先进的搜索引擎技术，使百度成为中国掌握世界尖端科学核心技术的高科技企业，也使中国成为美国、俄罗斯和韩国之外，全球仅有的4个拥有搜索引擎核心技术的国家之一。

从创立之初，百度便将"让人们最平等、便捷地获取信息，找到所求"作为自己的使命。自成立以来，公司秉承"以用户为导向"的理念，不断坚持技术创新，致力于为用户提供"简单，可依赖"的互联网搜索产品及服务，其中包括：以网络搜索为主的功能性搜索，以贴吧为主的社区搜索，针对各区域、行业所需的垂直搜索，Mp3搜索，以及门户频道、IM等，全面覆盖了中文网络世界所有的搜索需求，根据第三方权威数据，百度在中国的搜索份额超过80%。

在面对用户的搜索产品不断丰富的同时，百度还创新性地推出了基于搜索的营销推广服务，并成为最受企业青睐的互联网营销推广平台。如今，中国已有数十万家企业使用了百度的搜索推广服务，不断提升企业自身的品牌及运营效率。通过持续的商业模式创新，百度正进一步带动整个互联网行业和中小企业的经济增长，推动社会经济的发展和转型。

为推动中国数百万中小网站的发展，百度借助超大流量的平台优势，联合所有优质的各类网站，建立了世界上最大的网络联盟，使各类企业的搜索推广、品牌营销的价值、覆盖面均大面积提升。与此同时，各网站也在联盟大家庭的互助下，获得最大的生存与发展机会。

如今，百度已经成为中国最具价值的品牌之一，英国《金融时报》将百度列为"中国十大世界级品牌"，成为这个榜单中最年轻的一家公司，也是唯一一家互联网公司。而"亚洲最受尊敬企业"、"全球最具创新力企业"、"中国互联网力量之星"等一系列荣誉称号的获得，也无一不向外界展示着百度成立数年来的成就。

4.6　阿里巴巴网络技术有限公司

所属地：浙江杭州

主营业务：电子商务

企业介绍：阿里巴巴网络技术有限公司（简称阿里巴巴集团）是以曾担任英语教师的马云为首的 18 人，于 1999 年在中国杭州创立的，他们相信互联网能够创造公平的竞争环境，让小企业通过创新与科技扩展业务，并在参与国内或全球市场竞争时处于更有利的位置。

阿里巴巴集团经营多项业务，另外也从关联公司的业务和服务中取得经营商业生态系统上的支援。业务和关联公司的业务包括：淘宝网、天猫、聚划算、全球速卖通、阿里巴巴国际交易市场、1688、阿里妈妈、阿里云、蚂蚁金服、菜鸟网络等。2014 年 9 月 19 日，阿里巴巴集团在纽约证券交易所正式挂牌上市，股票代码"BABA"，创始人和董事局主席为马云。2014 年，阿里巴巴总营收 762.04 亿元人民币，净利润 243.20 亿元人民币。2015 年 11 月 12 日，阿里巴巴入选 MSCI 中国指数。

4.7　腾讯计算机系统有限公司

所属地：广东深圳

主营业务：互联网即时通信

企业介绍：深圳市腾讯计算机系统有限公司（简称腾讯）成立于 1998 年 11 月，是目前中国最大的互联网综合服务提供商之一，也是中国服务用户最多的互联网企业之一。成立 10 多年来，腾讯一直秉承"一切以用户价值为依归"的经营理念，始终处于稳健发展的状态。2004 年 6 月 16 日，腾讯控股有限公司在香港联交所主板公开上市（股票代号 700）。

腾讯把为用户提供"一站式在线生活服务"作为战略目标，提供互联网增值服务、网络广告服务和电子商务服务。通过即时通信工具 QQ、移动社交和通信服务微信和 WeChat、门户网站腾讯网（QQ.com）、腾讯游戏、社交网络平台 QQ 空间等中国领先的网络平台，腾讯打造了中国最大的网络社区，满足互联网用户沟通、资讯、娱乐和电子商务等方面的需求。截至 2014 年第二季度，QQ 的月活跃账户数达到 8.29 亿，最高同时在线账户数达到 2.06 亿；微信和 WeChat 的合并月活跃账户数达 4.38 亿。腾讯的发展深刻地影响和改变了数以亿计网民的沟通方式和生活习惯，并为中国互联网行业开创了更加广阔的应用前景。

目前，腾讯 50% 以上员工为研发人员，拥有完善的自主研发体系，在存储技术、数据挖掘、多媒体、中文处理、分布式网络、无线技术六大方向都拥有了相当数量的专利申请，是拥有最多发明专利的中国互联网企业。

腾讯一直积极参与公益事业，努力承担企业社会责任，推动网络文明。2006 年，腾讯成立了中国互联网首家慈善公益基金会——腾讯慈善公益基金会，并建立了腾讯公益网（gongyi.qq.com）。秉承"致力公益慈善事业，关爱青少年成长，倡导企业公民责任，推动社会和谐进步"的宗旨，腾讯的每一项产品与业务都拥抱公益，开放互联，并倡导所有企业一起行动，通过互联网领域的技术、传播优势，缔造"人人可公益，民众齐参与"的互联网公益新生态。

4.8　泰豪集团有限公司

所属地：江西南昌

主营业务：电子信息

企业介绍：泰豪集团创立于 1988 年，是在江西省政府和清华大学"省校合作"推动下发展起来的科技型企业。公司秉承"自强不息，厚德载物"的清华校训，坚持走"承担、探索、超越"的创业之路，并以"技术+品牌"的发展模式，致力于信息技术的研发和应用，连年进入中国电子信息百强企业和中国民营制造企业 500 强。2002 年 7 月 3 日，泰豪科技在上海证交所挂牌上市。

公司用将近 8 年时间走完了初创发展阶段，围绕信息技术应用开展计算机软件开发、系统集成服务，成为江西省最有竞争力和影响力的 IT 企业；1996—2003 年，公司进入产业发展阶段，探索高新产业发展之路，积极引进战略投资，促进经营规模快速扩大，同时积极参与国有企业的改制重组，先后对江西三波电机总厂、湖南衡阳四机总厂等国有大中型企业进行整体重组，成为当地有影响的国企改制成功案例；自 2004 年始，公司开启品牌发展之路，积极参与国际化产业分工，通过与 ABB 等世界 500 强企业的合资合作加快开拓国际市场。公司品牌日具影响，成为国家工商总局首批命名的"重合同，守信用"企业，被认定为中国驰名商标、中国名牌产品，中国最有价值商标 500 强，产品与解决方案应用于全球 50 多个国家和地区。

在"创导智能技术、产品和服务，以提高人类生活的品质"的企业使命引领下，公司业已形成以智慧城市、智能电网业务开展为主导，以军工装备和文化创意产业发展为两翼的发展格局。随着公司的不断发展，泰豪建立了以"承担责任实现"为核心的企业文化体系，并积极参与社会进步与改良。公司的快速发展受到了海内外和社会各界的关心支持，江泽民、胡锦涛、张德江、俞正声、汪洋、马凯等党和国家领导人莅临视察。

4.9　文思海辉技术有限公司

所属地：北京

主营业务：软件外包、翻译

企业介绍：文思海辉技术有限公司的前身分别是文思信息技术有限公司和海辉软件（国际）集团公司，这两家公司都是软件外包服务提供商。2012 年 8 月 11 日，文思信息与海辉软件宣布合并，根据双方签订的合并协议，两家公司的股东将各自持有合并后的新公司约 50% 的股份，原海辉股票将保留在纳斯达克全球精选市场上市。合并以后的公司中文名称为"文思海辉技术有限公司"，英文名称为"Pactera"。2013 年 10 月 17 日，文思海辉被黑石集团以 6.25 亿美元收购。

文思海辉技术有限公司（Pactera Technology International Ltd.）是咨询与科技服务提供商，公司拥有超强的全球运营能力、严格的质量标准和高效的交付流程，致力于成为全球企业"新时代的合作伙伴"，为客户成功保驾护航。

1995 年以来，文思海辉一直致力于为全球客户提供世界领先的商业/IT 咨询、解决方案以及外包服务，在金融服务、高科技、电信、旅游交通、能源、生命科学、制造、零售与分销等领域积累了丰富的行业经验，主要客户涵盖众多《财富》500 强企业及大中型中国企业。凭借专业的交付能力，文思海辉帮助客户在全球市场中赢得成功，并且获得合作伙伴和行业分析师的高度认可。通过的业界领先的质量与安全认证包括 CMM Level 5、CMMI—SVC Level 3、六西格玛、ISO27001、ISO9001：2008、SAS70 和 PIPA 等。

4.10　用友软件集团

所属地：北京

主营业务：企业级 IT 服务

企业介绍：用友软件集团是中国领先的企业及政府、社团组织管理与经营信息化应用软件与服务提供商，专注于软件主业发展，为客户提供优秀的应用软件产品、解决方案和服务。

用友是中国最大的管理软件、ERP 软件、集团管理软件、人力资源管理软件、客户关系管理软件、小型企业管理软件、财政及行政事业单位管理软件、汽车行业管理软件、烟草行业管理软件、内部审计软件及服务提供商，也是中国领先的企业云服务、医疗卫生软件、管理咨询及管理信息化人才培训提供商。

目前，中国及亚太地区 120 多万家企业与机构通过使用用友软件，实现精细管理、敏捷经营。用友软件股份有限公司连续多年被评定为国家"规划布局内重点软件企业"，2010 年获得工信部系统集成一级资质企业认证。"用友 ERP 管理软件"系"中国名牌产品"。2001 年 5 月 18 日，用友软件股份有限公司成功在上海证券交易所发行上市。

用友拥有中国和亚太实力最强的企业管理软件研发体系，规模最大的支持、咨询、实施、应用集成、培训服务网络，以及完备的产业生态系统。用友拥有包括总部研发中心（北京用友软件园）、南京制造业研发基地、重庆 PLM 研发中心、上海先进应用研究中心、上海汽车行业应用研发中心、深圳电子行业应用开发中心等在内的中国最大的企业应用软件研发体系。用友在日本、泰国、新加坡等亚洲地区，建立了分公司或代表处。

4.11　广联达软件股份有限公司

所属地：北京

主营业务：建筑工程领域信息化

企业介绍：广联达软件股份有限公司成立于 1998 年，2010 年 5 月在深圳中小企业板成功上市（股票简称：广联达，股票代码：002410），成为中国建设工程领域信息化产业首家上市软件公司。

广联达立足建设工程领域，围绕工程项目的全生命周期，提供以专业应用为核心，以大数据为支撑，以征信服务为基础，以互联网金融服务为增值的具有独特优势的一流产品和服务，打造建筑产业新生态，促进建筑产业现代化发展。经过十几年发展，广联达从单一的预算软件扩展到工程施工、工程信息、工程造价、工程教育、电子政务、电子商务、互联网金融与投资八大业务板块，近百款产品。目前，广联达的 PC 端专业应用产品企业用户数量达到十六万余家，其中工具类产品直接使用者五十余万，管理类产品直接使用者百余万；移动端 App 专业应用产品直接使用者二百余万；硬件端专业应用产品则覆盖三千余项目部，直接使用者三万余人；大数据服务覆盖二十七个省市自治区，拥有近七年的行业数据；2015 年起正式运营的电商拥有七十三类、三百余种产品，超过一万部品构件信息向会员企业免费开放；互联网金融方面业务涵盖小贷、保理与保函。

广联达建立了完善的自主研发和技术管理体系，主要产品均具有自主知识产权及自主创新的软件架构，公司掌握核心技术三十余项、软件著作权近二百个、专利近二十项，其中 3D 图形算法居国际领先水平，在针对建筑全生命周期的 BIM 解决方案、云计算、管理业务技术平台以及大数据方面，均有深厚积累。

目前，广联达产品被广泛使用于房屋建筑、工业工程与基础设施等三大行业，在建设方、设计院、施工单位、中介咨询、设材厂商、物业公司、专业院校及政府部门等八类客户中得到不同程度应用。在奥运鸟巢、上海迪斯尼、广州东塔等各地各类工程中，广联达产品均得到深入应用，并赢得用户好评。

广联达拥有员工四千三百余人，在中国三十二个省市建立五十余家分子公司，销售与服务网络覆盖两百余个地市。2009 年起广联达开始国际化进程，目前正以美国子公司、芬兰子公司和英国子公司为核心辐射欧美市场，以新加坡子公司、香港子公司和马来西亚子公司的区域优势带动台湾、印度尼西亚、泰国等东南亚市场的发展，广联达正在蓝图成就之路上越走越远！

4.12　亿赞普（北京）科技有限公司

所属地：北京

主营业务：大数据

企业介绍：亿赞普集团成立于 2008 年，是全球领先的互联网跨境贸易及大数据应用公司，是我国唯一在海外（89 个国家和地区）部署有大数据平台的公司。在多数据源的采集与并发处理领域处于国际领先地位，连续两年承担国家"863"大数据项目的单位，并连续 2 年全程服务于两会，通过全球大数据洞察两会动态，在央视新闻联播等黄金节目中连续播出"大数据看两会"。2014 年独家大数据支撑央视"据说 APEC"。

亿赞普集团通过与全球运营商及互联网网站合作，基于自主创新的大数据智能处理技术，正在全球互联网上部署一张跨多个国家、多个地区、多个语言体系，覆盖面最广的电子商务平台和互联网媒体。目前，亿赞普已在欧洲、拉美、东南亚设立了三个海外运营中心，已有欧洲、拉美、亚太等地区 21 个跨国电信运营商和数十万网站加入亿赞普的平台，覆盖 89 个国家的 8 亿互联网用户，其中 50% 以上是国外的网民。

亿赞普集团主营业务覆盖跨境电子商务、大数据挖掘与分析、大数据广告营销等方面。

在跨境电子商务领域，亿赞普基于大数据技术与商业模式创新，在行业首提领先于 B2C 的 "F2C" 模式（F2C，即 Factory to Consumer），为企业提供信息流、物流、资金流的端到端解决方案。

在信息流方面，在亿赞普全球大数据营销网络，一方面可以准确地将商品信息呈现给全球 8 亿的消费者；另一方面发挥经济雷达作用，指导企业按需生产、按需备货，解决了在跨境电子商务中最难的信息流到达的问题。

在物流方面，亿赞普订单生产中心联通海关系统，通过 BOM 编码实现商品全程端到端的 SLA 管理、预报关及快速通关服务，通过在全球关键贸易节点布置的保税仓体系帮助提供企业保税仓前置保税备货服务，降低企业在物流环节的成本；收购意大利帕尔玛机场，将其作为欧洲和中国的快速物流通道，提升跨境物流速度。

在资金流方面，通过亿赞普集团旗下的钱宝跨境结算系统为商户的跨境收单结算、结汇保驾护航，钱宝跨境支付系统是目前亚洲最大的海外收单平台，2014 年已支持 20 多种小语种在线支付，可以保障商户及时收款、规避金融汇率风险。携手 eCard、GemPay 等，满足本币化、虚拟化等多种需求。未来，平台还将依据不断积累的运营数据，为商户提供快速、便捷的互联网金融服务。

基于 "F2C" 模式，亿赞普构建了面向全球的跨境电子商务平台，帮助我国企业产品低成本、短渠道地销往全球。

4.13 传神语联网网络科技股份有限公司

所属地：湖北武汉

主营业务：多语信息处理

企业介绍：传神语联网网络科技股份有限公司（简称传神）是大数据和移动互联时代新型的多语信息处理服务商，首创了 "语联网"

模式，其语言服务能力位列亚洲第 3 位、全球第 19 位。已在国际工程、装备制造、影视传媒、文化旅游、服务外包、跨境电商等十多个方向形成嵌入式应用，服务的客户包括中石油集团、中石化集团、中国电力、中铁集团、中船集团、一汽集团、东风集团、阿里巴巴、亚马逊、Paypal 等，以及军工类、媒体类等上千个大型集团客户，同时成功地服务于北京奥运会、上海世博会、广州亚运会、深圳大运会、北京国际电影节、世界审计组织大会等重要国际性活动，并成为 CCTV4 唯一免检合作伙伴。

作为国家文化和科技融合重点企业，传神公司具有国际领先的核心技术和商业模式创新优势，已申请和获得了 130 余项专利、60 余项软件著作权，被评为国家首批"现代服务业创新发展示范企业"，建立了全国首个"多语信息处理产业基地"，拥有全国唯一的省级多语工程技术研究中心，自主研发的"云翻译服务平台"被工信部 CSIP 列为典型的云计算解决方案，同时入选国家文化出口重点企业，传神"国际影视平台"入选国家文化出口重点项目。

目前，传神公司通过语联网类电网模式，已聚集全球 70 余万名译员、1000 余家翻译公司，在 30 多个语种形成了独特的竞争优势，日均产能达 1000 万字，形成大型企业客户解决方案、微语言服务平台和跨境电子商务服务平台三大业务方向。

大型企业客户解决方案是面向大型企业集团提供语言整体解决方案，利用强大的语言能力支撑中国大型企业客户的海外工程、国际制造业引进，以及重大的跨国合作和国际会议等，提供全面的语言解决方案，使得客户在"走出去、引进来"过程中，可以最大限度地降低成本和提升国际竞争力。

微语言服务平台，是解决具体场景化需求的系列语言服务应用的统称，通过深植于应用场景，使得用户可以享受如水电一样方便的语言服务。截至目前，已经推出的微语言服务有全球畅邮（母语邮件系统）、拍拍易、小尾巴（旅行真人译）、公证语言一体化方案、云游（多语旅游助手产品）等多个示范应用。

跨境电子商务服务平台——"跨境云"服务中小外贸企业，该平台通过传神强大语言优势整合全球各地优质电商，形成无语言障碍的全球跨境电商营销网络，使得中国企业的商品轻松直达全球各地市场。"跨境云"平台已整合全球 39 个国家 179 个当地平台，实现用中文全球开店、邮件全球营销推广、各区域本地化搜索等基于多语大数据的营销支撑服务功能，真正实现企业用中文谈全球生意。

4.14　博看科技（北京）有限公司

所属地：北京

主营业务：教育信息

企业介绍：博看科技（北京）有限公司（以下简称博看科技）成立于 2006 年，是归国硅谷技术团队开创的移动互联网科技公司，拥有 APP 开发金牌程序团队。博看科技是中津科技有限公司〔成立于 2011 年 4 月，注册资金 5000 万元（国家工商总局注册）〕的全资子公司。参股企业为华唐教育（中国呼叫中心 IT 化实训教育第一品牌公司），紧密战略合作企业为方宇教育科技有限公司（中国跨专业实训平台品牌公司）。

博看科技是中国教育学会信息化支撑我国教育发展、人才培养的战略合作单位，是清华大学国家人力资源研究院移动互联网服务外包人才标准的共同建设单位，是中国信息产业发展战略研究院移动互联人才培养课题共建单位，也是中国移动互联网 IT 实训系统设计、研发、培训整体解决方案的创建单位。

博看科技在移动互联网专业应用领域成果丰富，是中华医学会在国内独家指定的健康新媒体研发、运营机构，并受中华医学会的独家委托与三大电信运营企业（中国移动、中国联通、中国电信）进行健康新媒体合作的传播机构，也是中国最具专业度的健康内容制作和移动互联网软件发布提供商。

博看科技的核心业务为建立国家移动互联网人才培养体系，编写移动互联网人才国家标准，输出国家移动互联网应用人才培养与园区工程示范模式，引导建立移动互联网人才培养、服务外包、产业集聚生态环境。为我国高端人力资源资源储备和产业对接提供专业运营与解决方案。

博看科技正式提出中国移动互联网人才产业园区建设思路，国家移动互联网工程将在2—3年内完成在我国移动互联网人才培养规划的整体布局。工程目前已经得到中国信息产业发展战略研究院、中国教育学会、中国中小企业协会、清华大学国家人力资源研究院的战略合作支持，并且与展讯科技、华为公司等知名企业达成专项合作协议。

4.15　北京易知路科技有限公司

所属地：北京

主营业务：教育信息

企业介绍：北京易知路科技有限公司是专业从事远程教育解决方案模式的互联网企业。"268教育"隶属于北京易知路科技有限公司，2010年开始便与国内知名的教育专家进行沟通和探讨，并与国外专家学者进行紧密合作，在深入研究未来互联网教育发展态势之后，以最前沿的教育理念为需求，以最先进的互联网软硬件设施为根本，凭借强大的技术团队做后台支撑，一举成为目前国内最具影响力、最为专业的教育平台解决方案提供商。

北京易知路科技有限公司有多年的教育行业经验，立足于以技术为先驱、用户体验至上的理念，提供教育企业远程互联的产品方案。专业服务过学而思机构网校、尚德机构嗨学网网校等，针对网校系统建立的技术力量雄厚、经验丰富、具备复杂项目定制和个性化需求满足的能力，可服务于大、中、小型的公司。公司定位为国内最专业、最早进入网校系统建立领域的公司。

268教育产品线主要包括在线教育学习系统、跨场景学习宝、代理商运营系统、在线作业练习考试系统、O2O排课系统、教育社区系统、多平台移动APP、网络营销CRM系统、自适配CMS资讯系统等在线教育系统。

技术架构上均加入缓存机制、动静分离、读写分离、模块化部署、双机主备、分布式部署、均载均衡、磁盘阵列共享储存等先进理论，并保持技术革新，保持当前技术架构的先进性、稳定性、高可用性。

在线学习系统：为教学单位搭建现代化网络体系，定制化的教育教学模板，充分迎合当下O2O商业开展模式，轻松满足学生的在线学习需求，助力线下市场迅速拓展。

网校运营系统：借助教育社区的紧密衔接板块，教学单位可以和学生产生更多的交际，丰富的优惠、促销与营销功能化体系，充分维护教育机构的商品与课程信息，利于面授与远程结合使用。

在线考试系统：轻松管理考试的每一个环节，从出题检验，到答题检测，系统化的在线考试方法，全面检测学生学习效果，针对考试结果进行教育辅助，更有利于提升教学效果。

线下排课系统：解除排课难题，多角色支持学生、老师、教务、家长全员参与其中，多渠道沟通模式，短信、微信降低沟通成本，教学安排更有效率，教学体验更直接、更给力。

在线教育社区系统：小组功能、同学问答功能、微博功能、博客功能、关注/加好友功能、消息功能等。该系统采用MVC架构，可承载同时大并发的需求，而且对服务器的配置要求也不是特别高。

成功案例包括世纪名家讲堂、恒企会计在线、长征教育、父母大学堂、仁和会计在线，以及得意门生、劢克偲教育、罗德国际教育和大家网，等等。

4.16　斯坦德云科技股份有限公司

所属地：江苏南京

主营业务：云计算

企业介绍：斯坦德云科技股份有限公司位于南京市秦淮区白下高新产业园区内，是一家企业私有云整体服务和运营提供商。公司把"以领先的云计算技术，助力中小企业腾飞"作为企业使命，产品和技术达到国际领先水平。

斯坦德基于自主知识产权系列软硬件产品，提供中小企业私有云整体服务解决方案（云平台、云桌面和云应用），降低企业信息化建设和运维成本；云平台在企业内部，保证数据安全；同时支持移动办公、信息共享，形成数据资产；平台建设和运维可采用购买服务模式。

斯坦德是"国家高新技术企业"、"国家云计算标准、智慧城市标准成员单位"、"江苏省民营科技企业 30 强"，江苏省"博士集聚计划"入选企业。公司拥有"工业与信息化部云计算应用与服务平台"、"国际高性能计算委员会（HPC）—STD 联合实验室"、"江苏省南京市物联网行业应用云计算平台"等基地。

4.17　山东泰盈科技有限公司

所属地：山东泰安

主营业务：呼叫中心及电商后台外包

企业介绍：山东泰盈科技有限公司（纳斯达克：CCRC）是中国呼叫中心及电商后台服务外包行业领跑者，在北京、上海、山东、重庆、江苏、河北、安徽、广西、江西、新疆等十多个省市设立近 20 家外包运营基地，与国内外互联网、电子商务、通信、金融、物流、制造业等行业中的近 30 家领先企业建立了战略合作关系。公司为合作企业提供全面的客户服务整体解决方案，呼叫中心运营外包，电商后台运营外包，呼叫中心及电商后台人才培训、派遣、营销服务外包，企业云客服等核心外包服务。

公司将秉承"创外包之泰、享服务之盈"的核心价值观，抓住国家"一带一路"和产业升级的历史机遇，加速全国互联网与电子商务后台基地、金融业后台处理基地、通信业后台处理基地、制造业后台处理基地的规模扩张，依托"泰盈云"战略，进一步提升核心竞争力，争做全球BPO行业领军企业。

公司获得的荣誉包括：中国信息技术服务产业联盟常务副理事长单位，国家工信部中国呼叫中心与电商后台专委会理事长单位，商务部"重点联络服务外包企业"，国标委"呼叫中心服务标准化试点单位"，中华全国中工会"模范职工小家"，共青团中央"青年就业创业见习基地"，中国呼叫中心与电子商务研究院"中国最佳客户中心"，工信部软件与集成电路促进中心"中国最佳外包客户联络中心"。

通过的认证包括：高新技术企业，双软企业，ISO9001国际质量体系，ISO27001国际信息安全体系。

4.18　中国电子科技集团公司

所属地：北京

主营业务：电子信息

企业介绍：中国电子科技集团公司（简称中国电科）是经国务院批准、在原信息产业部直属电子研究院所和高科技企业基础上组建而成的国有重要骨干企业，是中央直接管理的十大军工集团之一。主要从事国家重要军民用大型电子信息系统的工程建设，重大装备、通信与电子设备、软件和关键元器件的研制生产。

中国电科所属二级成员单位58家、上市公司7家，分布在全国18

个省市区。现有职工 11 万余人，其中，中国工程院院士 11 名。公司拥有国防科技重点实验室 15 个、国防研究应用中心 6 个、研究中心 7 个、博士后科研工作站 27 个、流动站 1 个，拥有一批国内一流的中试线、生产线、装配线和机加工中心，形成了国内电子领域最完整的研究、设计、试制、生产及试验能力体系，具有完备的质量保证体系，取得了一批领先或接近国际水平的重大科技成果，在一些关键技术领域始终保持着国内领先、国际先进的地位。自 2002 年成立以来，中国电子科技集团公司作为军工电子国家队和信息产业主力军，拼搏奋进，勇于创新，共获得最高国家科技奖 1 次，国家科技进步特等奖 8 项，国家科技进步一等奖 12 项、二等奖 37 项，国防科技进步特等奖 10 项、一等奖 86 项，发明专利授权量 3307 件。在国务院国资委中央企业负责人 2004—2013 年度经营业绩考核中，连续 10 次夺得 A 级和三次夺得任期考核连续 A 级。

在首都 60 周年国庆阅兵活动中，中国电科研制生产的以空警 2000、空警 200 预警机为代表的 7 型装备首次分别组成空中方阵、雷达方阵、通信方阵的三个独立方阵接受检阅。在载人航天工程中，中国电科作为副总指挥长单位，在载人航天工程七大系统中承担了重要任务，负责测控通信系统设备、雷达探测设备、太阳能电池和大量关键元器件的研制任务。在探月工程中，中国电科作为副总指挥长单位，在卫星、运载火箭、发射场、测控通信和地面应用等五大系统中承担研制生产任务，并圆满完成任务。在国家公布的 16 个重大专项中，中国电科在多个专项中承担重要攻关任务。在中国自行研制的北斗卫星导航系统中，中国电科参与承担了卫星定位综合服务系统、电源系统、地面终端系统以及检测认证服务等多项任务，并圆满完成各项任务。

中国电科坚持军民融合式发展道路，积极参与国民经济信息化建设和国家重点工程建设。先后承担国家公共突发事件应急平台系统、北京奥运会安保指挥中心系统、上海世博会安保项目以及博鳌亚洲论坛、广州亚运会、深圳大运会安保解决方案等大型公共安全系统工程，承建国家电子政务网、全国气象雷达网、空中交通管理系统和轨道交通系统等一大批国家重大信息系统工程。形成"电子信息产品与装备制造"、"行业信息化应用系统工程"、"现代信息服务"三大产业群和安全电子、能源电子、软件与信息服务、电子制造装备与仪器仪表、新型元器件等五大产业板块。

4.19　乐视网

所属地：北京

主营业务：互联网视频

企业介绍：乐视网成立于2004年，创始人贾跃亭，乐视致力于打造基于视频产业、内容产业和智能终端的"平台+内容+终端+应用"完整生态系统，被业界称为"乐视模式"。乐视垂直产业链整合业务涵盖互联网视频、影视制作与发行、智能终端、应用市场、电子商务、互联网智能电动汽车等；旗下公司包括乐视网、乐视致新、乐视移动、乐视影业、乐视体育、网酒网、乐视控股等；2014年乐视全生态业务总收入接近100亿元。2014年12月，贾跃亭宣布乐视"SEE计划"，将打造超级汽车以及汽车互联网电动生态系统。

乐视拥有乐视网、乐视影业、花儿影视等内容公司，其中乐视网成立于2004年11月，是国家级高新技术企业，2010年8月12日在中国创业板上市，是行业内全球首家IPO上市公司，中国A股最早上市的视频公司。目前乐视网影视版权库涵盖10万多集电视剧和5000多部电影，并正在加速向自制、体育、综艺、音乐、动漫等领域发力。

乐视影业定位为"互联网时代的电影公司"，在出品、发行优秀影片的同时，旨在互联网2.0时代背景下建立"一定三导"和"五屏联动"的O2O电影市场系统，为观众提供从线上到线下全方位的观影及增值服务。乐视影业拥有张艺谋、陆川等诸多电影界大牌主创。2014

年，乐视影业出品发行 13 部电影，票房约 24 亿，位列国内民营电影公司前三甲。

乐视智能终端由超级电视、超级手机、乐视盒子、EUI 及 Leme 智能配件等共同组成。乐视智能终端由 CP2C 模式打造，秉承"千万人不满、千万人参与、千万人研发、千万人使用、千万人传播"理念，从最初的乐视 TV·3D 云视频超清机 S10 到"乐视盒子"C1、C1S，超级电视 Max70、X60、X60S、X50 Air、S50 Air、S40 Air L 等，在线销量屡创佳绩，一举结束了 3SL（三星、索尼、夏普、LG）等国际巨头垄断市场的局面。目前超级电视已经进入美国市场。

2015 年 4 月 14 日，乐视推出全球首个生态手机品牌乐视超级手机，上市不到三个月销量就突破百万台。超级手机采用量产成本定价模式，开创了智能手机生产厂商公布 BOM（物料成本清单）的先河，超级手机已经引领手机行业进入硬件免费时代，此外，乐视打造的以服务为核心的生态型终端，已经让手机跨入生态时代。

乐视集团还构建起云视频开放平台、电商平台、广告平台、大数据平台等，其中，云视频平台拥有 10T 带宽，超过 600 个节点遍布全球各个角落。乐视商城已经位列中国十大 B2C 电商第七。

4.20 北京易华录信息技术股份有限公司

所属地：北京

主营业务：信息系统集成

企业介绍：北京易华录信息技术股份有限公司成立于 2001 年 4 月，是华录集团旗下控股的上市公司（股票代码：300212）。易华录紧紧把握政府管理创新需求，发挥央企优势，将金融资本和产业资本相结合，应用物联网、云计算、大数据等先进技术，以智慧城市、智慧交通、公共安全三大产业为主体，以网络支付、信息安全为两翼，将科技与文化、线上与线下相整合，打造城市互联网运营商，为政府、社会、公众提供公益和增值服务，成为政府社会化服务的主要提供商。

易华录旗下拥有 10 余家子公司及 20 余家分公司，业务覆盖全国 30 个省、自治区、直辖市及多个海外城市，已为国内 230 多个城市及海外多个国家提供了技术服务，足迹横跨亚欧，拥有"中国智慧城市最具影响力企业"、"中国智能交通领军品牌"等殊荣。

4.21 科南软件有限公司

所属地：广东深圳

主营业务：互联网

企业介绍：科南软件有限公司是一家专门从事新一代企业互联网应用开发及云服务的专业厂商。公司的宗旨是"利用新一代信息技术，实现便捷的协作、更高的效率、更低的成本，让信息化告别传统，步入移动互联时代"。

公司由一群来自于国内外知名的互联网企业与管理软件企业的核心骨干，以及立志于企业互联网行业的年轻创业者组成，潜心研发了国内第一套全面支持移动互联网和云计算的企业管理平台，在核心技术上实现自主可控，并在企业人财物和项目管理等核心业务领域，彻底改变传统 ERP 的局限，是我国互联网从个人消费领域向企业应用领域发展的代表性产品，是传统 ERP/HR/OA 等信息化系统升级换代的平台首先。

公司研发的产品改变传统 ERP 是基于制造业的流程生产和资源计划为基础的设计理念，以项目管理为核心的成本管控与资源协调，以人为中心构建互联网的服务，特别适合于科研院所事业单位，设计院，建筑施工、工程承包、咨询服务、型号研制型军工企业等组织的信息化需求。

公司与中科院合作，正在研发建设中科院新一代信息化平台 ARP3.0，为科研信息化的自主可控和协同创新，构建智慧中科院。

4.22 浪潮集团

所属地：山东济南

主营业务：服务器、系统集成

企业介绍：浪潮集团是中国最具影响力的 IT 品牌之一，成立于 1945 年，有 70 多年的历史，现在已经发展成为中国领先的云计算整体解决方案供应商，已经形成涵盖 IaaS、PaaS、SaaS 三个层面的整体解决方案服务能力。浪潮凭借高端服务器、海量存储、云操作系统、信息安全技术为客户打造领先的云计算基础架构平台，基于政务、企业、行业信息化软件、终端产品和解决方案，全面支撑智慧政府、企业云、垂直行业云建设。

浪潮集团拥有浪潮信息、浪潮软件、浪潮国际三家上市公司。浪潮业务涵盖系统与技术、软件与服务、半导体三大产业群组。服务器销量位列全球第五、中国第一，并成为全球第五家掌握关键应用主机技术的公司。浪潮拥有 IT 领域唯一设在企业的国家重点实验室——浪潮高效能服务器和存储技术国家重点实验室。

浪潮国际化业务目前已拓展至全球 85 个国家和地区，在美国、日本、拉美等多地设立研发中心和工厂，在海外 26 个国家设立分公司和展示中心。全球拥有 8000 多家大中型渠道代理商，合作伙伴数量达到四位数，产品和方案广泛应用于全球数据中心、超算中心、税务、教育、智慧政府等领域。

浪潮与微软、思科、LG、爱立信等世界 500 强企业设立了合资公司，与 Intel、IBM、SAP、VMWARE、NIVIDIA、REDHAT 等建立了战略合作伙伴关系，与印度 UPTEC 合资共同发展软件实训产业。

浪潮先后加入 OpenStack、SPEC、TPC 等国际权威组织。2014 年 5 月，浪潮集团成功加入 SPEC 组织，正式成为国际标准化测试俱乐部的一员，跻身国际一线厂商行列。同年 7 月正式宣布加入国际云计算权威组织——OpenStack 基金会，成为全球最有活力的开源云平台管理项目的重要成员。同年 8 月国际标准化测试权威机构 TPC 组织宣布吸收浪潮为该组织的会员。浪潮服务器超能 3000 在 TPC—H 测试中获得当时的最好成绩，创造了中国服务器厂商第一个国际测试世界纪录。迄今为止，浪潮先后 16 次打破 TPC—E、TPC—H 以及 SPECjAppServer、SPECPower 等一系列国际权威测试纪录。

4.23 宝驾（北京）信息技术有限公司

所属地：北京

主营业务：基于汽车驾驶分享的移动出行平台

企业介绍：宝驾（北京）信息技术有限公司成立于 2014 年 3 月，总部位于北京。宝驾是一个值得信赖的自驾汽车租赁社区，在这里人们可以通过网站或手机发布、挖掘和预订全国各地的独特车源。通过互联网，帮助人们更好地分享和分配闲置汽车资源，无论用户的预算是多少，无论用户想去中国的哪个角落，都能在宝驾找到最独一无二的当地驾行。

宝驾租车所倡导的"汽车共享模式"源于美国，现已风靡全球。宝驾租车的"汽车共享模式"则提供了一种全新出行的解决方案。

"汽车共享"意味着拥有一辆私家车的车主可以依靠爱车多挣一份外快，而需要用车的人可以有更丰富的选择，无论是日常出行需要的经济型高尔夫、宝来或者科鲁兹；亦或是自驾游时更为合适的别克 Encore 或本田 CR—V。这就是说用户可以拥有不止一台车，只需按自己的喜好选择即可。

通过 GPS 信息，用户所需的车就在附近，而且价格比普通租车便宜很多，说不定和车主也会成为朋友。宝驾租车让租车变得轻松简单，就好像在用自己的车一样。

加入宝驾租车会员，通过宝驾租车平台的网站和手机客户端，车主可以很轻松地将闲置车辆租借给急需用车的租客，并且获得额外收入。

而租客则可以随时搜索附近的车辆，并通过手机完成鸣笛寻车、开锁等操作，用比市场低 30% 的价格不出社区就能租到更加满意的车型，完全实现了自助式汽车租赁。

4.24 北京证联信通科技发展有限公司

所属地：北京

主营业务：信息安全及认证平台研发

企业介绍：北京证联信通科技发展有限公司是在行业资深技术人员倡导下建立起来的，主要从事信息安全相关行业应用开发和技术推广，公司目前研发人员有 20 多人，主要进行关于数字签名的相关应用研发。

公司主要产品有数字统一认证平台管理系统、一网通平台系统等。公司还发起参与了基于 Android 系统的移动代码签名应用规范的标准制定和控件开发等。

4.25 青岛众恒信息科技股份有限公司

所属地：山东青岛

主营业务：视频监控管理平台

企业介绍：青岛众恒信息科技股份有限公司是一家专注于云计算平台的物联网信息系统企业。公司成立于 2006 年，主营业务是视频监控管理平台研发。2011 年，公司顺应市场发展确定云计算、物联网、移动互联网，以及视频数据分析为研发方向。

2013 年，众恒发布自主知识产权的 vPaaS 物联网平台、物联网云终端、oakcloud 云计算操作系统。2014 年公司在蓝海股权交易中心挂牌，建立 vPaaS+合作伙伴联盟，发布了消防和农业物联网大数据服务平台。2015 年在"互联网+"和"中国制造 2025"的大背景下，公司发布"机器云"——工业物联网大数据服务平台，并荣获 2015 年度中国"工业互联网"领军企业。

众恒自 2013 年开始潜心研发物联网云终端产品、物联网云计算操作系统、物联网 vPaaS 系统，整个系统是目前国内企业中唯一涵盖了从云到端全面的物联网技术，而且系统各个层面均拥有自主知识产权，其中 vPaaS 系统填补了国内云计算技术的空白。

5. 服务

5.1 工业和信息化部软件与集成电路促进中心

所属地：北京

主营业务：信息产业

机构介绍：工业和信息化部软件与集成电路促进中心（CSIP）是工业和信息化部直属事业单位，全面承担了国家软件与集成电路等公共服务平台的建设、维护、运营和管理工作。

中心的主要职责包括：承担国家核心电子器件、高端通用芯片及基础软件产品科技重大专项的有关支撑保障工作；推进相关领域前瞻性技术和共性技术研发应用，开展科技成果的转化、推广以及国内外科技交流、技术咨询等工作；承担国家软件与集成电路等产业公共服务平台以及产业公共服务体系的相关建设工作，为我国软件与集成电路等产业和企业的发展提供公共、中立、开放的服务；开展工业和信息化相关领域战略研究、知识产权预警研究等软科学研究，为政府决策、行业发展提供支撑服务；承担工业和信息化相关领域高端、紧缺专业人才培养相关工作；承办工业和信息化部交办的其他事项等。

5.2 清华大学国际传播研究中心

所属地：北京

主营业务：教学、科研

机构介绍：清华大学国际传播研究中心是清华大学校级重点研究机构，是在汪道涵先生和王大中校长的倡议下，由清华大学校务委员会于

1999 年夏决定成立的，李希光教授任主任。16 年来，中心在全球传播、健康传播、国家软实力建设、公共品牌塑造、新闻发言人制度建设与人才培养、危机传播管理、新闻改革和新闻教育等领域积累了深厚的科研实力和大量的实践经验。中心已形成政策、学术、媒体多边互动的研究构架，被政界、学界和传媒界视为中国在国际传播和舆论研究方面的新型智库，在一些重要决策上参与咨询。

5.3　北京大学国家战略传播研究院

所属地：北京

主营业务：教学、科研

机构介绍：北京大学国家战略传播研究院是专门致力于现代国家信息和舆论治理问题研究的科研教学机构。研究院的主要研究和咨询领域涉及国家的对外传播和形象建设、国际政府间和民间的公共外交、中国地方政府的媒体沟通和对外联络、中国大型企业国际化发展中的传播战略、国家互联网治理和传媒产业发展政策的制定等。

研究院采取大型企业和高等院校共建的形式，既能够集纳各方资源，发挥各方优势，又能够做到信息共享、协同创新，贡献出真正符合中国国家战略实际需要的智力资源。

研究院的筹备和发展已经得到了国家领导人的亲自批示和关注，并责成教育部和北京大学的有关部门协助创建和培育。

在政府资源支持方面，研究院的核心成员有着与国家新闻宣传部门、国务院各部委新闻宣传机构和地方政府的长期合作关系，在研究院成立之前就已经积累了大量的研究成果，并与这些政府机构形成了会议、项目、培训等各种长期联合工作机制。

在人员构成方面，研究院集纳了一批海内外高水平中青年学者参与日常的研究、咨询和培训工作，并邀请国内外一流的中国问题研究专家和传播问题研究专家担任学术顾问和特聘研究员，充分重视研究团队的国际视野和专业水准。

研究院计划在三到五年时间内办成国际一流的智库机构和公共外交机构。一方面构建成熟而高质量的国家传播政策预案体系和研究体系，领导构建现代国家传播治理体系的建设；另一方面建成一个有国际声誉和国际视野的公共外交平台，充分利用北京大学的优势，广泛开展各种国际合作和对外传播。

5.4 国浩律师事务所

所属地：北京，上海

主营业务：法律服务

机构介绍：国浩律师事务所创立于 1998 年 6 月，是目前中国最大的综合性律师事务所之一，在北京、上海、深圳、杭州、广州、昆明、天津、成都、宁波、福州、西安、南京、南宁、济南、重庆、苏州及香港、巴黎、马德里、硅谷等 20 个地区设有执业机构。作为 THEINTER-LEX GROUP 在中国大陆地区的唯一成员，国浩律师事务所还与近 50 家国际顶级律所建立了紧密的合作关系，执业范围可扩展到 59 个国家及地区的 155 个城市。

国浩律师事务所现有合伙人 260 余人，执业律师及各类专业辅助人员近 2000 人。其中 90% 以上的合伙人具有硕士、博士学位或高级职称，且多为中国某一法律领域及相关专业之顶尖律师或专家学者。

国浩律师事务所设有证券与资本市场专业委员会、公司与商业专业委员会、银行与金融专业委员会、国际投资专业委员会、基础设施建设专业委员会、知识产权专业委员会六个专业化法律服务机构，开创了中国律师业规模化、专业化、团队化之先河。

国浩律师事务所系香港联合交易所、美国纽约证券交易所、美国 NASDAQ 证券交易市场、澳大利亚悉尼证券交易所、新加坡证券交易所等境外证券交易机构认可的可为证券发行上市及公司并购项目出具法律意见的中国律师事务所。

国浩律师事务所业务领域广泛，服务范围涵盖金融证券、公司商务、并购重组、跨境投资、国际贸易、知识产权、私募融资、争议解决等各项法律业务。尤其是在资本市场，国浩在境内外 IPO、再融资、重大资产重组、收购兼并等综合指标上几乎每年均排名行业第一。

国浩的服务对象多为国内外知名的跨国公司、大型国有企业及大中型民营企业，并为 300 余家上市公司提供过包括上市、并购重组、债券发行在内的法律服务。在国浩已完成的项目名单中，不乏像国家核电技术公司、中国航天信息、中国五矿有色、中国有色矿业集团、中国远洋运输集团、中粮集团、中国航空集团、中国东方航空、中国铝业、中国华能集团、江南重工、上海电气集团、上海百联集团、上海建工集团这样的大型国企，也有像腾讯、盛大网络、巨人集团这样的著名民营企业。近期完成的重大项目有以 245.3 亿港元集资规模荣膺港股"集资王"的中国核电巨头"中广核电力"香港发行上市项目、交易金额达到 30 亿美元的巨人网络私有化项目、中国南车与中国北车吸收合并项目、腾讯公司收购四维图新股权项目、阿里巴巴入股银泰商业项目、斑马技术公司收购摩托罗拉系统企业部项目等数十起。

2015 年，国浩还以"一带一路"法律服务为主题主办或参与主办了分别于北京和海口举办的第三届"国浩法治论坛"和"中国—伊朗合作发展国际研讨会"。

5.5 北京德恒律师事务所

所属地：北京

主营业务：法律服务

机构介绍：北京德恒律师事务所原名中国律师事务中心，1993 年 1 月经中华人民共和国司法部批准创建于北京，1995 年更名，现有分支机构 30 个，律师专业人员 1700 余人，已形成遍布中国和世界主要城市的服务网络和客户群，为中国最大规模的合伙制律师事务所之一。

德恒总部坐落于北京市金融街核心区——富凯大厦 B 座 12 层，毗邻中国证监会、中国银监会、中国保监会、中国人寿、中国长江三峡集团公司、中国联通、中国平安、中国建设银行等国家机关和大型知名金融企业，并与众多国家机关和大型企业有常年法律合作关系。

据全球最大的财经通讯社美国彭博统计，2008 年度在企业重组改制及首次公开发行股票上市（IPO）法律顾问服务领域，德恒在中国大陆市场及香港市场均位居第二位。2010 年度德恒担任发行人律师 IPO 项目募集金额约 1721 亿元，占国内企业 IPO 融资总额的 23.7%，占全球 IPO 融资总额的 9.4%。2011 年度 ALB 中国法律大奖评选中，德恒担任发行人律师的中国农业银行 IPO 获"年度最佳股票市场项目大奖"。2012 年 12 月 4 日，德恒获 21 世纪经济报道"2012 年度（PE/VC）最佳 IPO 律师事务所"大奖。2013 年 10 月，德恒凭借在反垄断领域的出色表现，荣获 2013 年度"优秀内资反垄断律师"称号。

据 Mergermarket 统计，在 2009 年，德恒代理了总价值 190 亿美元的重大资产重组并购业务，列 Mergermarket 2009 年亚太地区（日本除外）重组并购业务排行榜（按金额）的第二名。

据 ALB《亚洲法律杂志》公布的排名，自 2007 年起，德恒在"全国律所规模 20 强"中排名一直位居前列。尤其在 2010 年 7 月，德恒的排名位居第三，稳居国内法律服务机构的第一梯队。

德恒拥有一流的律师队伍，全球员工 1700 余人，80% 以上具有硕士、博士学位，具有在国内外立法、司法、行政机关、跨国公司、大型国企、金融证券机构的工作经历和经验。截至 2014 年，北京总部注册律师为 255 人，合伙人 78 人。

历经 20 年的磨砺，德恒在公司、金融、证券、并购、诉讼仲裁、基础建设与房地产、知识产权、科技法律、国际贸易等业务领域累积了丰富经验，形成了核心竞争力。经司法部、证监会、国家发改委等部门批准，首批获得证券法律服务、基本建设项目招投标法律服务、破产管理人、境内外知识产权代理等专项法律业务资质，能够为客户提供全方位专业法律服务。

5.6　中国国家认证认可监督管理委员会认证认可技术研究所

所属地：北京

主营业务：标准研究，认证认可

机构介绍：国家认证认可监督管理委员会是国务院授权的统一管理、监督和综合协调全国认证认可工作的行政管理部门。

中国国家认证认可监督管理委员会认证认可技术研究所（以下简称研究所）是由中央机构编制委员会批准的独立法人事业单位，直属国家认证认可监督管理委员会。同时，研究所是我国认证认可研究国家层面的社会公益类科研机构，是以认证认可政策理论、学术研究为主要职责的技术支撑服务机构。

研究所由综合技术研究中心、认证技术研究中心、认可技术研究中心、认证认可机构发展研究中心和办公室组成，其技术服务工作由中认国证（北京）评价技术服务有限公司承担。

根据国家事业单位登记管理局授权，研究所主体业务包括：

承担认证认可/合格评定理论研究；

承担认证认可/合格评定标准研究；

承担认证认可/合格评定专业培训与咨询；

承担认证认可/合格评定技术开发与服务；

承办国家质检总局、国家认监委委托事项。

主要职责为：

政策研究：围绕国家认证认可的方针政策，开展认证认可发展的前瞻性研究；

科研课题：承担国家认证认可科研课题和科研攻关项目；

技术研究：依据认证认可国际准则和我国认证认可工作发展需要，开展认证认可技术研究；

培训研讨：根据认证认可客户需求，开展认证认可相关业务的培训和研讨活动；

咨询服务：提供认证认可国内和国际相关信息，承担认证认可方针政策及相关技术的咨询服务；

承办工作：承办国家质量监督检验检疫总局、国家认证认可监督管理委员会交办的其他工作。

5.7　国家机床产品质量监督检验中心（山东）

所属地：山东枣庄

主营业务：检测检验

机构介绍：国家机床产品质量监督检验中心（山东）（以下简称"国家机床质检中心"）是 2010 年在滕州市产品质量监督检验所（事业法人单位）基础上经国家质检总局批准筹建的第三方实验室；2012 年通过实验室 CNAS "三合一"认证，项目覆盖金属切削机床、锻压机床、特种机床等机床产品。2012 年参加由中国机械工业联合会与中国合格评定国家认可委员会联合组织的立式加工中心位置精度检测能力验证，并取得"满意"结果。2013 年通过国家质检总局现场验收，能力建设现状被评为"国际先进，国内领先"等级水平。国家机床质检中心机床产品检测实验室面积约 3000 平方米，包括样品处理室、常规检测室、化学性能检测室、物理性能检测室、精密检测室、三坐标测量室，其中建有 1400 平方米的恒温（20℃±0.5℃）、低尘、减震的精密机床检验车间；拥有先进的仪器设备 200 余台套，其中德国蔡司三坐标测量机、金相显微镜，英国雷尼绍激光干涉仪、球杆仪，丹麦 B&K 动态信号分析仪、动平衡仪，日本三丰表面轮廓测量仪、圆度仪、表面轮廓测量仪，瑞士丹青 WYLER 电子精密水平仪等均为现阶段国际领先检验设备。

中心在为国际贸易提供技术支持、为仲裁委司法裁定提供技术支持、服务国家重大专项课题验收、为政府部门决策提供数据支持方面开展了大量的工作。

近两年，国家机床质检中心作为第三方检验检测实验室，先后为机床整机验收、原辅材料检测方面的国际贸易提供技术支持。其中涉及俄罗斯、新加坡、伊朗、美国等国家。2015 年伊朗某石油管道加工生产企业在国内购置了 1000 余万元的机床，委托国家机床质检中心对其进行整机性能验收。为突出检测工作的公平、公正性，国家机床质检中心采用全程录像同步传输的方式直接反馈给客户。

烟台某汽车零部件加工企业购置了韩国某企业的汽车零部件加工生产线，价值约 4000 余万元，后因产品质量问题产生纠纷，向国家机床质检中心寻求技术支持。国家机床质检中心按照合同要求进行了现场检测，并出具了检测报告。该报告作为仲裁委司法裁定的重要技术依据。

近两年国家机床质检中心也对 20 余种国家重大专项项目的试制样品进行了性能检测，检测结果作为国家重大专项项目验收的重要依据。其中包括大族激光的三维五轴联动激光焊接机床，中国机械科学研究总院的数字化无模铸造精密成形机、三维织造成形机等项目。

国家机床质检中心还多次承担了机床产品机械、电气等安全方面的政府指令性抽查工作，并结合抽查结果和行业发展趋势，向政府提交了机床产品质量分析报告，为政府对经济宏观调控以及制定产业政策提供技术参考。

5.8 国信招标集团股份有限公司

所属地：北京

主营业务：招标采购咨询

企业介绍：国信招标集团股份有限公司（以下简称国信招标集团）

成立于 1999 年，注册资本金 15210.6084 万元人民币，是国内最大的招标采购咨询综合性服务企业，由神华集团金瓷科技实业发展有限公司、北京首都创业集团有限公司、新华房地产开发公司（国家发改委基建办）、新产业投资股份有限公司等股东共同出资组建。

国信招标集团业务资质齐全。拥有各类招标甲级、工程咨询甲级、造价咨询甲级、工程监理甲级和进出口经营权证书等最高资质。

国信招标集团服务范围广泛。十几家子公司、参股公司及三十多家分公司构成了覆盖全国主要省区的经营服务网络，可以向客户提供招标代理、工程咨询、项目管理、造价咨询、工程监理、投融资咨询与服务、国际贸易、信息技术服务等覆盖建设项目全产业链的综合服务。

国信招标集团经营业绩居业界首位。累计承接项目超过 3 万项次，委托金额近 2 万亿元，项目范围涵盖各行各业，连续多年获得"中国招标代理机构十大顶级品牌"及"中国最具竞争力招标代理机构"第一名的殊荣。

国信招标集团综合管理体系先进。经过十几年的发展，形成了一套管理制度化、程序规范化、办公自动化的科学管理体系；打造出一支素质过硬、德才兼备的员工队伍；在承办的各类业务中，严格执行国家法律法规，努力为客户实现综合效益最大化，赢得社会各界的高度评价。

国信招标集团是行业标准制订者。数名高层领导参与了《招标投标法》、《政府采购法》及《招标投标法实施条例》等法律法规的起草，参与了发改委、财政部、建设部、商务部等行业部门招投标管理规范及标准的制订，参与了招标师职业水平考试大纲及辅导教材的编写，为推动国家招标投标事业发展发挥了积极作用。

面对未来，国信招标集团将继续坚持集团化、多元化、国际化的发展道路，努力朝解着"超越自我、创新发展，保持招标行业领先地位，成为中国最值得信赖的工程咨询集成服务商"的愿景目标迈进。

5.9　中外友好国际交流中心

所属地：北京

主营业务：国际交流

机构介绍：中外友好国际交流中心（以下简称中心）是经中国人民对外友好协会批准改制设立的独立实体。中心的工作得到中国各级党政部门的支持，内外网络不断强化、国别优势不断扩展，组织多领域、多门类、多学科、多专业、多形式国际交流活动的能力不断增强。中心将努力架起国际交流的桥梁，为中外友好的崇高事业做出应有的贡献。

中心积极承办中共中央宣传部、国务院新闻办公室主办的国家对外形象推广工程"感知中国"活动；中心积极服务国家外交工作，努力为重大外交活动营造文化氛围，承担外交部、文化部、全国友协、驻外使馆交办、批准、委托的重要项目。

中心积极推动中外文化交流，为不同文明、不同文化的对话互鉴，为中国文化的国际传播，为中外艺术家的合作搭建平台、开辟渠道；中心积极制定实施"世界艺术殿堂计划"、"国际著名艺术展览合作计划"、"中国文化使者计划"、"世界著名高校中国艺术传播计划"、"中外优秀艺术家合作创展计划"；中心注重与中外媒体的合作；中心通过设立文化交流基金的方式，积极培育展现国家文化形象的品牌交流项目。

中心积极服务企业"走出去"的国家战略和"一带一路"战略，发挥桥梁作用，促进政府、智库、商协会组织、媒体、企业之间的交流沟通；发挥传播作用，诠释国家政策、方针，发布研究成果；发挥整合作用，凝聚内外资源，形成国别、行业投资合作优势。

5.10　中国标准化研究院

所属地：北京

主营业务：科研机构

机构介绍：中国标准化研究院（初名国家科委标准化综合研究所）

始建于 1963 年，是直属于国家质量监督检验检疫总局，从事标准化研究的国家级社会公益类科研机构，主要针对我国国民经济和社会发展中全局性、战略性和综合性的标准化问题进行研究。

全院现有职工 500 余人，包括研究员 30 名、博士及博士后 80 名，主要开展标准化发展战略、基础理论、原理方法和标准体系研究。承担节能减排、质量管理、国际贸易便利化、视觉健康与安全防护、现代服务、公共安全、公共管理与政务信息化、信息分类编码、人类工效、食品感官分析等领域标准化研究及相关标准的制修订工作。承担相关领域的全国专业标准化技术委员会、分技术委员会秘书处工作。承担相关标准科学实验、测试等研发及科研成果的推广与应用工作。组织开展能效标识、顾客满意度测评工作，承担地理标志产品保护研究及技术支持工作。负责标准文献资源建设与社会化服务工作，承担国家标准文献共享服务平台运行和标准化基础科学数据资源建设与应用工作。同时，我院的工作直接支撑着国家质量监督检验检疫总局以及国家标准化管理委员会的相关管理职能，包括我国缺陷产品召回管理、国家标准技术审查、全国工业产品、食品生产许可证审查等。

作为国家级社会公益类科研机构，中国标准化研究院一直致力于积极参与并主导国际组织活动，维护国家利益，承担了国际地理标志网络组织（ORIGIN）副主席职务，承担了国际标准化组织（ISO）的技术委员会副主席、秘书等 13 个关键职务，主持制定 ISO 标准 20 项。在国家质量监督检验检疫总局党组和国家标准化管理委员会党组的坚强领导下，中国标准化研究院紧密围绕中心任务加强党建、廉政建设和精神文明建设，实现常态化、规范化和制度化，采取灵活多样的学习教育方法，开展丰富多彩的文体活动，坚持思想政治工作理论研讨和论文评选活动，连续九年获得中央国家机关文明单位和首都文明单位荣誉称号。

5.11　E20 环境平台

所属地：北京

主营业务：生态型产业服务平台

机构介绍：E20 环境平台起始于 2000 年中国水网的创建，现正转型成为生态型产业服务平台公司，以产业预判能力、顶层设计能力及协同创新能力为核心竞争力，践行 "用平台力量助力优秀企业跨越式发展，促进环境产业的转型和升级" 的企业使命。平台以公信力为基础，领导力为导向，影响力为驱动，商业逻辑为准则，滋养优秀环境企业，提供深度系统的产业服务。

E20 环境平台旗下包括中国水网、中国固废网、中国大气网、E20 研究院、E20 论坛、E20 俱乐部、中国供水服务促进联盟、污泥处理处置产业技术创新战略联盟、垃圾焚烧产业促进联盟、中宜 E20 环境医院等子品牌、子平台和机构。

E20 环境平台秉承一贯的 "上善若水，行胜于言" 的价值观，是 "环境产业知音" 和 "有领导力的专业平台和产业推手"。依托 15 年来对环境产业的专注积累与核心资源能力，以坦诚开放、合作共赢的蓝色理念和平台思维整合产业和社会的智慧与力量，开展以下业务：（1）基础业务：媒体传播矩阵、E20 论坛、E20 研究院、E20 俱乐部；（2）伙伴业务：战略咨询、品牌建设、营销传播、舆情监测、资源整合；（3）投融资业务：股权基金、子平台直投、投融资顾问；（4）环境医院业务：施治方案、保障体系、营销体系、资本支持等。目前，已有近 200 家各环境子领域 TOP 20% 的优秀企业加盟 E20 生态合作的产业第一圈层；数万专业人士深度参与平台各项基础服务互动；并成为政府有关部门的环境产业顾问和助手伙伴。

为了适应生态型平台公司的业务体系，E20 环境平台采取事业合伙人制度，引入不同业务领域的顶尖人才担任事业合伙人，并通过生态协同实现平台业务之间的价值流转。平台目前拥有员工 80 余人，有梦想、有激情、做大事，不断创新、敢为人先，将来愿与各界伙伴一起卓越同行、筑梦环境，实现中国人的环境梦。

E20 环境平台已于 2015 年 11 月 11 日在新三板挂牌，股票简称易二零，代码：834016。

6. 文化

6.1 天洋控股集团

所属地：香港、北京等

主营业务：文化、科技

企业介绍：天洋控股集团（以下简称"天洋"）创立于 1993 年，全球总部位于香港，并在洛杉矶和北京设立了北美总部和中国总部。目前，天洋已发展成为横跨文化产业、科技产业、互联网金融、产业地产四大产业的大型控股集团，旗下拥有香港上市公司——天洋国际控股（00593.HK）。

天洋正在全力实施以文化和科技两大产业为核心的战略转型，并创立了文化品牌"梦东方"和科技品牌"超级蜂巢"。天洋整合全球最优秀资源，以"互联网思维"颠覆传统模式，跨界融合发展，力争在十年内成为世界一流的文化、科技集团。

"梦东方"的使命就是要把中国文化推向世界，并成为中国文化产业的一面旗帜。中国要有强大的文化自信，"梦东方"将通过拥有自主知识产权的文化作品，成为中国与世界沟通的桥梁，让全世界更多的人了解中国、热爱中国。

"超级蜂巢"在全球率先提出打造线上硅谷平台，把全球的原创技术引入中国这个巨大的市场，集聚全球智慧，推动世界变革。

天洋控股集团始终秉持"生之于天、容之于洋、爱之于人"的核心理念，以"创新·共赢"为经营思想，以"人与社会价值的创造者"为己任，成就"百年天洋"的梦想。

6.2 野马集团有限公司

所属地：新疆乌鲁木齐

主营业务：外贸，文化

企业介绍：1993 年，中哈边境贸易的大门刚刚打开，一匹外贸界的"黑马"——阿勒泰野马实业公司便在陈志峰、陈强、陈刚三兄弟的带领下应运而生，并一跃成为阿勒泰地区外贸巨舰。

2003 年，野马迁址新疆首府乌鲁木齐。2005 年以出口 8.1 亿美元的业绩，成为新疆外贸龙头企业，跻身全国外贸百强企业，名列全国民营外贸企业第三名。

风雨兼程 20 余载，今天的野马集团，形成了跨境电商、国际工程、金融投资、文化旅游四大板块相互鼎立、共同发展的崭新格局。

2014 年末，随着阿里巴巴、唯品会高层的到访，野马集团确定并快速实施向互联网企业转型的战略，成立了野马电商公司。2015 年，李克强总理"互联网＋"概念的提出，让已经站在风口上的野马更加坚定了进军互联网产业的信心。

新成立的跨境电子商务公司整合了野马经营 20 多年的传统外贸产业，原有的进出口公司、国际货运公司、哈萨克斯坦公司、乌兹别克斯坦公司、俄罗斯公司、吉尔吉斯斯坦公司、吉木乃口岸公司一并纳入电商板块。面向俄语系国家的纯俄文电商平台正在研发当中。依靠在外贸领域 20 多年的积累，野马电商平台一上线，就天生具备了线上商城、线下物流两大无可比拟的优势。

借助互联网的翅膀，野马外贸板块正在实施向"互联网＋"的转型，新三板上市工作也随之启动。随着国泰君安的进入，上市工作正在紧锣密鼓地进行。

早在 2012 年，野马集团就结合自身优势组建了国际工程团队，为中国企业提供境外商务信息咨询、国际工程承包及相关服务。近年来，野马携手中国大型施工企业、成套设备制造企业走出国门，参与境外基础设施建设工作，业务涉及交通能源、石油化工、工民建等多个领域，并为客户提供从资金到清关、从国际联运到公关协调等一揽子解决方案，形成了具有自身特点的核心竞争力。

在"一带一路"建设的大背景下，随着亚投行、丝路基金、金砖银行、上合基金等国际资本的进入，丝绸之路经济带沿线国家迎来基础设施建设浪潮，野马集团国际工程业务也必将迎来更多的机遇。

2009 年，野马集团在新疆首家推出外币兑换业务，迈出了进军金融产业的第一步。6 年来，以新疆野马小额贷款公司、新疆野马股权投资公司、新疆野马资产管理公司为主导的金融板块，已成为集团发展的重要支撑。在海通证券的指导下，新疆野马小额贷款公司将登陆新三板；新疆野马金融板块将继续向资产收购、资产管理领域扩张，打造出"小额贷款、股权投资、资产管理"为一体的金融企业。

7. 贸易、物流

7.1 中电科技国际贸易有限公司

所属地：北京

主营业务：系统集成

企业介绍：中电科技国际贸易有限公司是中国电子科技集团公司的全资直属子公司，是从事电子信息产品国际贸易的综合性公司，以国际市场为先导，集产品供应、系统集成、解决方案、售后服务、国内外展览为一体，以中国电子行业科研院所及高科技企业的雄厚科研、生产和服务力量为后盾，广泛服务于国民经济各个行业。

7.2　江苏省海外企业集团有限公司

所属地：江苏南京

主营业务：进出口贸易、实业投资、现代服务业和境外投资

企业介绍：江苏省海外企业集团有限公司（JOC）是 1995 年经江苏省人民政府批准组建的国有独资公司，大型一类企业，注册资本人民币 5 亿元，1996 年被列为江苏省重点企业集团。经省政府授权，集团公司具有授权范围内国有资产的投资、经营和管理职能。经过不断发展壮大，集团目前已成长为年营业额超 150 亿元、进出口总额超 16 亿美元、总资产超 80 亿元、净资产超 20 亿元，集进出口贸易、实业投资、现代服务业和境外投资于一体的综合性投资集团。

JOC 是江苏最大的省属进口企业，已有 31 年国际贸易史，2001—2015 年累计进口 110 亿美元。进口产品主要是设备与原材料两大类，设备包含城市交通、纺织机械、医疗器械、船用设备、成套设备及市政基础设施等相关设备；原材料主要包含铁矿砂、钢铁制品、化工原料、纺织原料、造纸原料、木材、轻工原料和化工中间体等。

JOC 是江苏最大的进出口企业之一。2001—2015 年，集团累计完成进出口达 185 亿美元。出口产品主要是机电设备及成套设备、电力设备、船舶、金属与化工产品、纺织服装与轻工产品、宠物用品等。

JOC 是江苏最大的既有大额国际贸易又有大量境内外投资的企业，在长江下游的泰州、江阴各拥有一个 5 万吨对外开放的液体化工码头和 52 万立方米的液体化工罐区，拥有自己的宠物用品、船舶新能源、3D 打印机、纺织服装研发及生产制造基地；JOC 是中国最大的宠物用品出口企业之一，拥有自主品牌 Sinopet（宠宝坊）系列产品。

JOC 及各成员企业目前在国内的员工超过 2000 人。集团所属 5 个进出口贸易企业、6 个服务业企业、2 个仓储物流基地、11 个境内生产

研发基地、11 个海外窗口公司、海外生产研发基地与海企分支机构，并已在柬埔寨、缅甸和坦桑尼亚建立了纺织服装生产基地，境外企业雇员超过 1800 人。已成为江苏企业"走出去"的一支生力军。

7.3 中国外运长航集团有限公司

所属地：北京

主营业务：物流

企业介绍：中国外运长航集团有限公司（简称中国外运长航）由中国对外贸易运输（集团）总公司与中国长江航运（集团）总公司于 2009 年 3 月重组成立，总部设在北京。中国外运长航是国务院国资委直属管理的大型国际化现代企业集团，是以物流为核心主业、航运为重要支柱业务、船舶重工为相关配套业务的中国最大的综合物流服务供应商。

中国外运长航的物流业务包括：海、陆、空货运代理，船务代理，供应链物流，快递，仓码，汽车运输等。在物流领域，中国外运长航是中国最大的国际货运代理公司、最大的航空货运和国际快件代理公司、第二大船务代理公司。中国外运长航的航运业务包括：干散货运输、石油运输、集装箱运输、滚装船运输、燃油贸易等。在航运领域，中国外运长航是中国三大船公司之一，中国内河最大的骨干航运企业集团，中国唯一能实现远洋、沿海、长江、运河全程物流服务的航运企业。船舶工业形成以船舶建造和修理、港口机械、电机产品为核心的工业体系，在国内外享有知名声誉，年造船能力超过 400 万载重吨。

2012 年，中国外运长航集团的营业收入为 1066.78 亿元。截至 2012 年底，资产总额为 1229.33 亿元，企业员工总数 7 万余人。中国外运长航集团自有车辆 5700 余辆，仓库堆场占地面积 1200 余万平方米，铁路专用线 47 条、55 千米，自有码头 90 余个、泊位 300 余个、岸线 75 千米，拥有和控制各类船舶运力达 1300 余万载重吨。中国外运长航控股三家 A 股上市公司（外运发展、长航油运、长航凤凰），两家香港上市公司（中国外运、中外运航运），下属境内外企业 730 余家，网络范围覆盖了全国 30 个省、自治区、直辖市，以及香港、台湾、韩国、日本、加拿大、美国、德国等 50 余个国家和地区，与 400 多家知名的境外运输与物流服务商建立了业务代理和战略合作伙伴关系。

中国外运长航是中国物流标准委员会审定的，中国唯一的集团整体 5A 级（中国最高级）综合服务型物流企业。中国外运长航致力于成为服务全球、世界一流的中国综合物流企业。

7.4　广东省五金矿产进出口集团有限公司

所属地：广东广州

主营业务：五金矿业进出口

企业介绍：广东省五金矿产进出口集团有限公司成立于 1953 年，是一家专业经营外贸进出口业务的公司。历经半个多世纪的拼搏和发展，集团公司始终遵循"质量第一、信誉第一、优质服务"的宗旨，与世界各大洲的 120 多个国家和地区的上千家知名企业建立了密切的贸易关系。

集团公司主要经营各类钢材、建筑材料、非金属矿产品、五金制品、有色金属等的进出口贸易，同时还开展国内贸易、生产加工、物业租赁、仓储运输、合作经营、转口贸易等多种经营，拥有"五羊"牌水泥、"长城"牌水磨石粉、"GRAND"牌镀银器皿及不锈钢洗涤槽、"钻石"牌铸铁制品等在国内外享有盛名的品牌群，其中"GRAND"被评为"广东省著名商标"以及"重点培育和发展的广东省出口名牌"，在同行业中领先并具明显的竞争优势。自 1990 年至今，集团公司一直位居"全国进出口额最大的 500 家企业"行列，年进出口总额 3 亿—5 亿美元，年销售收入达到 40 多亿元人民币。

2000 年公司通过 ISO9001：2008 国际质量体系认证。2002 年全面实施 ERP 系统管理，建立和完善了现代企业制度，多次被授予"全国质量效益型先进企业"及"中国广州最具诚信度、最具竞争力服务业"等荣誉称号，并被评为"连续十年守合同重信用企业"，连年获得省级表彰奖励，赢得各界的信赖和赞誉。

为贯彻实施国家"走出去"的发展战略，集团公司于2007年11月与合作方签订了合资经营协议，共同出资1.5亿元人民币在越南投资建设钢铁厂项目——圣力（越南）特钢有限公司，生产销售钢坯、螺纹钢等钢材产品，使集团公司由国内经营走向国际化经营，在转型发展上取得可喜的成绩。

多年来，集团公司注重实业发展，建立了以不锈钢制品、镀银器皿等产品为主的生产基地，并同国内数百家产业链上下游企业建立了紧密的合作关系，形成了完整的出口产品生产和销售体系。2009年5月集团公司对生产实业资源进行整合，成立了广新五金矿产进出口有限公司，集中资源，做大做强实业项目，使集团公司在"科、工、贸"一体化的道路上迈出了坚实的一步。

7.5 中国有色金属进出口江苏公司

所属地：江苏南京

主营业务：进出口贸易

企业介绍：中国有色金属进出口江苏公司于1984年12月经中国有色金属工业总公司批准成立，2010年7月进入江苏国信集团，注册资本2.6亿元。公司的主营业务为进出口贸易，经营冶金、有色金属产品及设备的进出口业务和进料、来料加工业务。2005年公司全资收购了中国冶金进出口江苏公司，并于2007年8月将其改制更名为江苏冶金进出口有限公司。

公司经营的主要产品包括稀土类，钢铁系列，铜、铝、铁合金类，锗、钨、钼、铟、钴、锶、铋等稀有金属及其加工产品。

围绕主营业务，公司积极实施多元化发展战略，先后投资参股四家生产企业，坚持走内外贸相结合的道路。

经过 30 多年的发展，公司已经具备一定的综合实力，各项经济指标在全国有色金属行业同类企业中处于领先地位，连续十七年被中国银行江苏省分行评为 A 类特优企业。

公司始终遵循"信誉第一、客户至上"的经营原则，发扬"励精为治，讲信修睦，务本求实，自强不息"的企业精神。

7.6　中国石油国际事业有限公司

所属地：北京

主营业务：石油进出口

企业介绍：中国石油国际事业有限公司作为中国石油天然气股份有限公司全资子公司，于 2002 年 1 月 18 日注册成立，注册资金 140 亿元人民币。公司主要职责是经营原油、成品油、天然气、石化产品进出口及转口、节能减排等国际贸易业务，负责组织实施中国石油境外除勘探开发项目以外的石油加工、储运码头设施、终端销售网络的建设和经营管理，以及境内沿海沿边口岸原油、成品油商业储备库和原油码头的建设与经营管理。

公司依托中国石油雄厚实力，积极开拓国际市场，增加贸易技术含量，延长贸易价值链，创新贸易方式，丰富贸易手段，国际贸易业务获得快速稳健发展。贸易方式包括进出口、转口、海外委托加工、油品炼制、调兑、仓储、运输和批发零售等多种形式。国际贸易业务已涉及 80 多个国家和地区，交易品种上百种。

公司积极搭建营销网络，在全球资源集散地和金融中心及境内主要沿海和陆路口岸设置多家分支机构，为拓展国际贸易创造了有利条件。

公司积极开展集仓储设施、炼制加工、油库码头、运输为一体的海外油气运营中心建设，通过兼并、收购、投资、参股等多种形式在境内外主要资源地、消费地建设石油仓储、运输等设施，为国际贸易稳健发展提供有力支持。

7.7 新疆三宝实业集团有限公司

所属地：新疆乌鲁木齐

主营业务：贸易

企业介绍：新疆三宝实业集团有限公司是自治区骨干外贸企业之一，在国内外拥有 20 余家全资或控股企业，法人代表康和平是全国商务系统劳动模范、全国工商联执委、自治区政协委员、自治区工商联副主席，中哈企业家委员会中方委员。

20 多年来，三宝一直与中亚各国特别是哈萨克斯坦开展进出口业务，目前已发展成为以对外贸易为主，集对外国际工程总承包、生产加工、仓储物流、旅游购物为一体的综合性外贸企业。公司具有商务部批准的对外承包工程业务经营权，是中国在哈萨克斯坦"中国工业园区建设项目"的承办方。

近年来，三宝累计对哈出口车辆及工程机械 4000 余辆（台），多项产品填补了中国出口中亚市场的空白。先后承接国外大型工程项目 21 项：其中年产 30000T 聚丙烯、25000T/年 MTBE 项目填补了哈萨克斯坦国石油化工领域的空白，开创了新疆大型石油化工成套设备出口并在国外建设工程项目的先河。

2003 年三宝涉足哈国和中亚及俄罗斯油气田石油勘探开发项目合作，石油工程技术服务，与哈国石油公司共同开发阿克纠宾斯克州拜加宁油田，出口配套车装钻机开展钻井技术服务。

2004 年三宝出口的 $5000Nm^3/h$ 空分设备目前仍是哈萨克斯坦先进的空气分离装置，该项目对哈国的冶金工业具有积极助推作用。

2006 年三宝与国内钻机生产厂合作共同参与研制开发的低温耐寒石油钻机出口俄罗斯西伯利亚地区托木斯克油田（ZJ50L 一台，ZJ40L 三台），奠定了公司向俄罗斯出口大型设备的基础，近期又向哈国出口

3 台交流变频电驱动拖挂式钻机。

2008 年三宝承建的"科克其套"水泥厂项目是哈萨克斯坦国家级重点项目，也是目前中亚生产能力、技术水平最高的水泥厂。同年，在乌鲁木齐市经济技术开发区和高新区开始建造铝制品和石油钻机及配套设备的两家生产型企业，其产品将全部销往中亚各国。

目前，三宝已投入运营的博尔塔拉蒙古自治州三宝生物科技有限公司的卤虫卵产品达到国际先进水平，占国内销售市场份额的 2/5 左右。

集团 2013 年进出口额 10.98 亿美元，是中国外贸 200 强企业之一，连续十年被自治区外经贸厅评为"先进外贸企业"、"十佳边贸企业"，是海关总署核定的"A 类通关企业"和"红名单"企业，被税务机关核定为"A 类纳税企业"，被金融系统授予"AAA"级信誉企业，2007年 1 月被评为新疆十大知名商贸企业，2008 年 1 月被授予全国商务系统先进集体，是自治区"百强优势企业"。

7.8 新疆八钢国际贸易股份有限公司

所属地：新疆乌鲁木齐

主营业务：燃料、钢材进口

企业介绍：新疆八钢国际贸易股份有限公司成立于 1996 年 9 月，原为新疆八一钢铁集团有限责任公司的全资子公司——新疆中钢冶金进出口阿拉山口公司，2002 年 8 月经改制设立为新疆阿拉山口口岸工贸股份有限公司，2009 年 7 月更名为新疆八钢国际贸易股份有限公司。公司现为宝钢集团新疆八一钢铁有限公司的控股子公司，注册资本为9000 万元人民币。

公司主要经营各类冶金原燃料的进口和钢材出口，目前客户已涉及中亚、俄罗斯、南亚、东欧等 10 多个国家和地区。进口品种主要包括球团矿、铁精粉、铁矿石、硅锰合金、高碳铬铁、锰矿、热压块、铬矿、焦煤等，在保障八钢公司、宝钢集团生产所需的基础上，还实现了对外销售；出口钢材主要包括建材、窄带钢、热轧板、冷轧板、镀锌板和彩涂板等产品，客户分布在俄罗斯、哈萨克斯坦、乌兹别克斯坦、土库曼斯坦、吉尔吉斯斯坦、阿富汗、伊朗、印度、阿联酋、尼泊尔、波兰等国家。

公司具有自理、代理国际货运代理资质，在新疆的阿拉山口、霍尔果斯、老爷庙、青河等口岸以及内蒙古的满洲里口岸通过陆运货物进口和通关，并在北仑、镇江、防城港、京唐港、青岛、天津等海运港口开展进出口业务。经过多年与哈萨克斯坦、乌兹别克斯坦、俄罗斯供应商的合作，在上述三国客户中树立了良好的信誉，并在当地设有办事机构。

随着宝钢集团、八钢公司战略布局的调整，新疆八钢国际贸易股份有限公司将利用独特的地缘优势，成为八钢公司乃至宝钢集团一个有力的资源支撑点。公司也将积极利用宝钢集团、八钢公司的平台，立足中亚和蒙古国以及俄罗斯等周边地区不断做大做强，实现跨越式发展，打造成为国内十大钢铁资源进口公司之一。

7.9　淮北皖宏贸易有限公司

所属地：安徽淮北

主营业务：煤炭及焦炭物流

企业介绍：淮北皖宏贸易有限公司是以煤炭、焦炭物流为主的企业，年贸易额近2亿元。公司下属2个二级公司，分别经营印刷包装和建筑工程产业。目前，公司为了响应国家淘汰过剩产能企业，正着手转型向新能源产业迈进。公司将紧跟"一带一路"的投资建设，在国际化进程中加快企业的发展。

7.10　新疆亚欧国际物资交易中心有限公司

所属地：新疆奎屯

主营业务：跨境贸易

企业介绍：新疆亚欧国际物资交易中心有限公司（简称亚欧国际）

成立于 2010 年 8 月，分别由新疆新西亚石油化工有限公司、商务部中国国际电子商务中心、新疆农资集团北疆农家乐股份有限公司共同出资组建。

亚欧国际致力于在"上合组织"框架内寻求区域贸易便利化。开通了"中国—乌兹别克斯坦"网上跨境商品竞拍所集成的各种商品交易系统，实现在线买卖乌兹别克斯坦大宗商品物资；实现了"跨境竞价拍卖"、"跨境征信"、"跨境结算"、"跨境物流"等贸易金融服务，并以"中—乌"跨境交易系统为起点，逐步接入俄、哈等国；其保税物流园区配套项目获得乌鲁木齐海关批准，并于 2008 年开工建设，2009 年 4 月正式封关运营。保税物流园区将成为地区性的出境物资集货基地、进口物资的转运基地、生产资料的供应和配送基地、货品储存基地和综合配送中心、快速通关的物流基地。保税物流中心为大宗商品交易提供了硬件支撑，有力地支撑了奎屯市国家电子商务示范基地建设。

2012 年，"亚欧国际物资交易平台"中俄文系统完成对接，与俄罗斯、哈萨克斯坦等中亚国家实现电子商务合作，奎屯市也在当年被商务部确定为首批国家电子商务示范基地（全国唯一的县级基地）。

2014 年，在国家出口形势严峻的情况下，企业积极开拓内地市场，平台完成交易额 7800 多万元，预计 2015 年交易额将突破 1.4 亿元人民币。

2014 年 6 月，作为亚欧国际跨境交易平台配套服务，奎屯公共保税物流园区（509 亩）建成并投入使用，"一关两检"封关运营。

为把新疆奎屯市真正打造成面向中亚国家的物流集散地，自治区联合国家有关部委，于 2015 年 1 月 29 日，开通了"奎屯—格鲁吉亚"首趟西行班列，2015 年 3 月 11 日，首趟发往吉尔吉斯斯坦比什凯克的专列成功出港。西行班列的开通，为亚欧国际大宗国际物流服务提供了有力的支撑。

目前，亚欧国际物资交易平台正在与国家"一带一路"经济带进行对接，借助国家对新疆经济发展的大力支持，借助中乌经委会达成的共识、按照互联互通、西进东出的战略规划和模式，全力打造跨境大宗商品电子交易中心的升级版，辐射中亚五国和欧洲，成为中国企业和国外企业合作共赢的桥梁。

7.11　天津世纪五矿贸易有限公司

所属地：天津

主营业务：进出口贸易

企业介绍：天津世纪五矿贸易有限公司是由公司本部、出口生产基地、境内外营销公司及境外代表处构成的大型专业化进出口公司。天津世纪五矿前身是天津五矿，2004 年改为股份制企业，主要出口焊材、五金制品、耐火材料等。公司的自主品牌——"永久"牌是中国驰名商标。公司在国际上声誉良好，销售市场遍及东南亚、中东、拉美、非洲、大洋洲和欧美。

天津世纪五矿的主项商品均通过了国内外权威机构的质量认证，其中"永久牌"、"MT-12"牌电焊条在中国率先通过了美国船级社（ABS）、法国船级社（BV）、中国船级社（CCS）、挪威船级社（DNV）、英国劳埃德船级社（LR）、德意志劳埃德船级社（GL）和日本海事协会（NK）共七国船级社的质量认证。

天津世纪五矿不仅拥有自己的生产基地，还与国内外数百家厂矿企业建立了长期稳定的合作关系，并且在东南亚、中东、澳洲和拉丁美洲等地区设立有子公司和境外代表处，形成了覆盖国内外市场的完整的销售体系。同时，公司还与科研机构保持着技术和信息共享，积极进行产品研发。凭借优质的产品和服务，公司与世界上众多国家和地区的客户保持着良好的业务往来，建立了长期的互惠互利的合作关系。

天津世纪五矿始终将满足客户需求作为经营宗旨，已通过挪威船级社（DNV）ISO9001：2008 质量管理体系认证。公司按照现代企业制度要求建立了新型的企业管理体系，实现了现代化、信息化、规范化管理，企业核心竞争力不断提高。

7.12　中国电子进出口总公司

所属地：北京

主营业务：国际贸易、国际工程总承包、招标代理等

企业介绍：中国电子进出口总公司（CEIEC）成立于 1980 年 4 月。CEIEC 具有国际贸易、国际工程总承包、招标代理、对外劳务合作、展览广告等多种业务的甲级经营资质。2015 年底，CEIEC 总资产达 298.91 亿元人民币，当年实现销售收入 375.3 亿元人民币，已与全球 160 多个国家和地区建立广泛的业务合作。当前，CEIEC 的战略重点立足于打造防务系统集成、公共安全集成、海外工程集成、贸易服务集成四大主业。

防务系统集成业务为客户顶层设计、集成和建设现代化电子防务系统，集综合产品验证、大型系统项目集成、关键软件与核心设备研发生产、海外高技术人员培训于一身，在防务电子海外工程集成业务是 CEIEC 为响应国家"走出去"战略的号召而打造的核心业务。通过十多年的打拼，CEIEC 目前已拥有工程规划、设计和监理、成套设备采购、项目建设和管理的综合集成能力。在能源开发、基础设施、文体会展、工业安装、信息工程和现代化农业等领域拥有丰富的项目管理经验。2008 年至 2015 年，CEIEC 多次被国际工程领域权威杂志《工程新闻纪录》（ENR）评为全球 250 家最大的国际工程承包商之一。

贸易服务集成业务整合了 CEIEC 招标代理业务、国际贸易业务、展览广告和现代物流业务，通过为用户提供一体化的、量身定制的解决方案，在商品流通价值链的多个环节同步提升运作效率，实现多方共

赢。信息系统顶层设计和集成领域正发挥着不可估量的作用。

7.13 中国成套设备进出口（集团）总公司

所属地：北京

主营业务：成套设备进出口

企业介绍：中国成套设备进出口（集团）总公司（中文简称中成集团，外文简称 COMPLANT）成立于 1959 年 11 月，是国家开发投资公司的全资子公司。

公司注册资本 10.14 亿元。拥有 8 家全资子公司、6 家控股子公司、2 家分公司。控股中成进出口股份有限公司（A 股上市公司），控股华联国际糖业公司（H 股上市公司）。

公司主要业务：一是国际合作（包括援外，国际承包工程、劳务，成套设备出口及相关服务业务）；二是境外糖业的投资与租赁经营（包括以糖联业务为基础的产业链延伸）；三是符合国家开发投资公司发展战略的国际市场开发业务。

公司成立以后，长期受政府委托统一组织实施中国政府对外经济技术援助项目，同世界上 100 多个国家和地区的政府及工商界建立了良好的关系，建成了一大批各类对外工程成套项目，赢得了广泛赞誉。公司业务分布在 50 多个国家和地区。境外糖联业务主要分布在多哥、贝宁、塞拉利昂、马达加斯加和牙买加，拥有 8 家糖联投资与租赁经营企业。

7.14 安徽省外经建设（集团）有限公司

所属地：安徽合肥

主营业务：对外经贸

企业介绍：安徽省外经建设（集团）有限公司是以经营国际工程承包、境外矿产资源开发、房地产开发、珠宝加工、连锁超市、连锁酒店、建材加工和温泉旅游度假等业务为主的大型综合性企业，具有房屋建筑工程总承包和机电安装工程总承包一级、装修装饰专业承包一级、公路工程施工总承包二级和房地产开发二级等企业资质，并通过了 ISO 质量管理体系、环境管理体系和职业健康安全管理体系认证。

公司的前身是安徽省建设厅援外办公室，自 1992 年成立以来，公司积极响应国家"走出去"的战略号召，先后在非洲、欧洲、亚洲、中南美洲和大洋洲等地区近 30 个国家圆满承建了近百个中国大中型援外项目、驻外使馆和经商处项目、中国优惠贷款项目和一系列国际工程承包项目。

公司还先后在马达加斯加、莫桑比克、多哥、科特迪瓦、津巴布韦、格林纳达、法国、比利时等 20 多个国家注册成立了分支机构，分别在相关国家投资开展房地产开发、宾馆酒店和大型连锁超市经营等业务。2009 年，公司迈入了一个全新的领域——境外矿产资源开发，先后在津巴布韦、赞比亚、莫桑比克、刚果（金）等非洲国家获得了钻石矿、金矿、祖母绿矿、钛锆矿和铜矿等矿产资源的特许勘探和开采权，其中在津巴布韦已建成投产了安津和津安两大矿区。近年来，公司连续四届被评为"全国文明单位"，连续多年位列 ENR 全球最大 250 家国际承包商排行榜，并被评为全国优秀施工企业、全国外经贸先进企业、全国商务系统先进单位、中国建筑业竞争力百强企业、感动非洲十大中国企业、中国企业海外投资 100 强、对外工程承包及劳务输出"AAA"级信用企业、中国进出口银行"两优两贷最佳执行企业"、安徽省先进企业、安徽省百强企业、安徽省优秀建筑施工企业等称号。

7.15　中国河南国际合作集团有限公司

所属地：河南郑州

主营业务：国际承包工程、劳务合作、进出口贸易等

企业介绍：中国河南国际合作集团有限公司（CHICO）是一家国有独资大型外经外贸企业，公司注册资本为 2 亿元人民币。主要经营：国际承包工程、劳务合作、进出口贸易，提供技术服务、对外投资、承担

国家对外经援项目。公司具有组织全省力量对外开展经济技术合作的职能，先后在 60 多个国家和地区开展了业务，并获得了优良的经营业绩。

经过三十年的努力和发展，公司已经拥有了一支雄厚的包括项目工程管理、国际贸易、外语以及包括机电、纺织、粮油、轻工等各行业的高级工程师在内的技术力量队伍。国际承包工程方面，能胜任各类工业和民用建筑、道路桥梁、农田水利、电力、地质勘探、打井、城市公共设施等建设领域的工程承包业务。已经在亚洲、非洲的 20 多个国家和地区完成了 100 多个国际承包工程和对外经援项目；劳务合作方面，我公司已经向 30 多个国家和地区提供各类劳务合作服务，建有设备配套、管理规范的外派劳务培训中心，能够根据业务需要培训各类合格的劳务人员；国际贸易方面，我公司与全世界 50 多个国家和地区建立了密切的贸易合作关系。公司 2002 年的对外经营额达到 8000 万美元。为了大力开展国际贸易，广泛开辟国际市场，公司还在塞内加尔、尼泊尔、坦桑尼亚、尼日利亚等国设立了分公司。同时，公司还积极开展代理进出口业务，为我省企业提供全面周到的代理服务。

公司素以诚信为本，拥有良好的商业信誉和银行信用。已连续三年被中国银行授予 AAA 级单位，被郑州海关授予 A 类企业。

7.16　威海国际经济技术合作股份有限公司

所属地：山东威海

主营业务：国际工程承包、国际劳务合作、国际船务合作等

企业介绍：威海国际公司成立于 1989 年 1 月，是经中华人民共和国商务部批准的具有对外业务经营权的综合性企业。经过 20 多年的开拓进取，形成了国际工程承包、国际劳务合作、国际船务合作、房地产开发、矿产资源开发、资本运营、国际物流等多项产业协调发展的跨国经营格局，业务遍及世界三十多个国家和地区，并在日本、韩国、刚果共和国、刚果民主共和国、莫桑比克等十几个国家和地区设立了分支机

构，综合实力位居全国同行业前列。

　　公司先后被国家商务部授予"全国商务系统先进集体"，中国对外承包工程商会授予"中国对外劳务合作优秀企业奖"、对外承包工程和劳务合作"企业信用评价 AAA 级信用企业"、"中国对外承包工程企业社会责任绩效评价领先型企业"，山东省政府授予"对外承包劳务最佳企业"，中国银行授予"一级（AAA）信用企业"等荣誉称号。凭借在国际工程承包领域的骄人业绩，公司自 2007 年起连续入选美国 ENR 评出的全球最大 250 家国际承包商榜单。

　　公司在 1993 年即实行股份制，在所有制改革方面走在全国同行的前列。通过实行股份制，使员工成为公司的股东和真正意义上的主人翁，为公司的快速发展带来强劲动力。

　　公司科学管理，规范运作。各项业务均通过了 ISO9001 质量管理体系、OHSAS18001 职业健康安全管理体系和 ISO14001 环境管理体系认证。在实践中不断完善而形成的严密高效的业务流程和运作体系、公平有效的人才评价和考核激励机制、先进的管理理念，使公司在国内外市场上保持着强大的竞争力。

　　7.17　烟台国际经济技术合作集团有限公司

　　所属地：山东烟台

　　主营业务：对外经贸

　　企业介绍：烟台国际经济技术合作集团有限公司成立于 1985 年，是由国家商务部授权经营，主营业务涵盖日本技能实习生、国内外建筑工程、房地产开发、教育、金融投资、国际贸易、运动健身等，实行集团化运营。

　　公司成立 30 年来，矢志不渝的致力于"赴日研修、改变人生、出国劳务、富民强国"事业的追求和发展，在行业内享有盛誉。作为行业龙头，公司蝉联"全国对外劳务合作行业企业信用评价 AAA 级信用企业"（烟台市唯一一家），是中日研修生、技能实习生合作优秀派遣机构，连续多年获评"山东省外经贸优秀企业"，并荣获"烟台市对外开放 30 年功勋企业"等荣誉称号。

面向未来，公司将继续秉承"创造无限、诚信永远"的经营宗旨，全面加快"走出去"步伐，依托和服务于"一路一带"的国家战略，不断拓展新的发展领域，努力打造长青基业，让"烟台国际"品牌走出中国，走向世界。

7.18　中国江苏国际经济技术合作集团有限公司

所属地：江苏南京

主营业务：对外经贸

企业介绍：中国江苏国际经济技术合作集团有限公司（简称"中江国际"）是 1980 年 12 月经国务院批准成立的大型外经贸企业。

中江国际具有商务部授予的对外承包工程和劳务合作经营权、进出口贸易经营权，对外援助成套项目施工任务和对外援助物资项目 A 级实施企业资格。国家住房和城乡建设部颁发的房屋建筑工程施工总承包特级资质、市政公用工程总承包一级资质和建筑装修装饰工程、机电设备安装、钢结构工程、建筑智能化工程、建筑幕墙工程专业承包一级资质，消防设施工程、地基与基础工程专业承包二级资质。拥有国家中央投资项目招标代理、国家机电产品国际招标代理、中央单位政府采购招标业务代理、工程招标代理机构等四项招标代理甲级资质。

中江国际始终坚持实施"走出去"战略，大力开展国际经济技术合作，推进国际化、多元化经营，逐步形成以国际国内工程承包、工程咨询服务、房地产开发、对外劳务合作、进出口贸易为主体的业务构架。已在海外设立 30 多家办事处、分公司，在世界上近 100 多个国家和地区开展业务。中江国际连续 19 年被美国《工程新闻记录》评为"全球最大的 225 家承包商"之一，近年先后被评为全国"对外承包工程和劳务合作"双优奖企业、"中国建筑业竞争力百强企业"、"中国对外劳务合作十大优秀企业"、"中国 500 家最大服务行业企业"、"江苏省服务业名牌企业"、"全国守合同重信用企业"、"对外承包工程和对外劳务合作行业 AAA 级信用企业"。

7.19 中国大连国际经济技术合作集团有限公司

所属地：辽宁大连

主营业务：对外经济、技术合作

企业介绍：1984 年，中国大连国际经济技术合作集团有限公司经中华人民共和国国务院批准成立，是以对外经济、技术合作业务为主的综合性大型国有企业集团。

公司业务涉及工程承包、国际劳务合作、房地产开发、远洋运输、国际贸易、远洋渔业、生物制药等领域，在新加坡、苏里南、俄罗斯、加蓬、几内亚、塞拉利昂、阿根廷、西班牙、韩国和日本等国进行投资并设立了分支机构，与世界 30 多个国家和地区的数百家客户建立了友好、稳定的经贸合作关系。

公司恪守"人才为本、客户至上、自我超越、共创共享"的核心理念，构建了公司制的现代企业管理体制，拥有一支千余人的高素质、专业化员工队伍，形成了"携手合作、立业五洲"的企业精神。经过多年发展，公司逐步树立起良好的品牌形象，被评为国家级"守合同、重信用"单位。

7.20 中国山东国际经济技术合作公司

所属地：山东济南

主营业务：对外经贸

企业介绍：中国山东国际经济技术合作公司（中国山东对外经济技术合作集团有限公司）是于 1984 年经国务院批准成立的大型外经企业集团，2008 年成为山东省最大的国有企业山东高速集团的全资子公司，主营业务涵盖境外投资、国际承包工程、国家经援项目承建、人力资源合作与交流、留学、培训等多个领域，在境外投资建设的基础设施项目遍及五大洲 106 个国家和地区，在国际市场上具有较高声誉。

多年来，公司依托山东高速集团雄厚的实力背景，凭借一批优秀的国际商务、工程、投资管理人才，以及多年积累的对外经济合作经验，积极开拓国际市场，广泛开展国际合作，通过转方式、调结构，深化转型升级，在经济发展的浪潮中迅速崛起。作为山东高速集团实施国际化战略的平台和窗口，正积极开拓国际港口、路桥、能源、农业、国际人才交流和培训等领域业务。

公司通过了 ISO9001 质量管理体系、ISO14001 环境管理体系、OH-SAS18001 职业健康安全管理体系国际认证，先后获得"中国 500 家最大服务企业第 41 名"、"海关信得过企业"、"中国对外承包劳务最大50 家公司之一"、"山东省最佳对外承包劳务企业"等荣誉称号。公司作为中国对外承包工程商会理事和国际公司工作委员会副会长、山东省对外承包劳务商会会长，为推动中国与世界各国经济技术合作做出了重要贡献。

站在新起点，实现新跨越，公司将始终不渝的与国内外各界朋友密切合作，共谋发展，为扩大中国与世界各国的经济技术合作与交流做出新的更大的贡献。

7.21 中国江西国际经济技术合作公司

所属地：江西南昌

主营业务：对外经贸

企业介绍：中国江西国际经济技术合作公司是 1983 年经国务院批准成立，隶属于江西省人民政府的大型综合外向型国有企业。公司主要经营境内外工程承包、境内外房地产开发、对外劳务合作、矿产资源开发、对外贸易、建筑设计和设计咨询，承担国家对外经济援助项目等。

具有建筑工程、市政公用工程施工总承包一级资质和中国政府对外援助项目实施 A 级资质，具有水利水电工程、市政公用工程、机电设备安装工程、电梯安装工程、体育场地设施工程等十余项施工总承包和专业承包资质，在博茨瓦纳、津巴布韦、赞比亚、肯尼亚、加纳等国家取得水利工程、设计、土建工程、道路桥梁等十余项当地最高等级总承包资质。

公司在国际工程承包领域享有较高的知名度，连续两次获得中国对外承包工程和劳务合作两个"AAA"级信用等级评价，荣获中国对外承包工程企业履行社会责任金奖。2015 年，公司获评对外承包工程企业社会责任绩效评价领先型企业。自 2003 年以来连续 12 年入选全球 250 家（2012 年以前为 225 家）最大国际承包商行列，且位次不断前移，2015 年列 112 位。

7.22 中国沈阳国际经济技术合作有限公司

所属地：辽宁沈阳

主营业务：国内外承包工程、国家援外工程、境内外投资经营等

企业介绍：中国沈阳国际经济技术合作有限公司于 1984 年经中华人民共和国国务院批准成立，为沈阳市人民政府直属国有企业。公司是沈阳市唯一一家开展综合类对外经济技术合作业务的专业公司。主要从事国内外承包工程、国家援外工程、境内外投资经营、对外劳务合作、进出口贸易等业务。

公司具有中国政府对外援助项目实施 A 级资质，对外援助物资项目实施 B 级资格。获得国家建设主管部门颁发的房屋建筑工程施工总承包、市政公用工程总承包、机电安装工程总承包、建筑装修装饰工程、建筑智能化工程、钢结构工程等一级或专业承包资质；在塞舌尔、喀麦隆、科摩罗、多哥、阿尔及利亚、布基纳法索、蒙古、越南、柬埔寨等国具有房建、路桥的总承包资质。公司通过了质量管理体系 ISO 9001：

2008、环境管理体系 ISO 14001：2004、职业健康安全管理体系 GB/T 28001-2001 认证。

公司成立以来，以其自身的实力和特色同世界 70 多个国家、地区的客户建立了经济技术合作关系，在亚、非、拉等三十多个国家承建了 200 余项工业民用建筑、水利电力、港口、市政公用工程等国际承包和国家援外工程项目，先后向日本、韩国、新加坡、约旦、沙特、美国、俄罗斯、澳大利亚等国家和地区派遣各类劳务人员 7 万余人次，与多个国家开展了境外合资合营、进出口贸易业务。近年来公司大力开展国内工程开发、建设，境内外业务累计实现营业额 30 多亿美元。并连续多年入选全球 225 家最大国际承包商，所承担的国家援外工程均被评为优良工程。

8. 交通建设

8.1　中国铁建股份有限公司

所属地：北京

主营业务：建筑工程

企业介绍：中国铁建股份有限公司（英文简称 CRCC）前身是铁道兵，由中国铁道建筑总公司独家发起设立，于 2007 年 11 月 5 日在北京成立，为国务院国有资产监督管理委员会管理的特大型建筑企业。2008 年 3 月 10 日、13 日分别在上海和香港上市（A 股代码 601186、H 股代码 1186），公司注册资本 123.38 亿元。中国铁建是中国乃至全球最具实力、最具规模的特大型综合建设集团之一，2014 年《财富》"世界 500 强企业"排名第 79 位、"中国企业 500 强"排名第 11 位，2013 年度"全球最大 250 家工程承包商"排名第 1 位。公司业务涵盖工程建筑、房地产、工业制造、物资物流、特许经营、矿产资源及金融保险。经营范围遍及除台湾以外的全国 31 个省（市）、自治区和香港、澳门特别行政区以及世界 80 多个国家和地区。

中国铁建国际集团（英文简称 CRCCI）是中国铁建股份有限公司旗下对外窗口单位之一。

8.2 中国交通建设股份有限公司

所属地：北京

主营业务：建筑工程

企业介绍：中国交通建设股份有限公司（以下简称中国交建）成立于 2006 年 10 月 8 日，是经国务院批准，由中国交通建设集团有限公司（国务院国资委监管的中央企业）整体重组改制并独家发起设立的股份有限公司，并于 2006 年 12 月 15 日在香港联合交易所主板挂牌上市交易，是中国第一家成功实现境外整体上市的特大型国有基建企业（股票代码为 01800.HK）。2012 年 3 月 9 日，中国交建在上海证券交易所挂牌交易（股票代码为 601800.SH）。

中国交建是世界 500 强企业，主要从事公路、桥梁、港口、码头、航道、铁路、隧道、市政等基础设施的勘察、设计、建设、监理，港口和航道的疏浚，海洋重型装备与港口机械、筑路机械的制造，以及交通基础设施投资、城市综合体开发运营和房地产开发业务等，拥有 60 多家全资、控股子公司，业务足迹遍及世界 120 余个国家和地区，员工人数 100535 人。在 2015 年 7 月 22 日美国《财富》杂志最新公布的 2015 年世界 500 强排行榜中，中国交建以 601.19 亿美元的营业收入位列第 165 位，比上年提升了 22 位，继续保持在世界 500 强企业的中前列位置；在入选的中国企业（包括香港、台湾）中排名第 30 位，在国务院国资委监管的中央企业中排名第 17 位。目前，中国交建位居 ENR 全球最大 250 家国际承包商第 5 位，首次跃入前 5 名行列，连续 9 年位居中国上榜企业第 1 名。在全球最大 150 家设计企业排名中位列第 8 位。在国务院国资委监管的 113 家中央企业中，营业收入位列第 17 位，利润总额位列第 16 位，净利润位列第 14 位，连续 10 年获评国务院国资委经营业绩考核 A 级企业。公司是全国创新型企业，连续三个中央企业考核任期获"创新企业奖"。

中国交建是中国最大的港口设计及建设企业，设计承建了新中国成立以来绝大多数沿海大中型港口码头；世界领先的公路、桥梁设计及建设企业，参与了国内众多高等级主干线公路建设；世界第一疏浚企业，拥有世界最大的疏浚船队，耙吸船总舱容量和绞吸船总装机功率均排名世界第一；全球最大的集装箱起重机制造商，集装箱起重机业务占世界市场份额的 78% 以上，产品出口 86 个国家和地区的近 200 个港口；中国最大的国际工程承包商，中国交建（CCCC）、中国港湾（CHEC）、中国路桥（CRBC）、振华重工（ZPMC）等标志性品牌享誉全球；中国最大的设计公司，拥有 13 家大型设计院、8 个国家级技术中心、18 个省级技术中心、5 个交通行业重点实验室、8 个博士后科研工作站；中国第三大高速公路投资运营商，投资高速公路里程已超过 2000 公里；中国铁路建设的主力军，先后参与了武合铁路、太中银铁路、哈大客专、京沪高铁、沪宁城际、石武客专、兰渝铁路、湘桂铁路、宁安铁路等多个国家重点铁路项目的设计和施工；创造诸多世界"之最"工程，公司设计承建了全球 10 大集装箱码头中的 5 个、世界 10 大斜拉桥中的 5 座、世界 10 大悬索桥中的 4 座和世界 10 大跨海大桥中的 5 座，上海洋山深水港、苏通长江大桥、杭州湾跨海大桥，以及正在实施的港珠澳大桥等工程，均代表了世界最高水平。

8.3　中国建筑股份有限公司

所属地：北京

主营业务：建筑工程

企业介绍：中国建筑股份有限公司（股票简称：中国建筑，股票代码：601668）是由国务院国有资产监督管理委员会为实际控制人的大盘蓝筹股，由中国建筑工程总公司、中国石油天然气集团公司、宝钢集团有限公司、中国中化集团公司 4 家世界 500 强企业共同发起，于 2007 年 12 月 10 日正式创立，并于 2009 年 7 月 29 日在上海证券交易所成功上市。

中国建筑传承了中国建筑工程总公司的全部资产和企业文化。主营业务包括房屋建筑工程、国际工程承包、房地产开发与投资、基础设施建设与投资以及设计勘察五大领域。

中国建筑是中国最大的建筑房地产综合企业集团、中国最大的房屋建筑承包商，长期位居中国国际工程承包业务首位，是发展中国家和地区最大的跨国建筑公司以及全球最大的住宅工程建造商。

中国建筑是中国专业化经营历史最久、市场化经营最早、一体化程度最高的建筑房地产企业集团之一。截至 2014 年 5 月，中建股份及所属子公司现拥有各类施工、勘察、设计、工程监理、工程造价、工程咨询等经营资质共计 770 个。中国建筑股份有限公司具有房屋建筑、公路工程、市政公用总承包 3 个特级资质，是国内唯一一家同时拥有"三特"资质、"1+4"资质和建筑行业工程设计甲级资质的建筑企业，在资质方面位列全国建筑行业之首。

中国建筑始终以科学管理和科技进步作为企业发展的两个重要推动。截至 2013 年底，中国建筑获得国家科学技术奖 60 项、詹天佑土木工程大奖 45 项，国家级工法 141 项，授权专利 4396 项，其中发明专利 333 项，主编国家和行业标准 57 项，组织通过验收国家级科技推广示范工程 64 项，承担国家科研课题 108 项，获得经费支持 5.2 亿元。

在房屋建筑工程领域，中国建筑定位于高端市场，坚持"大业主、大市场、大项目"，以及"低成本竞争、高品质管理"的市场营销策略，通过不断挖掘自身潜力，严格控制产品制造成本和工程质量，追求客户满意度等一系列措施，向全国乃至全球业主提供国际标准的工程质量和完善服务。在公共建筑、办公、机场、酒店、科教、体育、人居、医疗、使馆、工业、国防军事等诸多领域完成了众多经典工程。

在国际工程承包领域，中国建筑是中国最早从事国际工程的承包商之一，长期位居中国国际工程承包业务前列。近 30 年来，中国建筑先后在全球 116 个国家和地区承建了 5600 多项工程，涵盖了房屋建筑、制造、能源、交通、水利、工业、石化、危险物处理、电信、排污/垃圾处理等多个工程承包专业领域，其中一大批已成为当地标志性、代表性建筑。截至 2013 年底，中国建筑海外业务累计完成合同额 807 亿美元，累计实现营业收入 524 亿美元。

在房地产投资与开发领域，中国建筑是中国最大的房地产企业集团之一，拥有"中海地产"、"中建地产"两大专业子品牌。"中海地产"是中国最具价值的房地产品牌之一，在我国房地产开发中始终居于领先地位。"中建地产"致力于成为中国最大的保障性住宅供应商之一，以打造大众精品住宅为目标，成功创新了工程承包与房地产开发相结合的经营模式。

在基础设施投资与建设领域，中国建筑是中国基础设施建设领域的新进入者与成长最快的企业，已经成功进入铁路、特大型桥梁、高速公路以及城市轨道交通等市场，承接了多项在国内外具有广泛影响力的重要铁路、公路、桥梁、隧道、机场、港口、发电厂等基础设施项目。

在工程设计与勘察领域，中国建筑是中国最大的建筑设计、城市规划、工程勘察、市政公用工程设计的综合企业集团之一。2009 年，中国建筑整合所属 7 家具有甲级设计资质的大型勘察设计企业，组建成立了中国中建设计集团（以下简称"中建设计"），其所属企业分布在中国各主要经济区域，在所处地区及全行业处于领先地位。公司拥有建筑工程设计、市政工程设计、工程勘察与岩土的专业技术人员 8381 人，其中工程院院士 2 人，勘察设计大师 5 人，各类执业注册人员 1735 余人，高端专业人才储备居行业前列。中建设计在国内外完成了众多经典工程的设计勘察工作。截至 2013 年底，公司共获得国家级、省部级优秀工程勘察设计奖 1640 多项，其中国家奖 48 项，行业奖 220 余项。主编参编国家及行业规范 110 余项。

8.4 中国海外集团有限公司

所属地：香港

主营业务：工程施工

企业介绍：中国海外集团有限公司（China Overseas Holdings Limited，简称 COHL）于 1979 年 6 月在香港成立，隶属于中国建筑工程总公司，业务领域以建筑、地产和基建投资为主体，经营地域遍布香港、澳门、中国内地、阿联酋和印度的许多城市，现有员工 14000 余人。

截至 2009 年 6 月，累计承接各类工程 816 项，合约总额 5816 亿港元；发展房地产、投资基建及实业 239 项，计划总投资 2080 亿港元；累计完成营业额 2415 亿港元；累计实现利润 190 亿港元；资产总值 997 亿港元，资产净值 318 亿港元。

1992 年 8 月，集团之旗舰中国海外发展有限公司（中国海外：0688.H）在香港联合交易所公开上市。2005 年 7 月，集团成功分拆建筑业务，旗下中国建筑国际集团有限公司（中国建筑：3311.HK）在香港联合交易所公开上市。2007 年 12 月，中国海外（0688.HK）正式纳入香港恒生指数成分股。

中国海外集团在香港承接建设了许多具有历史价值的规模性工程项目，兴建了无数与市民生活息息相关的公营房屋、私人住宅楼宇、医疗机构、文化设施、公共建设、酒店、桥梁、道路等。

中国海外集团拥有可以竞投投标额不受限制的楼宇建筑、海港工程、道路与渠务、地盘开拓和水务工程五项最高级别的施工牌照（简称 5 块 C 牌）。其中，被国际权威机构评为 20 世纪全球十大建筑的香港新机场客运大楼、香港西九龙填海造地、中国人民解放军驻香港海军基地、中环填海、后海湾干线、迪士尼基建等，均为香港同期同类项目中最大的工程。尤其是合约额为 101 亿港元的香港新机场客运大楼工程，被国际权威机构评为世界 20 世纪之十大建筑之一。

8.5　中建钢构有限公司

所属地：广东深圳

主营业务：建筑工程

企业介绍：中建钢构有限公司（以下简称"中建钢构"）是中国建筑股份有限公司旗下集研发、设计、制造、安装、检测业务一体化发展的大型全产业链钢结构专业集团企业，是国家高新技术企业。公司是国家建筑钢结构工程制造、安装定点企业和中国建筑金属结构协会副会长单位。具有房屋建筑工程施工总承包一级、钢结构工程专业承包一级、钢结构制造特级、建筑金属屋（墙）面设计与施工特级、钢结构工程设计专项甲级资质，取得中国进出口经营权资格证书，通过了ISO9001、ISO14001、OHSAS18001"三标一体"认证。

中建钢构以承建"高、大、新、尖、特、重"工程著称于世，并创造了国内钢结构施工史上"最早"、"最高"、"最大"、"最快"的业绩。1985 年承建的深圳发展中心大厦是国内第一座超高层钢结构建筑，上海环球金融中心是中国已建成的最高建筑，武汉绿地中心是中国在建的第一高楼，中央电视台新台址主楼是世界上面积最大的钢结构办公楼和中国最大的单体钢结构建筑，在深圳地王大厦和广州国际金融中心（西塔）施工中先后创造了"两天半一层楼"和"两天一层"的世界高层建筑施工新纪录。

中建钢构经营区域覆盖全国，并进入了港澳、南亚、中东、北非、澳洲、北美市场。承建了一大批体量大、难度高、工期紧的标志性建筑，形成了以上海环球金融中心、广州西塔等为代表的商业大厦系列，以深圳宝安国际机场、广州白云国际机场、武汉火车站等为代表的空港车站系列，以北京奥林匹克体育中心主体育场、深圳第 26 届世界大学生夏季运动会主体育场为代表的体育场馆系列，以重庆国际博览中心、深圳会展中心、广州白云会议中心为代表的会展中心系列，以中国电影博物馆、广州歌剧院、深圳文化中心为代表的文化设施系列，以河南广播电视塔、澳门观光塔为代表的塔桅构筑系列，以广州飞机维修库、深圳 IBM 厂房为代表的工业厂房系列，以重庆江津粉房湾长江大桥、武汉江汉六桥为代表的路桥工程系列。此外，还承建了以香港环球贸易广场、澳门新葡京酒店、迪拜地铁、巴基斯坦贝·布托国际机场、阿布扎比国际机场、阿尔及利亚大清真寺、科威特国民银行为代表的海外工程。公司在江苏、广东、湖北、四川、天津等地投资设立了五大现代化钢结构制造厂，并正在打造国家级研发设计院以及国家级钢结构实验检测中心。

中建钢构在超高层钢结构、大跨度钢结构、复杂空间钢结构、高耸塔桅钢结构等领域具有独特、领先的技术优势。公司拥有国家科技进步奖 6 项、华夏科学技术奖 8 项、詹天佑大奖 11 项，国家专利 304 项（其中发明专利 30 项），国家级工法 13 项。56 项施工技术经权威机构鉴定达到国际领先或国际先进水平。公司还主编、参编 20 项国家标准和行业标准。公司共获建筑工程鲁班奖（国家优质工程奖）32 项、中国钢结构金奖 88 项、全国优秀焊接工程奖 99 项。

8.6　中国中铁航空港建设集团有限公司

所属地：北京

主营业务：工程施工

企业介绍：中国中铁航空港建设集团有限公司是世界双 500 强企业——中国中铁股份有限公司的全资子公司，由原中铁一局集团一公司、中铁三局集团一公司、中铁建工集团北京公司和原中国航空港建设总公司通过重组整合，于 2010 年 10 月转型升级为大型综合性建筑企业集团。

公司注册资本 9 亿元，下辖一、二、三、北京、辽宁、颐和监理、中铁润达、天翔房地产公司等 8 个子公司，机场、深圳、杭州、四、五、六、七、八、设计分公司等 9 个分公司和东北、华北、华中、西北、华东、西南、华南等 7 个区域指挥部。在册员工 8000 余人，一、二级注册建造师 460 余人，专业技术和管理人员近 4000 人，具有房屋建筑工程施工总承包特级、铁路工程施工总承包特级资质；公路、市政公用、机电设备安装工程施工总承包一级资质；城市轨道交通工程专业承包资质；公路路基、路面、桥梁、隧道、土石方、钢结构、机场场道工程专业承包一级资质；建筑装饰装修工程设计与施工一体化一级资质；矿山工程施工总承包三级资质；建筑行业设计甲级、铁道行业设计甲 II 级资质；测绘乙级资质、房屋建筑工程监理甲级和航天航空工程监理甲级资质。公司可承建房建、公路、铁路、市政公用、城轨、港口与航道、水利水电、矿山工程施工总承包、工程总承包和项目管理及开展设计主导专业人员齐备的施工图设计业务。具有对外承包工程资质和进出口贸易权。通过了 ISO9001 质量管理体系、ISO14001 环境管理体系、GB/T28001 职业健康安全管理体系认证，拥有 AAA 级资信，具备年营业额 200 亿元以上的施工能力。

公司所属子、分公司均为共和国基本建设战线的劲旅，先后参加了国内外 120 余项长大铁路干线、客运专线及高速铁路工程建设，新建、改建、扩建铁路 4300 余公里；参加了国内外 140 余项高等级和高速公路工程建设，完成新建、改建、扩建公路 700 余公里；承建了国内外数百项工业与民用建筑及国家重点公共设施工程；承建了 30 多项机场新建、改建、扩建工程，以及 40 多项市政工程、地铁工程和城市轨道交通工程，30 多项大跨度、高难度、新工艺的钢结构工程，50 多项装饰装修工程和 10 余项大型水利水电工程，为国内外铁路、公路、城市交通、军用及民用机场、工业与民用建筑、水利水电工程建设做出了卓越贡献。

8.7 中铁十七局集团有限公司

所属地：山西太原

主营业务：工程施工

企业介绍：中铁十七局集团有限公司前身为铁道兵第七师，组建于1952 年，1984 年 1 月兵改工并入铁道部，1999 年 10 月与铁道部脱钩，2001 年 9 月建立现代企业制度，是中国铁建股份有限公司全资的大型建筑施工企业。

中铁十七局集团公司是铁路工程和房屋建筑工程施工总承包特级企业，并具有公路、市政公用、水利水电工程施工总承包一级资质和路基、桥梁、隧道、机场场道工程专业承包一级资质及城市轨道交通工程、地质灾害治理甲级等资质；拥有承包境外工程、勘测、设计、监理项目、设备材料进出口和对外派遣劳务等经营权。

集团公司下设第一、二、三、四、五、六、建筑、电气化、上海轨道交通工程有限公司、物资有限公司、房地产开发有限公司 11 个独资公司及铁路、公路、市政、房建、水利水电、桥隧、铺架等工程公司（分公司）、1 个国际分公司和 1 个勘察设计院，年施工能力 500 亿元以上。企业经营地域覆盖全国、辐射海外。先后承建了一大批铁路、公路、市政、房建、机场、水利水电、城市轨道交通和 "四电" 等重点工程建设项目，累计建成铁路 5100 公里、公路 4000 公里、隧道 500 公里、桥梁 2930 公里，各类房屋 400 万平方米。

企业在铁路客专、高铁施工及城市轨道建设领域具有较强技术装备实力。近年来，先后参加了宁杭、京沪、郑西、杭甬、成都至重庆等25 条铁路客运专线和高速铁路建设。近几年，设备更新投入达 21.96

亿元，全集团拥有 16 套 32 米 900 吨箱梁预制生产线、4 套 T 梁预制生产线，拥有 10 套桥梁提运架设备、12 套移动模架、5 套无碴轨道板生产线、33 条（4 种类型）无碴轨道板铺设作业线、12 套城市地铁盾构施工设备和一大批先进的大型专业施工设备。铁路历次质量信用评价保持 A 类企业地位。

企业在长大隧道、高难度桥梁、大型市政、房屋建筑、铁路"四电"、水利水电、机场工程等领域具有良好的经营业绩和竞争优势。修建了亚洲第一长隧、全长 27.8 公里的石太客运专线太行山隧道，兰新铁路 20 公里长的乌鞘岭隧道等 800 多座隧道；修建了世界上第一座同桥面公轨两用桥——重庆鱼洞长江大桥、集多项复杂技术为一体的中宁黄河特大桥、亚洲第一公路高桥龙潭河特大桥、亚洲最高铁路桥内昆铁路花土坡特大桥等高精尖桥梁工程 2600 多座；修建了海口美兰国际机场、浙江赵山渡引水工程、贵州大花水水电站等大型水利、机场工程建设和青岛火车站地下综合工程、福建登云高尔夫球场、山西省国税局大楼、厦门东浮建筑群、广州大学城、山西省图书馆等一大批市政、房屋建筑工程。

企业在科技研发和技术自主创新等方面保持优势地位。近年来先后完成科技攻关项目 106 项，推广"四新技术" 108 项，所建工程质量合格率均为 100%，荣获"中国工程建筑鲁班奖"工程 15 项、"国家优质工程奖" 18 项、省（部）优质工程奖 124 项、詹天佑土木工程大奖 3 项，荣获国家科技进步特等奖 1 项、二等奖 2 项，省部级以上科技进步奖 29 项，获得国家专利 58 项，开发先进实用工法 158 项，集团公司 2002 年被批准为高科技建筑企业，2007 年被认定为山西省省级技术中心，2008 年被认定为高新技术企业。

企业通过了 ISO9001 质量体系、ISO14001 环境管理体系和 GB/T28001 职业健康安全体系认证，先后荣获"创鲁班奖工程特别荣誉企业"、"全国工程建设质量管理优秀企业"、"全国守合同重信用企业"、"全国优秀施工企业"、"全国精神文明建设工作先进单位"、"中国优秀诚信企业"等，并被授予"全国五一劳动奖状"。

8.8　青建集团股份公司

所属地：山东青岛

主营业务：建筑工程

企业介绍：青建集团股份公司（简称青建）成立于 1952 年，注册资本为 8.003 亿元，是一家大型综合跨国企业集团，是中国国际工程承包商中排名第一的民营股份制企业。

青建的发展历程：1952 年成立了青岛建筑工程公司；1978 年设立青岛市建筑工程局；1983 年改为青岛市建筑安装工程总公司（行政性公司）；1995 年转体为青岛建设集团公司（国有企业）；2007 年经股份制改革，创立青建集团股份公司；2014 年新加坡业务在香港借壳上市，青建国际控股有限公司挂牌，股票代码为 01240。

青建集团股份公司的主营业务包括：工程总承包、房地产开发、经营；投资管理、经营；对外承包工程和劳务合作业务；进出口贸易；工程设计、施工、科研、检测、监理、咨询服务；技术开发、转让及技术咨询服务；建筑机械设备、材料、构件、料具的生产、销售、租赁、安装；物业管理等。

青建是全国首批通过房屋总承包特级资质重新就位的 15 家企业之一；在国际多个国家拥有当地施工承建最高资质。

青建连续 12 年入选"中国企业 500 强"，2014 年排名第 261 位；连续 11 年入选"中国承包商 80 强"，2014 年排名第 19 位；连续 10 年入选"ENR 全球最大 250 强国际承包商"，2015 年排名第 81 位；获选 2014 年中国最具国际拓展力承包商，并排名第 6 位，是排名最高的地方企业；2012 年获青岛市市长质量奖，这是青岛市组织的首届规格最高的综合性质量类奖项评定；1998 年初，通过 ISO9001 质量管理体系认证；2000 年，通过 ISO14001 环境管理体系认证；2001 年，通过 OHSMS28001 职业健康安全管理体系认证；2003 年起，开始推行卓越绩效管理模式；2005 年获得全国质量管理奖，是全国第三家获奖的建筑企业；并于 2008 年顺利通过全国质量管理奖的复评。

青建 2014 年营业额为 468 亿元，海外营业额为 13.15 亿美元，位列"2014 年我国对外承包工程业务完成营业额前 100 家企业"第 16 位，在国内地方施工企业中位居第一。

青建拥有行业内山东省唯一、国内领先的国家级技术中心；设立了行业内山东省首家博士后科研工作站；累计开发完成 60 余项国内领先以上水平的科技成果；荣获省部级以上科技奖 400 余项，"沿海混凝土结构耐久性理论及应用技术"等 2 项技术荣获国家科技进步二等奖，"临海复杂地质条件旋喷桩止水帷幕技术"等 11 项工法获评国家级工法。

青建在国内 19 个省市设 26 个分支机构，先后承建了第 29 届奥运帆船中心、青岛市机关办公楼、流亭国际机场、青岛会展中心、青岛大剧院、青岛游泳跳水馆、凯悦中心等标志性建筑和重点工程，荣获中国建筑工程质量最高奖"鲁班奖"18 项，"国家优质工程奖"7 项，"詹天佑奖"5 项，全国用户满意工程 28 项，省部级以上工程奖 200 余项。

8.9 北京建工博海建设有限公司

所属地：北京

主营业务：建筑工程

企业介绍：北京建工博海建设有限公司是由北京建工集团与青岛建设集团共同出资、强强联手、重组改制的新企业。具有房屋建筑工程总承包一级资质、装饰装修工程专业承包一级资质、机电设备安装工程专业承包一级资质；获得了 GB/T19001—2008 质量管理体系、GB/T24001—2004 环境管理体系和 GB/T28001—2001 职业健康安全管理体系认证。是一家施工技术先进、专业人才济济、管理职能配套的综合建筑施工企业。下属有四个投资子公司：北京建工博海置业有限公司、北京恺建建筑工程有限公司、北京信远博恒检测科技有限责任公司、北京博海国际贸易有限公司。下属单位有：六个土建分公司、五个直属项目经理部、国际事业部、区域分公司、机电分公司及装饰分公司。

北京建工博海建设有限公司具有辉煌的历史、雄厚的实力和显著的业绩。在不同的历史时期先后承建了人民大会堂、民族文化宫、中国科技会堂、北京西站、中国银行金融大楼、中国大百科全书出版社、北京月坛体育馆、北京东方广场、北京奥林匹克公园（B 区）国家会议中心、北京电视中心、北京当代 MOMA、山西太原丽华苑小区及公建酒店、黑龙江哈医大二院和三院、青岛府新大厦、青岛广播电视中心、青岛第一体育场改建工程等一系列国家及省市级重点工程和标志性工程。

建工博海建设有限公司始终秉持"质量第一，塑造精品工程；用户至上，提供优质服务"的质量方针，近年来累计竣工建筑面积达 450余万平方米。获得中国建筑工程鲁班奖 5 项，中国土木工程詹天佑大奖2 项，国家优质工程 1 项，国家级工法 4 项；全国用户满意工程 7 项；被评为全国优秀施工企业、全国质量效益型企业、全国用户满意施工企业、北京市优秀建筑企业和北京市质量管理规范单位。

8.10　中国海外工程有限责任公司

所属地：北京

主营业务：工程建设

企业介绍：中国海外工程有限责任公司（中文简称中海外，英文简称 COVEC），原名中国海外工程总公司，1991 年正式成立，原隶属对外贸易经济合作部。2003 年 12 月，在国资委部署下，经国务院批准，中国海外工程总公司重组并入中国铁路工程总公司，改名为中国海外工程有限责任公司，成为中国铁路工程总公司全资子公司。

作为中国中铁开展海外业务的"旗舰"，中海外是最早进入国际工程承包市场和劳务输出领域的中国国有企业，在国际工程承包、对外经援、资源开发、境外实业投资、劳务输出和进出口贸易、基建物资、房地产开发等领域具备雄厚实力，尤其在项目的运作、实施、管理及融资等方面优势显著。

20 世纪 90 年代中期以来，中国海外连年入选美国《工程新闻纪要》全球最大 225 家国际工程承包商行列，在国际工程承包市场上树立了良好的企业信誉和知名度，在非洲、南部太平洋和东南亚等区域市场上，"COVEC"已成为著名的国际工程承包商品牌。

8.11 中南建设集团有限公司

所属地：湖南长沙

主营业务：建筑工程

企业介绍：中南建设集团有限公司起步于 1988 年，已发展成为拥有各类员工 5 万余人、总资产 890 亿元、2015 年综合产值 518.93 亿元的大型集团化上市企业（证券代码：000961. SZ）。目前拥有"房地产业"、"建筑产业"、"商业产业"等产业板块，以及金控事业部、资本事业部、工业事业部、土木事业部。业务涉及房地产开发、造城、工程总承包、市政工程、地铁轨道交通、安装、装潢、钢结构、能源、机械、矿产、金融投资等领域。

中南建设集团旗下设有中南城市建设投资有限公司、南通市中南建工设备安装有限公司、金丰环球装饰工程（天津）有限公司等 158 家独立法人企业、93 家子分公司的集团化上市公司。业务拓展到 18 个省、45 个地县级城市及海外市场。集团现有各类经济技术管理人才 7600 余人，其中博士 20 人，硕士 200 余人，本科及大专学历 5200 余人，各类中、高级职称人员 2000 人。

2015 年中南建设获评"亚洲品牌 500 强"，刷新中国《财富》500

强第 238 位；中国企业 500 强第 259 位。中南地产获评 "中国最具价值地产上市公司"、"中国蓝筹地产企业"、房地产企业品牌价值 26 强。中南建筑获评 ENR 全球最大总承包商第 42 名、中国建筑企业 500 强第 9 名。中南工业环宇获评省 "高新技术企业"，NPC 生产线外销实现突破，承接文莱首个海外项目。中南商业荣膺中国商业地产新锐、商业地产百强第 30 名、商业地产百强成长性前十。

房地产业是中南建设目前重点发展的业务领域，重点从事房地产开发、销售、物业管理、酒店商业运营等多种业务，年开发面积 400 万平方米。与同行业相比，中南专注大盘开发，形成集住宅地产、商业地产、旅游地产、文化地产、养老地产及工业地产为一体的中国新兴城市综合运营商，目前已在全国打造 30 城 50 盘。

江苏中南建筑产业集团有限责任公司为中南建设旗下全资核心子公司，是中国自有工人最多的民营工程总承包企业，现有职工人数超过 4 万余人。该公司是江苏省第一家地产施工综合类上市公司，地下工程施工的龙头企业。公司承建的工程先后获鲁班奖 15 项，詹天佑奖 4 项，"泰山杯"、"扬子杯"、"长城杯"、"白玉兰杯" 等省级优质工程奖 50 余项，获市优质工程奖 100 多项。公司连续多年被各级政府和主管部门评为 "明星企业"、"优秀企业"，被美国 ENR《工程新闻记录》评为全球最大 250 家工程承包商和中国承包商 80 强企业，被中国施工协会授予全国优秀企业，被中国建筑业协会授予竞争力百强企业。

中南商业是一家专业的商业地产综合开发运营服务企业，目前已发展成为集酒店、购物中心、百货、社区商业、超市等业态于一体，并涉足旅游、文化、体育等产业的全方位覆盖市民生活的大型商业地产集团公司。目前，中南商业旗下拥有中南城购物中心、中南百货、中南新世界广场、金石国际大酒店、金石商务酒店、全城便利店等子品牌，为社会创造商业价值，构建美好生活。

8.12　中铁三局集团有限公司

所属地：山西太原

主营业务：交通基础设施

企业介绍：中铁三局集团有限公司的前身是铁道部第三工程局，成立于1952年，2000年11月改制为有限责任公司，2007年作为世界"双500强"中国中铁股份有限公司的全资子公司同步在沪港上市。中铁三局主要从事交通基础设施工程建设施工，是全国首批工程总承包建筑企业，具有铁路工程施工总承包特级资质，是可承接房屋建筑、公路、铁路、市政公用、港口与航道、水利水电各类别施工总承包、工程总承包和项目管理业务的大型综合性建筑施工企业。中铁三局经营范围涵盖：国内外土木工程施工、机械租赁、地方和专用铁路运营与管理、投资及BT项目建设、房地产开发、建筑工程勘测设计咨询服务等。

建局60年来，中铁三局先后承建了600余项国家重点工程和国外工程，累计完成国家投资1200多亿元，建成铁路里程总长度超万公里，占我国铁路通车里程的十分之一。进入21世纪以来，先后参加了80余条铁路新线、复线建设、技术改造工程，特别是在新一轮高标准铁路建设中，先后参加了石太、合宁、郑西、武广、京沪、石武、杭甬、杭长、沪昆、大西等多条重点客运专线和高速铁路工程的建设。在城市轨道工程施工中，承建了北京、上海、广州、天津、重庆、成都、西安、南京等大城市地铁工程，积累了多种复杂地质条件下车站、区间浅埋暗挖、整体道床铺轨、长轨焊接、换铺无缝线路和电力通信等综合施工的丰富经验。在高速公路、市政工程施工中，参加了北京—珠海、北京—上海、石家庄—太原等数十条高速公路工程及上海南浦、杨浦大桥等市政工程的施工。在高层建筑施工中，先后承建了山西医科大学住院部大楼、郑州车站主体以及南配楼等工程。公司还先后承建了新加坡、印度、阿联酋、坦桑尼亚、尼日利亚、埃塞俄比亚等十几个国家和地区的建设工程，积累了丰富的国外工程施工管理经验。

中铁三局在册员工总数 2.6 万余人，管理、技术人员占员工总数的一半以上，拥有高级技术职称的人员已达千人，具有设计、施工及其他相关专业类别注册执业资格人员 600 多人。本部设 21 个职能部门，下设 18 个子公司、4 个分公司，8 个地区工程指挥部，3 个直管办事（联络）处。截止到 2011 年底，企业拥有授权专利共 129 项，其中发明专利 27 项；研发国家级工法 16 项，省部级工法 186 项；获省部级科技进步奖 82 项、中施企协科学技术奖 10 项，全集团公司科技创新能力不断增强。全集团总资产 203.58 亿元。集团公司拥有各类机械设备 5754 台套，企业装备实力雄厚，年施工生产能力达到 400 亿元。

8.13　中国上海外经（集团）有限公司

所属地：上海

主营业务：工程项目建设

企业介绍：中国上海外经（集团）有限公司是经国家商务部（前外经贸部）和上海市人民政府批准成立的综合涉外国有企业。净资产近 8 亿元人民币，总资产 35 亿元人民币，拥有 6 家全资子公司、3 家控股公司和 10 个常驻境外机构，业务涉及 138 个国家或地区。

集团以国际工程承包为核心业务，主要有五大产品：民用房屋土木工程、工业成套设备工程、现代农业工程、工程配套咨询、工程配套服务贸易。其中，成套设备工程是集团五大拳头产品之一，分别承接了缅甸照济电站、蒙古都日根电站、越南山洞电站、泰国 BNS 钢厂、巴基斯坦液化气储罐等超过 600 个项目。

自 1993 年至今，集团已连续 15 年入选全球最大 225 家承包商，被授予 ENR 荣誉牌，并成为中国服务企业 500 强、全球华人企业 500 强、上海企业 100 强；同时也被中国对外承包商会评为中国对外承包工程企业信用等级 AAA 级、对外劳务合作企业信用等级 AAA 级，是上海市唯一的一家获得双 AAA 级的外经企业。

公司经营范围包括：境内外工业与民用建筑、路桥等土木工程项目承包；劳务技术合作、研修人员派遣；境内外投资、兴办中外合资、合作及独资企业；国际招标、国际采购、政府项目采购及科技咨询；货物进出口贸易、转口贸易、技术进出口贸易，来料加工、来样装配、来样加工、补偿贸易，代理报关；外商来沪投资的咨询代理，在沪外资工程的代为转分包及施工人员招用；国内贸易批发、零售；房地产开发、经营、室内装潢、旧房置换等不动产业务；石油制品经营，为油、气开采提供各项服务。

为外国企业常驻代表机构和外资企业配备雇员，并提供相关人事配套服务；提供人才中介和人事外包服务，包括委托招聘、委托推荐、择业培训、信息咨询等；为中国公民出国移民定居、商务考察、会务安排、探亲、访友、继承财产和其他出入境活动提供信息介绍、法律咨询、沟通联系、境外安排、签证申办以及相关服务；提供境外就业信息、咨询、中介服务（含研修生）；接受境外雇主委托，推荐招聘人员；为境外就业人员进行出境前培训；协助境外就业人员办理有关职业资格证书公证；协助境外就业人员办理出境所需护照、签证、公证材料，体检、防疫注射等手续和证件。

公司奉行"平等互利、讲究实效、形式多样、共同发展"的对外合作原则，坚持"守约、保质、薄利、重义"的经营方针，依托上海的综合实力，积极开拓国家一级市场，扩大经营规模。各项业务指标在全国同类公司中一直名列前茅。荣获国家商务部（原外经贸部）"中国国外经济合作五星奖"银奖，全国外经贸企业管理先进奖和外经贸优秀企业，上海市优秀企业。多次被国务院发展研究中心的 11 个国家部委评为中国最大 500 家服务企业和中国 60 家最大外经企业。自 1993 年至今，连续被具有行业权威的美国《工程新闻记录》杂志列入全球最大 225 家承包商行列，被授予"国际著名承包商"荣誉牌。

8.14　中国石油西部钻探工程有限公司

所属地：新疆乌鲁木齐

主营业务：石油工程技术

企业介绍：中国石油西部钻探工程有限公司（简称西部钻探公司）隶属于中国石油天然气集团公司，是按照集团公司集约化、专业化、一体化思路组建的第一家专业化钻探公司。公司是集钻井、测井、录井、固井等石油工程技术服务、石油工程技术研究为一体，跨国、跨地区的大型国有企业。公司总部设在新欧亚大陆桥中国西段的桥头堡、以西部明珠闻名世界的乌鲁木齐市。

截至 2009 年底，公司资产总额 112 亿元，拥有员工 2 万多人，各类服务队伍 456 支，大型工程技术服务设备 655 台（套），年钻井能力 400 万米，测井能力 10000 井次，录井能力 3000 口，具备支撑西部和中亚地区油气业务发展的雄厚实力。国内作业区域主要分布在新疆、甘肃、青海、内蒙古、四川等五省区，以新疆、吐哈、青海、玉门、塔里木等西部油田为重点。国外主要分布在哈萨克斯坦、乌兹别克斯坦、沙特、埃及等四个国家。其中，公司配套工程技术服务在哈、乌两国具有主导优势，社会和品牌影响力不断增强。

公司坚持自主研发，特色技术优势突出。拥有完善的科研机构，建成了中石油深井、超深井科研试验基地、博士后科研工作站等 13 个国内一流的实验院所。公司专业研发人员近 600 人，先进的科研设备 300 余台（套），自主研发了雪狼型综合录井仪和井下套管阀等拳头产品，形成了比较完善的深井、超深井、特殊工艺井配套技术系列，适应西部和中亚地区复杂地表和地质构造的钻探需求。培育了以垂直钻井系统为代表的"十大利器"和"十大特色技术"。近三年来，获得国家科技进步成果奖 2 项，国家专利优秀奖 1 项，自治区科技成果奖 12 项，集团公司技术创新成果奖 5 项。

公司以"打造西部和中亚工程技术服务第一品牌"为目标，坚持专业化、高端化、差异化的原则，大力实施市场优化、管理创新、特色技术、人才强企战略，瞄准世界一流工程技术服务企业，努力实现"四个转变"（从外延式扩张向注重质量内涵式增长转变、从粗放式管理向精细化管理转变、从提供单项施工服务向提供一体化总包配套服务转变、从工程施工型企业向技术服务型企业转变），全力打造装备高新、技术高深、人才高精、管理高效、服务高标、综合竞争能力强的专业化公司，竭诚为国内外客户提供一流的工程技术服务。

8.15 中国石油集团工程设计有限责任公司

所属地：北京

主营业务：油气工程建设

企业介绍：中国石油集团工程设计有限责任公司（CPE）是中国石油天然气集团公司（CNPC）的全资子公司，是一家致力于油气田上游地面工程建设的专业化国际工程公司。业务涵盖油气田地面工程、长输管道、LNG 和 LPG 工程、油气储备终端、基础设施和市政工程等，提供包括勘察、设计、采购、施工、工程总承包、工程咨询、项目管理和橇装设备、药剂供货等全套服务。

CPE 总部位于北京，国内下设 8 个分、子公司，并在海外设有 12 家分支机构，业务遍布中东、中亚—俄罗斯、非洲、亚太、美洲，涉及伊拉克、伊朗、土库曼斯坦、坦桑尼亚等近 30 个国家和地区。公司在册员工总数 6748 人，其中，教授级高级职称人员 53 人，高级职称人员 564 人，高级技师 10 人，拥有国家级专家 14 人、享受政府特殊津贴专家 13 人、全国勘察设计大师 1 人、集团公司（省）级专家 60 人。公司海外用工总数 801 人，其中外籍员工 409 人，国内聘用外籍高级技术专家 30 余名。

CPE 连续三年上榜 ENR 排名，2015 年在国际工程设计公司 225 强榜单中位列第 70 位，在全球工程设计公司 150 强榜单中位列第 92 位，并成功跻身中华人民共和国商务部对外援助成套项目实施企业短名单。

公司资质门类齐全，覆盖面广，拥有国家建设部和相关部门颁发的工程咨询、工程勘察、工程设计、工程施工、工程总承包、工程监理、工程造价咨询和测绘等多项甲级资质证书；拥有压力管道、压力容器设计的安装制造证书、进出口企业资格证书和对外承包工程资格证书。公司重视质量安全管理，取得了质量管理体系认证证书、环境管理体系认证证书和职业健康安全管理体系认证证书。

8.16 江苏燕宁建设工程有限公司

所属地：江苏南京

主营业务：基础设施建设

企业介绍：江苏燕宁建设工程有限公司成立于 1994 年，是上市公司苏交科集团股份有限公司（股票代码：300284）的全资子公司，是按照国际标准管理体系运作的一家现代企业。公司设有投资部、国内部、海外部三大业务部门，致力于基础设施投资建设及整体区域开发运营，业务覆盖交通、市政、新材料新技术等行业，向海外延伸到非洲、中东、东南亚、中亚等地区，成立了燕宁顺通科技发展有限公司、燕宁国际、江苏兆通路桥工程有限公司、燕宁交通智慧产业园管理有限公司等子公司。

主要资质包括：公路工程总承包一级、市政工程总承包二级、对外承包工程资格。

8.17 中铁国际集团有限公司

所属地：北京

主营业务：建筑工程

企业介绍：中铁国际集团有限公司（以下简称"中铁国际集团"）

是由世界企业 500 强、世界品牌 500 强企业——中国中铁股份有限公司（CREC）为实施"大海外"战略、加快"走出去"步伐、整合系统内外经资源而设立的专业化外经公司。公司成立于 2013 年，由原中铁国际经济合作有限公司、中国中铁委内瑞拉分公司、东方国际建设分公司、中国中铁老挝分公司整合组建，注册资本金 10 亿元人民币。

中铁国际集团作为专业的外经公司，承担着"履行做大做强中国中铁外经事业责任，成就中铁国际人精彩人生"的使命与责任。公司的总体发展目标是："建设主业突出、多元经营、联合发展、具有较强国际竞争力的学习型、效益型国际工程承包商"。总体战略方针为："立人本、抓高端、提能力、强区域、搞联合、促发展"。项目运作模式主要以设计、施工、采购总承包（EPC）、带资承包（EPC＋F：出口信贷、资源项目贷款一揽子合作、双边和多边合作）、特许经营（BOT、PPP）和海外投资等业务模式为主，形成施工承包业务、EPC 总承包和投资业务有效互补协调、可持续发展的格局，工程项目建设中充当计划者、组织者、融资者、设计者和管理者的角色。

目前，中铁国际集团下辖 8 家全资子公司、8 家分公司、3 家控股子公司、9 个境外办事处，业务范围遍及亚洲、非洲、南美洲、大洋洲和中东欧等区域的多个国家和地区。在委内瑞拉、中国香港、马来西亚、印尼、南非、尼日利亚等 17 个国家和地区均有在建项目。

8.18 中国中铁股份有限公司

所属地：北京

主营业务：建筑工程

企业介绍：中国中铁股份有限公司是集勘察设计、施工安装、工业制造、房地产开发、资源矿产、金融投资和其他业务于一体的特大型企业集团，总部设在中国北京。作为全球最大建筑工程承包商之一，中国中铁连续十年进入世界企业 500 强，2015 年在《财富》世界 500 强企业排名第 71 位，在中国企业 500 强中列第 11 位。2007 年 9 月 12 日，中国铁路工程总公司独家发起设立中国中铁股份有限公司，并于2007 年 12 月 3 日和 12 月 7 日，分别在上海证券交易所和香港联合交易所上市。

中国中铁具有中国国家住房与城乡建设部批准的铁路工程施工总承包特级资质、公路工程施工总承包一级资质、市政公用工程施工总承包一级资质以及桥梁工程、隧道工程、公路路基、路面工程专业承包一级资质，城市轨道交通工程专业承包资质，拥有中华人民共和国对外经济合作经营资格证书和进出口企业资格证书。

中国中铁先后参加了百余条铁路建设，新建、改建、扩建铁路占中国铁路总里程的三分之二以上；建成电气化铁路占中国电气化铁路的90%；参与建设的高速公路约占中国高速公路总里程的十分之一；参与建设了中国五分之三的城市轨道工程。

中国中铁业务范围涵盖了几乎所有基本建设领域，包括铁路、公路、市政、房建、城市轨道交通、水利水电、机场、港口、码头，等等，能够提供建筑业"纵向一体化"的一揽子交钥匙服务。中国中铁在特大桥、深水桥、长大隧道、铁路电气化、桥梁钢结构、盾构及高速道岔的研发制造、试车场建设等方面，积累了丰富的经验，形成了独特的管理和技术优势。桥梁修建技术方面，有多项修建技术处于世界先进水平；隧道及城市地铁修建技术处于国内领先水平，部分技术达到世界先进水平；铁路电气化技术代表着当前中国电气化最高水平。

中国中铁机械装备领先。拥有国内数量最多的隧道掘进机械（盾构、TBM）、亚洲起重能力最大的吊装船、整套深海水上作业施工装备、国内数量最多的用于铁路建设的架桥机及铺轨机，以及国内数量最多的用于电气化铁路建设的架空接触线路施工设备。公司能够自行开发及制造具有国际先进水平的专用重工机械，同时公司是世界上能够独立生产 TBM 并具有知识产权的三大企业之一。

中国中铁现有员工 28 万余人，其中中高级技术人员 69314 名、中国工程院院士 2 名、国家有突出贡献中青年专家 8 名、全国工程勘察设计大师 5 名、享受国务院政府特殊津贴专家人员 309 名。同时，拥有高技能人才 5.27 万人。

8.19 中国葛洲坝集团股份有限公司

所属地：湖北武汉

主营业务：建筑工程

企业介绍：中国葛洲坝集团股份有限公司（英文简称：CGGC）是由中国葛洲坝集团公司控股的上市公司，于 2007 年 9 月上市。其股票（葛洲坝：600068）先后入选沪深 300 指数、上市公司治理指数、上市央企 50 指数、中证中央企业综合指数、中证中央企业 100 指数和上证 180 指数等指数样本股。截至 2013 年底，中国葛洲坝集团股份有限公司共有各类资质 200 余项。在职员工 4 万余名，各类专业技术人员 1.65 万余名，各类施工设备 5.1 万余台（套）。具有年土石方挖填 2.5 亿立方米、混凝土浇筑 1800 万立方米、金属结构制造安装 21 万吨、装机总容量 900 万千瓦等综合能力。

中国葛洲坝集团股份有限公司拥有多家产值规模过百亿、专业实力领先的大型建筑企业，广泛涉足铁路、公路、核电、机场、港口、风电、桥梁、轨道交通等领域，建筑板块呈现大建安格局。凭借独家承建葛洲坝工程形成的核心竞争优势，公司完成了标志当今世界建筑施工最高水平的工程——三峡工程 65% 以上的工作量，建成了世界最高面板堆石坝——水布垭大坝、世界最高双曲拱坝——锦屏一级大坝、世界最高碾压混凝土大坝——龙滩大坝等一系列世界顶尖级工程，确立了行业领先地位。

中国葛洲坝集团股份有限公司积极稳健拓展产业链相互依托的投资

业务，拥有资产规模达 200 亿的专业投资公司，积极介入水务等环保领域，向高附加值、资源型业务延伸，形成上下游一体化、业务之间紧密关联的产业链，产业协同效应及抗经营风险能力显著增强；水泥板块拥有全国最大特种水泥基地，水泥年产能达 2100 万吨，业界技术领先，节能减排各项指标优良，区域优势明显，行业排名全国前列，凭借科技优势积极介入矿渣处理、垃圾处理等节能环保产业，发展前景广阔；民爆板块既拥有民用爆炸物品生产、销售、进出口资质，又拥有完整工程施工类资质，工业炸药年产能 20 万吨，通过引进海外技术提升产品附加值，实现跨区域增长，行业排名稳居前三；公司海外投资步伐加快，投资的利比里亚邦矿重油电站、莫桑比克水泥等项目经济效益良好，投资回报丰厚。

中国葛洲坝集团股份有限公司积极推动创新驱动战略，具备完善的治理结构、明晰的发展规划以及领先的商业模式，通过坚持改革创新，加快结构调整，推动转型升级，呈现出良好成长性和可持续发展能力。集团公司积极创新建筑施工模式，轨道交通、民生工程等新兴业务不断增长；积极介入节能减排、污染治理等环保产业；着力打造国内一流房地产企业；大力发展分布式电站机组等新能源业务；积极向资源型产业延伸；稳妥开展对外兼并重组提高规模效应，加快推进重油电站等海外投资业务，积极培育新的利润增长极，提升企业发展品质。

8.20 中国土木工程集团有限公司

所属地：北京

主营业务：铁路工程

企业介绍：中国土木工程集团有限公司前身是铁道部援外办公室，1979 年 6 月经国务院批准成立，是中国最早进入国际市场的外经企业之一，目前已发展成为拥有中国铁路工程施工总承包特级资质的大型国有企业，连续 17 年入选 ENR 国际承包商排行榜百强行列。自 20 世纪

60 年代承建中国最大的援外项目坦赞铁路开始，中土集团公司不断发展壮大，目前经营领域涵盖工程承包、设计咨询、房地产开发、进出口贸易等，经营范围遍及亚洲、欧洲、非洲、美洲、大洋洲近 50 多个国家和地区。近年来，公司先后承揽并实施了一大批铁路、公路、桥梁、房建、市政等重点工程，企业实力不断提升，多次获得"中国对外承包工程优秀企业"、"中国对外承包工程和对外劳务合作 AAA 级信用等级企业"、"中国境外成套工程 AAA 级信用企业"等荣誉称号。

中土集团公司是拥有"中国铁路工程施工总承包特级资质"且连续 17 年被国际承包工程领域权威刊物——美国《工程新闻记录》（ENR）杂志评为全球最大 225/250 家国际承包商之一，并在入选中国企业中名列前茅。

中土集团公司还多次获得"中国对外承包工程优秀企业奖"、"中国建筑业功勋企业"、"全国最大 500 家服务企业"、"国有企业 500强"、"中国对外承包工程和对外劳务合作 AAA 级信用等级企业"、"中国境外成套工程 AAA 级信用企业"、"对外承包工程企业社会责任奖"等荣誉称号。

8.21　中信建设有限责任公司

所属地：北京

主营业务：建筑工程

企业介绍：中信建设有限责任公司成立于 1986 年，为中国中信集团公司旗下从事国内外工程总承包及相关业务的全资子公司。公司依托中信集团雄厚的综合实力和良好的国际声誉，坚持"以投资、融资和为业主前期服务为先导取得工程总承包，以工程总承包带动相关产业发展"的经营战略，成功跨入全球最大国际工程承包商百强行列。2015年，中信建设有限责任公司入选中国建筑施工企业联合会评选的中国建筑 500 强，排名第 9 位。公司致力于在 EPC 工程总承包、PPP、BOT

融资建设、项目管理等方面成为国内领先、国际知名的大型国际工程承包商。公司先后承揽了众多大型、特大型工程项目和基础设施项目。公司拥有国家颁发的房屋建筑工程施工总承包、公路工程施工总承包、市政公用工程施工总承包、装修装饰工程专业承包、公路路基工程专业承包五项一级资质；具有楼宇建筑工程、机械工程咨询和设计资质、电力系统咨询、设计和项目管理资质；并成为香港机电工程承包商协会唯一的中资会员，同时是香港中国企业协会会员、香港中国总商会会员。公司先后通过了 ISO9001 质量体系、ISO14001 环境体系和 GB/T28001 职业健康安全管理体系的认证。2005 年、2006 年公司两次荣获"全国用户满意服务"企业；2007 年，公司被评为"全国质量管理优秀企业"。

中信建设为中国对外承包工程商会、中国机电产品进出口商会副会长单位。从 2005 年起，中信建设连续荣获"全国用户满意服务企业"和"全国质量管理优秀企业"称号。2009 年，中信建设成为国内首批 15 家荣获中国对外承包企业社会责任金奖的企业之一。

8.22　中国化学工程集团公司

所属地：北京

主营业务：建筑工程

企业介绍：中国化学工程股份有限公司（简称"中国化学"）成立于 2008 年 9 月。由中国化学工程集团公司作为主发起人、联合神华集团有限责任公司和中国中化集团公司共同发起设立。2010 年 1 月，中国化学在上海证券交易所成功上市（证券代码：601117）。截至 2014 年底，中国化学总股本 493300 万股，中国化学工程集团公司持股占 65.69%。

中国化学自成立以来，根据《公司法》等有关法律法规、规范性文件及公司章程，建立健全了规范的公司治理结构，公司的股东大会、董事会、监事会均能按照公司章程独立有效运行，公司治理水平不断提升。2014 年 7 月中国化学被纳入上证公司治理板块成分股，并被评为"2013 年中国主板上市公司价值百强"。

中国化学业务覆盖建筑工程、环境治理、工艺工程技术开发、勘察、设计及服务。通过持续创新和精细化管理，积极推进多个工程领域的全过程服务和产业运营、资本运营，实现规模和效益的同步增长。

公司拥有国家级企业技术中心 6 家、国家能源研发中心 1 家、省级企业技术中心 8 家、博士后工作站 3 家、高新技术企业 17 家。拥有包括中国工程院院士、全国工程勘察设计大师等在内的一大批优秀管理和技术人才队伍，集中了我国石油化工、煤化工、天然气化工和化学工业以及其他工程建设领域的主要力量。业务范围遍及世界 50 多个国家和地区。

8.23 中石化炼化工程（集团）股份有限公司

所属地：北京

主营业务：建筑工程

企业介绍：中石化炼化工程（集团）股份有限公司 Sinopec Engineering（Group）Co., Ltd.（英文缩写 SEG）是由中国石油化工集团公司控股的、面向境内外炼油化工工程市场的大型综合一体化工程服务商和技术专利商，是目前国内最大的工程建设企业之一。

公司于 2013 年 5 月正式面向全球首次公开发售 13.28 亿股 H 股，发行价为每股 10.5 港元，2013 年 5 月 23 日在香港联合交易所挂牌交易，成功进入国际资本市场。

公司持有国家发改委、住房和城乡建设部、商务部、安全生产监督管理总局、环境保护总局，以及英国劳氏船级社、国际咨询工程师联合会等国际国内政府部门和权威机构颁发的资格证书，并形成了全方位、多层次、宽领域的人才架构。凭借高素质的人才、丰富的工程设计和建设经验、雄厚的技术实力，可在石油炼制和石油化工、煤化工、天然气化工、环境工程与公用工程等诸多领域为境内外客户提供优质全面的服务。

公司从 1990 年开始成功进入国际市场，建立的业务平台覆盖了中东、中亚、亚太、非洲、南美等全球炼油和石油化工工程业务资本支出较多的地区，在科威特、沙特、卡塔尔、哈萨克斯坦、尼日利亚、新加坡、孟加拉国等国家和地区承担了多个炼油和石油化工工程项目，取得了良好的国际声誉并形成了固定的客户群。

8.24　中地海外集团有限公司

所属地：北京

主营业务：建筑工程

企业介绍：2014 年 12 月 5 日，中地海外建设集团有限公司更名为中地海外集团有限公司。中地海外建设集团有限公司是由国内大型石油化工、矿业勘察、工程建设、投资基金共同投资组建的跨国集团，在十余个国家主要从事工程建设、贸易租赁、投资运营、代理咨询业务。集团凭借长期扎根海外的团队优势，秉承"合作创造财富，创新谋求发展"的经营理念，为所在国的经济和社会发展以及中国资本和技术"走出去"提供优质服务。咨询服务依托集团在海外多年的积累和沉淀，与已在海外形成品牌和影响力的咨询公司及世界知名的智库，一流的经济学家合作，深度研发发展中国家愿望和需求，对接中国资本，引领中国资本和中国发展模式走出去，为发展中国家政府客户提供经济社会发展的整体规划，为中国企业客户的国际化发展提供一揽子的咨询服务。中地海外公司主要在现代农业、工业、房地产、清洁能源、矿业领域有投资业务。在过去的 30 年里，中地海外建设集团有限公司在多个国家成功实施了数千个基础设施项目。

作为中国众多知名制造品牌在海外多个国家的总代理，我们致力于为海外客户提供优质的产品和极为专业的售后服务。同时，中地海外建设集团有限公司积极地将国际优秀商品引入中国内地市场。我们利用他们在海外多年建立的商业网络，为广大客户累计提供了数万台（套）的中国装备，是中国装备对外出口的重要平台。此外，中地海外建设集团有限公司利用我们深植于海外的商务网络和业务平台，延伸发展出国际物流业务。目前他们在多个国家成立了物流公司并迅速发展壮大。中地海外汉盛集团是承接中地海外集团实业与贸易物流相关业务的专业化平台。

8.25　上海建工集团

所属地：上海

主营业务：建筑工程

企业介绍：上海建工集团（下称：上海建工）是中国建设行业的龙头企业，承担了中国城市现代化建设的重任。六十年来，上海建工多次刷新中国乃至世界工程建设史上的纪录。在积极参与中国城市化进程中，为各地奉献了众多工程精品，包括超高层建筑、大型桥梁工程、轨道交通工程、宾馆商贸楼宇工程、公共文化体育工程、工业工程、环保工程等。同时，在全球30多个国家和地区，承担了近百项工程，不少成了当地的标志。

上海建工打造完整的产业链，从规划、设计、施工到运行保障维护；从工程建设全过程到高性能商品混凝土和建筑构配件生产供应；从房地产开发到城市基础设施项目的投资、融资、建设、运营。一大批专业技术能力强、经营管理素质高的企业在为社会提供全面服务的同时，塑造了"上海建工"优质品牌的形象。上海建工的"SCG"商标获得国家工商总局认定的"中国驰名商标"称号。

上海建工具有国家有关工程设计、施工和房地产开发等方面的最高等级资质，具备对外承包经营、外派劳务、进出口贸易等资格；集团优势使上海建工具备工程总承包能力、成套施工技术研发和集成能力、工程设计咨询和技术研发和集成能力、工程配套服务集成能力、产业集成能力和社会资源整合能力，形成了强大的综合实力。上海建工坚持"科技兴企"、"人才强企"的发展战略，依托国家级技术中心、博士后工作站以及多层次的技术研发体系，取得了一批具有行业领先水平的科技成果，其中国家科技进步奖一等奖4项、二等奖7项和二百多项部市级奖项。由一大批专业技术人员、管理人员、技术工人组成的人才高地，包括中国工程院院士、国家级中青年专家、享受国务院特殊津贴专家、勘察设计大师以及一批学科带头人和专业领军人才。

8.26　北京建工集团有限责任公司

所属地：北京

主营业务：建筑工程

企业介绍：北京建工集团自1953年成立至今，始终保持着中国建筑业的领先地位，并逐步发展成为一家具有国际竞争力的新型企业集团，跻身全球250家最大国际工程承包商、中国500强企业、中国工程承包商10强企业。

北京建工集团是一家跨行业、跨所有制、跨地区、跨国发展的大型企业集团。年综合经营额超过500亿元，年新签工程合同额近800亿元。集团拥有全资企业、控股企业、参股企业50家，拥有总承包部、国际工程部、物业部等多个直属经营型事业部；集团拥有1.8万名员工，其中专业技术人才1.3万名，高级以上职称专家千余名。北京建工集团的业务格局为"双主业多板块"。"双主业"为工程建设和房地产开发、物业管理，"多板块"包括节能环保、工业和服务业等。集团集生态评估、城市规划、环境改造、建筑设计、工程技术研发、投资开发、施工建造、低碳运营维护等于一体，可以提供全过程"交钥匙"服务。北京建工集团在国内外各领域拥有一批颇具实力的战略合作伙伴，使集团在整个产业链的每个环节，都可以充分整合企业内外各种优势资源，为客户提供最优质的服务。北京建工集团的经营地域遍布中国国内以及世界各地。工程遍布国内30多个省（自治区、直辖市）、港澳地区，在全球20多个国家（地区）设立区域分公司或办事机构。其中63项工程荣获"中国建设工程鲁班奖"；29项工程荣获中国土木工程（詹天佑）大奖（含优秀住宅小区金奖）；45项工程获中国国家优质工程称号。取得部市级以上重大科技成果315项，国家级工法47项。在20世纪50年代、80年代、90年代以及北京当代四次"北京市十大建筑"评选中，共有22项工程出自北京建工集团之手；有8项工程当选"新中国成立60周年百项经典暨精品工程"；在中国"百年百项杰出土木工程"评选中，北京建工集团建设了其中7项。

8.27　中国中原对外工程有限公司

所属地：北京

主营业务：建筑工程

企业介绍：中国中原对外工程有限公司（CZEC）是1983年4月25日经国务院批准成立的国际经济技术合作企业，是中国核工业集团的全资子公司，总部设在北京。

公司拥有中华人民共和国商务部颁发的国际工程A类资质和A类对外劳务合作经营资格，以及中华人民共和国建设部颁发的建筑业企业四个一级总承包资质和三个二级专业承包资质。

公司贯彻"以核为本，多种经营"的经营理念，跻身于国际市场，致力于国际经济技术合作，不断发展和扩大海外及国内市场，业务范围涵盖工程承包、工程监理、进出口贸易、设计咨询、技术服务、劳务合作和物业管理等领域，业务涉及地域遍及五大洲三十多个国家和地区。

在中国政府与中国核工业集团公司的领导下，中国中原对外工程公司成功地开创了中国核技术以及中国核电站走出国门，走向世界的先河。公司具有丰富的工程建设和管理经验，以其精湛的技术和优质的服务在国际工程承包市场赢得了良好的信誉。公司曾获得 "国家科学技术进步奖"、"中国行业一百强" "优秀新技术企业" 等荣誉和称号。自1996 年以来，公司连年入选美国权威杂志《工程新闻纪录》ENR 评选的全球最大 225 家工程承包商，排名逐年上升。公司拥有一支完善的工程技术和项目管理队伍，在国际工程项目承包、设备采购和现场土建安装分包管理等方面具有丰富的运作经验。公司建立了符合现代化管理要求的计算机局域网，开发了具有设备共享、信息共享、方便信息交流为特点的公司管理信息系统，实现了公司管理的科学化、现代化。公司坚持 "以人为本" 的管理理念，建立健全科学规范管理体系，打造可持续性发展的开放型企业。

8.28　新疆生产建设兵团建设工程（集团）有限责任公司

所属地：新疆乌鲁木齐

主营业务：道路建筑工程

企业介绍：新疆生产建设兵团建设工程（集团）有限责任公司（第二名称：新疆北新建设工程（集团）有限责任公司）是 1952 年组建的一家集科研、设计、道路、桥隧、铁路、水利、电力、工民建施工、设备安装、建材生产、房地产开发、商贸物流等多元经营的企业集团，现为建筑工程施工总承包特级资质，国家公路、铁路、水利、工业施工总承包一级资质。

集团公司总部在中国新疆乌鲁木齐市，下设十二个子公司、三个分公司，并在北京、上海、成都、巴基斯坦等地设有分支机构。2006 年获北京世标质量/环境/职业健康安全体系认证中心质量体系认证证书；银行资信 AAA 级。注册资金 10.18 亿元，净资产 10.59 亿元，资产总额 44 亿元。

公司始终坚持 "质量第一、信誉至上、企业振兴、顾客满意" 的质量方针，实施形象工程战略，承建了多项国家、自治区重点建设工程项目，获得了包括"鲁班奖"、"詹天佑大奖"、"火车头金奖"、"国家市政工程金奖"、"国家科技进步特别奖"等上百项国家、自治区级优质工程殊荣。连续四年跻身于全球 225 家最大国际承包商之列，连续两年荣获国家商务系统先进集体和全国优秀施工企业。公司社会信誉良好，经济实力雄厚，是新疆道路、桥隧、铁路、水利、电力、工民建等工程建设的主要施工力量。

8.29 中国地质工程集团公司

所属地：北京

主营业务：建筑工程

企业介绍：中国地质工程集团公司（简称中地集团公司、英文简称 CGC）于 1982 年经中华人民共和国国务院批准成立，并在国家工商行政管理总局登记注册，现注册资金叁亿陆仟贰佰伍拾贰点柒万元人民币。系国务院国有资产监督管理委员会管理的全民所有制二级大型企业集团公司。总部设在北京，在亚洲、非洲近三十个国家和地区设有分公司，在国内有二十余个子公司、分公司。

集团公司拥有对外经济合作经营资格证书、对外承包工程劳务合作经营许可证、进出口经营资格证书和地质勘察资格证书，具有房屋建筑工程施工总承包一级资质、公路工程施工总承包一级资质、地基与基础工程专业承包一级资质、市政公用工程施工总承包一级资质、桥梁工程专业承包一级资质、水利水电工程施工总承包二级资质、甲级工程设计证书、甲级工程勘察证书、甲级工程监理证书、地质灾害防治工程甲级勘察、甲级施工单位资质证书等多项甲级资质。

中地集团公司实力雄厚，拥有一批国际水准的高级专家，具有中、高级专业技术职称的员工占员工总数的 80%；拥有上千台（套）先进精良的各类大型施工设备与机具。在国际工程市场，先后在 60 多个国家和地区完成各类大、中型工程项目数百项，均以"守约、优质、高效"而受到有关国际金融机构、业主、所在国政府和人民的高度赞誉，与西方知名公司如德国的 WABAG 公司、西门子公司、法国的木松乔公司等建立了战略伙伴联盟。

8.30　安徽建工集团有限公司

所属地：安徽合肥

主营业务：建筑工程

企业介绍：安徽建工集团有限公司是中国企业 500 强、ENR 国际承包商 250 强，拥有房屋建筑和建筑工程施工总承包两项特级资质以及境外承包工程、劳务经营权和对外援助成套项目施工任务实施企业资格。同时，具有各类总承包或专业承包资质 151 项，其中一级资质 75 项。集团注册资本 5.2 亿元，现有近 20 家子、分公司和 1 家事业单位，其中安徽水利是我省建筑系统第一家上市公司（股票代码：600502）。

集团技术中心被评为国家级技术中心，并拥有一家博士后科研工作站。集团主营业务为：建筑工程及工程技术服务、水电及工程项目投资运营、房地产开发经营。安徽建工始终恪守"重合同、守信誉"和"质量第一、用户至上"的服务宗旨，先后承建了大批国家、省、市重点工程和"高、精、尖、特"建设项目。在国际市场上，凭借丰富的跨国施工和投资管理经验、雄厚的国际市场业务操作能力和良好的国际品牌信誉度，所承揽和投资建设的工程遍布五大洲 40 多个国家和地区，一大批工程获得国家外交部、商务部通报嘉奖和国外客户的高度评价。集团先后获鲁班奖 13 项、国家土木工程詹天佑奖 4 项、国家优质工程奖 3 项、全国市政金杯示范工程 5 项、大禹奖 4 项，200 余项省（部）级建筑工程质量奖，先后荣获国家、省部级科技进步奖 40 余项，主编参编国家、行业标准近 10 项，国家级工法 16 项，拥有自主知识产权的专利 136 项，其中发明专利 21 项。伴随着企业的发展，安徽建工连续七年荣获中国企业 500 强称号，最新排名第 359 位；连续七年荣获 ENR 全球最大 225 家国际承包商称号和中国承包商 80 强称号；先后获得"全国守合同重信用企业"、"全国工程总承包先进企业"、"全国建筑业诚信企业"、"全国建设系统先进集体"、"中国最具成长性的承包商"、"中国最具国际拓展力的承包商"、"全国五一劳动奖状"等荣誉称号。

8.31　江西中煤建设集团有限公司

所属地：江西南昌

主营业务：对外工程承包

企业介绍：江西中煤建设集团有限公司（以下简称中煤集团）隶属于江西省煤田地质局，是一家"立足江西，跨省、跨地区、跨国经营"的国际知名企业集团，是全球最大国际工程承包商 250 强（2012 年前为 225 强）和最具创新力"走出去"50 强。公司总部地处历史文化名城南昌。

中煤集团以国际化的视野展开了全球的谋篇布局，清晰的勾勒出了充分利用两种资源、两个市场，打造国内、外市场板块的美好蓝图，在国内、外拥有分支机构 67 家，在册正式编制职工 1500 余人，从业人员近 2 万人。

中煤集团拥有多位一体的工程资质 50 余项，拥有国家批准的 5 个施工总承包一级资质，对外承包工程经营权和援外工程 A 级等资质，是江西省唯一一家拥有城市轨道交通资质的企业。公司长期致力于发展多位一体的产业板块，积极培育拓展房地产市场、宾馆旅游业，施工产业链上游的设计、咨询、监理和项目开发以及投融资业务。积极在国内、外市场上承揽实施大型总承包工程、资源开发、实业投资、房地产开发、进出口贸易等业务。

8.32　中鼎国际工程有限责任公司

所属地：江西南昌

主营业务：对外工程承包

企业介绍：中鼎国际建设集团是在原中鼎国际工程有限责任的基础上于 2011 年组建，旗下核心企业中鼎国际工程有限责任公司属全球最大国际承包商 225 强，业务涉及工业与民用建筑、矿山隧道建设、机电设备安装、煤矿采选、地质勘探、水利电力、污水处理、道路桥梁施工、人防工程、工程设计与咨询、房地产开发、对外投资、劳务输出、国际贸易等各专业领域。

具备国家对外工程承包经营资格（中国对外承包工程商会理事单位）、国家对外援助成套项目 A 级实施企业资质、房屋建筑工程施工总承包一级、矿山工程施工总承包一级、市政公用工程施工总承包一级、隧道工程专业承包一级、钢结构工程专业承包一级、房地产开发企业二级、公路工程总承包二级、矿山隧道设计甲级、建筑设计乙级、桥梁工程专业承包二级、机电安装工程施工总承包二级、电力工程总承包三级、防腐保温工程专业承包三级等资质。

公司于 20 世纪 90 年代初走出国门，开创海外事业，是第一家到海外承包工程的煤炭企业，第一家在海外成功开办合营医院，第一家在海外投资煤矿的中国企业，以及第一家成功在印尼以井工方式开采煤矿的企业。连续五年入选"ENR 全球最大国际承包商 225 强"，从 2002 年起连续评为江西省"走出去"先进企业、江西省外经工作先进单位，连续多年获得"全国煤炭行业优秀施工企业"、"江西省优秀企业"、"全省先进建筑业企业"、"全国煤炭行业优秀工程造价管理企业"等称号，当选"全国煤炭施工前 10 强企业"、被中国对外工程承包商会评为 AAA 级信用企业、授予社会责任银奖。

8.33 浙江省建设投资集团有限公司

所属地：浙江杭州

主营业务：建筑工程

企业介绍：浙江省建设投资集团是成立最早的浙江国有企业，也是浙江最大的建筑业企业集团。前身是浙江建筑公司，成立于 1949 年 7 月 11 日，先后经历了浙江省城市建设局、浙江省建筑工程局、浙江省建筑工业厅、浙江省基本建设局和浙江省建筑工程总公司等 14 次变革，2002 年 3 月重组成立为浙江省建设投资集团有限公司。

历经 66 年的发展，集团已发展成为产业链完整、专业门类齐全、市场准入条件好的大型企业集团。现拥有各类建筑业企业资质近 120 项，其中房建施工总承包特级资质 4 项，钢结构制造特级资质 1 项，施工总承包和专业总承包一级资质 47 项，甲级设计资质 5 项，获得资质为行业内最高资质的共计 48 项。同时拥有对外经营权、外派劳务权和进出口权，是浙江省建筑业走向世界参与国际建筑和贸易市场竞争的重要窗口，生产经营业务遍布国内 31 个省市自治区和阿尔及利亚、尼日利亚、日本、新加坡、中国香港等全球 10 多个国家和地区。集团多年来综合经济技术指标保持全国各省区市同行领先地位，连续入选 ENR 全球 250 家最大国际承包商、中国承包商 60 强、中国企业 500 强、浙江省百强企业和纳税百强企业。荣获"全国五一劳动奖状"、"全国先进建筑施工企业"和"全国建设系统精神文明建设工作先进单位"等多项省部级称号。拥有 1 家博士后科研工作站和 6 家省级技术中心，获鲁班奖 30 项，国家优质工程奖 39 项，詹天佑大奖 2 项，"省级杯"近 400 项，自参评以来，连续 23 年蝉联浙江省建设工程钱江杯奖桂冠，承建的华能玉环电厂还入选新中国成立 60 周年"百项经典暨精品工程"，系浙江省唯一的入选精品工程，共获国家发明专利、实用新型专利、国家级工法、全国建筑业新技术应用示范工程等近 400 项国家级技术进步成果。

8.34　沈阳远大铝业工程有限公司

所属地：辽宁沈阳

主营业务：建筑幕墙

企业介绍：远大中国控股有限公司（02789.HK）（简称"远大中国"）之全资子公司——沈阳远大铝业工程有限公司（简称"远大公司"）业务开展于 1993 年初。历经十九年迅猛发展，远大公司以优化的法人治理结构、雄厚的资本实力、规范化的企业运作、社会化的品牌形象，使企业得到了超常规发展，成为世界幕墙领军企业。根据思纬 2010 年度行业调查报告，远大中国（02789.HK）依据营业收入计算，已成为全球第一的建筑幕墙公司。

远大公司是中国国家建设部首批授予的建筑幕墙甲级设计和施工一级企业，是国家建设部命名的建筑幕墙定点企业。遵循"服务、质量、成本"的产品理念，我们向客户提供最优质的一站式幕墙解决方案，服务范围包括幕墙系统的设计、材料采购、制造及装配幕墙产品、性能检测、安装以及售后服务。1996 年，远大公司率先通过 ISO9001 国际质量体系认证；1998 年，投资并建立国家合格评定认可委员会批准的，全球互认的"工程实验室"，检验检测能力全面满足并符合国标、美标、英标、欧标四大标准体系的建筑幕墙检测，卓越的工程品质和完善的服务体系成为中国建筑幕墙行业超越世界先进水平的标志。以人为本，科技当先，人才是远大发展的原动力。远大中国目前在全球拥有 1.27 万名员工，其中各类经营管理和科技研发人才 6278 人，包括技术研发团队 1546 人，产品高级研发人员 632 人。

8.35　南通建工集团股份有限公司

所属地：江苏南通

主营业务：建筑工程

企业介绍：南通建工集团股份有限公司前身为南通市建筑安装工程

总公司，是南通市政府直属国有企业。2004 年整体改制为股份制民营企业。公司现为国家房屋建筑工程施工总承包特级资质企业，同时拥有国家房屋建筑和市政公用工程施工总承包一级资质，建筑装饰装修、机电设备安装、起重设备安装、地基与基础、钢结构、消防工程等专业承包一级资质，以及建筑装饰设计甲级资质和多项二级资质，并拥有对外承包工程资格和对外援助成套项目 A 级实施企业资格。公司业务遍及全国大部分省、市、自治区，在苏丹、津巴布韦、莫桑比克、塞内加尔、坦桑尼亚、肯尼亚等海外地区设有分支机构和业务基地。现有 8 个子公司、29 个土建和专业分公司；拥有各类专业技术人员 2400 余人，其中研究员级高工 15 人、高级职称 125 人、中级职称 215 人、一级注册建造师 200 人、二级注册建造师 225 人；公司拥有各类机械设备 4000 余台（套），年施工能力 200 亿元以上。

多年来，公司始终坚持继承与创新并举，改革与发展同步，两个文明建设协调发展。先后荣获"ENR 全球最大国际承包商 225 强"、"中国民营企业 500 强"、"中国承包商 60 强"、"中国建筑业竞争力百强企业"、"全国建筑业先进企业"、"全国优秀施工企业"、"全国模范劳动关系和谐企业"、"全国用户满意施工企业"、"全国建筑业诚信企业"、"全国企业信用评价 AAA 级企业"、"江苏省建筑业竞争力百强企业"等荣誉称号。

8.36 江苏南通三建集团有限公司

所属地：江苏南通

主营业务：建筑工程

企业介绍：2004 年，南通三建由国有企业改制重组成为股份制企业，现注册资本金 5.0128 亿元人民币，已发展成为以建筑施工为主业，集投资、房屋开发、工程管理、运营服务于一体的大型综合性现代建筑集团，下辖分公司及全资、控股子公司 40 多家，拥有建筑工程甲级设计公司，施工范围涵盖房建、机电、市政、公路工程等领域。建筑主业拥有房屋建筑施工总承包特级资质，9 个一级资质以及多个其他施工资质；具备对外承包工程和劳务合作经营权、对外援助成套项目施工 A 级实施企业资格，施工队伍遍及全国 28 个省、市、自治区——北京、上海、广州、青岛、大连、沈阳等 120 多个大中城市以及世界五大洲——俄罗斯、科威特、安哥拉、也门等 30 多个国家和地区。

公司先后创获铁人王进喜纪念馆、青海省电信公司办公大楼、上海市闸北区文化馆、镇江皇冠假日酒店等 30 多项鲁班、国优奖工程，参建了北京奥运会场馆、上海虹桥机场航站楼、东方明珠电视塔、上海金茂大厦、杨浦大桥、卢浦大桥、南京紫峰大厦、世博会意大利馆、苏州东方之门，以及欧洲第一高楼——俄罗斯联邦大厦、科威特皇宫等一大批标志性建筑。2013 年，荣登"中国驰名商标"榜首。2015 年度，公司在建施工面积逾 3300 万平方米，经济总量突破 550 亿，荣列"中国企业 500 强"第 216 位、"中国民营企业 500 强"第 34 位、"中国承包商 80 强"第 14 位、"中国建筑业竞争力百强企业"第 10 位、"ENR 全球最大 250 家工程承包商"第 48 位，获"中国建筑业行业标杆"称号。公司连续多年被评为"全国建筑业先进企业"、"全国优秀施工企业"、"全国重信用守合同企业"、"全国 AAA 级工程建设企业"，还荣获"全国创鲁班奖特别荣誉企业"、"全国创鲁班奖突出贡献企业"、"国家优质工程奖设立三十周年先进单位"、"全国实施用户满意工程先进单位"、"中国品牌文化影响力十大最具价值品牌"等称号。

8.37　江苏南通六建建设集团有限公司

所属地：江苏南通

主营业务：房屋建筑工程施工总承包

企业介绍：江苏南通六建建设集团有限公司创建于 1956 年 10 月，1994 年晋升为一级资质企业，1998 年取得外经贸部境外工程承包签约权；2000 年实现产权制度改革——政企分离，2001 年成立公司党委，2002 年组建多功能、大兵团联合作战省级建设集团；2005 年晋升总承包特级资质，2011 年顺利通过住建部特级资质就位考评验收。

经过 60 年的风雨耕耘，公司发展为以房屋建筑工程施工总承包，市政公用工程、机电安装工程、园林古建筑工程、地基与基础工程、建筑装修装饰工程、钢结构工程、公路工程、桥梁工程、消防设施工程设计与施工等专业承包为主业的大型建筑施工企业。公司现下辖 15 个区域公司和 4 个工程处，拥有施工人数 3.5 万余人，各类经济技术人员 4000 余名，总资产 28 亿元，各类大、中型机械 12000 台（套）；具有独立承建境内外各类高、大、难工程的综合施工能力。公司全面贯彻执行质量、环境、职业健康安全管理体系标准，近年来，获实用新型专利 24 项、发明专利 9 项、国家行业标准 4 项、华夏建设科技奖 2 项；获鲁班奖、国优等国家级奖项 12 项、全国用户满意工程 1 项、国家级工法 4 项、全国 QC 成果 14 项、全国新技术应用示范工程 1 项；国家 AAA 级安全文明标准化诚信工地 5 项，得到业主和各级主管部门的高度赞扬。

公司先后荣获全国守合同重信用企业、全国优秀施工企业、全国建筑业科技进步与技术创新先进企业、全国模范职工之家、全国工人先锋号、全国青年文明号等称号。连续多年获中国建筑业企业竞争力百强企业、国际知名承包商 ENR250 强、江苏省建筑业最佳企业、江苏省建筑业百强企业综合实力 50 强、江苏省建筑业百强企业建筑外经 10 强、江苏省民营企业纳税大户、江苏省建筑业企业安全生产先进单位、江苏省建筑业科技进步和技术创新先进单位等荣誉称号。

8.38　云南建工集团有限公司

所属地：云南昆明

主营业务：建筑工程

企业介绍：云南建工集团有限公司成立于 1951 年，于 2009 年 11

月 6 日改制而成。目前，集团已发展成为集投融资、房地产开发和工程建设总承包为一体的大型建设企业集团，业务覆盖国际工程投资与总承包、基础设施投资建设、房地产开发、城市建设投资开发，机电设备、路桥市政、钢结构、水利水电、铁路、轻轨、机场、港口、地基等工程施工，商品混凝土生产、建材与设备供销、建筑科研、勘察设计、建筑劳务等范围，是云南省政府国资委履行出资人职责的 15 户省属重要骨干企业之一。现有全资子公司、控股公司和直管企事业单位 37 个，职工 18300 余人，各类专业技术人员 12000 余人，其中高级职称 1278 人。

近年来，在省委省政府和省国资委的正确领导下，在社会各界的关心和支持下，云南建工坚持"筑牢房建主业，打造房地产第二主业，做强做大专业板块"发展思路，大力推进"转方式、调结构"工作，集团投融资能力、施工总承包能力和"走出去"能力显著提高。2014 年完成经营额 864.38 亿元，合同额 539.48 亿元，产值 438.34 亿元，完成竣工面积 728.35 万平方米，实现利润 12 亿元，营业收入利润率高达 2.7%，遥居行业领先水平，投融资能力得到空前提升。截至 2014 年，集团累计获得全国建筑工程鲁班奖 24 项，国家优质工程金奖 1 项，国家优质工程银质奖 41 项，詹天佑土木工程大奖 1 项，部省级优质工程奖 390 余项，国家级工法 21 项，发明专利 11 项、实用新型专利 117 项，主编国家行业标准 6 项，现有国家级企业技术中心 1 个，院士工作站 2 个，博士后工作站 1 个，全国和省级以上科技进步奖励及成果 430 余项。

2014 年，集团连续 23 次入选中国企业 500 强，位列 295 名；连续 5 次入选 ENR250 强（美国工程新闻录杂志），位列 166 位；在中国承包商 80 强中位列第 13 位，在中国 100 大跨国公司及跨国指数排名中位列第 72 位，有较强的综合竞争实力、品牌影响力和社会信誉度，集团已成功转型为集投融资、房地产开发、工程施工总承包为一体的大型建设企业集团。

8.39 烟建集团有限公司

所属地：山东烟台

主营业务：对外工程总承包

企业介绍：烟建集团有限公司创建于1952年，是主要从事国内外工程总承包、房地产开发、资本运营、商业贸易等业务的大型综合企业集团。

公司拥有建筑工程施工总承包特级资质，建筑工程设计甲级资质，市政公用工程、公路工程和机电安装工程施工总承包一级资质，房地产开发一级资质，建筑装修装饰工程、建筑幕墙工程、钢结构工程、建筑智能化工程、消防设施工程设计与施工一体化一级资质，以及地基与基础工程、机电设备安装工程、园林绿化等20多项专业承包资质；拥有中华人民共和国对外承包工程经营资格、对外劳务合作经营资格、商务部对外援助成套项目总承包企业资格、对外技术援助项目（技术保障专业）实施企业资格。施工范围已延伸到青岛、济南、淄博、潍坊、临沂、莱芜、威海等省内市场和上海、北京、天津、浙江、安徽、四川、河北、河南、福建、内蒙古、新疆等省外市场，先后在南美洲、非洲、大洋洲、西亚、中亚、南亚等地区的30多个国家承建工程。

公司曾受到国务院嘉奖，荣获7项"鲁班奖"、12项"国家优质工程奖"、40多项"国家优质样板工程"和"泰山杯奖"；多次被评为"中国建筑业竞争力百强企业"、"全国优秀施工企业"、"全国用户满意施工企业"、"全国建筑业AAA级信用企业"、"创鲁班奖工程特别荣誉企业"、"创建鲁班奖工程突出贡献奖"、"中国优秀企业（公众）形象十佳单位"、"中国最具社会责任感企业"、"全国企业文化建设百佳贡献单位"、"全国企业文化建设百家重诚信单位"、"全国践行社会主义核心价值观企业文化模范单位"、"全国企业文化创新优秀单位"等；被中央精神文明建设指导委员会授予"全国文明单位"，被人力资源和社会保障部、国家发改委、解放军总政治部联合授予"汶川地震灾后恢复重建先进集体"荣誉称号；被中国对外承包商会评为"企业信用评价 AAA 级信用企业"；荣登 ENR/建筑时报"中国承包商和工程设计企业双 60 强"榜单，连续三年入选"ENR 全球承包商 250 强"和"ENR 国际承包商 250 强"；是烟台市首家被国家工商总局授予"全国守合同重信用企业"荣誉称号的企业，并被中国建设银行审定为总行级重点客户，被多家银行审定为"AAA 级信用等级客户"，烟建商标被认定为"山东省著名商标"。

8.40　北京城建集团

所属地：北京

主营业务：工程承包、地产开发、城轨建设等

企业介绍：北京城建集团是以工程承包、地产开发、城轨建设、园林绿化、物业经营、投资融资为六大支柱产业的大型综合性建筑企业集团，从前期投资规划至后期服务经营，拥有上下游联动的完整产业链。"中国企业 500 强"之一，"ENR250 全球及国际工程大承包商"之一，荣获"中国最具影响力企业""北京最具影响力十大企业"、"全国优秀施工企业"、"全国思想政治工作先进单位"、"全国建设系统企业文化建设先进企业"等荣誉称号。

北京城建集团现有总资产 1054 亿元，自有员工 24500 人。2015 年营销额 1016 亿元，营业收入 502 亿元，开复工面积 4000 万平方米以上，自营房地产开发面积 500 万平方米以上，主要经济技术指标在北京市属建筑企业中均排名第一。集团现有 120 余家法人企业、42 家分公司，包括境内（A 股）上市公司 1 家，境外（H 股）上市公司 1 家，全资、控股子公司 29 家。北京城建集团具有房屋建筑工程、公路工程施工总承包特级、工程设计综合甲级和市政公用工程、机电安装、地基与基础、钢结构、公路路面、城市轨道交通工程等一批专业总承包一级

资质。在工业与民用建筑、市政工程、城市轨道交流、高速公路、园林绿化、深基础、长输管线等领域的设计和施工业务遍及全国，并涉足东南亚、中东、南美和非洲多国。地产开发业务秉承"品质·人生"理念，在全国多个省市拥有地产开发项目。城轨建设拥有全国轨道交通创新平台，形成了设计引领、产品研发，市场推广的一体化发展模式。连续30年承担天安门广场摆花任务，园林绿化形成了集团设计、施工养护、苗木花卉研发、古建建设为一体的大园林业务格局。

8.41　重庆对外建设（集团）公司

所属地：重庆

主营业务：对外工程承包

企业介绍：重庆对外建设（集团）有限公司是重庆对外经贸（集团）有限公司的骨干子企业，成立于1985年，注册资本金6.2亿元人民币。拥有对外工程承包、对外劳务输出、进出口贸易经营权，具有对外援助成套项目实施企业A级、市政公用工程施工总承包一级、房屋建筑工程施工总承包一级、公路工程总承包二级、港口与海岸工程专业承包二级，装饰及装修专业承包二级、机电安装专业承包二级、土石方专业施工一级等资质。在苏丹、坦桑尼亚、乌干达、约旦、利比里亚设有海外分公司，在国内拥有五个全资或控股子公司和十二个分公司，业务覆盖海内外工程承包、进出口贸易、劳务输出、设备租赁、项目咨询、工程监理、建筑设计、机电安装和建筑材料生产等相关领域。集团先后在亚、非国家和地区承建了近60个大、中型国际工程项目，其中多个项目以进度快、质量优受到业主、监理、世行代表及驻外使馆的好评。集团还在国内承建了200多项工程项目，工程一次性交验合格率达到100%，多个项目荣获鲁班奖、国家优质工程奖、重庆市巴渝杯和重庆市市政工程金杯奖等。

近年来，集团秉承讲诚信、重合同、守信誉的优良传统，连续5年被评为重庆市优秀建筑企业，连续 4 年进入美国《工程新闻记录》杂志全球最大 250 家国际承包商排行榜，近 3 年入选重庆百强企业，连续两年荣获重庆市发展开放型经济先进单位，被评为重庆市最佳诚信企业。

在未来的发展过程中，重庆对外建设（集团）有限公司将以打造差异化、国际化的组织为目标，把管理、创新和社会责任融入一流的建筑产品为己任，坚持"创新至上，责任唯先；内外兼修，品牌构建"的管理理念，愿为中国企业实施"走出去"战略并不断发展壮大做出更大的贡献！

8.42　中国电建集团中南勘测设计研究院有限公司

所属地：湖南长沙

主营业务：工程规划与勘测设计，工程总承包与设备成套，投资开发与运营

企业介绍：中国电建集团中南勘测设计研究院有限公司（以下简称"中南院"）前身为原国民政府资源委员会全国水电发电工程总处华中勘测处，始建于 1949 年 5 月 20 日，先后八次易名，两次分合，三次迁徙，最后于 1980 年，在长沙重新合并组建电力工业部中南勘测设计院。

随着国家深化电力体制改革，2003 年 2 月中国水电工程顾问集团公司成立，中南院成为其下属的全资子公司，更名为"中国水电顾问集团中南勘测设计研究院"；2011 年 9 月 29 日，中国水电建设股份有限公司和中国水电工程顾问集团公司重组成立中国电力建设集团，2013 年 9 月，中南院完成公司制改建工作，更名为"中国水电顾问集团中南勘测设计研究院有限公司"；根据集团公司统一部署，2014 年 6 月 5 日，公司换领新的《营业执照》，正式更名为"中国电建集团中南勘测设计研究院有限公司"。

中南院注册资本金 6.3 亿元，主要涉足水电水利工程、新能源工程、环境保护与水务工程、市政交通与建筑工程等四大主营业务领域；

主要从事工程规划与勘测设计、工程总承包与设备成套、投资开发与运营等三大业务板块。

自 1993 年以来连续位居"中国勘测设计单位综合实力百强"、"中国工程设计企业 60 强"、"中国设计行业综合实力 50 强"前列，2012 年、2013 年均位于"中国承包商及工程设计企业"双 60 强第 18 名，并获全国水利水电勘测设计行业信用等级 AAA 等荣誉称号。公司先后荣获国家科技进步奖 21 项，国家优秀工程设计和优秀工程勘察金奖 7 项，银奖 3 项，FIDIC（国际咨询工程师联合会）百年工程奖 1 项，国家质量银奖 1 项，湖南省省长质量奖 1 项。

中南院现有在职职工 1867 人，其中，培养了 2 位中国工程院院士，拥有享受国务院政府特殊津贴的专家 14 人，教授级高级工程师 296 人，高级工程师 562 人，持有各类注册执业资格证书员工人数约 1300 人。2006 年 5 月，被人力资源和社会保障部全国博士后管理委员会授予博士后工作站单位。

中南院 1998 年通过了 ISO9001 质量管理体系认证和世行 DACON 信息中心资格认证。2009 年获得"质量、环境、职业健康安全管理体系"认证证书。

中南院目前拥有全资经营性子公司 3 家，投资性项目公司 9 家，设有 14 个管理服务部门、9 个生产处和 9 个分公司。

9. 医药

9.1 国药集团药业股份有限公司

所属地：北京

主营业务：药业

企业介绍：国药集团药业股份有限公司是由中国医药集团总公司作

为主发起人，并联合国药集团上海医疗器械有限公司、天津启宇医疗器械有限责任公司、广州南方医疗器材公司、北京仁康医疗器材经营部共同发起设立的股份有限公司。集团总公司将本部的经营性资产及相应负债、淮南市第六制药厂的经营性资产及相应负债、国大药房的经营性资产及相应负债作为出资，经评估确认后总资产为 30371.37 万元，其中，负债为 18447.87 万元，净资产为 11923.50 万元，按 65.45% 的比例折为 7803.66 万股，占总股本的 97.54%；国药集团上海医疗器械有限公司、广州南方医疗器材公司分别投入现金 100 万元，同比例折为 65.45 万股，各占总股本的 0.82%；天津启宇医疗器械有限责任公司、北京仁康医疗器材经营部分别投入现金 50 万元，同比例折为 32.72 万股，各占总股本的 0.41%。未折股部分的 4223.50 万元计入股份公司的资本公积金。

公司于 2002 年 11 月 12 日在上海证券交易所以向二级市场投资者定价配售方式成功地发行了人民币普通股 5300 万股，每股面值 1.00 元，每股发行价 5.00 元。此次发行完成后，本公司的总股本 13300 万股，注册资本 13300 万元。

国药的经营范围包括：批发中成药、化学药制剂、化学原料药、抗生素、生化药品、生物制品、疫苗、麻醉药品和第一类精神药品（含原料药）、第二类精神药品、蛋白同化制剂和肽类激素、医疗用毒性药品（注射用 A 型肉毒素）、麻黄素原料药（小包装）的批发；组织药品生产；销售医疗器械（Ⅱ类、Ⅲ类）；保健食品、定型包装食品。一般经营项目包括：进出口业务；与上述业务有关的咨询，销售日用百货、化妆品。

国药股份经营范围包括：组织药品生产；化学原料药、西药制剂、生化药品、生物制品及中成药的销售；自营和代理各种商品及技术的进出口业务；进料加工和"三来一补"业务；对销贸易和转口贸易；保健食品的销售及与上述业务有关的咨询。

国药股份注重与客户之间建立良好的信息沟通，公司不断发掘并满足客户需求，致力于为各层次客户群提供全方位增值服务。通过公司信息服务系统，供应商可及时、准确、完整地查询品种分销流向、库存及销售数据；北京市医院还可及时了解其所需情况。

国药股份积极拓展国际市场，自营和代理各类商品和技术的进出口业务，2004 年进出口额 8860 万美元。公司在北京和天津开展了进口保税业务，可实现大批量进口分批报关，更利于保证合理库存。公司以良好的信誉于 2004 年 6 月被北京海关授予最高等级的 AA 类管理认证，这必将促进公司国际贸易业务的进一步拓展。

9.2　石药集团有限公司

所属地：河北石家庄

主营业务：制药

企业介绍：石药集团是我国医药行业的龙头企业之一，总资产 200 亿元，员工 18000 人。在港上市公司（01093. HK）市值 400 亿元港币，是香港知名医药上市企业之一，也是香港恒生红筹股指数成分股。

石药集团拥有原料药、成药、创新药、抗肿瘤药、医药商业和大健康六大业务板块，主要从事医药及相关产品的开发、生产和销售，产品主要包括抗生素、维生素、心脑血管用药、解热镇痛药、消化系统用药、抗肿瘤用药和中成药等七大系列近千个品种。石药集团有维生药业、中诺药业、欧意药业、恩必普药业、银湖制药等三十余家下属公司，分别位于冀、吉、晋、辽、鲁、苏和香港等地，其中设在香港的控股子公司——香港石药集团有限公司是中国医药行业首家境外上市公司，是目前香港最大的制药上市公司之一，同时也是香港恒生红筹股指数成分股之一，连续两次被世界著名的《福布斯》杂志评为全球亚洲区营业额 10 亿美元以下的 100 家优秀上市公司之一。

2014 年，全集团实现不含税销售收入 203 亿元（含非上市板块），同比增长 13%；实现利税、利润分别为 21 亿元和 13 亿元，同比增长 55% 和 40.6%，一举成为河北省首家销售收入破 200 亿元、利税破 20 亿元的制药企业。

石药集团被国家科技部等三部委认定为"国家创新型企业"，新药研发实力位居全国药企最前列。依托于企业的博士后科研工作站、国家级企业技术中心、"863 计划"高技术产业化基地、药物制剂及释药技术国家重点实验室和国家手性药物中心，目前石药集团在研的新药项目有 170 项，仅国家一类新药就有 25 个，涉及心脑血管、精神神经、内分泌、抗肿瘤等七大领域。集团已成功上市的具有自主知识产权的国家一类新药"恩必普"是脑卒中治疗领域的全球领先药物，是我国第三个拥有自主知识产权的国家一类新药，并在全球 86 个国家受到专利保护。目前，企业已与美国和韩国两家知名公司签署了恩必普软胶囊在欧美和韩国市场的专利使用权转让协议，开创了中国医药企业向世界最发达国家转让药品知识产权的先例，为国家和民族赢得了荣誉。

石药集团建立了完备的三级质量管理体系，所有药品都通过了 GMP 认证，所有下属企业都通过了 ISO9000、OHSAS18000 和 ISO14001 认证，产品市场检测合格率始终保持 100%。同时，企业以技术提升质量内涵，目前集团共取得了 16 张 CEP 证书和 33 个 DMF 登记号，有 15 个产品顺利通过美国 FDA 现场检查，这标志着石药集团的产品已经可以拿到国外高端市场参与竞争，固体制剂可以直接摆上美国的药房和柜台，也标志着石药集团的药品质量已与国际先进水平实现对接。

经全球五大品牌价值评估机构之一的世界品牌实验室测评，"石药"品牌 2004 年以来连续十度入选"中国 500 最具价值品牌"，石药集团连续三次跻身中国企业 500 强。

9.3　江苏康缘集团有限责任公司

所属地：江苏连云港

主营业务：医药

企业介绍：江苏康缘集团有限责任公司是以大健康产业为主线，以现代制药为核心，融医药工业、医药商业、生态农业、地产投资、国际贸易、科研为一体的高科技健康产业集团。集团现有从业人员 6800 余人，下属 11 家企业，资产总额达 88 亿元，综合经营业绩连续十多年排名全国医药行业前列，跻身"中国民营企业 500 强"、"中国医药工业 50 强"、"全国中药行业 5 强"。

集团核心企业——江苏康缘药业股份有限公司，于 2002 年在上海证券交易所挂牌上市（证券代码：600557），是国家创新型试点企业、国家技术创新示范企业、国家中药现代化示范企业、国家重点高新技术企业、中国制药工业百强企业。公司拥有中药制药过程新技术国家重点实验室、国家重大新药创制企业大平台、国家博士后科研工作站等国家级科研创新平台。公司是中国中药行业当中获得新药证书最多、拥有发明专利最多的企业，以及推进中药国际化最为深入的企业之一。公司核心产品热毒宁注射液获得第十五届中国专利奖金奖，国内妇科血瘀证首选用药——桂枝茯苓胶囊于 2000 年被国家科技部推荐申报美国 FDA 认证，目前已进入三期临床研究准备阶段。"康缘"牌商标为中国驰名商标。

公司建成了我国第一个中药数字化提取工厂——康缘现代中药数字化提取精制工厂，拥有国内第一条中药智能化提取精制生产线，年产提取物达 1500 吨，入选国家工信部智能制造试点示范项目。康缘现代中药数字化提取精制工厂将引领中药产业转型升级，开启制药工业智能化时代，为中国药品制造工业 4.0、中药先进制造 2025 树立了标杆。

9.4　浙江永太科技股份有限公司

所属地：浙江台州

主营业务：医药中间体、化学原料

企业介绍：浙江永太科技股份有限公司是专业研发、生产含氟精细化学品的国家火炬重点高新技术企业。总部位于浙江台州临海的国家级化学原料药基地。公司 2009 年 12 月在深圳交易所上市，代码为002326。公司在江苏和浙江共计建设了三个主要的生产基地，总占地面积 40 万平方米，全职员工共计 1700 余名。公司共计生产四大系列80 多种氟苯化合物，是全球产品链最完善、产能规模最大的氟苯精细化学品制造商。公司服务于国内外的液晶、医药和农药等多个创新性化学子行业，产品远销美国、欧洲、日本和印度等主要国际市场。经过十多年的创业，公司已经发展成为专业研发、生产和销售氟精细化学品的国家级重点高新技术企业和上市公司。

永太科技含氟精细化工品下游领域具有容量大和多元化的特征：21世纪，液晶显示和数字化浪潮是新媒体发展的必然方向，而氟苯化合物是单晶的必备关键原料，永太科技已经和全球三大液晶厂商——德国默克、日本智索和永生华清建立战略业务关系，占据氟化工价值链高端市场；含氟专利医药和农药具有高效、广谱、低毒、低残留等特点，越来越多的重磅专利医药和农药含有氟苯片段，永太科技已经多次成功为国际专利医药公司和专利农药公司提供百吨级的定制加工服务，成为专利创新性跨国企业全球供应链上不可或缺的关键一环。

依托现有的综合性氟化产业化技术和生产研发平台，永太科技对氟精细化学品领域进行了持续深耕。2010 年永太科技直接投入研发费用2187.78 万元，比 2009 年增长 61.56%，连续三年保持 50% 以上的增长。2010 年，公司已完成 75 个产品的小试开发工作，产品涵盖液晶、医药高级中间体、原料药等。

9.5　江阴天江药业有限公司

所属地：江苏无锡

主营业务：医药

企业介绍：江阴天江药业有限公司创建于1992年，是中药配方颗粒的研制者和行业开创者。1992年6月，江阴天江现任董事长周嘉琳，借鉴国内外中药复方颗粒研发经验，提出组建专门公司创制系列单味"免煎中药颗粒"的设想（后正式命名为"中药配方颗粒"）；同年12月，"江阴天江制药有限公司"成立；1998年，中药配方颗粒项目取得重大突破，江阴天江通过了"国家高新技术企业"认证；2001年，天江获国家药监局批准，成为全国第一个"中药配方颗粒试点生产企业"；2002年，天江在业内率先通过国家GMP认证；2008年，"江阴天江"并购另一配方颗粒试点企业——"广东一方"为旗下子公司，成为中药配方颗粒领域规模最大的企业，年销售额占全国同行业约60%；2015年10月，中国中药收购天江药业，将"江阴天江"和"广东一方"并列为旗下两个独立法人。

公司首次在国内集成、创新多种先进技术与装备，研制了600多种中药单味配方颗粒，建立了科学的制备工艺，并实现了产业化，创建了中药配方颗粒质量标准与质量控制体系，通过多中心、多学科协作，揭示了中药配方颗粒的相关药理活性和临床效应。迄今为止，其产品已在国内32个省、自治区、直辖市、特别行政区及国际亚、非、欧、美等30多个国家和地区不同程度地得到了临床应用。公司先后承担和完成国家省部级重点科研课题18项，取得配方颗粒发明专利授权13项，获"国家科技进步二等奖"1项，省部级科技进步一、二、三等奖和地市级科技奖多项，在国际上首次出版发行了《中药配方颗粒薄层色谱彩色图集》2册，配方颗粒临床研究著作2部，发表学术论文260多篇，编集临床应用研究总结900多个。

目前，江阴天江建有全国最先进的中药配方颗粒全自动生产线，拥有规模化现代中药生产设备和高级分析仪器300多台套，设有"中药配方颗粒研究院"、"博士后科研工作站"、"中药配方颗粒工程技术研究中心"，是一个在中药配方颗粒生产规模、工艺技术、质量标准和科学研究等方面具有领先优势的国家重点高新技术企业，预计2015年销售额近20亿元人民币。

公司股权变更情况：1992年12月，"江阴长城彩印厂"和"台湾天真兴记有限公司"合资组建江阴天江制药有限公司，前者占注册资本的51%，后者占注册资本的49%（次年，股权比例改为前者75%，后者25%）；1998年，"上海家化"注资天江，取得天江55%的股权，原公司更名为"江阴天江药业有限公司"；2012年12月，中国国际金融公司入主天江，占天江33%的股权，成为天江第一大股东；2015年10月，中国中药并购天江，占天江87.3%的股权，成为天江控股股东，并成立了"中药配方颗粒事业部"，下辖"江阴天江药业有限公司"和"广东一方制药有限公司"两个独立法人。

9.6　华兰生物工程股份有限公司

所属地：河南新乡

主营业务：血液制品研发和生产

企业介绍：华兰生物工程股份有限公司（前身为华兰生物工程有限公司）成立于1992年，是从事血液制品研发和生产的国家级重点高新技术企业，并于1998年首家通过了血液制品行业的GMP认证。

通过近二十年的发展，目前华兰生物拥有二十余家全资控股子公司，总市值超过280亿元，是国内拥有产品品种最多、规格最全的血液制品生产企业，血浆处理能力居国内乃至亚洲前列，这标志着公司已成为亚洲大型血液制品生产企业。其中主导产品国内市场占有率居同行业前列，主要财务指标连续多年高速增长，综合实力进入中国医药工业行业 30 强。

作为国家定点大型生物制品生产企业，华兰先后承担多项国家、省、市级科技攻关项目，其中外科用冻干人纤维蛋白胶被列入国家 863 项目。华兰博士后科研工作站、河南省生物医药工程技术中心和中国科学院生物技术创新与产业化共同基金及中国科学院的多个联合实验室的成立，为企业的高成长性和核心竞争力奠定了坚实的基础。

9.7 佩兰生物科技（上海）股份有限公司

所属地：上海

主营业务：植物防腐除霉技术

企业介绍：佩兰生物科技（上海）股份有限公司秉承"健康、天然，让肌肤吸收自然精髓，芳香世界"的理念，专注于纯植物防腐除霉技术开发、种植、萃取、产业转化和应用，皂料、精油、香皂等产品生产销售的芳香全产业链布局。佩兰带动了香草园当地的观光旅游，致富了当地贫困农民。佩兰管理层将产品品质和企业信誉作为发展的基石，传承"佩兰为爱，以香筑家"的企业文化。香链农工商，打造中国芳香科技龙头股。

佩兰联合上海交通大学和吉林农业科技学院，建立上海交大佩兰特色植物健康资源和研究中心，形成强有力的研发体系。同时与上海交通大学联合开设全国首个农业 EMBA 课程，培养农业产业化人才。

佩兰以上海安亭大众创意工业园为大本营，汇聚了上海市嘉定区安亭郊野公园、浦东新区周浦花海、崇明横沙生态岛，江苏省苏州市太湖西山香满庭，浙江省杭州市萧山绿科秀，安徽省黄山市休宁齐云山，吉林省延边市安图长白山，新疆伊犁薰衣草，马来西亚吉隆坡热带雨林，印度尼西亚棉兰等香草园基地，采用佩兰品牌定制形式完善标准体系，美丽中国，芳香世界。

10. 房地产

10.1　中融国投集团公司

所属地：北京

主营业务：房地产

企业介绍：中融国投集团公司创建于 2000 年，目前公司资产规模逾 100 亿元，是一家多重股份制形式的具有雄厚资产规模的大型企业集团。现已发展成为覆盖科技创意园区、主题文化小镇、城市住宅综合开发与服务产业为主要业务运营模块，跨国（地区）的专业化的大型企业集团。

旗下全资拥有 ZRT 中融国投置业株式会社、ZRGT Group DWC_ L. L. C、CCG TECHNICAL WORKS L. L. C、HongKong DeJun Investment. co. ltd. 等多家海外公司，以及中融国投置业有限公司、中视雅典文化传媒有限公司等数十家国内控股或参股公司，多家子公司位列"中国服务业企业 500 强"、"中国房地产企业 500 强"、"中国房地产年度社会责任感企业"。

一直以来，中融国投集团以增强城市综合竞争力，实现城市的可持续发展为目标，业务范围涉及国有资本运营、城市建设及房地产开发等领域，包括城市功能性公益性项目投资融资、城市基础设施施工建设、土地一级开发、保障性住房建设、大型工程的施工建设以及城市功能性公益性设施的经营管理等。

中融国投集团一直在积极探索适合自身的发展之道。2009 年 6 月中融国投正式开拓海外业务，先后成立 ZRT 中融国投置业株式会社、ZRGT Group DWC_ L. L. C、CCG TECHNICAL WORKS L. L. C 等海外公司，拥有产品技术研发、勘察设计、工程承包、地产开发、设备制造、物业管理等完整的建筑产品产业链条。中融国投集团先后进入马来西亚、新加坡、韩国市场，实现了在地产、文化领域的稳步发展。

10.2　中冶置业集团有限公司

所属地：北京

主营业务：房地产

企业介绍：中冶置业集团有限公司（以下简称中冶置业集团）是中国中冶独资的大型国有房地产开发企业，也是中国中冶房地产业务的核心企业，拥有国家一级房地产开发资质。

2005年国务院国资委批准房地产作为中国中冶主营业务之一，由此掀开了中冶置业集团创新提升、做强做优的新篇章。历经风雨洗礼，公司凭借专业化运营管理、集团全产业链优势及资源有效整合能力，实现跨越式发展，全面完成以长三角、环渤海、珠三角为重点发展区域并辐射全国的战略布局，开创了统一品牌与区域化经营相结合的发展新纪元，成为业务涵盖房地产开发、酒店管理、物业管理、资产运营在内的多层次、专业化经营的房地产企业。

中冶置业集团坚持多业态经营的发展路线。企业发挥中国中冶高水准的全产业链优势，以精益求精、追求完美的态度，打造品质人文住宅；企业联合全球行业优势资源，以放眼世界、尊重传统的智慧，实施城市综合开发；企业运用中国中冶领先的工程施工技术经验，以敢肩风雨、勇担责任的豪迈，开发高质量的保障性住房等民生工程。企业以科技创新为依托，以人文精神为内涵，研发更加节能环保、自然舒适的人性化产品，营造可持续发展的自然条件，将高品质和人文精神的元素源源不断地灌输到企业开发的每一类产品中，致力于为客户缔造美好舒适的生活工作环境。

10.3　青岛政建投资集团有限公司

所属地：山东青岛

主营业务：房地产

企业介绍：青岛政建投资集团有限公司是以地产投资开发为主业，集商业市场运营、酒店管理、餐饮连锁、物流贸易、医疗机构、教育及投资为一体的大型综合性集团。

截至目前，公司已成功开发了中韩国际小商品城（25 万平方米）、世纪美居家居建材园（23 万平方米）、青岛国际动漫游戏产业园（12 万平方米）、多瑙河四星级国际大酒店（3 万平方米），投资兴建北京电影学院（青岛）现代创意媒体学院项目，占地 510 亩，建筑面积 25 万平方米。

集团目前正在开发的项目包括：城中城商业综合体，规划建筑面积约 30 万平方米，是集五星级酒店、中型超市、电影院、餐饮/娱乐/休闲、主题商业、酒店式公寓、住宅于一体的区域综合体；青岛星河湾项目，是集团控股与国内高端住宅开发商广州星河湾集团联合投资开发的高端项目，占地面积约 1200 亩，规划建筑面积 200 万平方米，项目总体以精装住宅为主，商业、五星级酒店的综合项目；同时，集团正在筹建占地 2000 亩、投资 15 亿元的影视基地项目。至此，公司已完成或正在开发面积超过 400 万平方米。

集团公司目前在青岛、济南、河北投资了三家专科医院，以小专科、大综合逐步进入医疗领域。同时，参与投资企业及项目有：支付宝（阿里巴巴集团创办的第三方支付平台）；欧陆之星钻石上海有限公司（全球最大的钻石生产贸易商）；北京德美艺嘉文化产业有限公司（融艺术解决方案、艺术推广、艺术金融、艺术公益于一体的全产业链商业模式的专业机构）。

在集团多年成功地产开发的基础上，正逐步向酒店服务、商业运营、医疗、教育、影视文化服务、收藏和投资为主转型。

10.4 贵州黔中铁旅文化产业发展有限公司

所属地：贵州贵阳

主营业务：房地产

企业介绍：贵州黔中铁旅文化产业发展有限公司是中国中铁旗下的核心企业之一。公司注册资本金为 2 亿元人民币，拥有 12 家全资子公司，与美国、瑞典、日本、中国台湾等国家和地区国际公司合作，主要承担中铁国际旅游度假区内太阳谷养生养老项目的整体开发，项目占地面积 1600 亩，总投资约 100 亿元。

10.5 中国新兴集团总公司

所属地：北京

主营业务：建筑地产、贸易物流、医药制造

企业介绍：中国新兴（集团）总公司于 1989 年经国务院批准成立，为全军最大的企业集团，1998 年与军队脱钩重组，1999 年 3 月列为国务院管理的中央企业，2009 年 10 月新兴集团战略重组整体并入国有重要骨干中央企业——中国通用技术（集团）控股有限责任公司，成为其全资子公司。

中国新兴（集团）总公司的经营范围包括建筑地产、贸易物流、医药制造三大主营业务，同时还兼营煤炭开采、宾馆餐饮、物业出租、资产管理等业务。集团在长期的发展建设中，形成了鲜明的企业个性。一是在国家和军队重点工程建设上具有独特的优势；二是具有国务院、中央军委授予的军需后勤装备出口专营权；三是国家军援、军贸任务的重点承担单位；四是国家和军队特殊装备进口任务的重点承担单位；五是国家军事交通运输战略预备保障单位；六是国家血液制品定点生产单位。

新兴集团建筑企业有 60 年服务军队和建设祖国的光荣历史，被建设部首批核准为国家房屋建筑工程施工总承包特级资质，拥有公路工程和机电安装两个总承包一级和装修装饰、钢结构等六个专业承包一级，以及建筑装饰、建筑幕墙、钢结构三个设计甲级资质，拥有对外承包工程经营资格证书，营业资质达到了国家建筑施工行业的顶级水平。集团建筑企业实力强、信誉高，在承建中央国家机关办公大楼、首都标志性建筑以及涉及国家安全的保密工程方面，有着不俗业绩和良好口碑。先后建成了包括军事博物馆、中央军委办公楼、中纪委、中央政法委、中央组织部、中央统战部、国家公安部、司法部、卫生部办公楼和亚运会、大运会、奥运会场馆在内的一大批国家级重点工程，多次荣获金马奖、鲁班奖、国优奖等特殊重要荣誉。集团房地产企业以雄厚的建筑业为基础，二十多年来为军队和企业住房建设做出了突出的贡献。企业目前开发总规模约 150 万平方米，形成了"销售、建设、储备"滚动式发展态势，具备了区域发展的良好基础。

新兴集团所属进出口贸易企业，长期担负对外军援军贸任务，在国家计划单列，是国家工商总局和海关 A 类管理企业，享有国务院、中央军委授予的军需与后勤装备出口专营权。与全球一百多个国家和地区建立了稳定的军品贸易关系，在海外军需品市场上形成了良好的声誉和影响。

新兴集团所属血制品生产企业，是国家批准的国内 30 余家定点生产企业之一，具备年 300 吨血浆处理能力，设有博士后工作站，科研和新产品开发能力处在国内同行业前列。企业主导产品被列入国家火炬计划，并被认定为国家重点新产品、上海市新产品和上海市高新技术成果转化项目。

截至 2010 年 12 月，新兴集团总资产 114.54 亿元，2010 年度实现营业收入 141.21 亿元，净利润 2.24 亿元。

10.6　建业住宅集团（中国）有限公司

所属地：河南郑州

主营业务：住宅产业开发

企业介绍：建业住宅集团（中国）有限公司，是香港建业住宅集团有限公司于 1992 年 5 月在国内创办的专注住宅产业开发的独资企业，公司具有国家房地产开发一级资质，是香港上市公司——建业地产股份有限公司（股票代码：832．HK）的全资子公司。

建业住宅集团定位为中原城市进程和社会全面进步的推动者，坚守"让河南人民都住上好房子"的企业理想与使命，并逐渐形成了"森林半岛"、"联盟新城"、"壹号城邦"、"桂园"及"建业十八城"等产品系列，提升了河南各城市的人居水平，为河南城镇化进程的推进做出了重要贡献。与此同时，公司整合相关物业、教育、酒店、足球、商业、绿色基地等资源，构建"私人订制"式大服务体系，开启由城市综合开发企业向城市居民新型生活方式服务企业的转型。

目前，建业住宅集团已进入河南的 18 个地级城市和 22 个县级城市。截至 2014 年 12 月 31 日，本公司开发项目累计竣工建筑面积约 1380 万平方米，拥有在建项目共 43 个/期，在建总建筑面积约 446 万平方米，土地储备建筑面积约 1996 万平方米，其中权益建筑面积约 1695 万平方米。报告期内，新开工面积约 284 万平方米，销售面积约 218 万平方米。

建业连续十多年蝉联河南省房地产行业纳税冠军，2014 年企业纳税总额突破 23 亿人民币，在国税和地税纳税排名中双双位居河南省房地产行业榜首，系唯一入评河南省国地税纳税总额前十的房地产企业。2014 年 3 月 19 日，2014 中国房地产 500 强评测成果发布，建业获评 2014 中国房地产开发企业 500 强第 26 位，并连续六年位居区域运营十强第一名，蝉联中国房地产上市公司经营绩效五强；2014 年 9 月 17 日，2014 中国房地产品牌价值测评成果发布，建业品牌价值以新高的 68.36 亿元继续位居河南房企第一品牌，也是入围榜单 50 强的唯一河南本土房企。

10.7 中国武夷实业股份有限公司

所属地：福建福州

主营业务：房地产投资开发

企业介绍：中国武夷实业股份有限公司（以下简称"中国武夷"）是以房地产业为基础、投资开发为重点、外向型经济为主导的资金、技术、管理密集型国有控股大型企业；由福建建工集团总公司独家募集设立，于1997年7月15日在深圳交易所挂牌上市的股份公司（股票代码000797）。经营范围涵盖国内外房地产投资开发、物业管理；国内外工程承包；境内外投资、兴办实业；资本运营、融资、BOT；高新技术开发、合作；装饰装修；国际贸易、建筑材料、设备进出口；国际经济技术、劳务合作等。

中国武夷先后在香港、澳门、菲律宾、马来西亚、澳大利亚、美国、加拿大、肯亚、赤道几内亚、坦桑尼亚、南苏丹、加纳等国家和地区以及北京、南京、长春、重庆、福州、厦门、泉州、漳州、南平等城市设立子公司、合资公司和分支机构，在境内外承接了大量道路桥梁、机场、医院、会议中心、市政建设等当地有影响力的大型公共基础设施、大型房屋建筑、装饰装修等工程，投资并开发了房地产项目。1994年以来，中国武夷连续每年被美国《工程新闻记录》评为国际最大225家承包商之一并荣获"国际知名承包商"奖牌，先后多次受到国家部委、福建省政府表彰，连续被福建省工商局评为"守合同、重信用"单位，1998年通过ISO9002国际质量管理体系认证。公司拥有国家建设部批准的一级房屋建筑工程施工总承包资质和国家一级房地产开发资质。

10.8 山东天泰建工有限公司

所属地：山东淄博

主营业务：房屋建筑工程施工总承包

企业介绍：山东天泰建工有限公司创建于1965年，现为房屋建筑工程施工总承包一级企业。主要承包工程为房屋建筑、装饰装修、机电设备安装、钢结构、建筑幕墙和起重设备安装等工程。

公司拥有总资产 2.3 亿元，注册资本金 5120 万元，在册职工 3600 人，其中：技术工人 2744 人（四级以上技工 1474 人），管理人员 856 人，其中高级工程师 12 人，工程师 71 人，助理工程师 172 人，会计、经济师 10 人。大、中专毕业生 346 人，技术员 245 人，固定资产净值 7082 万元，主要施工机械设备 445 余台，其中：大型起重机械 QTZ-60 自升式起重机 5 台，QTZ-40 塔式起重机 26 台，QTZ-31.5 塔式起重机 30 台，HBT40 砼输送泵 2 台，JZS350 砼搅拌机 56 台，WY-100 挖掘机 5 台，解放 20t 自卸王 13 辆，解放 8t 自卸车 8 辆，总功率达 7004.44 余千瓦，人均技术装备率 7100 余元。设备齐全，工种配套，技术精良是建筑之乡和全镇的支柱企业。能承揽化工、机械、纺织、商业、文教等系统的各种工艺复杂、超高层、大跨度的工业与民用建筑及工业设备安装工程。

11. 金融

11.1　嘉实基金管理有限公司

所属地：北京

主营业务：基金业务

企业介绍：嘉实基金管理有限公司是由广发证券有限责任公司、北京证券有限责任公司、吉林省信托投资公司、中煤信托投资有限责任公司共同发起设立，经中国证监会证监基金字〔1999〕5 号文批准成立的基金公司，旗下已有十几个基金产品。嘉实基金是中国知名的基金管理公司，目前总共管理规模近 6000 亿元。

2002 年初与英国保诚集团公司签订技术合作协议，英国保诚集团是拥有 150 余年历史的英国最大规模的金融服务集团之一，该公司旗下管理的全球基金规模超过 2500 亿美元。

2003 年 10 月，经中国证监会证监基金字〔2003〕55 号文批准，公司股东广发证券股份有限公司将其所持公司出资额转让给中煤信托投资有限责任公司，公司增加注册资本 600 万元，公司新增股东——立信投资有限责任公司。

变更后，公司的注册资本为 6600 万元人民币。各股东的出资及其出资占公司注册资本的比例如下：中煤信托投资有限责任公司：3150 万元人民币，占注册资本总额的 47.73%；吉林省信托投资有限责任公司：1650 万元人民币，占注册资本总额的 25%；北京证券有限责任公司：1650 万元人民币，占注册资本总额的 25%；立信投资有限责任公司：150 万元人民币，占注册资本总额的 2.27%。

2004 年，公司注册资本增加至 1 亿元人民币。变更注册资本后，公司股东出资额及出资占公司注册资本的比例为：中诚信托投资有限责任公司：4840.82 万元人民币，占注册资本总额的 48.4082%；北京证券有限责任公司：1922 万元人民币，占注册资本总额的 19.22%；吉林省信托投资有限责任公司：1650 万元人民币，占注册资本总额的 16.50%；立信投资有限责任公司：1587.18 万元人民币，占注册资本总额的 15.8718%。

2005 年 6 月，境外股东受让公司原股东持有的公司股权而变更为中外合资基金管理公司。变更后，各股东的出资及其出资占公司注册资本的比例如下：中诚信托投资有限责任公司：4800 万元人民币，占注册资本总额的 48%；立信投资有限责任公司：3250 万元人民币，占注册资本总额的 32.5%；德意志资产管理（亚洲）有限公司：1950 万元人民币，占注册资本总额的 19.5%。

嘉实投资是嘉实基金旗下的私募股权管理公司，2014 年以创新方式 150 亿元领投中石化销售公司混合所有制改革。2015 年以来先后投资中国顶级科技孵化企业、医药企业、城市租车等，并将继续围绕科技创新和国企混改开展股权投资，支持中国"一带一路"等重大战略。

11.2　亚洲基础设施投资银行

所属地：北京

主营业务：投资

机构介绍：亚洲基础设施投资银行（简称亚投行，英文名称为 Asian Infrastructure Investment Bank，缩写为 AIIB）是一个政府间性质的亚洲区域多边开发机构，重点支持基础设施建设，成立宗旨为促进亚洲区域的建设互联互通化和经济一体化的进程，并且加强中国及其他亚洲国家和地区的合作。亚投行的总部设在北京，法定资本为 1000 亿美元。

2013 年 10 月 2 日，习近平主席提出筹建倡议。2014 年 10 月 24 日，包括中国、印度、新加坡等在内的 21 个首批意向创始成员国的财长和授权代表在北京签约，共同决定成立亚洲基础设施投资银行。

2015 年 4 月 15 日，亚投行意向创始成员国确定为 57 个，其中域内国家 37 个、域外国家 20 个。

2015 年 6 月 29 日，《亚洲基础设施投资银行协定》签署仪式在北京举行，亚投行 57 个意向创始成员国财长或授权代表出席了签署仪式。

2015 年 12 月 25 日，亚洲基础设施投资银行正式成立，全球迎来首个由中国倡议设立的多边金融机构。

2016 年 1 月 16 日至 18 日，亚投行开业仪式暨理事会和董事会成立大会在北京举行。

亚投行初期投资的重点领域主要包括五大方向，即能源、交通、农村发展、城市发展和物流。

11.3 万贝科技发展集团有限公司

所属地：天津

主营业务：保险、贸易

企业介绍：万贝科技发展集团（天津）有限公司，成立于2011年，集团注册资本3.7亿元。集团业务涉及保险金融、国际保险经纪、互联网电商、国际贸易、国际货运代理、平行进口车、企业咨询、融资租赁经纪服务等众多行业为一体的大型股份制公司。已在印度尼西亚、泰国、巴基斯坦、坦桑尼亚，北京、上海、广州、深圳等国内外40多个城市设立分支机构，未来在国内外陆续设立超过100家分支机构。

万贝国际保险经纪公司是经中国保险监督管理委员会批准的一家全国性专业保险经纪公司。公司成立以来与瑞士再保险、人保、平安、太平洋等国内外40余家保险（集团）公司签订战略合作协议，先后为国家海外大型水电项目、国内外大型建设工程项目以及银行金融产品等提供保险经纪服务，累计保费超过300亿元。

平行进口车业务是万贝集团与天津天保控股（国企）合作，共同打造的进口车质保、延保、三包服务平台。是目前国内能承接平行进口车"三包"服务技术实力最强、网络覆盖最广的唯一平台，也是唯一能实现平行进口车免费"首保"的售后网络，将平行进口车从单一销售产业向集汽车销售、售后服务、保险金融、配件零售等综合性、多元化、链条式产业发展。

11.4 复星集团

所属地：上海

主营业务：投资、资产管理

企业介绍：复星集团创建于1992年。作为一家致力于成为全球领先的专注于中国动力的投资集团，复星先后投资复星医药、复地、豫园商城、建龙集团、南钢联、招金矿业、海南矿业、永安保险、分众传

媒、Club Med、Folli Follie、复星保德信人寿等。2007 年，复星国际
（00656. HK）在香港联交所主板上市。2011 年，复星投资企业纳税 89
亿元，提供就业岗位 8.9 万个，年度员工薪酬超 50 亿元人民币。20 年
来，复星已累计向社会捐赠超 6 亿元。

复星坚持以"扎根中国，投资于中国"为根本动力，积极践行其
"中国动力嫁接全球资源"的投资模式，矢志向"以保险为核心的综合金
融能力"与"植根中国、有全球产业整合能力"双轮驱动的世界一流投
资集团大步迈进。目前，复星的业务包括综合金融和产业运营两大板块。

在实践中，复星持续打造发现和把握中国投资机会的能力，优化管
理提升企业价值的能力和建设多渠道融资体系对接优质资本的能力，形
成了以认同复星文化的企业家团队为核心，以上述三大核心能力为基础
的价值创造链的正向循环，成为复星业务稳定高速增长的坚实基础。

在追求经济发展的同时，复星也不忘与员工、社区、合作伙伴分享
自身的发展，积极回馈社会，并一直积极投身中国商业生态和自然生态
的改善，支持中国经济和中华文化的复兴。

11.5　昆仑银行

所属地：北京，新疆克拉玛依

主营业务：银行

企业介绍：昆仑银行前身为成立于 2005 年 12 月 31 日的克拉玛依
市商业银行，经中石油集团两次增资控股，中石油将其收购（92%的股
权）后，2009 年 4 月 20 日正式更名为昆仑银行，总部计划迁往北京。截
至 2010 年底，昆仑银行总资产为 826.04 亿元，同比增长 2.82 倍，是重
组前的 21 倍。2012 年 7 月 31 日，美制裁伊朗的新措施殃及昆仑银行。

昆仑银行股份有限公司原来系经中国人民银行克拉玛依市中心支行
批准，于 2002 年 12 月 9 日设立克拉玛依市城市信用社。经中国银行业
监督管理委员会克拉玛依监管分局及中国银行业监督管理委员会新疆监

管局批准，于 2006 年 6 月 6 日整体改制为克拉玛依市商业银行股份有限公司，并承继原克拉玛依市城市信用社的全部资产、负债和业务。2009 年 4 月，中国石油天然气集团公司对克商行注资重组。经中国银行业监督管理委员会新疆监管局批准，克商行于 2010 年 4 月再次增资，增资后克商行注册资本变更为 420387 万元。2010 年 4 月 20 日，经中国银行业监督管理委员会批准，克商行更名为昆仑银行股份有限公司。

2009 年 4 月 20 日，昆仑银行正式更名。2009 年 12 月乌鲁木齐分行开业，2010 年 6 月 9 日大庆分行挂牌开业，2010 年 7 月 13 日吐哈分行成立，2010 年 7 月 15 日库尔勒分行成立，2010 年 12 月 16 日西安分行正式开业。另外，2010 年 12 月 10 日，在四川成立了昆仑银行乐山村镇银行；2011 年 8 月 24 日，在新疆成立了塔城昆仑村镇银行。中石油成功收编克拉玛依市商业银行，并将其改名为昆仑银行，足以彰显其欲借打造金融帝国来实现全球扩张的野心。业内人士认为，如今的中石油在全球范围内拥有越来越多的石油资源，同时依靠其自身的金融板块打造能源金融一体化的"综合性国际能源公司"，其影响力将不可低估。

昆仑银行正在全力健全公司治理、完善管理基础、加强风险管理、强化内控建设、拓展主营业务，经营呈现跨越式发展态势，主要指标保持在优良水平。依托石油石化能源产业，昆仑银行的特色业务初见规模。服务于石油石化产业链，贸易融资贷款模式已经形成规范。面向央企等大型优质客户，银团贷款业务正在多个市场展开。服务于石油企业区域化资金管理，提供资金清算、结算、担保等集中化管理服务。与代发工资业务相结合，提供多样化高附加值的理财服务。与改善矿区建设、改善职工住房条件相结合，开展多样化的个人住房贷款和住房开发融资服务。与石油天然气终端销售战略、大型石化基地建设、储运港口码头建设战略相协同，积极向上下游客户提供金融服务。与加油站网点结合，打造结算、信用、加油一体的"昆仑卡"的战略性项目已经启动。

昆仑银行已经在克拉玛依、独山子、乌鲁木齐、库尔勒、吐哈、大庆、西安等地开办了分支机构，北京、沈阳、哈尔滨、成都等分行也在筹建之中。昆仑银行通过特色业务和金融服务，为油气主业发展提供支持，为地方经济发展做贡献，为驻地居民生活提供便捷优质的服务。

11.6　香港招商局集团有限公司

所属地：香港

主营业务：交通、金融、房地产

企业介绍：香港招商局集团有限公司（简称"招商局"）是国家驻港大型企业集团，经营总部设于香港，亦被列为香港四大中资企业之一。截至 2014 年底，招商局集团总资产 6241.58 亿元（人民币，下同），管理总资产 5.35 万亿元，净资产 2614.77 亿元。集团盈利在 2013 年的基础上继续稳定增长，创造历史新高，全年完成权益法收入 1562.3 亿元，同比增长 26.7%；全年实现营业收入 932.75 亿元，同比增长 29.15%；利润总额 336.83 亿元，同比增长 23.20%；净利润 278.92 亿元，同比增长 22.49%。按国务院国资委发布的统计信息，集团利润总额（2014 年 1—12 月）在各央企中排名第 10 位。2004—2015 年，招商局连续十一年获国务院国资委评为 A 级中央企业。

目前，招商局业务主要集中于交通（港口、公路、能源运输及物流、修船及海洋工程）、金融（银行、证券、基金、保险）、房地产等三大核心产业。

招商局是内地和香港交通基建产业的重要投资者和经营者，已基本形成全国性的集装箱枢纽港口战略布局，旗下港口分布于珠三角的香港、深圳，长三角的上海、宁波，渤海湾的青岛、天津，厦门湾的厦门及西南沿海的湛江，并在国际化战略上迈出了坚实的步伐。目前在全球 14 个国家和地区拥有 27 个港口。2014 年，招商局旗下港口集装箱吞吐量为 8084 万 TEU（其中内地港口集装箱吞吐量为 5956 万 TEU，占全国市场份额约 30%）；散杂货吞吐量达到 3.63 亿吨。招商局同时在北京、上海、江苏、广东等 18 个省市投资有总里程 7437 公里的高等级公路、桥梁、隧道。

招商局物流业积极、审慎地进行了全国性的网络建设工作。截至 2014 年底，招商局物流在全国重要城市设立了 72 个物流网络运作节点，全国性物流网络布局粗具规模。招商局还通过收购澳大利亚路凯（Loscam）公司成功进入托盘共享租赁行业，并与全球最大的冷链物流服务商 AmeriCold 建立合资公司——"招商美冷"，构建综合性冷链物流网络体系。

招商局的金融业包括银行、证券、基金及基金管理、保险及保险经纪等业务领域。招商局发起的、作为目前最大股东的招商银行，是中国领先的零售银行。目前，在国内 110 个大中城市设有分、支行，2420 家自助银行；在香港设有香港分行，并拥有永隆银行及招银国际两家全资子公司；在台湾设有代表处；在美国设有纽约分行和代表处；在英国设有伦敦代表处。招商证券为国内 AA 级券商之一，目前，招商证券在全国 60 个城市（不包含香港）开设了 100 多个营业网点。2014 年，招商证券股基权交易量市场份额为 4.36%，市场排名第 7 位。2012 年，招商局成立招商局资本，推进集团内部基金整合，建立直投基金管理的统一平台。

招商局通过开发蛇口工业区、漳州开发区等，提供成片开发综合服务，并通过招商地产从事房地产开发业务。蛇口工业区开发建设了蛇口片区 11 平方公里的土地。漳州开发区行政辖区面积 56.17 平方公里，2010 年升级为国家级经济技术开发区。截至 2014 年底，招商地产进入全国 30 个城市，年度开发面积 1124 万平方米。

招商局在工业、贸易、科技产业投资等领域也都有着雄厚的实力。

招商局拥有香港最大规模的修船厂；2008 年投资的世界一流的大型修船基地在深圳孖洲岛建成投产；2013 年，完成收购江苏海新重工船厂资产，进一步壮大了海工建造实力。招商局创办并为其第一大股东的中集集团是世界最大的集装箱及机场设备制造商；旗下香港海通有限公司在中国交通海事贸易领域内有着成熟的市场网络和丰富的经验；招商局在高科技风险投资领域也走在了全国的前列。

11.7　中国平安财产保险股份有限公司

所属地：广东深圳

主营业务：保险

企业介绍：中国平安财产保险股份有限公司是中国平安保险集团长期以来经营和发展的基础，27 年来，平安产险业务规模逐年攀升，业务发展稳健。2014 年，公司获中国保监会核准同意，股本达到 210 亿元人民币。经营区域覆盖全国，在国内各省市、自治区设有 41 家分公司，2200 多个营业网点；此外，还在世界 150 个国家和地区的近 400 个城市设立了查勘代理网点，与中国再保险集团公司、汉诺威再保公司、安联再保公司、慕尼黑再保公司、瑞士再保公司等国内外 160 多家保险公司、再保公司建立了业务往来。

2014 年，平安产险实现保费收入 1428.57 亿元，同比增长 23.8%。依据中国保监会公布的 2014 年中国保险行业数据计算，平安产险的保费收入约占中国产险公司原保险保费收入总额的 18.9%。以保费收入衡量，平安产险是中国第二大财产保险公司。车险保费收入首次突破 1000 亿元，成为车险第一品牌。面对竞争日趋激烈、行业盈利能力面临下行压力的产险市场，平安产险坚持创新发展，持续提升专业技术水平，盈利能力保持良好，综合成本率为 95.3%。

平安产险经营业务范围涵盖车险、企财险、工程险、货运险、责任险、信用险、家财险、意外及健康险等一切法定产险业务及国际再保险业务，近年又适时开发推出了电话营销专用车险、环境污染责任险、食品安全责任险、安全支付责任险、董事及高级职员责任险、光伏组件能效损失补偿责任险、诉讼财产保全责任险、国内贸易信用保险、移动通信费用信用险、运动员失能保险、境外旅行意外伤害保险、个人账户资金损失险、非机动车综合险、宠物保险、装修类保险、租房类保险、奶粉保险等符合市场需求的新险种，截至 2014 年底，经营的主险已达642 个。

12. 纺织、家居

12.1　华纺股份有限公司

所属地：山东滨州

主营业务：印染、服装

企业介绍：华纺股份有限公司是全国同行业的龙头骨干企业，至今具有 39 年沿革历史，2001 年 9 月 3 日在上交所挂牌上市（A 股），辖有 17 个公司，产业涉及印染、服装、家纺成品、纺纱、热电、化工、信息及金融服务、房地产等领域。

公司现有资产总额 20 亿元，主导产业年印染布产能 2.8 亿米，花色品种 10000 余个；现有环锭纺 4 万锭、紧密纺 2.8 万锭；年家纺成品产能 1000 万件（套）、服装产能 300 万件。年销售收入规模 30 亿元，出口创汇规模 3 亿美元，是全球高品质纺织品制造者和健康时尚生活倡导者。

公司通过质量、环境、能源、职业健康管理体系认证，是国家认定的企业技术中心、国家印染产品开发基地、纺织工业（山东）家用纺织品检测中心，先后跻身 "全国五一劳动奖状"、"国家科技进步二等奖"、"中国纺织服装行业社会责任信息披露实践示范奖"、"中国纺织行业劳动关系和谐企业"、"中国印染行业十佳企业"、"山东省富民兴鲁劳动奖状"、"中国专利山东明星企业"等行列。

12.2 美克国际家具股份有限公司

所属地：新疆乌鲁木齐

主营业务：家具

企业介绍：美克国际家具股份有限公司始建于 1995 年 8 月，前身是美克国际家私制造有限公司，1999 年经自治区人民政府及对外贸易经济合作部批准转制为外商投资股份有限公司。经中国证监会核准，公司于 2000 年 11 月 10 日在上海证券交易所成功发行人民币普通股 4000 万股，并于 11 月 27 日隆重上市，股票简称"美克股份"，股票代码为"600337"，目前公司总股本 51060.402 万股。美克股份以诚信经营、规范运作、优良业绩赢得了广大投资者的信赖和支持。多年来，公司获得了政府及相关部门的多项褒奖，被评为"最具全球竞争力中国公司 50 强企业之一"、"中国 A 股公司投资者关系 50 强企业之一"，"美克美家"还获得了国家工商总局颁发的中国驰名商标。企业诚信、进取的务实风格在社会各界取得了一致的口碑。

家具制造业作为公司的主营业务之一，拥有规模化、专业化的加工生产基地、高效的企业管理平台、实力雄厚的研发机构及覆盖全球的销售网络。通过进口国外的木材资源，生产色彩多样且充满文化内涵的高档家具产品，产品出口美国、加拿大、欧洲、日本、澳大利亚等国家和地区。公司的生产规模、装备水平、技术水平及工业化生产水平居同行业领先水平，公司的管理、销售和产品开发方面的能力已经跻身于世界著名的制造商行列，是我国最大的家具出口企业之一。2004 年公司全资子公司美克国际家私（天津）制造有限公司应对美国家具反倾销诉讼，获得全国唯一"零税率"。2009 年 1 月 6 日公司成功收购了美国从事软体家具和实木家具设计、供应和销售，并在美国业界享有盛誉的

Schnadig 及包括品牌在内的相关资产。本次收购，是公司向智能型商业模式转型的一个重要举措和步骤，是公司价值链向上游攀升的公司战略的具体实施，本次收购使公司形成了从产品设计、产品开发、产品生产及产品销售为一体的完整进化链。

零售业是美克股份面向国内国际两个市场、两种资源，转变经营增长方式的重要举措。2002 年公司创立了自己的家具品牌——美克·美家，同时与美国最大的家具零售商伊森艾伦合作，引进其国际先进连锁经营管理模式，在北京、上海、天津、杭州、苏州、宁波、大连、成都、重庆、武汉、深圳、广州、厦门、沈阳、乌鲁木齐等大中城市开设了近30 家连锁店，创建全国性家具连锁零售网络。高水准的服务、风格化的购物环境和家居设计，迅速成为大中城市新兴中产阶级所钟爱的产品。

国际木业代表了美克股份产业链的延伸，实施全球资源战略，积极参与世界资源的再分配，开发和利用国外木材资源，建立稳定、安全、经济的全球资源供应体系是美克股份的目标。公司充分利用与俄罗斯相邻的地缘优势和其丰富的森林资源优势，在俄罗斯远东投资建成了木材供应基地，在新疆阿拉山口口岸和内蒙古二连浩特建立了两个木材加工物流中心，初步形成了以俄罗斯为源头，以阿拉山口和二连浩特为基地，以工厂和客户为终端的供应链体系。

12.3　惠达卫浴股份有限公司

所属地：河北唐山

主营业务：陶瓷制品

企业介绍：惠达卫浴股份有限公司始建于1982 年，33 年励精图治，艰苦奋斗，目前发展成为中国规模最大、历史最悠久的卫浴家居用品企业之一，每年为大众提供近1000 万件卫浴家居产品，涉及陶瓷卫浴、浴室家具、墙地砖、五金龙头及配件、橱柜、木门等领域，被2008 年北京奥运会、2010 年上海世博会和众多五星级酒店所应用。惠达在北京、上海创立两个设计研发中心，一个博士后工作站。2012 年住房和城乡建设部正式批准惠达成为国家住宅产业化基地。2013 年被国家发改委、科技部、财政部、海关总署、国家税务总局五部委认定为"国家认定企业技术中心"。

12.4　江苏贝德服装集团

所属地：江苏无锡

主营业务：服装

企业介绍：江苏贝德服装集团致力于成为国际最具竞争力的针织服装供应商，以对服装行业独特的眼光和视觉感知，精心打造高品质流行服饰。

集团作为江苏地区最大的针织服装集团之一，拥有贝德时装、贝德华盛、缅甸汉德、所爱优品、高德服装、品创纺织品、飞燕实业七家子公司。国内外累计员工 3000 余名，年产值超 10 亿元。主要生产各种款式的针织休闲装、运动装、T 恤衫系列产品及自主品牌婴童装，产品远销欧洲、美国、日本等国家和地区，深受客户的欢迎。

服装产业拥有全球最先进的自动绘图及制版系统、加拿大 INA（衣拿）自动吊挂流水线、美国 Gerber（格柏）自动裁床、日本川上全自动拉布机、自动电脑缝纫设备等，建成国内外顶级服装生产流水线 36 条。集团成功导入了 ERP、ETS 数据管理，实现了高度的信息化管理。在实施标准化管理的基础上，通过了多项管理体系认证，如 ISO9001、ISO14001、SA8000、OTS 有机棉认证和 Oeko-Tex 标准认证，实现了管理的标准化和规范化。

集团是江阴市重点培育的骨干企业。先后通过了江苏省五星级数字企业、江苏省两化融合试点企业、江苏省针织行业协会优势企业评审，并取得了江苏省国际知名品牌称号。

12.5 海澜集团

所属地：江苏无锡

主营业务：服装

企业介绍：海澜集团成立于 1988 年，总部位于江苏省江阴市新桥镇，是国内服装龙头企业。集团现有总资产 500 亿元，全国各地员工 6 万余名（其中总部 2 万余名）。在 2014 年中国企业 500 强中名列第 277 位，在 2014 年中国民营企业 500 强中名列第 59 位。

海澜集团的发展经历了粗纺起家，精纺发家，服装当家，再到品牌连锁经营的历程。最近十几年来，集团牢固树立以服装为主业的经营理念，在此领域精耕细作，做到了专心、专注、专业，先后成功创建了海澜之家、圣凯诺、EICHITOO、百衣百顺等多个自主服装品牌。其中"海澜之家"定位于平价优质、时尚商务的男装国民品牌，圣凯诺定位于定制职业装，EICHITOO 定位于都市时尚女性，百衣百顺则更贴近大众。目前，海澜之家、圣凯诺均已成为行业龙头，EICHITOO、百衣百顺的发展势头也非常好。

此外，在金融投资方面，海澜集团还进行了股权投资、船舶投资。自 2000 年至今，集团对外投资了 30 多个项目，其中部分项目已成功上市，为企业带来了良好的经济效益。

13. 园区、港口

13.1 杭州东部软件园

所属地：浙江杭州

主营业务：信息产业

企业介绍：杭州东部软件园位于中国东部经济最为发达的长江三角洲区域城市——杭州。杭州风景优美、人杰地灵、文化深厚、经济发达，尤其信息产业位居中国前列，具有"天堂硅谷"的美誉。

杭州东部软件园地处杭州市中心、文教区与杭州国家级高新技术产业开发区江北区东部，文三路信息一条街的首位，是杭州市"天堂硅谷"重要组成部分，信息港的形象和窗口；园区周围汇集了大量的高等院校、科研院所和一批实力雄厚的高科技企业，是科技、智力、人才和信息最密集的区域。

杭州东部软件园成立于2001年，园区以"企业化管理、市场化运作、专业化服务、国际化道路"的运行模式，实施专业化园区开发、投资、管理、服务，将政府政策的导向功能与企业的市场提升能力有效结合，赋予园区以思想与生命力。阿里巴巴、神州数码、中兴通讯、华为杭研所、联想科技、Amdocs、CSK、Webex等国内外著名的高科技企业云集于东部软件园，天夏科技、中正生物、家和智能、星软科技、国芯科技等一大批中小型科技企业在东软得到快速的成长。整个园区呈现出科技企业集聚、科技氛围浓厚、创业环境优良、创新活力强盛、中小企业快速成长、创新服务显著的生动局面。东部软件园已成为国内具有相当影响力的高科技聚集辐射中心。

杭州东部科技投资有限公司创立于2006年，是一家按照国家颁布的《创业投资企业管理办法》、《公司法》等有关法律法规所组建的科技创业投资公司。

公司以具有市场发展前景的高新技术企业为核心投资方向；以初创成长型高新企业为投资重点；为中小高新技术企业的快速成长提供资源、资本、管理、推广等各方面的支持，帮助投资企业实现市场价值的最大化，致力于成为高科技企业走向资本市场的桥梁，成为各方投资者整合资源优势、发挥行业特长的载体，为高新技术企业实现市场价值，为投资合作者获得最大投资回报。

13.2　克拉玛依云计算产业园

所属地：新疆克拉玛依

主营业务：信息产业

企业介绍：克拉玛依云计算产业园区于 2012 年 11 月 15 日经自治区人民政府正式批准成立，2013 年 5 月 19 日开园奠基，是自治区"天山云"计划的核心基地，也是自治区目前批准的唯一一家云计算产业园区。2014 年，园区建设项目被列为国家重点项目；2015 年，园区管委会获得工信部颁发的首届"云帆奖"之"2014—2015 年推动云计算产业发展突出贡献单位"。

园区近期规划用地 10.84 平方公里（起步区 3.5 平方公里），中期规划用地 20 平方公里，远期规划用地 30 平方公里。将重点发展云计算、大数据、服务外包、电子商务、软件研发、物联网、地理信息等产业集群。预计到 2020 年，将建成拥有 3.5 万个机柜数的大型云计算数据中心和灾备中心聚集区。

目前，园区已聚集了华为云服务数据中心、中国石油数据中心（克拉玛依）、新疆维吾尔自治区重要信息系统异地灾难备份中心、中国移动集团（新疆）数据中心等大型数据中心项目以及国家信息中心电子政务外网西北数据中心和灾备中心、国家天地图克拉玛依数据中心暨北方灾备中心、中国航天集团西北卫星通讯网基地、新疆亿赞普科技有限公司"亚欧跨境电子商务平台"、中兴通讯、清华同方、北京超图等国家重点项目和业内重要企业。

今后，园区将通过推进全球云计算数据中心基地、全国大数据应用基地、全国云计算应用示范基地、中亚信息服务外包基地建设，支撑我市"石油中心"建设以及新疆丝绸之路经济带核心区建设，同时，向丝绸之路经济带沿线上的国家和地区提供优质、低廉的云服务。最终，将克拉玛依建成丝绸之路经济带信息中心。

13.3 日照港集团有限公司

所属地：山东日照

主营业务：港口

企业介绍：日照港是国家重点发展的沿海主要港口，新亚欧大陆桥东方桥头堡，"一带一路"重要支点。1982年开工建设，1986年投产运营。2006年吞吐量突破1亿吨，2015年完成3.37亿吨，居中国大陆沿海港口第8位、世界第11位，现拥有石臼、岚山两大港区，53个生产泊位，年通过能力超过3亿吨。

日照港集团有限公司成立于2003年5月，现有固定员工9000余人，拥有各类子、分公司47家，业务涵盖港口业务、物流贸易、建筑制造、金融服务四大板块，总资产超过500亿元。2006年10月，日照港股票在上海证交所首发上市，实现了港口发展生产经营与资本运作的"双轮驱动"。秉承"合作凝聚力量，携手创造价值"的理念，日照港与中石化、中石油、新加坡裕廊港、亚太森博、山东钢铁等70多家中外大型企业成功合作。日照港集团成立以来，先后荣获全国文明单位、全国质量奖、山东省长质量奖等荣誉称号。

日照港区位优势显著。地处中国海岸线中部，山东半岛南翼，环太平洋经济圈、黄（渤）海经济圈和新亚欧大陆桥经济带的接合部，"一带一路"交汇点，隔黄海与韩国、日本相望，在中国生产力布局和全球能源、原材料运输格局中具有重要战略地位，是中国中西部地区乃至中亚、西亚国家和中蒙俄经济走廊主要出海口。

日照港建港条件得天独厚。湾阔水深，陆域宽广，气候温和，不冻不淤，建港条件优越，适宜建设包括20万—40万吨级在内的大型深水泊位200余个，是难得的天然深水良港。后方陆域平坦开阔，可为临港工业和现代物流业务发展提供广阔空间。

日照港集疏运便捷高效。海上航线可达世界各港，已与100多个国家和地区通航。陆上通过新菏兖日铁路、陇海铁路向西经新疆阿拉山口和霍尔果斯出境可达中亚、西亚国家及荷兰鹿特丹，通过瓦日铁路向西经甘其毛都出境直达蒙古；日兰、沈海 2 条高速和 4 条国道干线直联港口，通往全国各地。日照至江苏仪征、日照至山东东明和已列入规划的日照至河南洛阳 3 条输油管线年总运力 7600 万吨，直接连通原油码头与石化企业。港口码头与临港企业通过皮带机相互连接。日照港已形成整合航运、铁路、公路、管道、皮带等多种运输方式、大进大出、集疏运便捷的综合运输格局。

1982 年建港之初至 2003 年港口管理体制改革，日照港"首次创业"，实现了港口从无到有，由单一煤炭输出港到综合性港口的转变。2003 年日照港集团成立至 2013 年吞吐量突破 3 亿吨，日照港"二次创业"，实现了港口由小到大，港口规模达到中国沿海港口第八位、世界港口第十一位。在发展历程中，日照港形成了融合分享的商业模式，凝练形成了以"传载真诚、追求卓越、共享阳光"为核心价值观的阳光文化体系，集中体现了日照港"真诚和谐、活力智慧、激情执着、开放创新"的文化底蕴和极具成长性的发展内涵。

13.4 巴中苏斯特口岸有限公司

所属地：巴基斯坦

主营业务：运输、贸易

企业介绍：巴中苏斯特口岸有限公司（简称苏斯特干港）是经中华人民共和国商务部和巴基斯坦政府有关部门批准，由中外运长航集团新疆有限公司与巴基斯坦丝路口岸有限公司合作建立。注册地址为巴基斯坦吉尔吉特。主要经营范围包括：汽车运输，海、陆、空国际化货运代理，进出口贸易，仓储，集装箱（货柜）中转，专业报关，宾馆，旅游。

苏斯特干港是由中方控股的中巴贸易口岸，于 2004 年竣工，2005 年 5 月正式营业。巴中苏斯特口岸干港项目，是两国企业间的经济项目，更是关系到国家利益的政治战略项目。苏斯特干港与瓜德尔、卡拉齐、卡斯木港为贯穿巴国南北的重要陆港和海港。

苏斯特干港有力地改善了中巴陆路口岸的通关环境，辅助中巴企业更顺利地进行跨境贸易，对促进巴基斯坦北部地区的经济发展、扩大就业，以及促进中巴友好交流都起到重要的纽带作用。

13.5　鲁巴园区

所属地：巴基斯坦

主营业务：经贸合作园区

企业介绍：2006 年 11 月 26 日，正在巴基斯坦旁遮普省省会拉合尔访问的中国国家主席胡锦涛和巴基斯坦总理阿齐兹共同为巴基斯坦和中国境外经济贸易合作区暨巴基斯坦海尔—鲁巴经济区揭牌，这是我国在境外正式挂牌的首个经济贸易合作区。

该合作区以现有的巴基斯坦海尔工业园为基础进行扩建，海尔集团与巴基斯坦 RUBA 集团合资建设，中巴股比为 55：45。双方均以现金方式出资，共同购买土地、进行园区建设。规划面积 1.03 平方公里，分三期建设，总投资约 2.5 亿美元，建设期为 5 年。合作区的产业定位以家电产品为主，包括相关配套产业和营销网络，吸引优秀家电企业入驻，形成品牌家电产业集群。

13.6　巴基斯坦瓜德尔港

所属地：巴基斯坦

主营业务：港口

企业介绍：瓜德尔港位于巴基斯坦俾路支省西南部，为深水港。中国政府应巴方的请求为该港口建设提供资金和技术援助。该港口于 2002 年 3 月开工兴建。2015 年 2 月，瓜德尔港基本竣工，预计将于 2015 年 4 月中旬全面投入运营。中国石油运输路程将缩短 85%。瓜德尔港地理坐标 25.2°N、62.19°，地区面积 12637 平方公里，人口 8.5 万人。

2015 年 9 月中国获租巴基斯坦瓜德尔港 2300 英亩（约 9.23 平方千米）土地，为期 43 年。巴基斯坦瓜德尔深水港一期工程 Gwadar Deep Water Port Project, Phase 1 in Pakistan. 巴基斯坦瓜德尔深水港位于俾路支斯坦省瓜德尔镇，东距卡拉奇 460 公里，西距巴基斯坦—伊朗边境 120 公里。该深水港是巴基斯坦的第三个主要港口，对巴基斯坦西部、北部地区的经济发展起到重要作用。瓜德尔港口一期项目工程包括三个泊位兼顾滚装的多用途码头。设计吞吐量为 10 万标准集装箱/年、杂货散粮 72 万吨/年。码头结构按 5 万吨集装箱船设计，总长度为 702 米，采用高桩预应力梁板结构。

13.7　陕西西咸新区发展集团有限公司

所属地：陕西西安，陕西咸阳

主营业务：重点围绕"一带一路"沿线国家开展"一园两地"模式的园区开发建设及作为省级层面的跨境合作平台。

企业介绍：西咸新区是经国务院批准设立的首个以创新城市发展方式为主题的国家级新区。新区位于陕西省西安市和咸阳市建成区之间，区域范围涉及西安、咸阳两市所辖 7 县（区）23 个乡镇和街道办事处，规划控制面积 882 平方公里。西咸新区着力建设丝绸之路经济带重要支点，建设成为我国向西开放的重要枢纽、西部大开发的新引擎和中国特色新型城镇化的范例。2015 年，国家发改委出台关于推动国家级新区深化重点领域体制机制创新的通知，其中明确要求西咸新区 2015 年要重点围绕推进"一带一路"建设的有效途径开展探索。

陕西西咸新区发展集团有限公司（简称西咸集团）成立于 2011 年 9 月，是由陕西省人民政府批准，西咸新区开发建设管理管委会组建的大型国有企业。注册资本 100 亿元人民币，业务范围涵盖土地开发和整理，基础设施、生态及水利工程建设，文化产业、农业、旅游、房地产项目的开发和经营管理，资本运营等。公司重点围绕一带一路沿线国家开展"一园两地"模式的园区开发建设及作为省级层面的跨境合作平台。

按照《西咸新区贯彻落实〈陕西省"一带一路"建设 2015 年行动计划〉实施方案》。西咸集团将从促进互联互通、加强科教合作、深化经贸合作、创新金融合作等七个方面，发挥西咸新区"一带一路"中心区域作用。为此，专门组建了以做实、做成、做精为核心竞争力，以促进互联互通、加强科教合作、深化经贸合作这三个方面为重点，以培育、参与、融合为抓手，以"抢在前、走在前"为精神指引的信息平台、资源平台、整合平台和服务平台的混合所有制的西咸新区一带一路商务咨询有限公司，公司已成为推动一带一路建设的串联机构和资源整合平台。

13.8　中新苏州工业园区开发集团股份有限公司

所属地：江苏苏州

主营业务：园区建设

企业介绍：中新苏州工业园区开发集团股份有限公司（简称中新集团）由中国、新加坡两国政府于 1994 年 8 月合作设立，作为中新合作载体，为苏州工业园区开发建设做出了重大贡献。

中新集团以"筑中国梦想、建新型城镇"为己任，确立了以新型城镇化建设业务为主体板块，以房产开发和市政公用事业为两翼支撑板块，实现板块联动、资源集聚的"一体两翼"协同发展格局。目前集团旗下拥有中新置地、中新公用、中新教服、中新苏通、中新苏滁等 40 多家子公司，员工约 2600 人，总资产 200 亿元。

中新集团不断输出苏州工业园区成功经验，已在宿迁市、南通市、安徽省滁州市、常熟市海虞镇、张家港市乐余镇和凤凰镇等地实施新型城镇化建设项目。集团旗下中新置地专注于房地产开发，精心打造各类住宅、工业载体及商业地产项目，积极推进城市功能配套建设。集团旗下中新公用长期致力于水务、燃气、热电、环境技术等城市公用事业的运营，并围绕"绿色公用"发展方向，着力开发新型环保事业。

中新集团将不断聚集新型城镇化建设的核心资源要素，搭建战略合作平台，致力成为中国新型城镇化领军企业。

14．矿业

14.1　中国五矿集团公司

所属地：北京

主营业务：矿业

企业介绍：中国五矿集团公司是一家国际化的矿业公司，秉承"珍惜有限，创造无限"的发展理念，致力于提供全球化优质服务。公司主要从事金属矿产品的勘探、开采、冶炼、加工、贸易，以及金融、房地产、矿冶科技等业务，海外机构遍布全球 34 个国家和地区，拥有 17.7 万名员工，控股 7 家境内外上市公司。2014 年，中国五矿实现营业收入 3227.57 亿元，位列世界 500 强第 198 位，其中在金属类企业中排名第 4 位。

中国五矿成立于 1950 年，总部位于北京，曾长期发挥中国金属矿产品进出口主渠道的作用。进入 21 世纪，公司深入推进战略转型，通过富有成效的国内外重组并购和业务整合，已从过去计划经济色彩浓厚的传统国有企业转变为自主经营、具有较强竞争力的现代企业，从单一的进出口贸易公司转变为以资源为依托、上下游一体化的金属矿产集团，从单纯从事产品经营的专业化公司转变为产融结合的综合型企业集团。目前，公司拥有有色金属、黑色金属流通、黑色金属矿业、金融、地产建设、科技六大业务中心，其中在金属矿产三大核心主业方面，公司上中下游一体化产业链基本贯通，形成了全球化营销网络布局；在三大多元化主业方面，公司优化产业结构，推进产融结合，加速经营布局，逐步提升对核心主业的协同与支撑能力。

作为联合国全球契约组织成员，中国五矿积极践行"全球契约"十项基本原则，勇于承担社会责任，"十一五"期间纳税总额233亿元，累计对教育、赈灾、扶贫等慈善公益事业捐款捐物总值过亿元；中国五矿长期坚持互利共赢，持续为利益相关方创造多元价值，努力实现企业与利益相关方的共同发展。

14.2 中国石化阿达克斯石油公司

所属地：瑞士日内瓦

主营业务：石油开采

企业介绍：2009年8月，中国石化以76亿美元从多伦多和伦敦股票市场整体收购原阿达克斯石油公司，这是中国迄今为止规模最大的海外油气资产并购之一。中国石化阿达克斯公司总部位于瑞士日内瓦，资产主要分布在尼日利亚、加蓬、喀麦隆等国家以及英国北海和伊拉克库尔德地区。公司共有67个勘探开发区块，剩余可采储量（2P+2C）1.2亿吨，员工1135名，来自36个国家和地区。其中，外籍员工占98%，主要来自欧美等国，具有壳牌、雪佛龙、道达尔、埃克森美孚等国际石油公司工作背景；中方员工23名，占2%，以高级管理人员为主。公司资产横跨陆地和海洋，海上的产量占65%，是典型的高度国际化的油气勘探开发公司。

在国务院的关怀下，在国家部委的支持下，阿达克斯公司立足中国石化"国际化战略、资源战略和差异化战略"，积极实施国际化经营，全力促进中国石化海外上游业务的快速增值发展，实现了内涵式高效发展和外延式快速扩充：权益油产量稳步增长，年产原油近1000万吨；效益大幅提升，五年来向中国石化上缴了30多亿美元；资产快速扩充，并购壳牌喀麦隆资产实现增值发展，并购塔利斯曼英国公司，实现中国油企首次进入北海富油区。阿达克斯公司成为中国石化海外上游产量规模最大的原油生产基地和效益最好的公司之一，也是中国石化国际化程度最高的油气勘探开发公司。

阿达克斯公司注重国际化声誉管理，通过开展多元文化融合，积极落实社会责任，对环境、安全和员工的利益负责，得到了资源国政府、当地人民以及员工的高度认可。通过中国石化 Addax 基金会积极参与公益事业，提升了中国石化高度负责任的国际化品牌和声誉。

2011 年和 2013 年，阿达克斯公司的文化融合和高效管理案例先后两次成为国资委中央企业海外并购整合发展经验交流材料；2012 年，瑞士洛桑国际管理学院 IMD（世界排名前三、欧洲排名第一）将中国石化成功并购整合阿达克斯公司经验编写为 MBA 全球经典案例；2013 年 7 月 6 日，阿达克斯公司荣获"瑞士 2013 年度最佳中国投资者奖"。

根据中国石化国际化战略和集团公司党组的要求，阿达克斯公司将会继续充分利用好自身高度国际化的平台优势，坚定不移地走"集群化、区域化、规模化"发展之路，加快打造中国石化海外开放式的国际化资产增值发展平台，成为具有世界领先水平的中国石化海外国际石油公司。

14.3 中国有色金属建设股份有限公司

所属地：北京

主营业务：国际工程承包，有色金属矿业资源开发

企业介绍：中国有色金属建设股份有限公司（简称中色股份，英文缩写 NFC）1983 年经国务院批准成立，主要从事国际工程承包和有色金属矿业资源开发。1997 年 4 月 16 日进行资产重组，剥离优质资产改制组建中色股份，并在深圳证券交易所挂牌上市（证券代码：000758）。公司连续数年被《美国工程记录》杂志评选为全球 225 家承包商和 200 家设计公司之一，2008 年获评中国机电产品进出口商会首

批大型成套设备 AAA 级信用等级企业和中国对外承包工程 AAA 级信用等级企业。连续荣登年度中国主板上市公司价值百强榜；累计 13 次当选深证 100 指数样本股；以优异成绩荣获"第十届（2007 年度）中国上市公司金牛奖百强、成长性百强和股东回报百强"3 项大奖；2008 年，入选中国最具竞争力的上市公司 20 强（第 16 名）。

中色股份是国际大型技术管理型企业，在国际工程技术业务合作中，本着"诚信为本、创新为实、追求卓越"的企业宗旨，凭借完善的商务、技术管理体系，高素质的工程师队伍以及强大的海外机构，公司的业务领域已经覆盖了设计、技术咨询、成套设备供货、施工安装、技术服务、试车投产、人员培训等有色金属工业的全过程，形成了"以中国成套设备制造供应优势和有色金属人才技术优势为依托的，集国家支持、市场开发、科研设计、投融资、资源调查勘探、项目管理、设备供应网络等多种单项能力于一身"的资源整合能力和综合比较优势。在有色金属矿产资源开发过程中，中色股份把环保作为主要考虑因素，贯彻于有色金属产品生产的各个环节，使自然资源得到更加合理的有效利用，促进社会经济发展，使人与自然更加和谐。

15．商会、协会

15.1　中国五矿化工进出口商会

所属地：北京

主营业务：五矿进出口

机构介绍：中国五矿化工进出口商会于 1988 年 9 月 1 日在北京成立，是在国家民政部注册的商务部直属单位。中国五矿化工进出口商会有会员 6000 多家，集中了本行业经营进出口贸易的企业。会员的经营范围涵盖了黑色金属、有色金属、非金属矿产及制品、煤炭及制品、建材制品、五金制品、石油及制品、化工原料、塑料及制品、精细化工品、农用化工品和橡胶及制品等五矿化工商品。会员企业每年进出口总额在本行业中占据了近 30% 的比重，每年约有 250 多家会员企业进入全国进出口额 500 强之列，基本代表了我国五矿化工行业的整体实力和水平。

中国五矿化工进出口商会的主要职能是：遵守法律、行政法规，依照章程对会员企业的进出口经营活动进行协调指导；维护进出口经营秩序和会员企业的利益；组织对国外反倾销案的应诉工作；进行国内外市场调研，为会员企业提供信息和咨询服务；公正地调解会员企业之间的贸易纠纷；向政府积极有效地反映会员企业的要求和意见，并主动对政府制定政策提出建议；认真监督和指导会员企业守法经营；根据主管部门授权，组织进出口商品配额招标的实施；海外能矿投资的协调与促进；参与组织出口商品交易会；向政府有关执法部门建议或直接根据同行协议规定，采取措施惩治违反协调规定的会员企业；履行政府委托或根据会员企业要求赋予的其他职责。

15.2　清华房地产总裁商会

所属地：北京

主营业务：房地产

机构介绍：清华房地产总裁商会由全联房地产商会和清华大学联合发起成立，其核心成员由清华大学房地产总裁班学员构成。自 2003 年成立以来，迄今已有 10 多年历史。

目前，商会拥有房地产开发、投资、运营等各类企业会员 4000 余名，其中国有企业、上市公司、集团控股企业约 400 多家，会员企业所在区域遍及国内 200 多个核心城市。商会已成为目前国内规模最大、直属会员最多、联系最紧密的行业商会之一，是"推动中国房地产产业升级的一支新军力量"。商会由班级分会、区域分会、专业委员会构成。现有班级分会 50 多个，区域分会 6 个，专业委员会 12 个。服务体系涵盖金融投资、联合（土地）开发、国际合作、专业服务等内容，已经形成了"培训+俱乐部+投资基金"三位一体的成熟发展模式。

自 2002 年起，商会下设的华房商学院已开发清华大学房地产总裁高级研修项目、清华大学房地产总裁专题研修项目、清华大学房地产职业操盘手高级研修班、"华房国际房地产投资基金"全球精选课程等项目，培训内容涵盖房地产金融、产业地产、土地一级开发等与房地产行业密切相关的内容，积累了丰富的办班经验、严谨的课程体系、雄厚的师资力量，铸就"中国房地产高端教育项目首选品牌"，成为中国房地产高端培训的引领者。

自 2007 年起，商会与全国几十个城市展开深度战略合作，成功运营多个土地一级开发项目。在新城镇化建设的背景下，面向产业地产发起深入合作，在文化创意、工业园物流园建设、农庄经济、养老地产、旅游地产等多个方向，积聚了一批领头企业和众多的优质专业服务企业，在与地方政府合作方面积累了大量经验。

自 2009 年起，商会下设的"华房系"基金已在香港、成都、重庆、海南、北京、深圳、上海 7 个城市成功落地，投资运作项目 100 余个，每年投资金额逾百亿元，是目前房地产行业内成立最早、发展十分稳健的基金公司，已成为国内房地产私募基金的先行者、创新者与实践者。

自 2011 年起，商会发起全国范围内的百城联动计划，重点布局新型城镇化建设背景下的地产投资开发战略转型。目前，商会区域联合开发投资成员企业已超过百家。此外，商会还为广大会员企业提供集中采购、战略投资、项目咨询评估、法律事务顾问等多方面的专业技术服务和平台支持。

华房汇是专业投资人俱乐部，致力于搭建服务于高端投资人的多层次主题交流平台，旨在为金融、地产界企业家提供信息交流、商务合作、资源共享的机遇。已携手国内顶尖合作伙伴，为会员量身打造了高端医疗服务、葡萄酒品鉴与投资、高尔夫与体育休闲、艺术品收藏与投资、高端教育与培训、高端旅游、私人银行与财富管理、公益与慈善、奢侈品、跨界互动沙龙等服务体系。

15.3　中国开发性金融促进会

所属地：北京

主营业务：金融

机构介绍：为促进开发性金融社会化，建立开发性领域的广大企业与各级政府、金融机构、科研院所的交流合作平台，更好地运用开发性金融方法推动市场建设、信用建设和制度建设，服务我国工业化、信息化、城镇化和农业现代化同步发展，服务我国开发性金融领域的各类市场主体，促进政府、市场、企业、金融合作，共同推进开发性金融事业发展，国家开发银行发起成立中国开发性金融促进会。2013 年 4 月，中国开发性金融促进会正式成立。

国家开发银行在近 20 年的实践中，把中国国情与国际先进金融原理相结合，探索出一条有中国特色的开发性金融之路，形成一套独特的开发性金融理念和方法，成为我国经济社会发展全局和金融体系中不可替代的重要力量。今天的开行已发展成为我国最大的中长期投融资银行、最大的债券银行、最大的对外投融资合作银行和全球最大的开发性金融机构。

第十二届全国政协副主席陈元任促进会会长，国家开发银行董事长胡怀邦任促进会副会长，中国社会科学院副院长李扬、原国务院副秘书长崔占福、原中央办公厅副主任徐瑞新、中国社会科学院金融研究所所长王国刚任副会长，国家开发银行行长郑之杰、监事长姚中民、副行长李吉平、副行长袁力、董事会秘书陈民等行领导以及行务委员白桦、贷委会专职委员袁英华任副会长。

促进会设秘书处为办事机构，国家开发银行行务委员、客户管理中心主任白桦兼任秘书长，国家开发银行客户管理中心副主任邢军任常务副秘书长，中国社科院金融研究所所长助理胡滨任副秘书长。秘书处下设办公室、财务与基金管理部、研究咨询部、信用评级部、会员管理部、国际合作部、法律事务部等部门。

促进会共有发起会员194名。目前，促进会受理申请会员7000余名，申请会员主要是在我国开发性领域建设中发挥重要作用的企事业单位。

促进会成立以来，根据陈元会长"上为国家分忧，下为会员解愁，与开行协同发展"的办会方针，积极探索支持经济社会发展的新模式：一是开展"融资、融智、融商"综合服务，把促进会"融商"（招商、投资、并购等）与开行"融资、融智"相结合，协助企业完善产业链，帮助地方政府打造产业生态圈。目前，内蒙古包头、浙江台州等地"三融"试点效果显著。二是创办并连续举办六期开发性金融大讲堂，包括与中国城投公司联络会举办的"开发性金融与中国城市化"，与中国新闻文化促进会举办的"以开发性金融助推文化发展"研讨会，以及中法养老产业合作洽谈会等，大讲堂已成为集研究、宣介、项目对接等为一体的综合平台。三是以上海远东资信评估有限公司为平台，为会员企业提供规划、咨询、评级等服务，汇聚标普、穆迪、联合信用等国内外评级机构举办信用建设论坛，为构建民族品牌评级机构、服务民族企业评级需求奠定了基础。四是深化与行业协会、社团组织合作，与中国新闻文化促进会签署《合作备忘录》，与中国扶贫开发协会推进产业扶贫等领域合作。促进会还将在设立城市发展和产业基金，参与多层次资本市场建设等领域不断创新，为会员提供更丰富的综合服务。

　　中国开发性金融促进会实施会员与开行客户一体化管理，推动符合条件的会员向开行客户转化；在开发性金融理论和实践研究、开发性金融社会化与国际化、产学研交流、银政企合作等领域与开行协同发展，共同为开发性领域的广大企事业单位提供规划、投融资、信息咨询、信用评级、产业链合作等综合服务。

　　促进会将发挥"提供服务、反映诉求、规范行为"功能，通过与其他行业协会、社团组织合作，创办论坛、投资洽谈会等社会平台，组织培训、讲座、经验交流等活动，为会员间的合作铺路搭桥；通过调查研究，向政府和有关机构建言献策，为会员发展争取更有利的政策环境。同时，促进会将建设信息化便捷高效的会员交流与合作平台，以社团自律引导和规范会员稳健经营和健康发展。

　　15.4　中国医药创新促进会

　　所属地：北京

　　主营业务：医药

　　机构介绍：中国医药创新促进会（简称中国药促会，英文名称为 China Pharmaceutical Industry Research and Development Association，英文缩写为 PhIRDA）成立于 1988 年，是经国家民政部登记注册的非营利性全国性一级社会团体组织。

　　目前，中国药促会有会长及会员单位 60 多家，主要由三个方面的成员构成：一是在医药创新方面具有代表性的民族医药企业；二是从事医药研发的高等院校和科研院所；三是在新药临床研究领域具有较高水平特别是承担"重大新药创制"科技重大专项新药临床评价研究（GCP）技术平台的临床医疗机构。中国药促会将努力建设成为以研发为核心，以创新为宗旨，以临床需求为导向，"产学研用"紧密结合的促进医药科研开发的社会团体。

中国药促会的工作内容主要包括：一是通过举办各种论坛、发布会、大型会议等促进会员单位乃至整个医药产业互相交流、创新发展；二是通过与美国药品研发和制造商协会（PhRMA）等国外协会和外国驻华使馆合作，共同寻求推动中外医药产业领域的合作交流，为会员单位搭建国际交流平台；三是为会员单位提供医药信息搜集、整理、评价、咨询的服务，包括编辑双月刊刊物《医药科研开发信息》和《医药信息简报》、《国际医药产业发展动态与研发信息简报》、《行业热点评析》等内部电子刊物以及建设药促会官方网站等内容；四是开展医药政策研究工作，在卫生部、商务部、工信部、国家食品药品监督管理局等有关政府部门和医药科研学术机构和企业的支持下，为医改事业和医药产业发展建言献策。

在 2010 年 4 月召开的中国药促会第九届会员大会第一次会议上，全国人大常委会副委员长桑国卫院士被推举为会长。在 2012 年 6 月召开的中国药促会第九届会员代表大会第三次会议上，全体参会代表一致选举全国人大常委会副委员长桑国卫院士担任荣誉会长；改革会长任期制度，经无记名投票选举上海复星医药（集团）股份有限公司董事长陈启宇为 2012—2013 年度会长。

15.5　北京市律师协会

所属地：北京

主营业务：法律咨询

机构介绍：北京市律师协会是依法成立的社会团体法人，是北京律师的自律性行业组织，依据《中华人民共和国律师法》、《律师协会章程》，对北京执业律师实行行业管理。

北京市律师协会始建于 1952 年，恢复于 1979 年 8 月 10 日，1982年 4 月召开了第一次北京律师代表大会，宣告北京市律师协会正式成立，通过了北京市律师协会第一个《章程》。这是北京律师制度发展史上的一座里程碑。

从第一次北京律师代表大会到第三次北京律师代表大会，每届为 4 年，律师协会的领导都由司法行政官员担任。1995 年第四次律师代表大会进行了改革，改为每届为 3 年，律师协会的会长、副会长、常务理事和理事全部由经代表大会选举产生的执业律师担任。2005 年 3 月，第七次律师代表大会对律师行业管理体制进行调整，取消了常务理事会，会长由全体代表直接选举产生，形成了以律师代表大会、理事会、会长会议为主的三级组织构架，建立了代表常任制。截止到 2008 年底，协会共有团体会员 1211 家，个人会员 18635 人。

北京市律师协会的宗旨是：团结和教育会员维护宪法和法律的尊严，忠实于律师事业，恪守律师职业道德和执业纪律；维护会员的合法权益，提高会员的执业素质；加强行业自律，促进律师事业的健康发展，为依法治国、建设社会主义法治国家、促进社会的文明和进步而奋斗。

15.6　新疆律师协会

所属地：新疆乌鲁木齐

主营业务：法律咨询

机构介绍：新疆律师协会始建于 1980 年。1982 年召开了新疆第一次律师代表大会，协会建立之初只有律师事务所 71 家、律师 204 人，新疆律师的业务基本以刑事诉讼案件为主。自新疆第五届、第六届、第七届律师代表大会以来，新疆律师协会加强了自身建设，积极开展了各项工作。

新疆律师协会于 2012 年 4 月召开了第八次律师代表大会，选举产生了由 69 人组成的理事会和 23 人组成的常务理事会，首次由执业律师担任会长。现有会长 1 人、副会长 6 人。截至目前，已经成立了 15 个地方律师协会、一个律协联络部、一个直属分会。

加强各专门、专业机构建设。新疆律师协会现有专门委员会 18 个：

律师事务所规范建设指导委员会、律师参政议政工作协调委员会、复查委员会、扶持发展基金管理委员会、互助金管理委员会、青年律师工作委员会、宣传联络委员会、规章制度建设委员会、直属分会（新疆律师协会直属所工作委员会）、行业发展战略委员会、会员事务及文体福利委员会、律师权益保障委员会、律师业务指导及继续教育委员会、执业纠纷调处委员会、新疆女律师联谊会、惩戒委员会、财务管理委员会、少数民族律师工作委员会。专业委员会 12 个：民商专业委员会、刑事专业委员会、行政专业委员会、建筑房地产专业委员会、金融专业委员会、知识产权专业委员会、涉外法律专业委员会、公司及证券专业委员会、未成年人权益保障专业委员会、法律援助专业委员会、劳动法与社会保障专业委员会、消费者权益保障专业委员会。目前，参与各专门、专业委员会工作的律师达 260 人。

加强协会秘书处建设。秘书处现有秘书长一名、副秘书长三名，秘书处下设办公室、会员部、业务部、宣传联络部、直属工作部、《新疆律师》编辑部（汉、维文）六个工作部门，工作人员共 20 人。

15.7 北京江苏企业商会

所属地：北京

主营业务：企业服务

机构介绍：北京江苏企业商会是由江苏省在京企事业单位自愿联合发起成立，2006 年 5 月经北京市社会团体登记管理机关核准注册登记的非营利性社会团体，接受业务主管单位江苏省人民政府驻北京办事处、社会团体登记管理机关北京市民政局的业务指导和监督管理。

北京江苏企业商会作为依法注册的社会团体法人，遵照中华人民共和国相关法律、北京市相关法规和商会章程，本着"自愿入会、自聘人员、自筹经费、自理会务"的原则，由加入商会的企业家自主管理、资助运作。现有团体会员四个（北京苏州企业商会、北京无锡企业商会、北京徐州企业商会、北京江阴企业商会），分会六个（建筑分会、靖江分会、淮安分会、金坛分会、沛县分会、兴化分会），会员企业两千余家。另设五个专门委员会为会员企业提供针对性专业服务：金融投资专委会、科教卫专委会、文化艺术专委会、法律维权专委会、商务合作专委会。

北京江苏企业商会始终遵循"凝心聚力，创新共赢"的宗旨；引导会员企业遵守宪法、法律、法规和国家政策，遵守社会道德风尚；以诚信为本，服务为基，团结全体会员企业，通过开展合作交流，开展各项活动，服务会员企业、服务家乡、服务社会，促进江苏、北京两地经济发展、社会和谐、文化繁荣；努力成为北京、江苏两地经济技术合作的桥梁和纽带。

15.8 北京浙江企业商会

所属地：北京

主营业务：企业服务

机构介绍：北京浙江企业商会是由在京浙籍企业家代表组成，经北京市民政局社团管理办公室登记注册，于 2001 年 3 月 11 日成立的非营利性社会团体，主管部门为浙江省人民政府驻北京办事处，指导部门为浙江省经济技术协作办公室。商会以"服务企业、服务会员"为宗旨，以"民主办会、两级办会"为方针，致力于推动京城 50 万浙商的共同发展。经过 7 年多的发展，商会不仅成为浙商共同议事解难的桥梁和维护浙商合法权益的平台，也成为凝聚浙商共同价值观、促进浙商紧密团结、连接京浙两地的桥梁和纽带。商会现有遍布北京各个区县的会员单位 4000 多家（含四个分会组织和一个团体会员单位）。会员单位涉足房地产开发、专业市场批发、服装、餐饮、珠宝、百货、建筑、钢铁、能源、文化产业、矿产等各个行业和领域，现已形成了市场专业化、产业规模化的投资特色。在商会"义利兼顾，德行并重"的倡导下，各会员单位不仅为首都经济增长和市场发展贡献了智慧和力量，而且在与京城商业文化的对接与融合中，成了既有自身人文传承又与全球接轨的商业文明模范，成为新商业文明的积极塑造者和促进首都经济发展的一支重要力量。

一直以来，商会积极团结浙商、服务浙商、引导浙商，不断完善组织的各种职能：努力整合商会内外部资源，为会员提供各种商机和合作渠道；深入加强对外合作联系和学习交流，建设学习型商会组织；不断完善服务机能、拓展延伸服务范围，增加服务内容；扎实推进党建工作，探索商会思想政治工作新思路；聘请资深专业律师加强法律维权功能，保障会员的合法权益；积极开展公益慈善事业，回报社会，反哺家乡；做好浙商品牌建设工程，传承并提升浙商文化精神财富。商会通过一系列创造性的工作为北京浙商实现共赢做出了重要贡献。

2010 年 12 月 26 日，商会在中国大饭店召开第四届会员代表大会，选举了以中国万和控股有限公司董事长钟涛为会长的商会第四届领导班子。新一届领导班子坚持改革创新，以"把北京浙江企业商会建设成为务实、规范、民主、和谐的一流商会"为发展目标，积极实施"和谐均衡"、"创新提升"、"人才强会"、"开放合作"四大战略，带领广大会员积极开创商会发展新局面。

15.9 中国对外承包工程商会

所属地：北京

主营业务：行业协会

机构介绍：中国对外承包工程商会是由在中华人民共和国境内依法注册从事对外承包工程、劳务合作、工程类投资及提供相关服务的企业和单位依法自愿组成的全国性、行业性、非营利性的社会组织，代表行业，具有社会团体法人资格。

中国对外承包工程商会遵守国家宪法、法律和法规，遵守社会道德风尚，执行国家方针、政策，致力于促进我国对外承包工程、劳务合作、工程类投资及相关服务行业的发展。

商会职责包括：

（1）代表行业利益，表达行业意愿。参与相关法律法规、产业政策、技术标准和行业发展规划的制订，向政府反映会员的合理建议。代表行业进行对外交涉，维护会员企业及劳务人员的合法利益。

（2）实施行业自律，维护经营秩序。制定行业行为规范和公约，协调会员业务和会员关系，开展行业信用体系和社会责任建设，维护国家利益，维护经营秩序，保护公平竞争。

（3）开展专业服务，满足企业需求。开展行业研究，提供信息、咨询、培训服务，协助企业解决业务问题，组织市场考察和开拓活动。

（4）加强国际交流，促进同行合作。代表本行业参加国际同行业组织，出席有关国际会议，与相关国际组织和地区、国家同行业组织建立联系，促进行业的国际间合作。

（5）履行政府委托的、会员共同要求的及行业发展所需要的其他职责。

16. 教育培训

16.1　商务部国际商务官员研修学院

所属地：北京

主营业务：教育培训

机构介绍：商务部国际商务官员研修学院是商务部直属的唯一的教育培训机构，成立于1980年，由原外经贸部管理干部学院、亚太地区国际贸易培训中心合并而成。学院的主要职责是负责全国援外培训协调管理、援外培训执行、商务领域业务培训、党校培训和会议服务。

　　研修学院以服务商务发展为大局，以高度的政治责任感，认真做好全国援外培训项目管理和执行工作。根据商务部赋予的职责，自1998年以来，学院承担对全国援外培训项目承办单位有关培训项目立项之后的管理、协调、监督与评估工作，均圆满完成工作任务。

　　自1998年以来，学院重点工作是开展对外援助项下的援外培训，承办了数百期发展中国家官员研修班，培训了来自世界160多个国家和地区的近两万名官员，其中包括部分部级及以上官员，工作语言涉及英语、法语、葡萄牙语、阿拉伯语、老挝语、俄语、西班牙语、朝鲜语8种语言。

　　商务领域业务培训方面，学院紧紧围绕商务中心工作和热点问题，积极为商务部机关司局和地方政府量身定制开展多层次、多领域的干部人才培训，高质量地完成驻外人员培训、任职培训等培训班和专题特色培训班。另外积极开展国际合作，与国外知名培训机构探讨合作开展国际培训事宜，为学院进一步迈向国际化奠定基础。

　　与此同时，研修学院还承担着中共商务部党校培训的具体任务。在部党组及部直属机关党委等有关部门的领导下，党校积极探索新时期工作新举措，创新教学模式，凸显商务特色，增强教学效果。自2008年起连续被评为中央党校和中央国家机关分校教学管理先进单位，荣获2006—2010年度"优秀办学单位"称号，并获中央党校中央国家机关分校教学ISO9000质量管理体系认证，教学科学化管理水平大幅提升。

　　学院拥有规范的会务服务功能，已通过质量管理体系认证（ISO9001）和环境管理体系认证（ISO14001），是中央党政机关和北京市党政机关会议定点单位。拥有19个不同规格的会议室、研讨室，可同时容纳400—600人的会议或培训。

　　学院自成立以来，锐意进取、改革创新、扎实奋斗，坚持"一切为推进我国商务事业的发展，一切为商务教育培训事业服务的主导思想"，培养了一大批优秀人才，为我国商务事业发展做出了积极贡献。

16.2　国家卫计委干部培训中心

所属地：北京

主营业务：教育培训

机构介绍：国家卫生计生委干部培训中心在原卫生部干部培训中心和原国家人口计生委培训交流中心基础上组建，是国家卫生计生委的直属事业单位。

中心组建以来，积极参与拟订并组织实施了国家卫生计生委直属机关管理干部教育培训工作规划和年度计划，并在国家卫生计生委、国家中医药管理局直属机关各单位党员干部教育培训方面开展了大量的工作。中心还承担了卫计委干部教育培训的教学研究、教材开发、教学基地建设和师资队伍建设，协助实施了卫生计生系统管理干部岗位的培训工作和卫生计生系统管理干部远程教育培训系统的研发与实施，并积极参与实施婴幼儿早期发展国家项目等。

中心同时也负责国（境）内外有关机构委托的卫生计生领域干部教育培训，在对外培训方面具有丰富的经验。

16.3　巨人教育集团

所属地：北京

主营业务：教育培训

企业介绍：巨人教育集团始于 1994 年 7 月 18 日，是由一所培训机构发展成的大型综合教育集团机构，涉及的领域有教育培训、全日制教育、出版、加盟等。其培训覆盖幼儿、青少年、成人教育领域。集团结构完善、部门设置科学，拥有杰出的管理团队和优秀的师资队伍，同时拥有最具核心竞争力的教学研发队伍。目前开设科目涉及英语、中小学、文体艺术、计算机、职业认证、家教等各个领域，科目多达 100 余种，遍布范围之广，科目设置之多，在我国民办培训教育领域中，独占鳌头，堪称典范。

巨人教育总部设在北京，其教学点遍布京城，先后开设海淀总校、朝阳校区、西城校区、东城校区、昌平校区、石景山校区、宣武校区、顺义校区、崇文校区、丰台校区、通州校区等100多处教学区。近年来，巨人教育在上海、武汉、南昌、郑州、石家庄、西安、九江、黄石、吉安、贵阳、南宁、汕头、海口、赣州、包头等地先后成立分校并发展壮大。同时还并购地方大型综合教育培训机构，在全国形成了庞大的体系。国际语言培训中心、中小学培训中心、文体潜能中心、冬夏令营中心、幼教中心、家教中心等内部机构日益完善。巨人教育旗下的巨人网下设12大子网站，构建了巨人庞大的网络体系。图书连锁、产品销售等事业拓展风起云涌，发展势头强劲。

16.4　北京传智播客教育科技有限公司

所属地：北京

主营业务：教育培训

企业介绍：北京传智播客教育科技有限公司（简称传智播客）是一家专门致力于高素质软件开发人才培养的高科技公司。传智播客致力于为企业培养人才的培训理念，以"学员自学入门教程，通过基础考核后进行强化培训"为招生原则，以"针对企业需求，重视基础理论建设，强化高端应用技能"为教学目标，以"高薪保证强大的资深教育团队"为教学后盾，解决所有培训学员的后顾之忧，并解决用人企业难以招聘到合格人才的困扰。

传智播客的旗舰学校为北京传智播客教育科技有限公司，在成都、广州设有教学中心，同时在山东、河南等地提供教学。

传智播客会聚了张孝祥、黎活明、方立勋等名家名师，它依托程序员平台CSDN，整合了国内众多知名软件企业的资源，并邀请到任跨国公司和国内大中型企业的架构师、系统分析师、企业培训师组成自己的精英团队。

传智播客专注于 Java、. Net、PHP、网页设计和平面设计、IOS、C++、网络营销、游戏开发工程师的培养，提供的免费视频教程。2007年，传智播客入选最受网友推崇的 IT 培训品牌名单。